제3판

SPSS PASW
회귀분석

서혜선, 양경숙, 김나영, 김희경, 김미경 지음

한나래아카데미

SPSS(PASW) 회귀분석 제3판

지은이 │ 서혜선, 양경숙, 김나영, 김희영, 김미경
펴낸이 │ 한기철

1999년 9월 10일   1판 1쇄 펴냄
2003년 12월 26일   2판 1쇄 펴냄
2009년 8월 31일   3판 1쇄 펴냄
2013년 4월 25일   3판 3쇄 펴냄

펴낸곳 │ 한나래출판사
등록 │ 1991. 2. 25 제22-80호
주소 │ 서울시 마포구 합정동 388-28 합정빌딩 2층
전화 │ 02-738-5637 · 팩스 │ 02-363-5637 · e-mail │ hannarae91@naver.com
www.hannarae.net

ⓒ 2009 서혜선, 양경숙, 김나영, 김희영, 김미경
Published by Hannarae Publishing Co.
Printed in Seoul

ISBN   978-89-5566-093-7 94310
ISBN   978-89-5566-051-7 (세트)

* 이 도서의 국립중앙도서관 출판시도서목록(CIP)은 e-CIP 홈페이지(http://www.nl.go.kr/ecip)와
국가자료공동목록시스템(http://www.nl.go.kr/kolisnet)에서 이용하실 수 있습니다.
(CIP제어번호: CIP2009002395)

SPSS 7.0을 기준으로 초판을 내고, 그동안 SPSS 버전이 갱신됨에 따라 약간의 오류들을 바로 잡은 개정판을 출간하였지만 크게 수정할 필요성을 느끼지 못했었다. 그러다 SPSS의 버전 17.0이 나오면서 기존 내용들을 다듬고 추가된 회귀분석 모듈의 내용들을 포함한 보다 포괄적인 회귀분석의 필요성이 제기되어 이번에 제3판을 출간하게 되었다.

이전에 출간된 개정판과 비교하여 이번 제3판에서는 버전 17.0을 기준으로 분석방법이 일부 더 추가되었다. 알고리즘의 변화가 없는 기존 내용들은 SPSS 버전 17.0을 기준으로 바뀌었고 오타나 잘못된 내용들이 수정되었으며 약간의 예제들이 더 추가되어 분량이 다소 늘어나게 되었다.

SPSS 17.0에서 달라진 점은 우선 제품명이 SPSS에서 PASW(Predictive Analytics Software)로 바뀌었고 이에 따라 SPSS 실행 아이콘, 데이터 편집 창, 출력 결과 창의 타이틀도 변경되었다. 그러나 그보다 눈에 띄게 달라진 점은 SPSS에서 제공되는 세계 각국의 언어로 사용자 인터페이스를 변경할 수 있다는 것이다. 예전에는 한글 버전, 영문 버전이 별도로 판매되었지만 17.0부터는 한 번만 설치하면 편집(Edit) 메뉴의 옵션(Options)에서 사용자 인터페이스(user interface)를 자신이 원하는 언어로 변경이 가능하다. 이러한 변화 때문에 SPSS를 PASW로 불러야 하지만 아직까지 독자들에게 친숙한 명칭은 SPSS이므로 이 책에서는 이를 절충하여 절제목까지는 SPSS(PASW)로 표기하기로 하였다.

잘 알다시피 회귀분석은 주어진 데이터에 적합한 모형을 찾고 반응변수를 잘 설명해 주는 유용한 설명변수들을 발견하고자 할 때 많이 사용되는 통계 분석기법이다. 그동안 하위 버전에서는 독립변수들이 서로 상관되어 있어 다중 공선성 문제가 있을 경우 이를 해결할 수 있는 모듈이 별로 없었다. 그러나 버전이 갱신되면서 서로 상관된 다수의 독립변수들을 잘 다루어 이러한 문제들을 해결할 수 있는 방법들이 추가되고 있다. 16.0부터는 PLS(Partial Least Squares) 회귀분석이 추가되었다. 17.0에서 회귀분석과 관련된 변경내용은 CATREG 모듈에 능형회귀분석과 같은 정규화(regularization)에 의한 모형적합 방법이 추가되었다는 것이다. 이 방법을 제외한 나머지 분석방법들은 알고리즘 수행결과에서 약간의 차이를 보일 수는 있으나 17.0 미만의 하위 버전에서와 거의 같은 결과를 제공한다.

이번 제3판은 모두 13장으로 구성되었다. 13장의 구성 순서를 두고 다소 고민하였으나 대체적으로 SPSS(PASW) 17.0의 회귀분석 모듈 순서를 따르기로 결정하였다.

각 장의 내용을 간략히 소개하면 1장에서는 설명변수가 한 개인 경우로 제한하여 기본적인 개념과 분석방법을 다루었고 2장에서는 설명변수가 2개 이상인 경우로 확장한 중선형 회귀분석을 설명하였다. 3장에서는 설명변수 중 범주형 변수가 포함된 경우의 해결방법을 제시하였고 4장에서는 선행 연구이론을 기반으로 모형적합을 단계적으로 전개하는 계층적 회귀분석을 예제를 통해 간략히 설명하였다. 5장에서는 회귀진단 방법들을, 6장에서는 회귀분석에서 상정한 가정들이 충족되지 않을 때의 변수변환 방법을 기술하였다.

한편 종속변수가 범주형 변수인 경우 적용되는 프로빗과 로지스틱 회귀분석은 종속변수의 범주 수를 기준으로 범주 수가 2개인 경우는 7장에서, 3개 이상인 경우는 8장에서 다루었다. 9장에서는 선형성 가정이 깨졌을 때 적용 가능한 비선형 회귀분석을, 10장에서는 오차 분산의 동질성 가정이 깨졌을 때 적용 가능한 가중 최소제곱회귀를 설명하였다. 11장에서는 2단계 최소제곱법에 의한 회귀분석방법을 소개하였고 12장에서는 다중공선성이 있을 경우 사용하는 PLS(Partial Least Squares) 회귀분석을 다루었다. 마지막으로 13장에서는 분포를 가정하지 않고 반복 알고리즘을 통해 변수들 간의 관계를 설명할 수 있는 변수들의 최적변환을 통한 회귀분석방법을 설명하였다. 17.0에서 새롭게 추가된 정규화를 적용한 분석방법들도 간략히 소개하였다. 끝으로 이 책에서 다루는 데이터 파일 목록을 정리하여 두었는데, 필요한 독자들은 한나래 홈페이지 자료실(www.hannarae.net)에서 다운로드가 가능하다.

　　SPSS(PASW) 17.0을 기준으로 작성되었지만 17.0 미만의 하위 버전을 가지고 있는 분석자도 본서를 활용하는 데는 큰 불편을 느끼지 않을 것이다. 왜냐하면 하위 버전에서 제공하는 회귀분석 알고리즘의 내용들이 크게 변하지 않았기 때문이다. 따라서 하위 버전을 사용하는 제품 사용자들은 12장에서 설명하는 방법과 13장에서의 정규화에 의한 모형적합 방법만을 적용할 수 없을 뿐 나머지 방법들은 모두 적용이 가능하다. 따라서 이번 제3판을 참고하는 데 무리가 없을 것이다.

　　통계 분석기법들 중 회귀분석은 가장 일반적이고 보편적으로 사용되는 분석방법이며 그 활용 분야 역시 광범위하다. 이 책은 이미 초판에서 밝힌 바와 같이 회귀분석을 하고자 하는 이들에게 하나의 지침서 역할을 수행하고 분석과정에서 발생할 수 있는 제반 문제들에 대한 해결책을 제시하고자 하는 목적에서 집필되었다. 다만 행렬연산에 대한 이해를 전제로 기술하였기 때문에 이에 대한 지식이 부족한 독자는 관련 도서를 참고하는 것이 좋겠다.

　　아무쪼록 이 책을 통하여 독자들이 회귀분석을 이해하고 이를 적용하는 데 많은 도움이 될 수 있기를 바란다. 아울러 이 책의 출판을 위해 소프트웨어를 지원해 주신 (주)데이터솔루션의 이용구 교수님과 출판을 위해 애쓰신 한나래출판사의 한기철 대표님께 감사드린다.

2009년 4월

저자 일동

Contents

차 례

* 1.5절과 1.6절의 내용이 어려운 독자는 5장의 회귀진단에서 자세히 다시 다루어지므로 이를 생략하거나 5장을 읽을 때 함께 보는 것이 좋겠다.

13장 최적 회귀분석   403

데이터 파일 목록   473

참고 문헌   476

찾아보기   479

1 장
단순 선형 회귀분석
Simple Linear Regression Analysis

대부분의 연구에서 관심 있는 두 변수가 존재할 경우, 두 변수 간의 인과관계를 보고자 할 때가 많다. 예컨대 야간의 드라이브가 얼마나 많은 교통사고를 발생시키는가? 특정상품의 광고 소요액이 얼마나 총 판매량(또는 총 매출액)에 영향을 주는가? 고기를 냉장고에 오래 보관하면 신선도는 얼마나 떨어지는가 등의 궁금증을 해결하기 위해서는 주어진 두 변수 간(예: 광고 소요액과 총 판매량, 고기의 냉장고 보관시간과 신선도 등)의 관계를 탐색적으로 파악해 볼 필요가 있다.

본 장에서는 양적자료로 구성된 두 변수 간의 관계가 선형적이면서 어느 한 변수가 다른 한 변수에 영향을 주는 인과관계인 경우에 대하여 단순 선형 회귀모형을 적합시키고 그에 따른 특성 등을 파악해 보고자 한다.

1.1 SPSS(PASW)와 회귀분석

영국의 생물통계학자(수학자)인 갈톤(Francis Galton: 1822~1911)이 아버지와 아들의 신장에 대한 관계를 알아보기 위한 연구에서 처음으로 제안한 것이 회귀분석이다. 그는 아버지와 아들의 신장에 대한 관계가 완전한 비례 관계에 있지 않음을 주장하였다. 결국 <그림 1.1>에서 볼 수 있듯이 키가 큰 아버지의 아들은 평균적으로 아버지보다 키가 작아지는 경향이 있고 키가 작은 아버지의 아들은 아버지보다 커지는 경향이 있음을 알게 된다. 즉 아버지와 아들의 신장에 대한 관계식은 각각의 평균점을 지나므로 아들의 신장은 인류 전체의 평균 신장으로 회귀하려는 경향이 있다는 것이다. 이러한 함수관계를 regression(회귀)라는 용어로 처음 사용한 사람이 갈톤이다. 이처럼 신장의 회귀관계를 나타내는 직선을 회귀직선이라 부르게 되었으며, 오늘날에는 여러 변수들이 다른 변수에 영향을 주는 함수관계를 분석하는 통계적 기법을 회귀분석이라 한다.

<그림 1.1>
아버지와
아들의 키에
대한 산점도

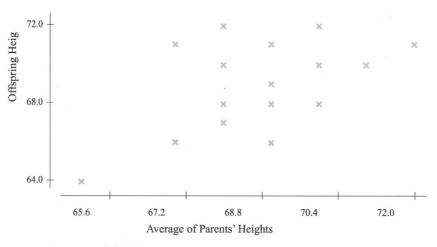

(measurement in inches)

본 절에서는 어느 한 변수가 다른 변수에 영향을 주는 관계인 경우에 대해 단순 선형 회귀모형을 적합시키기 위한 SPSS의 메뉴 이용 및 다양한 기능들을 중심으로 설명하고자 한다.

SPSS 17.0 인스톨 후 옵션을 통해 영문 인터페이스를 선택하면 <그림 1.2>와 같은 **SPSS Statistics Data Editor** 윈도우가 나타난다. 윈도우에서 Untitled1 [Dataset0]라고 쓰여 있는 바(bar)를 제목 표시줄이라 하며 File, Edit 등의 메뉴가 표시되는 곳이 메뉴바이다. 메뉴바 아래에 각종 아이콘 형태들을 모아 놓은 것이 도구 모음이며 맨 아래에 SPSS Statistics Processor is ready라고 쓰여 있는 부분을 상태 표시줄이라 한다.

<그림 1.2>
SPSS 초기
데이터 편집
창

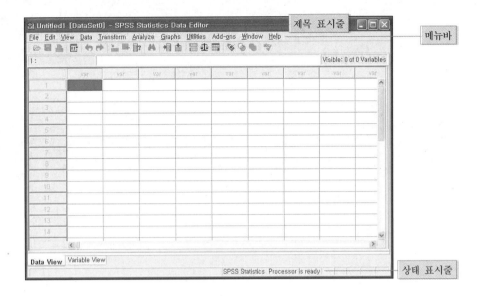

단순 선형 회귀분석을 위해 1장의 전반에 걸쳐 사용하게 될 데이터는 다음과 같다. 일반적으로 영업 사원들의 잠재적인 영업 능력이 영업 수익성에 영향을 미칠 것이라고 알려져 있다. <표 1.1>의 데이터는 잠재적 영업 능력 중의 하나인 계량능력 평가시험이 영업 수익성 평가 지수에 어떻게 영향을 미치는가를 알아보고자 하는 것이다. 이를 위해 영업 사원 50명을 무작위로 추출하여 계량능력 평가시험을 실시하고 평가 대상 영업 사원들의 최근 6개월간에 걸친 영업 수익성을 100을 기준으로 평가한 영업 수익성 평가 지수를 얻었다. 여기서 영업 수익성 평가 지수를 반응변수(y), 계량능력 평가시험 점수를 설명변수(x)라고 한다.

<표 1.1>의 데이터에 대하여 SPSS로 단순 선형 회귀분석을 수행하기 전에 자료의 입력 혹은 SPSS로 데이터 가져오기 절차를 살펴보기로 한다. 먼저 <표 1.1>의 데이터가 'example1.txt'라는 텍스트 파일로 저장되어 있다고 하자. 만일 text 형식의 파일을 SPSS 편집기 창으로 불러들이고자 한다면 다음과 같은 절차를 따르면 된다.

<표 1.1> 계량능력 평가시험과 영업 수익성 평가 지수에 관한 데이터	사원 ID	계량능력 평가시험 X	영업 수익성 평가 지수 Y	사원 ID	계량능력 평가시험 X	영업 수익성 평가 지수 Y
	1	20	96.0	26	39	118.5
	2	32	107.8	27	26	100.3
	3	31	108.3	28	25	99.5
	4	34	112.5	29	32	109.8
	5	32	105.3	30	34	107.0
	6	15	95.3	31	30	104.3
	7	39	121.0	32	16	92.5
	8	17	90.8	33	39	118.0
	9	27	103.3	34	43	119.5
	10	18	99.5	35	42	121.5
	11	32	109.3	36	41	122.3
	12	24	101.8	37	32	113.8
	13	36	109.5	38	14	96.0
	14	15	91.8	39	29	103.8
	15	21	97.5	40	51	122.0
	16	39	120.5	41	31	111.8
	17	34	105.5	42	16	93.5
	18	35	110.8	43	27	105.3
	19	42	115.0	44	37	114.0
	20	23	102.0	45	49	120.0
	21	44	121.0	46	10	92.8
	22	19	94.5	47	47	115.5
	23	28	99.8	48	37	119.0
	24	23	102.5	49	15	87.3
	25	37	112.0	50	9	89.8

출처: 하이텔 통계연구 동호회

SPSS 초기 대화 상자의 풀다운 메뉴바에서 <그림 1.3>과 같이 File → Read Text Data...을 클릭하면 나타나는 Open Data 대화 상자에서 해당하는 텍스트 파일을 선택하면 <그림 1.4>의 대화 상자 화면이 나타난다. <그림 1.4>에서 Does your text file match a predefined format?이라는 질문이 나오고 No를 체크한 뒤 Next > 버튼을 누르면 <그림 1.5>로 넘어간다. <그림 1.5>에서부터 순차적으로 <그림 1.9>까지를 진행하면 <그림 1.10>과 같이 전환하고자 하는 'txt' 파일의 경로가 지정되었음을 확인할 수 있다.

<그림 1.3>
텍스트 파일을
SPSS
편집기로
불러들이기:
제0단계

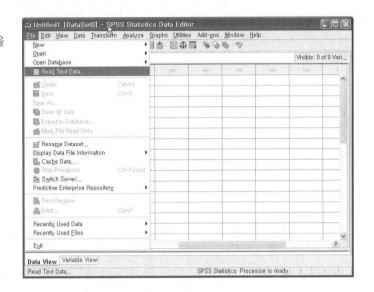

<그림 1.4>
텍스트 파일
편집기로
불러들이기:
제1단계

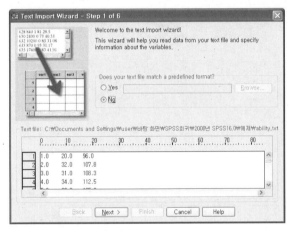

<그림 1.5>
텍스트 파일
편집기로
불러들이기:
제2단계

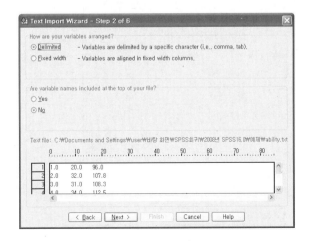

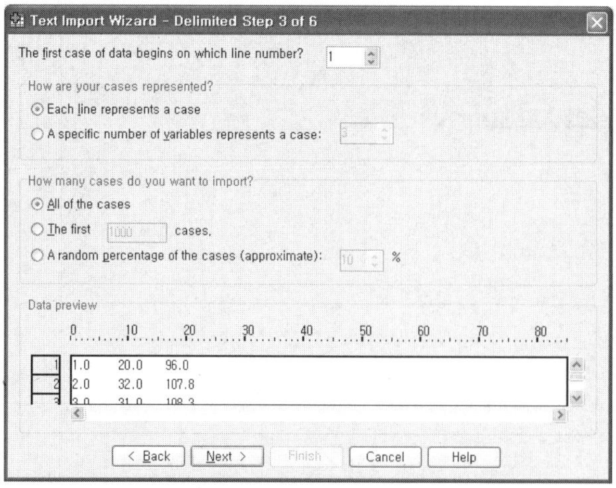

<그림 1.6>
텍스트 파일
편집기로
불러들이기:
제3단계

<그림 1.7>
텍스트 파일
편집기로
불러들이기:
제4단계

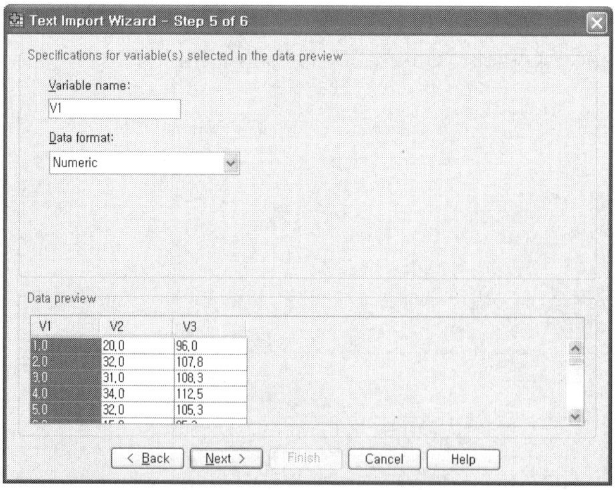

<그림 1.8>
텍스트 파일
편집기로
불러들이기:
제5단계

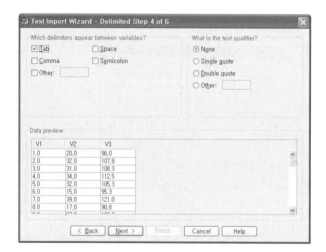

<그림 1.9>
텍스트 파일
편집기로
불러들이기:
제6단계

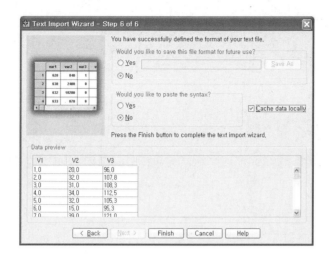

이제 <그림 1.10>에 들어온 데이터 파일의 각 변수명을 정의하도록 하자. <그림 1.10>의 하단 왼쪽에 **Variable View** 탭을 선택하면 <그림 1.11>의 변수의 이름(name), 유형(type) 등을 확인하고 변경할 수 있는 윈도우가 나타난다. 변수 이름과 설명은 사용자가 직접 입력하도록 되어 있으며 나머지(유형, 자릿수 등)는 선택할 수 있도록 되어 있다. 3개의 변수 각각의 변수의 이름, 유형 등을 지정해 보자. 이제 텍스트 파일을 SPSS의 데이터 셋인 'sav' 파일로 저장하여 보자. 이를 위해서는 풀다운 메뉴에서 **File**의 부 메뉴인 **Save as...**를 선택하면 나타나는 <그림 1.12>의 **Save As Data** 대화 상자에서, 저장하기를 원하는 경로에 파일명을 입력하여 SPSS 데이터 파일로 저장한다. 이상이 텍스트 파일을 SPSS 데이터 셋으로 전환하는 작업이다. 참고로 EXCEL이나 DBASE 형식의 데이터 파일도 바로 SPSS에서 불러들일 수 있다.

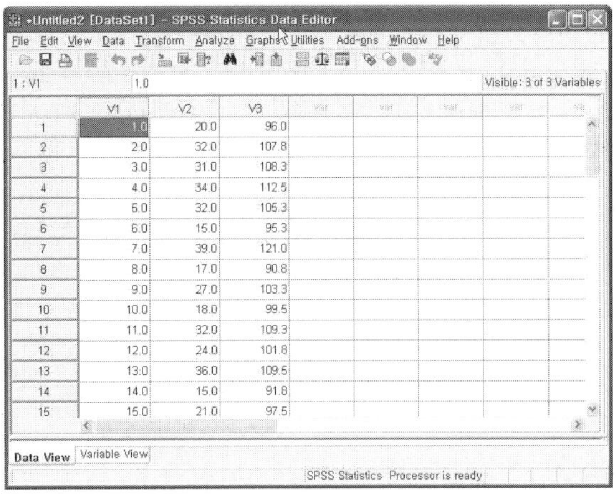

<그림 1.10>
데이터 편집기
창으로 불러온
데이터

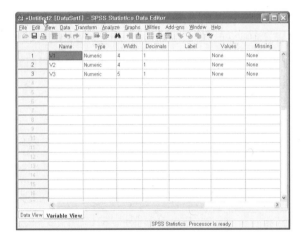

<그림 1.11>
변수명 및
특성 정의하기

<그림 1.12>
텍스트 파일을
sav 파일로
저장하기 대화
상자

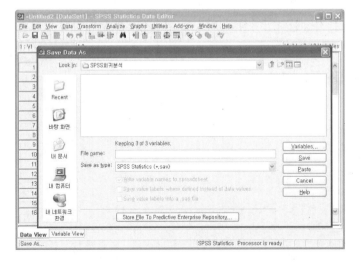

1.2 단순 선형 회귀모형

풀다운 메뉴 중 **Analyze**를 클릭하면 SPSS에서 어떤 통계 분석방법들을 제공하는지 볼 수 있다. <그림 1.13>과 같이 분석도구 중에서 **Regression** 부 메뉴가 보이며 이것의 하부 메뉴로 **Linear**, **Curve Estimation**, **Partial Least Squares**, **Binary Logistic**, **Multinomial Logistic**, **Ordinal**, **Probit**, **Nonlinear**, **Weight Estimation**, **2-Stage Least Squares**, **Optimal Scaling** 등이 나타난다.

<그림 1.13>
SPSS
회귀분석의
하위 메뉴
대화 상자

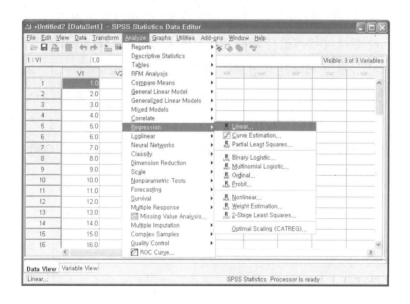

1.2.1 회귀모형의 가정

많은 통계적 연구에서 인과관계를 형성하는 목적은 한 변수(x)가 주어졌을 때 다른 한 변수(y)의 값을 예측하기 위한 것으로 방정식으로 표현될 수 있으며 가장 단순한 방정식의 형태는 식 (1.1)과 같은 직선이다.

$$y = \beta_0 + \beta_1 x \tag{1.1}$$

단순 선형 회귀분석은 원인이 되는 설명변수(explanatory variable) 또는 독립변수(independent variable)와 결과가 되는 반응변수(response variable) 또는 종속변수(dependent variable)가 각각 하나씩인 경우에 설명변수가 반응변수에 미치는 선형적인 영향을 보기 위한 것이다. 모형식 (1.1)에서 x를 설명변수라 하며 y를 반응변수라 부른다. 이때 단순 회귀모형이란 설명변수인 x가 1개인 경우를 말하며 선형 회귀모형이란 두 변수 x와 y의 관계가 선형성을 가질 때 적용하는 모형이다.

그렇다면 선형 회귀분석을 적용할 것인가의 여부를 결정하기 위해서 먼저 주어진 데이터에 대해 두 변수 간의 관계를 가장 잘 설명할 수 있는 방법으로 산점도를 그려 볼 필요가 있다. 산점도를 보면 두 변수 간의 관계가 선형의 관계인지 혹은 비선형의 관계인지 그리고 기울기가 양인지 음인지 등을 탐색적인 방법으로 파악해 볼 수 있다. <표 1.1>의 데이터에 대하여 계량능력 평가시험 (x)와 영업 수익성 평가 지수 (y)가 어떤 관계를 갖는가를 파악하기 위하여 산점도를 그려 보자. 산점도를 그리기 위해서는 SPSS의 풀다운 메뉴 중에서 **Graphs** → **Legacy Dialogs** → **Scatter/Dot**를 선택하면 원하는 형태의 플롯을 그릴 수 있다.

<그림 1.14>
계량능력
평가시험과
영업 수익성
평가 지수의
산점도

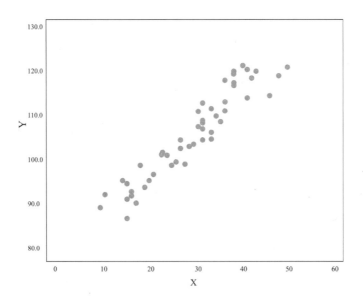

    <그림 1.14>의 산점도 결과 계량능력 평가시험과 영업 수익성 평가 지수 간에 선형적 관계가 존재함을 볼 수 있다. 따라서 계량능력 평가시험이 영업 수익성 평가 지수에 영향을 줄 것으로 생각할 수 있으므로 이 데이터에 대한 단순 선형 회귀모형을 적합시켜 볼 수 있다.

    통계적 모형으로써 직선의 방정식을 표현하기 위해 오차항(ϵ)을 포함한 반응변수 y와 설명변수 x 사이에 다음과 같은 선형관계가 있다고 가정하자.

$$y_i = \beta_0 + \beta_1 x_i + \varepsilon_i, \quad i = 1, \cdots, n \tag{1.2}$$

$$y_i: i \text{ 번째 } y \text{ 의 측정값,}$$

$$\beta_0, \beta_1: \text{추정되어야 할 회귀계수,}$$

$$x_i: i \text{ 번째 주어진 } x \text{ 의 값,}$$

$$\epsilon_i: i \text{ 번째 측정된 } y \text{ 의 오차항.}$$

여기서 오차항 ϵ_i는 평균이 0 이고 분산이 σ^2 인 정규분포를 따르며 서로 다른 i 와 j 에 대해 ϵ_i 와 ϵ_j 는 독립이라고 가정한다.

1.2.2 통계적 추론

    이제 n 개 개체 $(x_1, y_1), (x_2, y_2), \cdots , (x_n, y_n)$ 이 주어진 경우 단순 선형 회귀모형의 식 (1.2)를 행렬식으로 표기하면 다음과 같다.

$$\begin{pmatrix} y_1 \\ y_2 \\ \vdots \\ y_n \end{pmatrix} = \begin{pmatrix} 1 & x_1 \\ 1 & x_2 \\ & \vdots \\ 1 & x_n \end{pmatrix} \begin{pmatrix} \beta_0 \\ \beta_1 \end{pmatrix} + \begin{pmatrix} \epsilon_1 \\ \epsilon_2 \\ \vdots \\ \epsilon_n \end{pmatrix}$$

    선형 회귀모형 식 (1.2)에서 모수 β_0 와 β_1 을 추정해야 하는데 표본으로부터의 추정치를 $\hat{\beta}_0$ 과 $\hat{\beta}_1$ 이라 하면 회귀직선의 추정식은 다음과 같다.

$$\hat{y}_i = \hat{\beta}_0 + \hat{\beta}_1 x_i \tag{1.3}$$

회귀계수 β_0, β_1을 추정하는 방법으로 보통 최소제곱법(least squares method)을 사용한다. 최소제곱법은 오차들의 제곱합을 최소로 하는 회귀계수를 추정하는 방법이다. 즉,

$$Q = \sum_{i=1}^{n} \epsilon^2 = \sum_{i=1}^{n} (y_i - \beta_0 - \beta_1 x_i)^2 \tag{1.4}$$

을 최소로 하는 β_0와 β_1의 값을 이들의 추정치 $\hat{\beta}_0$과 $\hat{\beta}_1$으로 하는 것이다. 따라서 식 (1.4)를 β_0와 β_1에 대해 편미분함으로써 얻어지는 회귀계수의 추정치는 각각 다음과 같다.

$$\hat{\beta}_1 = \frac{\sum_{i=1}^{n} (x_i - \bar{x})(y_i - \bar{y})}{\sum_{i=1}^{n} (x_i - \bar{x})^2}, \quad \hat{\beta}_0 = \bar{y} - \hat{\beta}_1 \bar{x}.$$

또한 오차항 분산(σ^2)의 추정치는 다음과 같다.

$$\hat{\sigma^2} = \frac{\sum_{i=1}^{n} (y_i - \hat{y}_i)^2}{n-2}$$

이제 최소제곱 추정치 $\hat{\beta}_0$과 $\hat{\beta}_1$을 이용하면 다음과 같은 제곱합의 분할(partition of sum of squares)에 관한 관계식을 얻을 수 있다.

$$\sum_{i=1}^{n} (y_i - \bar{y})^2 = \sum_{i=1}^{n} (\hat{y}_i - \bar{y})^2 + \sum_{i=1}^{n} (y_i - \hat{y}_i)^2 \tag{1.5}$$

식 (1.5)에서 $(y_i - \hat{y}_i)$은 회귀모형에 의해 설명되지 않는 나머지로서 잔차(residual)라고 한다. 위의 식에서 좌변을 전체제곱합(Total Sum of Squares: TSS; Correated Total SS)이라고 하며 우변의 첫째 항을 회귀제곱합(Sum of Squares due to Regression: SSR), 우변의 둘째 항을 오차제곱합(Sum of Squares due to Error: SSE)이라고 한다. 이것을 그림으로 표현하면 <그림 1.15>와 같다.

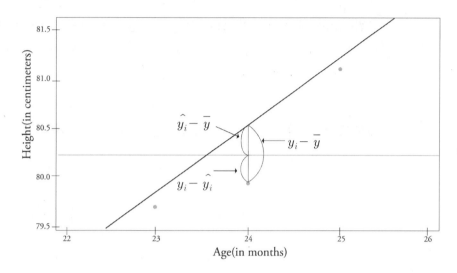

<그림 1.15>
제곱합의
분할

전체제곱합(TSS) 중에서 회귀제곱합(SSR)이 차지하는 비율, 즉 총
변동을 설명하는 데 있어서 회귀선에 의하여 설명되는 변동이 기여
하는 비율을 결정계수(coefficient of determination: R^2)라고 한다. 결정계수
(R^2)는 다음과 같이 정의된다.

$$\frac{SSR}{TSS} = 1 - \frac{SSE}{TSS}$$

결정계수는 $0 \le R^2 \le 1$ 사이의 값을 가지며 R^2이 1에 가까우면 회귀
선이 유의함을 의미한다. 그런데 결정계수는 단순 회귀분석에서 아무런 문
제가 없지만 설명변수의 수가 증가함에 따라 값이 커지는 경향이 있기 때
문에 설명변수가 둘 이상인 중회귀모형에서는 이를 보완한 수정된 결정계
수($Adjusted\ R^2: Adj - R^2$)로 모형의 적합도를 판정하는 것이 바람직하
다. 수정된 결정계수에 대하여는 2장의 중회귀분석에서 자세히 다루게 될
것이다. 설명변수의 개수를 p개, 개체 수를 n이라 하면 수정된 결정계수
($Adj - R^2$)는 식 (1.6)과 같다.

$$Adj - R^2 = 1 - (1 - R^2)\frac{(n-1)}{(n-p-1)} \tag{1.6}$$

주어진 데이터를 적합시킬 때 회귀직선이 유의한가(significant)는 총
변동을 세부적인 원인에 따라 여러 개의 제곱합으로 나누어 회귀제

곱합(SSR)이 오차제곱합(SSE)보다 어느 정도 큰가를 다음과 같은 분산
분석표(ANalysis Of VAriance table: ANOVA table)로써 알아볼 수 있다. <표
1.2>에서 SSR을 자기 자신의 자유도로 나누어 준 것을 MSR(Mean
Squares due to Regression: 회귀의 평균제곱 $= SSR/1$)이라 하고 SSE를 오차의 자
유도로 나누어 준 것을 MSE(Mean Squares due to Error: 오차의 평균제곱
$= SSE/(n-2)$)라 한다.

<표 1.2>
분산분석표

요인	제곱합	자유도	평균제곱	F-값	p-값
회귀	SSR	1	MSR	MSR/MSE	$F(1, n-2 ; \alpha)$
오차	SSE	$n-2$	MSE		
전체	TSS	$n-1$			

1.2.3 신뢰구간의 추정 및 가설검증

적합된 회귀직선이 얼마나 데이터에 잘 들어맞는지를 측정하기 위해
서는 x 값의 변화가 반응변수 y 에 미치는 영향의 정도를 나타내는 회귀계
수 β_1 에 관심을 두게 된다. 물론 x 값이 0일 때 y 의 값을 나타내는 절편항
β_0 가 관심일 경우도 있을 것이다. 따라서 회귀계수들에 대하여 검증을 해
본다든지 혹은 신뢰구간 등을 구하기 위해서는 회귀계수의 추정치들에 대
한 분포를 알아야만 한다. 오차항 ϵ_i 가 정규분포를 따른다는 가정 하에서
회귀계수의 추정량인 $\hat{\beta}_1$ 의 분포는 다음과 같다. 보다 구체적으로 추론의
과정에 대해서는 참고 문헌들을 살펴보기 바란다(박성현, 1981; 김기영 · 전명식,
1998).

$$\hat{\beta}_1 \quad \sim \quad N\left(\beta_1, \ \frac{\sigma^2}{\displaystyle\sum_{i=1}^{n}(x_i - \overline{x})^2}\right)$$

따라서 신뢰계수 $(1-\alpha)$ 를 가지는 β_1 의 신뢰구간은 σ^2 을 모르는 경우 식 (1.7)과 같다.

$$\hat{\beta}_1 \pm t\left(n-2 \, ; \frac{\alpha}{2}\right) \sqrt{\frac{\widehat{\sigma^2}}{\displaystyle\sum_{i=1}^{n}(x_i - \overline{x})^2}} \tag{1.7}$$

한편 회귀직선의 절편인 β_0 의 분포는

$$\hat{\beta}_0 \quad \sim \quad N\left(\beta_0, \ \sigma^2\left(\frac{1}{n} + \frac{\overline{x}^2}{\displaystyle\sum_{i=1}^{n}(x_i - \overline{x})^2}\right)\right)$$

이며 $100(1-\alpha)\%$ 신뢰구간은 σ^2 을 모르는 경우 식 (1.8)과 같다.

$$\hat{\beta}_0 \pm t\left(n-2 \, ; \frac{\alpha}{2}\right) \sqrt{\widehat{\sigma^2}\left(\frac{1}{n} + \frac{\overline{x}^2}{\displaystyle\sum_{i=1}^{n}(x_i - \overline{x})^2}\right)} \tag{1.8}$$

이제 회귀계수의 추정량에 대한 분포를 알았으므로 이를 통해 먼저 설명변수 x 가 반응변수 y 를 설명하는 데 통계적으로 유의하게 기여하는지의 여부를 검증할 필요가 있다. 가설 $H_0 : \beta_1 = 0$ vs $H_1 : \beta_1 \neq 0$ 에 대한 검증통계량은

$$F = \frac{MSR}{MSE}$$

이며 유의수준 α 에서 $F = MSR/MSE > F(1, n-2 \, ; \alpha)$ 이면 귀무가설을 기각하게 된다.

또한 기울기(β_1)와 절편항(β_0)이 임의의 특정 값을 갖는다는 것이 통계적으로 의미가 있는지에 대한 평가를 위하여 가설검증을 실시할 수 있다. 먼저 임의의 값 β_{10} 을 대상으로 회귀계수 β_1 에 대한 가설 $H_0 : \beta_1 = \beta_{10}$ vs $H_1 : \beta_1 \neq \beta_{10}$ 의 검증통계량은 식 (1.9)와 같다.

$$t = \frac{\hat{\beta}_1 - \beta_{10}}{\sqrt{\widehat{Var}(\hat{\beta}_1)}} = \frac{\hat{\beta}_1 - \beta_{10}}{\sqrt{\dfrac{\hat{\sigma}^2}{\displaystyle\sum_{i=1}^{n}(x_i - \overline{x})^2}}} \tag{1.9}$$

따라서 대립가설이 양측검증이므로 $t_{\alpha/2}(n-2)$을 구한 뒤 검증통계량 t의 절대값이 $|t| > t_{\alpha/2}(n-2)$이면 귀무가설을 기각하고 그렇지 않으면 귀무가설을 기각하지 못하게 된다. 마찬가지 방법으로 회귀선의 절편항에 대하여도 임의의 값 β_{00}에 대해 가설 $H_0 : \beta_0 = \beta_{00}$ vs $H_1 : \beta_0 \neq \beta_{00}$에 대한 검증을 실시할 수 있으며 이때의 검증통계량은 식 (1.10)과 같다.

$$t = \frac{\hat{\beta}_0 - \beta_{00}}{\sqrt{\widehat{Var}(\hat{\beta}_0)}} = \frac{\hat{\beta}_0 - \beta_{00}}{\sqrt{\hat{\sigma}^2 \left(\dfrac{1}{n} + \dfrac{(\overline{x})^2}{\displaystyle\sum_{i=1}^{n}(x_i - \overline{x})^2} \right)}} \tag{1.10}$$

역시 (1.10)식의 검증통계량 t의 절대값이 $|t| > t_{\alpha/2}(n-2)$이면 귀무가설을 기각하고 그렇지 않으면 귀무가설을 기각하지 못한다.

어떤 주어진 x값에서 y의 기대값 $E(y|x) = \beta_0 + \beta_1 x$의 추정치는

$$\hat{y} = \hat{\beta}_0 + \hat{\beta}_1 x$$

이며 $\hat{y}$의 기대값과 분산은 각각

$$E(\hat{y}) = E(\hat{\beta}_0 + \hat{\beta}_1 x) = \beta_0 + \beta_1 x$$

$$Var(\hat{y}) = \sigma^2 \left(\frac{1}{n} + \frac{(x - \overline{x})^2}{\displaystyle\sum_{i=1}^{n}(x_i - \overline{x})^2} \right)$$

이다. 이로부터 $E(y|x)$의 $100(1-\alpha)\%$ 신뢰구간은 σ^2을 모르는 경우

$$\hat{y} \pm t\left(n-2 \,;\, \frac{\alpha}{2}\right) \sqrt{\hat{\sigma}^2 \left(\frac{1}{n} + \frac{(x - \overline{x})^2}{\displaystyle\sum_{i=1}^{n}(x_i - \overline{x})^2} \right)}$$

으로 주어진다. 위 식을 잘 살펴보면 x의 값들이 $\overline{x}$ 근처에 있을 경

우 정도(precision)의 측면에서 더 좋은 결과를 가져올 수 있음을 알 수 있다.

실제적인 측면에서 생각할 때 연구자의 관심대상은 어떤 x가 주어졌을 때 y의 기댓값보다는 y 그 자체에 있을 것이다. 따라서 주어진 x 값들에서 y의 미래 관측치(예측치)에 대한 $100(1-\alpha)\%$ 신뢰구간은 σ^2을 모르는 경우

$$\hat{y} \pm t\left(n-2\,;\,\frac{\alpha}{2}\right) \sqrt{\hat{\sigma^2}\left(1 + \frac{1}{n} + \frac{(x-\overline{x})^2}{\sum\limits_{i=1}^{n}(x_i - \overline{x})^2}\right)}$$

이며 이 구간은 $E(y|x)$의 신뢰구간보다 넓음을 알 수 있다.

1.3 적용 사례 I: 영업 수익성 지수 평가

<표 1.1>의 데이터를 SPSS에서 제공하는 대화 상자를 통해 분석해 보기로 한다. <그림 1.13>의 <u>Analyze</u>→<u>Regression</u>→<u>Linear...</u>을 선택하면 <그림 1.16>의 Linear Regression 대화 상자가 나타난다. <그림 1.16>은 회귀분석의 모형을 정의하고 통계량, 산점도, 잔차출력 등을 설정할 수 있는 대화 상자로 좌변에는 데이터 셋에 들어 있는 변수명이 표시된다. 여기에서 계량능력 평가시험[X]를 선택하여 ➡를 이용해 Independent(s): 상자로 이동하고 영업 수익성 평가 지수[Y]를 선택하여 Dependent: 상자로 이동한다.

<그림 1.16>
Linear
Regression
대화 상자

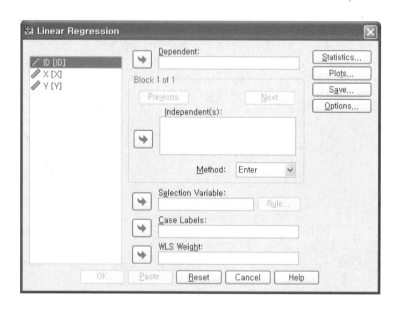

<그림 1.16>의 오른쪽에 있는 버튼 중에서 [Statistics...], [Plots...] 등을 자세하게 살펴보기로 한다. [Statistics...]을 클릭하면 <그림 1.17>의 Linear Regression: Statistics의 대화 상자가 나타나며 여기서 필요한 통계량을 선택할 수 있다. <그림 1.17>에 제시되어 있는 각각의 통계량에 대한 성질을 정리한 결과가 <표 1.3>이다. <표 1.3>의 옵션들은 선택적으로

사용할 수 있다. <그림 1.17>에서 디폴트로 선택되어 있는 **Estimates**와 **Model fit**에 추가로 **Confidence intervals**와 **Durbin-Watson**을 선택한 후 [Continue]를 클릭하여 <그림 1.16>의 [OK]를 선택해 단순 선형 회귀분석을 실시한 결과는 <표 1.4>와 같다.

<그림 1.17>
통계량을
지정하는
대화 상자

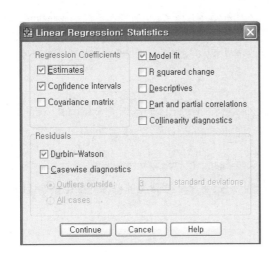

<표 1.4>의 ①은 Model Summary 테이블로 결정계수인 R^2 값(R square) 및 수정된 R^2 값(Adjusted R square) 등을 볼 수 있다. 결정계수 값이 0.892로 모형적합이 잘되었음을 알 수 있다(즉 반응변수 y 의 분산 중에서 89.2%가 설명변수 x 에 의한 회귀식으로 설명되었음을 뜻한다). 그러나 R^2 은 이러한 기술적 (descriptive)인 탐색으로만 쓰일 뿐이며 회귀식의 전반적인 확증적(confirmative) 유용성은 ②의 ANOVA 테이블의 F 통계량에 나타나있다. <표 1.4>의 ① 에는 오차항의 독립성 검증을 위한 통계량인 더빈-왓슨(Durbin-Watson) 값은 2.483이며 이 정도의 값이면 오차항들이 독립임을 확증할 수 있다. DW 통계량에 관한 구체적인 언급은 1.5절의 잔차분석에서 다루기로 한다.

<표 1.3>
선형
회귀분석의
통계량

□ Model fit	상관계수, 결정계수, 수정된 결정계수, 추정값의 표준오차, 분산분석 테이블을 출력한다.
□ R squared change	회귀모형에서 독립변수를 하나씩 추가시키거나 제거시킬 때의 결정계수의 변화량을 출력한다.
□ Descriptives	독립변수들의 기초통계량(평균, 표준편차, 상관행렬)을 출력한다.
□ Part and partial correlations	편회귀 플롯을 출력한다. 설명변수의 역할을 직접 보여 주므로 회귀진단에 도움이 된다.
□ Collinearity diagnostics	다중회귀분석에서 독립변수들의 다중공선성을 진단하기 위한 통계량과 검증법(고유값, 상태지수 등)을 출력한다.
Regression Coefficients	**선형 회귀의 통계량들은 다음과 같다.** **하나 이상의 통계량들을 선택적으로 사용할 수 있다.**
□ Estimates	회귀계수의 추정치를 계산하여 출력한다.
□ Confidence intervals	비표준 회귀계수에 대한 95% 신뢰구간을 출력한다.
□ Covariance matrix	비표준 회귀계수에 대한 분산-공분산 행렬을 출력한다.
Residuals	**잔차분석 통계량들을 출력한다.**
□ Durbin-Watson	표준화잔차, 비표준화잔차, 예측값에 대한 요약통계량과 잔차들 간의 시계열적 상관관계를 측정하는 더빈-왓슨 통계량을 출력한다.
□ Casewise diagnostics	특이치 여부를 판단하기 위한 통계량으로서 표준화잔차가 특정값보다 절대값이 큰 관측치에 대하여 선택된 변수들의 값을 제시한다.

<표 1.4>
단순 선형
회귀분석의
모형 요약 및
분산분석표

Model Summary[b] ①

Mode l	R	R Square	Adjusted R Square	Std. Error of the Estimate	Durbin-Watson
1	.944[a]	.892	.889	3.3664	2.483

a. Predictors: (Constant), X
b. Dependent Variable: Y

ANOVA[b] ②

Model		Sum of Squares	df	Mean Square	F	Sig.
1	Regression	4478.614	1	4478.614	395.192	.000[a]
	Residual	543.972	48	11.333		
	Total	5022.586	49			

a. Predictors: (Constant), X
b. Dependent Variable: Y

Coefficients[a] ③

Model		Unstandardized Coefficients		Standardized Coefficients	t	Sig.	95% Confidence Interval for B	
		B	Std. Error	Beta			Lower Bound	Upper Bound
1	(Constant)	79.622	1.439		55.324	.000	76.728	82.516
	X	.907	.046	.944	19.879	.000	.815	.999

a. Dependent Variable: Y

Residuals Statistics[a]

	Minimum	Maximum	Mean	Std. Deviation	N
Predicted Value	87.787	125.892	106.622	9.5603	50
Residual	-6.7630	5.9950	.0000	3.3319	50
Std. Predicted Value	-1.970	2.016	.000	1.000	50
Std. Residual	-2.009	1.781	.000	.990	50

a. Dependent Variable: Y

<표 1.4>의 ②는 분산분석표(ANOVA)로 F 검증통계량 값이 395.192 이고 p값($Sig = 0.000$)이 유의수준 $\alpha = 0.05$ 하에서 유의하므로 반응변수인 영업 수익성 평가 지수(Y)를 설명하는 데 있어 설명변수인 계량능력 평가시험(X)의 기여도가 유의함을 알 수 있다. 또한 <표 1.4>의 분산분석표(ANOVA)에서 모형에 대한 회귀(Regression)와 잔차(Residual) 그리고 전체(Total)에 대한 제곱합(Sum of squares) 및 각각의 평균제곱(Mean squares) 등을 볼 수 있다. 회귀모형이 유의하고 모형적합이 잘 되었다면 구체적으로 회귀모형식의 회귀계수 추정치를 확인해 볼 필요가 있다. ③은 계수 테이블(Coefficients)로 모형적합을 통해 추정된 단순 선형 회귀모형은

$$\hat{y} = 79.622 + 0.907\,x$$

이며 설명변수의 유용성 검증을 위한 t 통계량값이 19.879로 유의확률인 p 값이 0.000임을 알 수 있다. 다시 말해서 계량능력 평가시험이 영업 수익성 평가 지수를 예측하는데 통계적인 의미에서 크게 유의미하다고 볼 수 있다. 그리고 β_1에 대한 95% 신뢰구간의 하한값과 상한값은 각각 0.815와 0.999임을 알 수 있다.

이제 $E(y|x)$와 주어진 x 값들에서 y의 미래 관측치에 대한 95% 신뢰구간을 구하여 보자. 이를 위해서 <그림 1.16>의 오른쪽 $\boxed{\text{Save...}}$ 버튼을 선택하면 <그림 1.18>의 Linear Regression: Save 대화 상자가 나타나며 여기서 Predicted Values 상자의 Unstandardized와 Prediction Intervals 상자의 Mean과 Individual을 모두 선택하고 활성화된 Confidence Interval:을 95%(디폴트)로 지정하면 된다. 옵션 Mean은 평균 즉, 회귀선에 대한 신뢰구간(MCIN: ower and upper bounds for the prediction interval of the mean predicted response)을 제공하고 Individual은 하나의 x가 주어졌을 때의 y에 대한 신뢰구간(ICIN: Lower and upper bounds for the prediction interval for a single observation)을 제공한다. 이런 과정을 거치면 그 결과가 <그림 1.19>의 데이터 편집기 창에 들어와 있음을 볼 수 있다.

<그림 1.18>
예측치와
신뢰구간을
구하기 위한
대화 상자

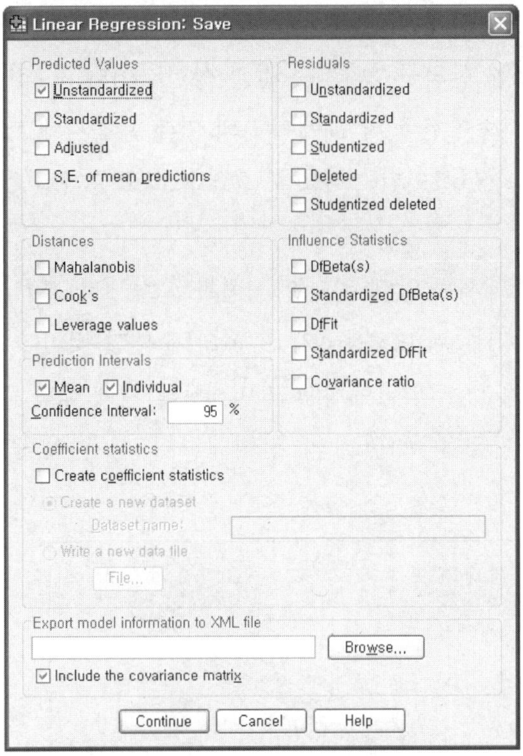

<그림 1.19>
예측치와
신뢰구간

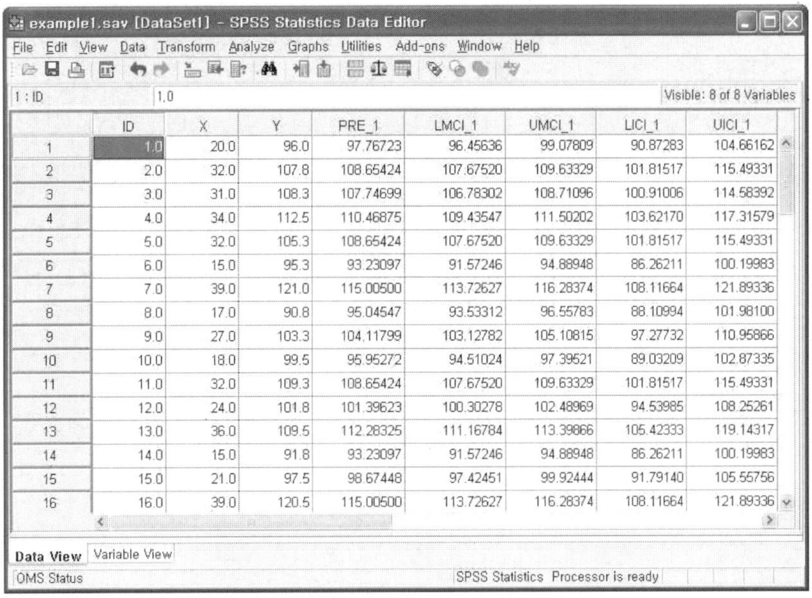

	ID	X	Y	PRE_1	LMCI_1	UMCI_1	LICI_1	UICI_1
1	1.0	20.0	96.0	97.76723	96.45636	99.07809	90.87283	104.66162
2	2.0	32.0	107.8	108.65424	107.67520	109.63329	101.81517	115.49331
3	3.0	31.0	108.3	107.74699	106.78302	108.71096	100.91006	114.58392
4	4.0	34.0	112.5	110.46875	109.43547	111.50202	103.62170	117.31579
5	5.0	32.0	105.3	108.65424	107.67520	109.63329	101.81517	115.49331
6	6.0	15.0	95.3	93.23097	91.57246	94.88948	86.26211	100.19983
7	7.0	39.0	121.0	115.00500	113.72627	116.28374	108.11664	121.89336
8	8.0	17.0	90.8	95.04547	93.53312	96.55783	88.10994	101.98100
9	9.0	27.0	103.3	104.11799	103.12782	105.10815	97.27732	110.95866
10	10.0	18.0	99.5	95.95272	94.51024	97.39521	89.03209	102.87335
11	11.0	32.0	109.3	108.65424	107.67520	109.63329	101.81517	115.49331
12	12.0	24.0	101.8	101.39623	100.30278	102.48969	94.53985	108.25261
13	13.0	36.0	109.5	112.28325	111.16784	113.39866	105.42333	119.14317
14	14.0	15.0	91.8	93.23097	91.57246	94.88948	86.26211	100.19983
15	15.0	21.0	97.5	98.67448	97.42451	99.92444	91.79140	105.55756
16	16.0	39.0	120.5	115.00500	113.72627	116.28374	108.11664	121.89336

<그림 1.19>에서 PRE_1 은 예측치($\hat{y}$)이며 $LMCL\_1$ 과 $UMCL\_1$ 이 각각 $E(y|x)$ 의 95% 신뢰구간의 하한값과 상한값이다. 그리고 $LICL\_1$ 과 $UICL\_1$ 이 하나의 주어진 x 의 값에서 y 의 미래 관측치에 대한 95% 신뢰구간의 하한값과 상한값이다. 이들을 그림으로 표현하면 <그림 1.20> 과 같다.

<그림 1.20>에서 중앙에 위치한 직선이 $\hat{y}$ 을 나타내며 $\hat{y}$ 을 중심으로 안쪽에 위치한 신뢰대(confidence band)가 $E(y|x)$ 에 대한 것이다. 그리고 바깥쪽에 위치한 신뢰대가 x 의 값에서 y 의 미래 관측치에 대한 것이며 1.2.3절에서 언급했듯이 이것은 $E(y|x)$ 의 신뢰대보다 더 넓음을 볼 수 있다.

<그림 1.20>
95% 신뢰구간

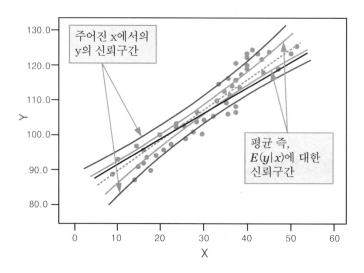

1.4 SPSS(PASW) 회귀분석 명령문 형식

1.3절의 SPSS 대화 상자를 이용한 단순 선형 회귀분석의 과정에 대한
프로그램 명령문 형식은 <표 1.5>와 같다.

<표 1.5>
단순 선형
회귀분석의
명령문

```
REGRESSION
   /MISSING LISTWISE
   /STATISTICS COEFF OUTS CI R ANOVA
   /CRITERIA = PIN(.05) POUT(.10)
   /NOORIGIN
   /DEPENDENT y
   /METHOD = ENTER x
   /RESIDUAL DURBIN
   /SAVE PRED COOK MCIN ICIN DFBETA DFFIT
```

MISSING, STATISTICS, CRITERIA, NOORIGIN, DEPENDENT, METHOD,
RESIDUAL, SAVE 등은 모두 부명령어(subcommand)로서 각각의 명령어 기
능은 다음과 같다.

■ **MISSING 명령어**

결측치를 갖는 사례를 다루는 명령어이다.

- LISTWISE: 결측치가 있어 제거되는 사례를 나열한다.
- PAIRWISE: 명령어에 명명된 모든 변수 중에서 타당한(valid) 값을
  갖는 케이스만이 사용된다. 만약 INCLUDE 명령어가 지정되어 있
  다면 시스템-결측치를 갖는 사례만이 제거된다.
- MEANSUB: 결측치를 평균값으로 대체시켜 분석에 포함시킨다.

■ STATISTICS 명령어

방정식이나 설명변수들에 대한 통계량을 제시한다.
STATISTICS는 DEPENDENT나 METHOD 명령어 앞에 지정되어야 한다.

- 설명변수들에 대한 통계량

- COEFF: 회귀계수와 회귀계수의 표준오차, 표준화 회귀계수(beta), t 값 등을 출력한다.
- OUTS: METHOD 명령어에는 제시되어 있지만 방정식에 포함되지 않은 변수들의 통계량들을 출력한다.
- CI: 비표준화 회귀계수의 95% 신뢰구간을 출력한다.
- ZPP: 0차, 부분, 편상관 행렬을 제시한다.
- SES: 표준화 회귀계수의 근사적인 표준오차를 출력한다.
- TOL: 허용치(일반적으로 허용치가 작으면 다중공선성이 발생된 것으로 본다)를 제시한다.
- F: 회귀계수에 대한 F 값과 유의확률을 제시한다.

- 방정식에 대한 통계량

- R: 결정계수와 수정된 결정계수 그리고 추정치의 표준오차 등을 출력한다.
- ANOVA: 분산분석 테이블을 출력한다.
- CHA: R^2 의 변화량을 제시한다.
- BCOV: 비표준화 회귀계수의 분산-공분산 행렬을 출력한다.
- XTX: 상관행렬을 제시한다.
- COLLIN: 다중공선성을 진단하기 위한 통계량(고유값, 상태지수 등)값들을 제시한다.
- SELECTION: 모형 선택의 기준이 되는 통계량들을 제시한다(아카이케의 정보량 기준(AIC), 멜로우즈의 C_p, 슈와르츠의 베이지안 기준(SBC) 등).

■ **CRITERIA 명령어**

회귀방정식을 구축하는 데 사용되는 통계적 기준을 지정한다.
- PIN[(value)]: 모형에 포함시킬 때의 F 값의 확률(디폴트 0.05)
- POUT[(value)]: 모형에서 제거시킬 때의 F 값의 확률(디폴트 0.10)
- FIN[(value)]: 모형에 포함시킬 때의 F 값(디폴트 3.84)
- FOUT[(value)]: 모형에서 제거시킬 때의 F 값(디폴트 2.71)
- TOLERANCE[(value)]: 허용치 기준(디폴트 0.0001)
- MAXSTEPS[(n)]: 방정식에 대한 각 METHOD의 최대 수 지정
- CIN[(value)]: 신뢰구간에 대한 퍼센트를 지정(디폴트 95%)

■ **NOORIGIN 명령어**

상수항을 모형에 포함시키지 않는 경우는 ORIGIN을(회귀선이 원점을 지나는 경우), 모형에 포함시키는 경우 NOORIGIN을 사용한다. 디폴트는 상수항을 모형에 포함시킨다. ORIGIN 또는 NOORIGIN은 DEPENDENT나 METHOD 명령어 앞에 정의되어야 한다.

■ **METHOD 명령어**

변수선택과 관련된 명령어로 선택 가능한 변수선택 방법들은 다음과 같다.
- BACKWARD [varlist]: 후진제거법
- FORWARD [varlist]: 전진선택법
- STEPWISE [varlist]: 단계적 방법
- ENTER [varlist]: 변수투입법(분석자가 지정한 설명변수를 모두 포함시킨 모형에 적합시키는 방법이다.)
- REMOVE [varlist]: 제거변수법(단독으로 사용할 수 없으며 첫 번째 모형에서 투입된 변수들 중 일부 설명변수들을 제외시킨 모형에 적합시키고자 할 경우 SPSS 메뉴에서는 [Next]을 이용하여 첫 번째 모형에서 제거해야 되는 변수를

나열한 후 이 옵션을 사용할 수 있다.)

■ DESCRIPTIVE 명령어

기초통계량과 상관분석을 출력하고자 할 때 사용하는 명령어이다.

· NONE: 기술통계량을 출력하지 않는다.

· DEFAULTS: 평균, 표준편차, 상관계수가 출력된다.

· MEANS: 평균만을 출력하고자 할 때 사용한다.

· STDDEV: 표준편차만을 출력하고자 할 때 사용한다.

· VARIANCE: 분산만을 출력하고자 할 때 사용한다.

· 그 외 CORR, SIG, COV, N, ALL 등의 옵션이 있다.

■ RESIDUAL 명령어

더빈-왓슨 통계량, 히스토그램, 정규확률 플롯뿐만 아니라 이상점에 대한 정보를 제공한다.

· DEFAULTS: RESIDUAL 문에서 명령어가 사용되지 않으면, 디폴트로 DURBIN, NORMPROB(ZRESID), HISTOGRAM(ZRESID), OUTLIERS (ZRESID)가 제공된다.

· HISTOGRAM(tempvars): 디폴트로 ZRESID에 대한 히스토그램을 제공하며 PRED, RESID, ZPRED, DRESID, ADJ-PRED, SRESID, SDRESID, SEPRED, COOK에 대한 히스토그램도 출력할 수 있다.

· NORMPROB(tempvars): 디폴트로 ZRESID에 대한 정규 확률 플롯을 제공한다.

· OUTLIERS(tempvars): 디폴트로 ZRESID의 절대값이 가장 큰 10개 개체들을 제시한다.

· DURBIN: 모형 요약 테이블 내에 더빈-왓슨 통계량을 출력한다.

■ **SAVE 명령어**

하나 이상의 잔차 또는 적합치들을 데이터 셋으로 저장하기 위한 명령어이다. 새롭게 생성되어 저장되는 이들 변수명은 유일하여 구분된다. 만일 SAVE 명령어에서 DFBETA, SDBETA를 지정하면 저장되는 새로운 변수들은 방정식 안에 있는 총 변수의 수만큼 생성된다.

· FIT: 모든 영향력 함수의 값(DFFIT, SDFIT, DFBETA, SDBETA, COVRATIO)을 저장한다.

<표 1.6>
SAVE 명령어
사용 예

```
/SAVE = PRED(PREDVAL)  RSID(RESIDUAL)
            COOK(CDISTANC)
/SAVE = PRED  RESID
```

<표 1.6>의 첫 번째 SAVE문은 추가적인 세 개의 변수가 작업하는 데이터 셋(data set)의 끝에 추가된다. 여기서 PREDVAL은 각 개체에 대한 비표준화 예측치를 포함하며 RESIDUAL은 비표준화잔차, CDISTANC는 Cook의 거리를 포함한다. 두 번째 SAVE문은 두 변수 PRE_1, RES_1이 작업하는 데이터 셋의 끝에 추가된다.

<표 1.7>
SAVE 명령
어 사용 예
(계속)

```
REGRESSION  DEPENDENT = Y
      /METHOD = ENTER  X1  X2
      /SAVE  DFBETA(DFBVAR)
```

<표 1.7>의 SAVE 명령어는 세 변수 DFBVAR0, DFBVAR1, DFBVAR2를 생성한다. <표 1.8>의 SAVE 명령어는 모두 일곱 개의 변수를 생성하며 각각은 다음과 같다. PREDV는 비표준화 예측치를 BETA0은 절편항의 표준화된 DFBETA를, BETA1에서 BETA3은 모형에 있는 세 개의

독립변수(INCOME, POP15, POP75)에 대한 표준화된 DFBETA를 생성한다. 또한 각각의 개체에 대한 예측구간의 하한값인 LICI_1과 상한값인 UICI_1이 데이터 셋에 만들어진다.

<표 1.8>
SAVE 명령
어 사용 예
(계속)

```
REGRESSION  VARIABLES
=SAVINGS  INCOME  POP15  POP75  GROWTH
/DEPENDENT = SAVINGS
/METHOD = ENTER  INCOME  POP15  POP75
/SAVE = PRED(PREDV)  SDBETA(BETA)  ICIN.
```

■ **MATRIX 명령어**

행렬 형태의 데이터 파일을 읽거나 쓰기 위한 명령어로 회귀분석을 하기 전에 상관분석(CORRELATIONS)과 같은 프로시저에 의해 생성된 결과를 읽거나 쓴다. 평균, 표준편차, 각 계수들을 행렬 데이터로 읽을 수 있다.

· OUT: 행렬 데이터 파일을 저장할 때 사용한다. 파일 이름을 지정하면 디스크에 바로 저장되어 언제라도 불러들일 수 있다.

· IN: 행렬 데이터 파일을 읽을 때 사용한다. 행렬 데이터 파일이 작업 중이면 asterisk(*)를 지정한다.

<표 1.9>
MATRIX
명령어 사용
예

```
REGRESSION  MATRIX IN(PAY_DATA) OUT(*)
/VARIABLES = AGE,  STARTPAY,  YRS_ JOB,  SALARY
/DEPENDENT = SALARY
/METHOD = STEP
```

<표 1.9>의 행렬 IN은 행렬 데이터 파일인 PAY_DATA를 읽는다. 반응변수 SALARY의 단계별 회귀분석은 AGE, STARTPAY, YES_JOB을 이용해 수행된다. 행렬 OUT은 PAY_DATA 파일에 저장되었던 행렬 데이

터 파일이 작업 파일로 대체된다.

이 외에도 PARTIALPLOT, OUTFILE, SCATTERPLOT, CASEWISE 등의 부명령어가 있다. 이에 대하여는 본서에서 생략하기로 한다. 보다 관심 있는 독자들은 SPSS 매뉴얼을 참고하기 바란다.

1.5 잔차분석

잔차(residual)는 오차항의 추정량으로서 회귀모형을 이루는 여러 가지 가정들의 타당성에 관한 많은 정보를 갖고 있기 때문에 모형의 타당성을 검색하는 데 있어 가장 간단하고 효과적인 통계량이다. 즉, 잔차분석은 가정된 회귀모형의 결점, 이상점의 유무, 등분산 가정이 제대로 성립하는지 등을 검토할 수 있다. 단순 선형 회귀모형에서 오차항에 대한 가정은 다음과 같다.

① 오차항 ϵ_i는 기대값 0, 분산 σ^2으로 i에 관계없이 일정하다.

② 서로 다른 i, j에 대하여 ϵ_i와 ϵ_j는 독립이다.

③ ϵ_i는 정규분포를 따른다.

가정 ①을 등분산성(等分散性)의 가정이라 하며 이는 잔차 플롯을 통해 검토해 볼 수 있다. 설명변수 x(혹은 예측치 $\hat{y}$)를 수평축에, 잔차를 수직축 평면 위에 그린 결과가 0을 중심으로 랜덤하게 퍼져 있다면 등분산성의 가정이 충족되었다고 할 수 있다.

잔차 플롯이 <그림 1.21>과 같은 경우 예측치의 값이 커짐에 따라 잔차의 분산 폭이 점점 커지고 있음을 쉽게 감지할 수 있다. 여기서 분산이 커진다는 것은 오차항에 대한 가정 중에서 등분산성의 가정이 위배되었음(이분산성을 가짐)을 의미한다. 이처럼 잔차의 분산이 $\hat{y}$에 비례하여 커지는 경우에는 반응변수 y에 대하여 로그변환(log) 등을 취한 후 다시 선형 회귀분석을 실시하거나 가중최소제곱법(weighted least squares method)을 적용하는 것이 좋겠다. 보다 자세한 변수변환의 형식에 대하여는 4장에서 다루기로 한다. 반면 잔차 플롯이 <그림 1.22>와 같은 형태일 경우에는 회귀분석의 가정 중에서 선형성의 타당성에 대해 의심할 수 있다. 이런 경우 반응변수 y의 변환이나 다항식 회귀모형(polynomial regression model)을 고려하는 것이 더욱 타당할 것이다.

<그림 1.21>
예측치와
표준화잔차
플롯 1

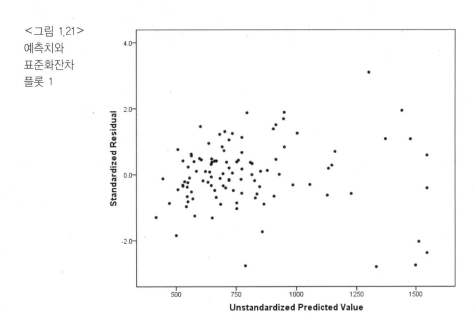

<그림 1.22>
예측치와
표준화잔차
플롯 2

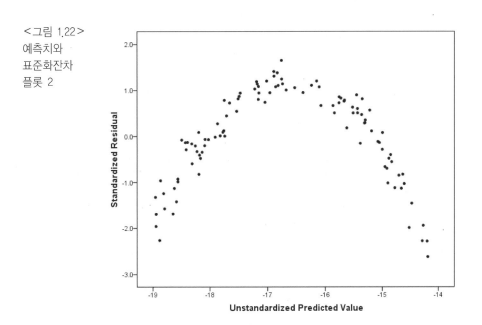

　　가정 ②는 독립성의 가정이라고 하는데 흔히 더빈-왓슨(Durbin-Watson: DW) 검증을 통해 검토할 수 있다. 특히 시계열적 데이터를 다루는 경우에

는 반드시 독립성 검증을 실시해야만 한다. 회귀식의 오차항이 독립성의 가정을 위반하는 경우는 대부분이 자기상관의 존재에 기인하게 된다. 자기상관에 의해 야기되는 주된 난점은 t, F 및 R^2 통계량이 지나치게 큰 값을 가진다는 점이다. 따라서 이러한 과대평가된 값은 모형이 자료를 얼마나 잘 적합시키고 있는가에 대해서 지나치게 낙관적인 결론에 이르게 할 수 있다. 이러한 자기상관된 잔차를 검증하는 한 가지 방법이 더빈-왓슨(Durbin-Watson)이다.

　　DW 검증통계량은

$$d = \frac{\sum_{i=2}^{n}(e_i - e_{i-1})^2}{\sum_{i=1}^{n}e_i^2}$$

으로 정의되며 d 의 값이 4에 가까운 경우 인접한 오차항들 사이에 음의 자기상관(negatively autocorrelated)이 있음을 뜻하고 d 의 값이 2에 가까운 경우는 무상관(uncorrelated)을 뜻하며 d 의 값이 0에 가까운 경우는 양의 자기상관(positively autocorrelated)이 있음을 뜻한다. 자기상관이 검출되는 경우에는 회귀모형에 시차변수(lagged variable)를 포함하는 등의 시계열적 분석을 고려하여야 한다.

　　가정 ③은 정규성의 가정이라 하며 정규성의 가정은 정규확률 플롯을 통해 검토된다. 정규확률 플롯이 정규성을 평가하는 한 방편이기는 하지만 그다지 효율적이지 않기 때문에 통상적으로 회귀분석에 있어서는 표준잔차를 이용한 이상점의 검출 정도로 정규성 문제를 검토한다 해도 큰 무리는 없다.

　　SPSS에서 적합된 회귀모형에 대한 잔차분석의 결과를 파악하기 위해서 <그림 1.16>의 대화 상자에서 │ S$\underline{a}$ve... │를 선택하면 나타나는 <그림 1.23>의 Linear Regression: Save 대화 상자를 통해 잔차를 데이터 셋에 저장해야 한다. <그림 1.23>의 우측 상단에 있는 Residuals 상자에 몇 가지 잔차의 진단과 관련된 메뉴가 제시되고 있다. <표 1.10>에서 잔차 메뉴들의 성질을 간략히 살펴보자. 나머지 잔차들에 대한 자세한 이론은 5장의 회귀진단에서 다시 언급하기로 한다.

<그림 1.23>에서 <u>Standardized</u>와 <u>Studentized deleted</u>를 지정하여 실행시키면 <그림 1.24>와 같이 모든 케이스에 대한 표준화잔차(ZRE_1)와 스튜던트화 제외잔차(SDR_1)가 데이터 셋에 출력된다. 일반적으로 표준화 잔차의 절대값이 2.5 내지 3 이상이면 그러한 개체를 이상점으로 간주할 수 있다. 이상점에 대해서는 5장의 회귀진단에서 설명하기로 한다.

또한 잔차 플롯을 그리기 위해서는 <그림 1.16>의 선형 회귀분석 대화 상자에서 [Plots...]를 선택하면 <그림 1.25>의 Linear Regression: Plots 대화 상자가 나타난다. 회귀모형의 적합 후 잔차분석을 하기 위하여 반응변수와 다양한 잔차들과의 산점도를 그릴 수 있다.

<그림 1.23>
Linear
Regression:
Save
대화 상자

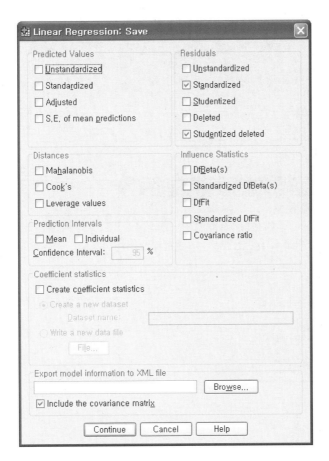

<표 1.10> SPSS에서 제공하는 잔차들의 성질

Residuals(잔차)	잔차와 관련된 통계량
☐ Unstandardized	각 케이스별로 비표준화잔차를 출력한다.
☐ Standardized	각 케이스별로 표준화잔차를 제시한다.
☐ Studentized	스튜던트 잔차를 제시한다.
☐ Deleted	각 케이스별로 제외잔차를 제시한다.
☐ Studentized deleted	스튜던트 제외잔차를 제시한다.

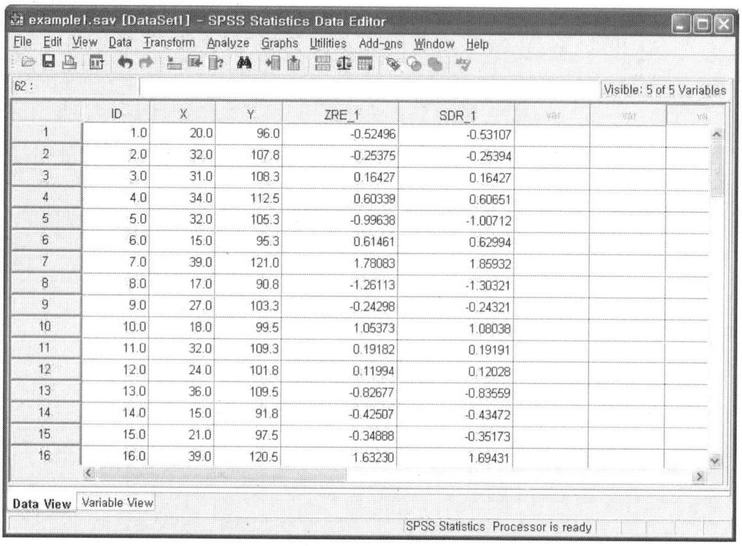

	ID	X	Y	ZRE_1	SDR_1
1	1.0	20.0	96.0	-0.52496	-0.53107
2	2.0	32.0	107.8	-0.25375	-0.25394
3	3.0	31.0	108.3	0.16427	0.16427
4	4.0	34.0	112.5	0.60339	0.60651
5	5.0	32.0	105.3	-0.99638	-1.00712
6	6.0	15.0	95.3	0.61461	0.62994
7	7.0	39.0	121.0	1.78083	1.85932
8	8.0	17.0	90.8	-1.26113	-1.30321
9	9.0	27.0	103.3	-0.24298	-0.24321
10	10.0	18.0	99.5	1.05373	1.08038
11	11.0	32.0	109.3	0.19182	0.19191
12	12.0	24.0	101.8	0.11994	0.12028
13	13.0	36.0	109.5	-0.82677	-0.83559
14	14.0	15.0	91.8	-0.42507	-0.43472
15	15.0	21.0	97.5	-0.34888	-0.35173
16	16.0	39.0	120.5	1.63230	1.69431

<그림 1.24> 데이터 편집기 창에 제시되는 잔차출력 결과

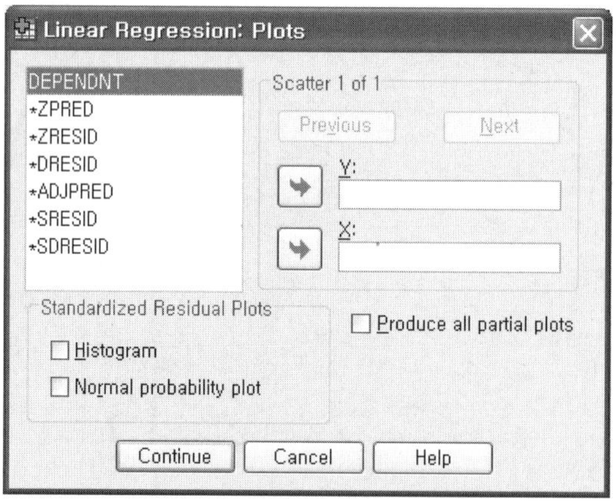

<그림 1.25> Linear Regression: Plots 대화 상자

계량능력 평가시험과 영업 수익성 평가 지수에 대한 선형 회귀모형을 적합시킨 이후의 잔차 플롯을 파악하기 위하여 <그림 1.25>에서 수직축 (Y)에 표준화잔차인 <u>ZRESID</u>를, 수평축(X)에 반응변수의 표준화된 예측치인 <u>ZPRED</u>를 지정한 후 [Continue]을 클릭해 보자. <그림 1.25>의 왼쪽 창에 제시된 잔차들과 플롯 종류는 <표 1.11>과 같다. 이를 활용해 독자들은 다양한 잔차를 선택적으로 사용하여 플롯을 그릴 수 있다.

<그림 1.25>의 대화 상자에서 제공하는 다양한 잔차들에 대하여 모두 다 플롯을 그리고자 하는 경우에는 <그림 1.25>에서와 같이 수평축과 수직축을 지정한 후 [Next] 버튼을 클릭하면 X와 Y가 비어 있게 된다. 그리고 상자의 제목이 Scatter 1 of 1에서 Scatter 2 of 2로 바뀌게 된다. 다음으로 그리고자 하는 잔차 플롯을 위해 다시 X와 Y를 지정하는 식으로 반복하면 된다.

<표 1.11>
SPSS에서
제공하는
잔차들의
성질

☐ ZPRED	반응변수의 표준된 예측치
☐ ZRESID	표준화잔차
☐ DRESID	회귀모형에서 관측치가 제거될 때 그 개체에 대한 잔차로 제외잔차
☐ ADJPRED	회귀모형에서 개체가 제거될 때 그 개체에 대한 예측치로 수정된 예측치
☐ SRESID	스튜던트 잔차
☐ SDRESID	스튜던트화 제외잔차
Standardized Residual Plots	**표준화잔차들에 대하여 히스토그램과 정규확률 플롯을 제공한다.**
☐ Histogram	표준화잔차의 히스토그램으로 이들 잔차가 정규분포를 따르는가를 탐색하는 데 도움
☐ Normal probability plot	표준화잔차들이 정규분포를 따르는가를 파악하기 위한 플롯

<그림 1.26>의 잔차 플롯 결과를 살펴보기로 한다. 자료점들이 골고루 랜덤하게 잘 흩어져 있음을 볼 수 있다. 잔차 플롯을 그렸을 때 자료점들이 랜덤하게 흩어져 있으면 오차항의 등분산성이 만족스럽다고 판단되지만 자료점들이 어떤 형태의 패턴을 보이는 경우에는 변수변환이나 가중 최소제곱법 등을 활용하는 것이 좋다.

잔차의 정규성을 검토하기 위하여 정규확률 플롯을 그려 본 결과가 <그림 1.27>과 같다. 정규확률 플롯을 그리기 위해서는 <그림 1.25>의 하단의 Standardized Residuals Plots 상자의 Normal probability plot을 선택하면 된다. <그림 1.27>을 살펴보면 정규성이 어느 정도 만족된다고 볼 수 있다. 그러나 일반적으로 정규확률 플롯을 통한 정규성 검토가 그리 효율적이지 않으므로 대개는 표준화잔차를 이용한 특이점의 검출 정도로 정규성을 평가한다.

<그림 1.26>
잔차 플롯

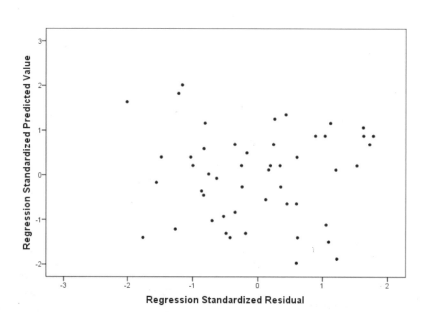

<그림 1.27>
정규확률 플롯

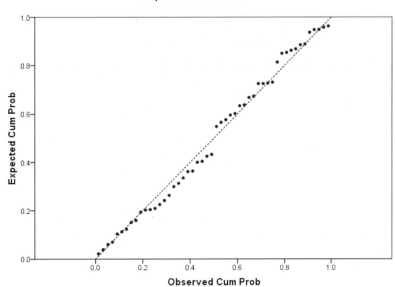

Normal P-P Plot of Regression Standardized Residual

Dependent Variable: Y

1.6 영향력 분석

적합된 회귀모형이 얼마나 안정적이냐 하는 것을 검토하는 한 가지 방법은 특정 개체 하나가 데이터에서 제외되었을 때 분석결과에 얼마나 영향을 미치는가를 파악하는 것이다. 물론 데이터에서 어느 특정 개체가 하나 제외되더라도 이전 회귀분석의 결과가 크게 흔들리지 않아야만 안정적인 모형이 됨은 말할 나위 없다. 영향력 분석(influence analysis)이란 이와 같이 개체들의 다양한 변화가 회귀분석 결과에 어떻게 영향을 주는가를 검토하는 일련의 과정을 말한다. 다시 말해서 특정한 개체를 제외시킨 후 실시한 회귀분석 결과와 모든 데이터를 포함하여 실시한 회귀분석 결과에서 얼마나 차이를 보이는가를 평가하는 것이 영향력 분석이며 만일 큰 차이를 발생시키는 개체가 있다면 이 개체는 영향력이 큰 것으로 간주한다.

영향력 분석에 관한 구체적인 언급을 위해서는 영향력 함수(influence function)의 개념을 이해해야 한다. 이 책에서는 영향력 함수에 관한 설명은 생략하기로 한다. 이에 대해 관심 있는 독자는 David A. Belsley, Edwin Kuh and Roy E. Welsch의 *Regression Diagnostics*를 참고하기 바란다. 영향력 진단의 몇 가지 유용한 측도들로 Cook의 D 통계량, DFFITS, DFBETAS, COVRATIO, Leverage 등이 있으며 보다 구체적인 설명은 5장의 회귀진단에서 다루기로 한다.

계량능력 평가시험과 영업 수익성 평가 지수의 단순 선형 회귀분석에서 영향력 분석을 실시해 보기로 하자.

<그림 1.28>
데이터 편집기
창에 제시
되는 영향력
분석결과

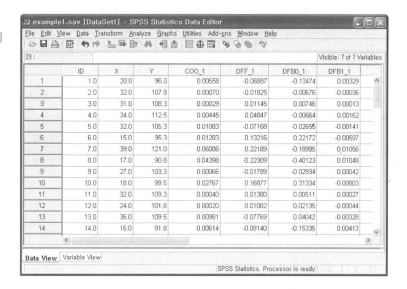

SPSS에서 영향력 분석을 실시하기 위해서는 <그림 1.23>의 Linear Regression: Save 대화 상자에서 영향력 분석을 위해 필요한 옵션들을 선택하면 된다. 여기서는 Distances 상자에서 Cook's와 Influence Statistics 상자에서 DfBeta(s), DfFit을 선택하여 실행하면 <그림 1.28>과 같이 데이터 편집기 창에 각각의 통계량들이 출력됨을 볼 수 있다. <그림 1.28>에서 COO_1이 Cook의 D 통계량이며 DFF_1은 DFFIT을 나타내고 $DFB0\_1$과 $DFB1\_1$은 각각 절편항과 x에 대한 DFBETA 통계량 값이다. 5장의 판단기준으로 살펴보면 영향력 분석에 의해 모든 개체들이 안정적인 값을 취하고 있음을 확인할 수 있을 것이다.

1.7 적용 사례 II: 행동평점시스템(BSS)과 연체 횟수

고객에게 대출을 제공하는 금융회사들은 고객의 거래 행태, 예를 들어 월별 입금률 수준 또는 연체 수준이나 신용도, 타 금융사의 대출 수준 등 다양한 형태의 정보를 기반으로 고객에 대한 BSS(Behavior Scoring System)를 산정하며 BSS는 고객의 신용도에 대한 분류 및 고객 관리 차별화 등에 중요한 지표로 사용되고 있다. 따라서 BSS는 고객의 연체 수준에 의해 많은 변동이 발생하는데 고객의 연체 횟수가 BSS에 얼마나 기여하는가를 다음 사례를 통해 살펴보고자 한다.

ID	*BSS*	*DELAYNUM*	ID	*BSS*	*DELAYNUM*
1	560	0	16	519	1
2	575	0	17	485	5
3	500	1	18	463	5
4	530	2	19	430	7
5	480	3	20	470	6
6	446	4	21	475	6
7	485	4	22	469	7
8	455	5	23	551	3
9	473	2	24	520	2
10	430	6	25	467	8
11	489	5	26	485	4
12	515	2	27	457	5
13	544	2	28	432	5
14	572	0	29	456	6
15	523	2	30	467	4

<표 1.12>
BSS와 연체
횟수 데이터

<표 1.12>는 30명의 고객에 대한 *BSS*와 연체 횟수(*DELAYNUM*)을 나타낸다. 연체 횟수가 많을수록 *BSS* 점수는 낮아질 것이라고 판단은 되지만 어느 정도로, 어떤 형태로 영향을 주는지를 파악하기 위해 산점도를 그려 본 결과가 <그림 1.29>이다.

<그림 1.29>
BSS와 연체
횟수에 대한
산점도

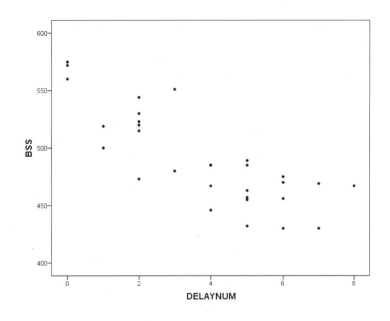

<그림 1.29>을 보면 두 변수가 서로 음의 관계의 선형적 연관성이 있음을 확인할 수 있다. 이 산점도를 근간으로 어느 정도로 연체 횟수가 BSS에 영향력을 주는지를 계량적인 수치로 파악하기 위해 두 변수 간에 단순 선형 회귀분석을 시도해 보기로 한다. 앞에서 설명한 과정에 의해 SPSS 선형 회귀분석을 실행하면 <표 1.13>의 결과를 얻을 수 있다.

<표 1.13>의 모형 요약 테이블에서 결정계수인 R^2 값 및 수정된 R^2 값 등을 볼 수 있다. 결정계수 값이 0.660으로 비교적 모형적합이 잘되었음을 알 수 있다. 분산분석표에서 F 검증통계량 값이 54.327이고 p 값(Sig = 0.000)이 유의수준 $\alpha = 0.05$ 하에서 유의하므로 BSS를 설명하는 데 설명변수인 연체 횟수의 기여도가 통계적으로 유의함을 알 수 있다. 또한 <표 1.13>의 분산분석표에서 모형에 대한 회귀(Regression)와 잔차(Residual) 그리고 전체제곱합(Total) 및 각각의 평균제곱 등을 볼 수 있다. 계수 테이블의 결과 단순 회귀모형은

$$\widehat{BSS}= 25.285 - 0.00439 \times DELAYNUM$$

이며 설명변수의 유용성 검증을 위한 t 통계량값이 -7.371로 유의확률인 p 값이 0.000임을 알 수 있다. 다시 말해서 연체 횟수($DELAYNUM$)가 BSS를 예측하는 데 통계적인 의미에서 크게 유용하다고 볼 수 있다. <그림 1.30>의 잔차 플롯 결과 등분산성의 가정이 어느 정도 만족됨을 알 수 있다.

<표 1.13>
BSS 자료의
단순 선형
회귀분석
결과

Variables Entered/Removed[b]

Mode l	Variables Entered	Variables Removed	Method
1	DELAYNUM[a]	.	Enter

a. All requested variables entered.

b. Dependent Variable: BSS

Model Summary

Mode l	R	R Square	Adjusted R Square	Std. Error of the Estimate
1	.812[a]	.660	.648	24.622

a. Predictors: (Constant), DELAYNUM

ANOVA[b]

Model		Sum of Squares	df	Mean Square	F	Sig.
1	Regression	32936.102	1	32936.102	54.327	.000[a]
	Residual	16975.264	28	606.259		
	Total	49911.367	29			

a. Predictors: (Constant), DELAYNUM

b. Dependent Variable: BSS

Coefficients[a]

Model		Unstandardized Coefficients		Standardized Coefficients	t	Sig.
		B	Std. Error	Beta		
1	(Constant)	546.866	8.840		61.866	.000
	DELAYNUM	-15.027	2.039	-.812	-7.371	.000

a. Dependent Variable: BSS

<그림 1.30>
BSS 자료의
예측치와
표준화잔차
플롯

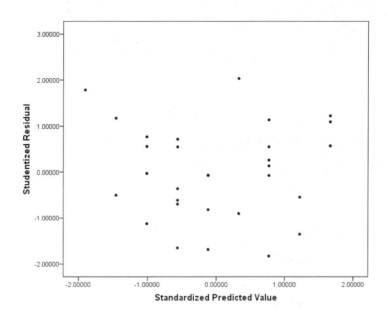

1.8 연습 문제

Quiz 1.

다음의 데이터는 산업업종별 광고주 광고관련 사업체수 및 평균 광고
비이다. 업종별 사업체수의 규모가 평균광고비 지출에 영향을 미치는지를
분석하시오.

업종	사업체수(개)	평균광고비(백만)
기초재	4	1420
식품	37	2861
음료 및 기호식품	13	6785
제약 및 의료	31	5394
화장품 및 보건용품	22	1975
출판	11	2791
패션	21	6560
산업기기	8	1384
정밀기기 및 사무기기	9	1680
가정용 전기전자	17	3116
컴퓨터 및 정보통신	21	3362
수송기기	9	19569
가정용품	14	4268
화학공업	7	2332
건설/건재 및 부동산	69	3396
유통	39	1915
금융, 보험 및 증권	48	3842
서비스	76	2799
관공서 및 단체	60	259
교육 및 복지후생	72	732

출처: KOSIS 국가통계포털ㅣ서 주제별 통계 (교육,문화,과학), 2005년

Quiz 2.

C 기업에서는 매출액에 영향을 미치는 주요 변수를 바탕으로 영업 전략을 세우기 위해 광고 시간의 변화와 매출액의 변화를 파악하였다. 매출액이 광고 시간의 양에 의해 영향을 받는지, 또 어느 정도의 관계가 있는지를 분석하시오.

매출액 (억 원)	광고 시간 (분)	매출액 (억 원)	광고 시간 (분)
97	45	83	36
95	45	80	35
95	44	79	37
94	43	79	34
94	42	77	33
92	41	76	32
90	39	74	30
85	37	73	25
84	36	73	27
83	35	71	23

Quiz 3.

학생들의 수면 시간이 수업중 집중력에 얼마나 영향을 미치는지를 알아보기 위해 216명의 학생들을 조사한 연구사례가 있다. 그중에서 13명의 학생을 추출한 자료가 다음과 같다. 학생들의 수면 시간이 수업 집중도에 어느 정도 영향을 미치는지를 단순선형 회귀분석을 통해 분석하시오.

변수	학생 ID												
	1	2	3	4	5	6	7	8	9	10	11	12	13
수면 시간	2	4	4.75	4.25	7.5	8	2.5	0	5	5.45	6	8.5	9
집중도	12	27	31	30	52	53	13	7	32	42	45	57	62

Quiz 4.

소매업의 체인점 관리팀의 미션 중 하나는 각 체인점의 연간 매출액 (annual sales)을 예측하고 그에 맞는 전략을 구사하는 것이다. 따라서 관리팀에서는 각 점포의 면적(단위: 평방피트(square footage))과 연간 매출액의 관계를 다음과 같이 파악하였다. 여러분이 관리팀 소속이라고 생각하고 적절한 의사결정을 하시오.

Store	Square footage	Annual sales($)
1	1726	3681
2	1642	3895
3	2816	6653
4	5555	9543
5	1292	3418
6	2208	5563
7	1313	3660
8	1102	2694
9	3151	5468
10	1516	2898
11	5161	10674
12	4567	7585
13	5841	11760
14	3008	4085

2 장

중선형 회귀분석
Multiple Linear Regression Analysis

이 장은 설명변수가 2개 이상 있을 경우에 대한 회귀모형의 추정과 가설검증 등을 다룬다. 반응변수를 설명하는 데 도움이 되는 적절한 설명변수들의 선택방법과 모형 선택 기준을 살펴본다. 가변수를 이용한 중선형 회귀분석은 이 장에 포함시키지 않고 별도로 3장에서 다루도록 한다.

2.1 중회귀분석이란?

어떤 현상을 반응변수 y와 하나의 설명변수 x만으로 설명할 수 있는 경우는 매우 드물다. 일반적으로 반응변수 y의 변화는 여러 개의 설명변수에 의하여 좌우되는 경우가 많으며, 반응변수에 영향을 미친다고 알려진 적절한 설명변수들을 잘 선택하여 이들의 함수로써 반응변수를 나타낼 때 좀 더 정도(precision) 높은 예측을 할 수 있을 것이다. 예를 들어, 기업들의 광고료가 매출액에 영향을 미칠 것이라 예상하고 단순 선형 회귀분석을 실시한 결과 광고료(x)가 총 매출액(y)을 설명하는 데 도움이 된다는 것을 알았다고 하자. 그런데, 광고료 이외에 매출액에 영향을 미칠 수 있는 요인들로 종업원의 수, 자산을 비롯한 재무지표 등 고려할 수 있는 요인이 많이 있으리라 생각할 수 있다. 따라서 그런 제반의 변수들을 함께 고려한다면 광고료만을 이용하여 매출액을 설명할 때보다 좀 더 정확한 예측을 할 수 있을 것이다. 이처럼 반응변수가 2개 이상의 설명변수에 의해 영향을 받는 것으로 기대될 때 반응변수의 변화를 설명하기 위하여 여러 개의 설명변수들이 사용되는 회귀분석을 중회귀분석이라 하며, 특히 반응변수와 설명변수늘과의 관계가 선형적일 경우를 중선형 회귀분석이라 한다.

<표 2.1>
영업 사원
데이터

사원	x_1	x_2	x_3	x_4	y	사원	x_1	x_2	x_3	x_4	y
1	9	12	9	20	96.0	26	12	16	11	39	118.5
2	10	15	12	32	107.8	27	8	12	9	26	100.3
3	10	17	13	31	108.3	28	9	12	9	25	99.5
4	16	17	11	34	112.5	29	12	17	12	32	109.8
5	11	12	11	32	105.3	30	13	10	8	34	107.0
6	10	12	7	15	95.3	31	5	14	13	30	104.3
7	16	19	12	39	121.0	32	9	9	7	16	92.5
8	8	10	13	17	90.8	33	14	16	12	39	118.0
9	7	15	11	27	103.3	34	18	15	10	43	119.5
10	18	16	8	18	99.5	35	18	17	10	42	121.5
11	9	17	13	32	109.3	36	15	19	12	41	122.3
12	7	16	11	24	101.8	37	17	20	10	32	113.8
13	14	12	12	36	109.5	38	10	15	11	14	96.0
14	7	10	10	15	91.8	39	13	14	12	29	103.8
15	10	14	11	21	97.5	40	18	20	15	51	122.0
16	14	18	11	39	120.5	41	10	18	8	31	111.8
17	8	10	11	34	105.5	42	7	9	5	16	93.5
18	11	14	11	35	110.8	43	17	17	11	27	105.3
19	5	11	11	42	115.0	44	12	15	12	37	114.0
20	10	15	7	23	102.0	45	10	16	11	49	120.0
21	9	17	11	44	121.0	46	13	11	8	10	92.8
22	10	12	11	19	94.5	47	8	13	14	47	115.5
23	13	12	4	28	99.8	48	14	20	12	37	119.0
24	13	15	6	23	102.5	49	1	5	9	15	87.3
25	18	13	12	37	112.0	50	8	8	8	9	89.8

먼저 본 장에서 다룰 사례를 살펴보기로 한다. <표 2.1>의 데이터 'sales.sav'는 영업 사원 50명의 잠재적인 영업 능력을 측정한 네 가지 평가

시험 점수와 100을 기준으로 최근 6개월간의 영업 수익성을 평가한 영업 수익성 평가 지수(y)이다. 1장의 단순 선형 회귀분석에서는 영업 사원들의 계량능력이 영업 수익성에 얼마나 영향을 주는가를 분석하였다. 이 장에서는 계량능력시험(x_4) 외에도 추가적으로 세 가지 평가점수, 즉 창의력 평가시험(x_1), 단순추론 평가시험(x_2), 복합추론 평가시험(x_3) 점수를 고려하여 적절한 모형에 <표 2.1>의 데이터를 적합시켜 보도록 하자.

중선형 회귀분석의 근본적인 개념은 제1장의 단순 선형 회귀분석과 같으며, 유일한 차이점은 한 개의 설명변수 대신에 두 개 이상의 설명변수를 사용한다는 점이다.

설명변수가 $p(\geqq 2)$개 일 때 중선형 회귀분석의 모형은 (2.1)과 같다.

$$y = \beta_0 + \beta_1 x_1 + \cdots + \beta_p x_p + \epsilon, \quad \epsilon \sim N(0, \sigma^2). \tag{2.1}$$

여기서, y는 반응변수, $x_1, \cdots, x_p$는 p개의 주어진 설명변수들, β_0, β_1, $\cdots$, β_p는 미지의 회귀계수, ϵ은 오차항으로서 기대값 0, 분산 σ^2인 정규분포를 따른다고 가정한다. 위의 영업 사원 데이터는 $p = 4$인 경우이다.

먼저 반응변수와 설명변수들의 관계가 선형적인지를 확인하기 위해서는 데이터를 플롯해 보는 작업이 필요하다. 중회귀분석의 경우, $(p+1)$개의 변수를 다루고 있으므로 단순 회귀에서와 같이 데이터를 동시에 그래프로 표현하려면 $(p+1)$차원 공간에 그려야 하는데 이것은 사실상 불가능하다. 즉, 영업 사원 데이터의 경우 설명변수가 4개이므로 데이터를 플롯하기 위해서는 5차원 공간이 필요하여 그래프로 표현하기가 어렵다. 이런 경우 생각할 수 있는 것은 반응변수와 각각의 설명변수들을 짝지은(pairwise) 산점도를 그려 보는 일일 것이다. x_1과 y, x_2와 y, x_3와 y, x_4와 y의 산점도를 그려 보아 각각의 형태가 직선에 가까우면 선형 회귀에 적합시키는 것이 타당하다고 할 수 있다. 이는 SPSS 풀다운 메뉴에서 <u>Graphs</u>→<u>Legacy Dialogs</u>→<u>Scatter/Dot</u>→<u>Simple Scatter</u>를 선택한 후 나타나는 <그림 2.1>의 Simple Scatterplot 대화 상자에서 x축과 y축에 표시할 변수명을 정의해 주기만 하면 된다.

<그림 2.1>
산점도를
그리기 위한
대화 상자

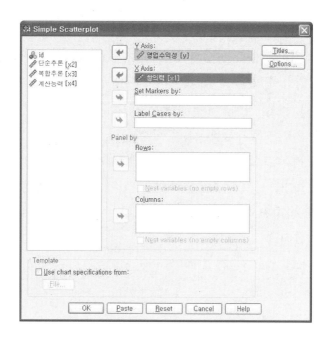

<그림 2.2>에 <표 2.1> 데이터의 산점도들을 제시하였는데, 특히 계량능력 평가점수(x_4)와 영업 수익성 평가 지수(y)는 뚜렷하게 선형관계를 보인다(1장을 읽은 독자들은 이미 확인하였을 것이다). 다른 설명변수들도 기울기가 양인 직선 형태로 나타나 선형 회귀식을 적합시키기에 무리가 없을 것 같다.

n개의 개체가 $(x_{11}, x_{12}, \cdots, x_{1p}, y_1)$, $\cdots$, $(x_{n1}, x_{n2}, \cdots, x_{np}, y_n)$으로 주어졌을 때 식 (2.1)은 구체적으로 다음과 같이 표현된다.

$$y_i = \beta_0 + \beta_1 x_{i1} + \beta_2 x_{i2} + \cdots + \beta_p x_{ip} + \epsilon_i \ , \ i = 1, 2, \cdots, n \ ,$$
$$\epsilon_i \sim N(0, \sigma^2), \ cov(\epsilon_i, \epsilon_j) = 0, \ i \neq j \ . \tag{2.2}$$

즉, ϵ_i의 분산은 σ^2으로 관찰 개체에 관계없이 일정(등분산 가정)하며, ϵ_i와 ϵ_j는 $i \neq j$일 때 서로 독립(독립성 가정)이다. 또한 통계적 추론을 가능하게 하기 위해서 ϵ_i들이 정규분포를 따른다는 가정(정규성 가정)을 한다. 오차항에 관한 이러한 가정들은 5장의 회귀진단에서 잔차분석을 통하여 검토될 것이다.

<그림 2.2>
y와
설명변수들의
산점도

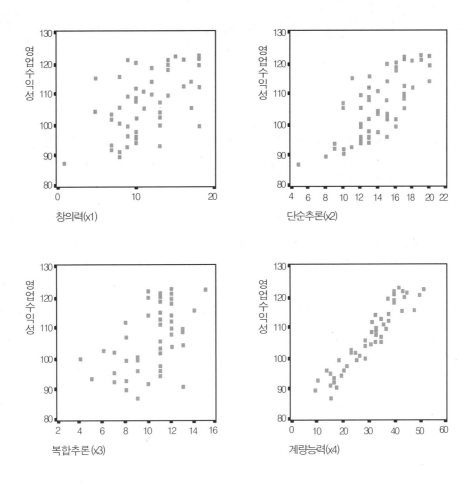

주의할 점은 설명변수들은 확률변수가 아니라, 그 값이 주어진 상수라는 것이다. 즉, 실험 연구의 실험조건처럼 사전에 그 값을 고정시킨 경우나 조사를 통해 얻은 응답자의 연령, 상품의 가격과 같이 이미 주어진 값을 갖는다.

또한, 개체 수 n이 추정해야 할 회귀계수들의 수 $(p+1)$보다 작으면 정상적인 분석을 하기 어려우며, 신뢰성 있는 회귀분석을 하기 위해서는 경험적으로 n이 p의 5배 이상이 되면 좋다.

이제, 주어진 설명변수의 값 $x_1,\cdots,x_p$에 대한 반응변수 y의 기대값은 식 (2.3)과 같다.

$$E(y\,|\,x_1,\cdots,x_p) = \beta_0 + \beta_1 x_1 + \cdots + \beta_p x_p. \tag{2.3}$$

즉, 기대값 $E(y)$는 설명변수들이 $x_1, \cdots, x_p$로 주어졌을 때 반응변수 y의 값이 식 (2.2)의 회귀식으로부터 구해질 것으로 기대한다는 뜻이다. 따라서 데이터를 이용하여 식 (2.2)의 회귀계수들을 추정하면 설명변수들의 값이 주어졌을 때 반응변수의 값 $\hat{y_i} = \hat{\beta_0} + \hat{\beta_1}x_1 + \cdots + \hat{\beta_p}x_p$를 예측할 수 있다. 이때 회귀계수들을 추정하는 가장 일반적인 방법은 최소제곱법이다.

단순 회귀에서와 마찬가지로 최소제곱 추정법은 n개의 개체에서의 오차 $\epsilon_i = y_i - E(y_i | x_1, \cdots, x_p)$들의 제곱합인

$$Q = \sum_{i=1}^{n}(y_i - E(y_i))^2 = \sum_{i=1}^{n}[y_i - (\beta_0 + \beta_1 x_{i1} + \cdots + \beta_p x_{ip})]^2 \qquad (2.4)$$

을 최소화하는 $(p+1)$개의 모수 β_0, β_1, $\cdots$, β_p를 구하는 것이다. 오차제곱합 Q를 최소화하는 필요조건은 다음과 같은 $(p+1)$개의 식들이 성립하는 것이다.

$$\frac{\partial Q}{\partial \beta_0} = 0, \quad \frac{\partial Q}{\partial \beta_1} = 0, \quad \cdots, \quad \frac{\partial Q}{\partial \beta_p} = 0. \qquad (2.5)$$

이 식들을 정리하면,

$$\sum_{i=1}^{n} y_i = \beta_0 \sum_{i=1}^{n} 1 + \beta_1 \sum_{i=1}^{n} x_{i1} + \beta_2 \sum_{i=1}^{n} x_{i2} + \cdots + \beta_p \sum_{i=1}^{n} x_{ip}$$

$$\sum_{i=1}^{n} x_{i1} y_i = \beta_0 \sum_{i=1}^{n} x_{i1} + \beta_1 \sum_{i=1}^{n} x_{i1}^2 + \beta_2 \sum_{i=1}^{n} x_{i1} x_{i2} + \cdots + \beta_p \sum_{i=1}^{n} x_{i1} x_{ip}$$

$$\sum_{i=1}^{n} x_{i2} y_i = \beta_0 \sum_{i=1}^{n} x_{i2} + \beta_1 \sum_{i=1}^{n} x_{i1} x_{i2} + \beta_2 \sum_{i=1}^{n} x_{i2}^2 + \cdots + \beta_p \sum_{i=1}^{n} x_{i2} x_{ip}$$

$$\vdots \qquad (2.6)$$

$$\sum_{i=1}^{n} x_{ip} y_i = \beta_0 \sum_{i=1}^{n} x_{ip} + \beta_1 \sum_{i=1}^{n} x_{i1} x_{ip} + \beta_2 \sum_{i=1}^{n} x_{i2} x_{ip} + \cdots + \beta_p \sum_{i=1}^{n} x_{ip}^2$$

과 같이 $(p+1)$개의 연립방정식이 되며, 이러한 연립방정식을 중회귀에서의 정규방정식(normal equation)이라 일컫는다. 정규방정식 (2.6)을 풀어서 구한 β_0, β_1, $\cdots$, β_p의 해 $\hat{\beta_0}$, $\hat{\beta_1}$, $\cdots$, $\hat{\beta_p}$가 최소제곱 추정량이다.

중회귀분석의 이론을 설명하기 위해서는 행렬과 벡터의 이용이 불가

피하다. 행렬을 이용하면 표현이 간소화되는 등 편리한 요소가 많이 있으
므로 이제부터 약간의 행렬을 사용하기로 하겠다. 반응변수의 관측벡터를
y, 설명변수의 관측행렬을 X라고 하면 각각의 행렬 표기는 다음과 같다.

$$y = \begin{pmatrix} y_1 \\ y_2 \\ \vdots \\ y_n \end{pmatrix}, \ X = \begin{pmatrix} 1 & x_{11} & x_{12} & \dots & x_{1p} \\ 1 & x_{21} & x_{22} & \dots & x_{2p} \\ \vdots & \vdots & \vdots & \vdots & \vdots \\ 1 & x_{n1} & x_{n2} & \dots & x_{np} \end{pmatrix} = \begin{pmatrix} \boldsymbol{x_1}' \\ \boldsymbol{x_2}' \\ \vdots \\ \boldsymbol{x_n}' \end{pmatrix}, \ \beta = \begin{pmatrix} \beta_0 \\ \beta_1 \\ \vdots \\ \beta_p \end{pmatrix}, \ \epsilon = \begin{pmatrix} \epsilon_1 \\ \epsilon_2 \\ \vdots \\ \epsilon_n \end{pmatrix}.$$

여기서 y와 ϵ은 $n \times 1$벡터이고 X는 $n \times (p+1)$행렬, β는 $(p+1) \times 1$벡터이
다. 행렬과 벡터를 사용한 중선형 회귀모형은 식 (2.7)

$$y = X\beta + \epsilon \tag{2.7}$$

$$단, \ \epsilon \sim N_n(0, \sigma^2 I_n), \ I_n : n \times n \ 단위행렬$$

과 같이 표현되고 오차항의 분포가 n차원 다변량 정규분포이므로 설명변
수와 오차항의 선형결합인 반응변수벡터 y 또한 n차원 다변량 정규분포를
따르게 된다. 정규방정식은

$$X'X\beta = X'y \tag{2.8}$$

로 표현되며, $X'X$의 역행렬이 존재하면, 회귀계수의 최소제곱추정량은

$$\hat{\beta} = (X'X)^{-1}X'y$$

가 된다. 이때 $X'X$의 역행렬이 존재하지 않으면 설명변수들 사이에 다중
공선성이 존재한다는 것을 의미하고 이러한 다중공선성은 회귀분석시 많
은 문제점을 야기하는데 이에 대한 자세한 내용은 5장에서 다루도록 한다.

　　중선형　회귀모형의　적합(회귀계수　추정)은　<u>Analyze</u> → <u>Regression</u> →
<u>Linear</u>를 선택해 나타나는 Linear Regression 대화 상자에서 반응변수와 설
명변수를　정의하면　된다(<그림　1.16>　참조).　[Statistics...]에서　디폴트로
Regression Coefficients의 <u>Estimates</u>와 <u>Model fit</u>을 제공한다. 영업 사원 데이
터에 대해서 중선형 회귀분석을 실시한 결과는 <표 2.2>와 같다.

<표 2.2>
추정된
회귀계수 및
t 통계량

Coefficients³

Model		Unstandardized Coefficients		Standardized Coefficients		
		B	Std. Error	Beta	t	Sig.
1	(Constant)	73.155	1.683		43.478	.000
	창의력	.142	.102	.055	1.403	.168
	단순추론	.845	.132	.283	6.408	.000
	복합추론	-.272	.168	-.061	-1.618	.113
	계량능력	.763	.039	.794	19.312	.000

a. Dependent Variable: 영업수익성

추정된 식은 $\hat{y} = 73.155 + 0.142x_1 + 0.845x_2 - 0.272x_3 + 0.763x_4$이다. 복합추론 평가점수($x_3$)의 회귀계수 추정치는 음의 값으로 나와서 복합추론 점수가 높은 사원이 영업 수익성 평가 지수는 오히려 낮은 것으로 나타났다. 출력에서 비표준화 계수(unstandardized coefficients) B가 각각의 설명변수에 대한 회귀계수 추정치 $\hat{\beta}_j$ $(j = 0, 1, 2, 3, 4)$이다.

이제 표준화된 회귀계수(standardized coefficients)를 살펴보자. 식(2.1)에서 반응변수와 설명변수들을 다음과 같이 변환시켜 보자.

$$y_i^* = \frac{y_i - \bar{y}}{\sqrt{s_{yy}}}, \quad z_{ji} = \frac{x_{ij} - \bar{x}_j}{\sqrt{s_{jj}}}$$

단, $s_{yy} = \sum_i (y_i - \bar{y})^2$, $s_{jj} = \sum_i (x_{ij} - \bar{x}_j)^2$, $\bar{x}_j$는 j번째 설명변수의 평균값이다. 표준화된 변수 y_i^*, z_{ji}를 사용한 중회귀모형은

$$y_i^* = \alpha_1 z_{i1} + \alpha_2 z_{i2} + \cdots + \alpha_p z_{ip} + \epsilon_i \tag{2.9}$$

이고 $\alpha_1, \cdots, \alpha_p$들을 표준화된 회귀계수라 한다. 표준화된 모형에 절편항 α_0가 없는 이유는 $\sum y_i^* = \sum z_{i1} = \cdots = \sum z_{ip} = 0$이어서 α_0는 항상 0이 되기 때문이다. <표 2.2>에서 표준화된 회귀계수(베타)에 절편항에 대한 계수 추정치가 없음을 확인하라. 이 모형에서 $Z'Z$는 설명변수들끼리의 상관계수행렬, $Z'y$는 설명변수들과 y와의 상관계수 벡터가 되므로 변수들의 측정단위에 관계없이 그 영향력을 비교할 수 있다. 즉, 표준화된 회귀계수 추정치의 절대값이 클수록 해당 설명변수가 반응변수에 큰 영향을 미친다고

해석할 수 있다. 영업 사원 데이터의 경우 <표 2.2>의 표준화된 회귀계수들을 보면 계량능력에 대한 계수 추정치가 가장 큰 값을 갖고 있는데, 이는 결국 x_4가 종속변수에 가장 큰 영향을 미친다는 것을 의미한다.

최소제곱법에 의해 주어지는 회귀계수 추정치 벡터 $\hat{\boldsymbol{\beta}}$은 오차항이 기대값 0, 공분산 행렬이 $\sigma^2 \boldsymbol{I}_n$인 n변량 정규분포를 따른다는 가정에 의하여 다음과 같은 분포를 따른다.

$$\hat{\boldsymbol{\beta}} \sim N_{p+1}(\boldsymbol{\beta}, \ \sigma^2 (\boldsymbol{X}'\boldsymbol{X})^{-1}). \tag{2.10}$$

여기에서 $N_{p+1}(\boldsymbol{\beta}, \sigma^2 (\boldsymbol{X}'\boldsymbol{X})^{-1})$은 기대치 벡터와 공분산 행렬이 각각 $\boldsymbol{\beta}$와 $\sigma^2 (\boldsymbol{X}'\boldsymbol{X})^{-1}$인 $(p+1)$변량 정규분포를 의미한다. 따라서 개별 회귀계수 추정량의 분포는 $\hat{\beta}_j \sim N(\beta_j, \ c_{jj}\sigma^2), \ j=0,1,\cdots,p$가 되는데 여기서 c_{jj}는 행렬

$$\boldsymbol{C} = (\boldsymbol{X}'\boldsymbol{X})^{-1} = \begin{pmatrix} c_{00} & c_{01} & \cdots & c_{0p} \\ c_{10} & c_{11} & \cdots & c_{1p} \\ \vdots & \vdots & \vdots & \vdots \\ c_{p0} & c_{p1} & \cdots & c_{pp} \end{pmatrix}$$

의 $(j+1, j+1)$번째 원소이다.

한편, 오차항의 분산 σ^2의 불편 추정량 $\hat{\sigma}^2$는

$$\hat{\sigma}^2 = \frac{1}{(n-p-1)} \sum_{i=1}^{n} (y_i - \hat{\beta}_0 - \hat{\beta}_1 x_{i1} - \cdots - \hat{\beta}_p x_{ip})^2 \tag{2.11}$$

$$= (\boldsymbol{y} - \boldsymbol{X}\hat{\boldsymbol{\beta}})'(\boldsymbol{y} - \boldsymbol{X}\hat{\boldsymbol{\beta}})/(n-p-1)$$

에 의해 구해지므로 이를 이용하면 개별적인 회귀계수의 표준오차를 $\widehat{se}(\hat{\beta}_j) = c_{jj}\hat{\sigma}^2$로 추정할 수 있다. <표 2.2>에서 비표준화된 회귀계수에 대한 표준오차(Standard Error)가 $\hat{\beta}_j$ 각각에 대한 $c_{jj}\hat{\sigma}^2$값을 나타낸다. 또한, 오차항의 분산에 대한 추정치 $\hat{\sigma}^2$는

$$\frac{(n-p-1)\hat{\sigma}^2}{\sigma^2} \sim \chi^2 (n-p-1)$$

의 분포를 갖는다. $\hat{\sigma}^2$는 다음에서 설명하는 분산분석표에서 MSE(Mean

Square of Residual: Mean Square of Error)의 값으로부터 구해진다. 따라서 앞으로 다루게 될 회귀모형과 관련된 통계추론에서는 σ^2의 추정치인 MSE를 이용하면, 개별 회귀계수 추정량 $\hat{\beta}_j$는 t분포를 따르게 됨을 알 수 있다.

단순 회귀에서와 같이 추정된 회귀식이 통계적으로 유의한가를 분산분석으로 검증할 수 있다. 분산분석에서 귀무가설은 $H_0 : \beta_1 = \beta_2 = \cdots = \beta_p$ $= 0$이며 대립가설은 p개의 회귀계수 중 적어도 하나는 0이 아니라는 것이다. 다시 말해서 p개의 회귀계수 중 최소한 하나라도 0이 아니면 설명변수들로 반응변수를 설명하는 것이 의미가 있지만, β들이 모두 0이라면 회귀분석을 할 필요가 없을 것이므로 이러한 검증을 회귀식의 유의성 검증이라 하는 것이다.

중회귀분석의 분산분석표는 <표 2.3>과 같다.

<표 2.3>
중회귀모형의
분산분석표

요인	제곱합	자유도	평균제곱	F	$F(\alpha)$
모형(회귀)	SSR	p	MSR	$\dfrac{MSR}{MSE}$	$F(1, n-2 ; \alpha)$
오차	SSE	$n-p-1$	MSE		
계	TSS	$n-1$			

여기서,

$$TSS = \sum (y_i - \overline{y})^2 = \boldsymbol{y}'\boldsymbol{y} - n(\overline{y})^2$$

$$SSE = \sum (y_i - \hat{y}_i)^2 = (\boldsymbol{y} - \hat{\boldsymbol{y}})'(\boldsymbol{y} - \hat{\boldsymbol{y}}) = \boldsymbol{y}'\boldsymbol{y} - \hat{\boldsymbol{\beta}}'\boldsymbol{X}'\boldsymbol{y}$$

$$SSR = \sum (\hat{y}_i - \overline{y})^2 = \hat{\boldsymbol{y}}'\hat{\boldsymbol{y}} - n(\overline{y})^2 = \hat{\boldsymbol{\beta}}'\boldsymbol{X}'\boldsymbol{y} - n(\overline{y})^2$$

$$MSE = SSE/(n-p-1), \quad MSR = SSR/p$$

이다. 식 (2.11)의 $\hat{\sigma}^2$와 위의 MSE가 같음을 확인하라.

<표 2.3>에서 $F = MSR/MSE$는 F 검증을 위한 검증통계량으로 유의수준 α 하에서

$$F = \frac{MSR}{MSE} > F(p, n-p-1 : \alpha)$$

이면 귀무가설을 기각하고 회귀식이 유의하다고 결론 내린다. 그리고 오차의 평균제곱합인 MSE는 오차항의 분산 σ^2에 대한 불편추정량으로 회귀분석에서의 통계적 추론(구간 추정, 가설 검증)에 매우 중요하게 사용된다.

영업 사원 데이터의 경우, <표 2.2>의 중회귀분석 결과에 대한 분산분석표는 <표 2.4>와 같다. 분산분석표에 의하면 검증통계량 $F = 263.547$에 해당하는 유의확률(p값)이 0.000이므로 유의수준 0.05나 0.01 수준에서 귀무가설이 기각된다. 즉, 영업 수익성(y)은 창의력(x_1), 단순추론(x_2), 복합추론(x_3), 계량능력(x_4) 등에 의해서 잘 설명된다고 할 수 있다.

<표 2.4>
영업 사원
데이터에 대한
분산분석표

ANOVA[b]

Model		Sum of Squares	df	Mean Square	F	Sig.
1	Regression	4816.964	4	1204.241	263.547	.000[a]
	Residual	205.621	45	4.569		
	Total	5022.586	49			

a. Predictors: (Constant), 계량능력, 창의력, 복합추론, 단순추론

b. Dependent Variable: 영업수익성

추정된 모형이 주어진 데이터에 얼마나 잘 부합하는가를 평가하는 기준의 하나로 결정계수 $R^2 (0 \leq R^2 \leq 1)$을 사용한다. 이 결정계수가 1에 가까울수록 적합값이 관측값을 잘 반영하고 있다고 할 수 있다. 특히 중회귀에서 결정계수를 사용할 때 주의할 점은 결정계수의 값이 크다고 해서 반드시 주어진 데이터에 모형이 잘 적합되었음을 의미하지는 않는다는 것이다. 결정계수는 반응변수에 대한 설명변수들의 설명력의 크기를 나타내기 때문에 설명변수들이 추가될수록 설명력의 크기인 결정계수는 커지게 된다. 그러나 큰 결정계수를 얻기 위하여 설명변수들을 자꾸 추가하는 것은 회귀분석의 중요한 원칙인 모수절약원칙(principle of parsimony)에 위배된다. 즉, 관측 현상을 가능한 한 적은 수의 의미 있는 변수들로 표현해야 한다는 원칙에 합당하지 않다. 결정계수를 크게 하기 위하여 지나치게 많은 설명변수들을 사용하다 보면, 회귀모형 자체가 의미를 상실할 가능성이 커질 뿐 아니라 설명변수들 사이에 다중공선성이 생기는 경우가 많다. 이러한 이유로

선형 회귀모형에 사용된 설명변수들의 개수가 결정계수에 미치는 영향을 수정해 줄 필요가 있다. 다음과 같이 수정된 결정계수(adjusted coefficient of determination)를 정의하자.

$$Adj - R^2 = 1 - (1 - R^2)\frac{n-1}{n-p-1}$$

수정된 결정계수는 결정계수에 개체 수와 설명변수의 수를 반영한 것으로 결정계수의 결점을 보완해 준다. 결정계수와 수정된 결정계수 사이에는 $Adj - R^2 \leq R^2$이 성립한다.

<표 2.1>의 데이터 분석결과 <표 2.5>에서 보는 바와 같이 $R^2 = 0.959$이고 수정된 결정계수는 0.955로 나타나 x_1에서 x_4의 4가지 설명변수가 y의 변동을 95% 이상 설명하고 있음을 볼 수 있다. 출력에서 R은 회귀식에 의한 y의 적합값($\hat{y}$)과 관측값 y와의 단순상관계수로서 회귀선이 데이터를 거의 완벽하게 적합시키고 있음을 알 수 있다. 결정계수 R^2은 상관계수 R을 제곱한 값과 같다($0.959 = 0.979^2$). 추정치의 표준오차(Std. Error of the Estimate)는 $\hat{\sigma} = \sqrt{MSE}$를 나타낸다.

<표 2.5>
모형적합
통계량들

Model Summary

Model	R	R Square	Adjusted R Square	Std. Error of the Estimate
1	.979a	.959	.955	2.1376

a. Predictors: (Constant), 계량능력, 창의력, 복합추론, 단순추론

2.2 회귀모형에 대한 추론

2.2.1 회귀계수에 대한 추론

중선형 회귀에 있어서 회귀계수의 추정치들은 다른 설명변수들의 영향력을 제외한 후 해당 설명변수가 한 단위 증가했을 때 반응변수 y의 증가분을 의미한다. 즉, β_j가 0이 아니면(통계적으로 유의하면), j번째 설명변수인 x_j가 y에 유의한 영향을 미친다고 할 수 있다. $H_0: \beta_j = 0$과 $H_1: \beta_j \neq 0$에 대한 가설검증은 단순 회귀에서와 같이 회귀계수 추정량 $\hat{\beta}_j$의 분포로부터 유도된다. 위의 귀무가설이 참이라면

$$t_j = \frac{\hat{\beta}_j}{\hat{\sigma}^2 (X'X)^{-1}} \sim t(n-p-1) \tag{2.12}$$

이므로 β_j에 대한 $100(1-\alpha)\%$ 신뢰구간은

$$\hat{\beta}_j \pm t_{\alpha/2}(n-p-1)\sqrt{\hat{\sigma}^2 \cdot c_{jj}} \ , \tag{2.13}$$

$$(c_{jj} \text{는 } (X'X)^{-1} \text{의} (j+1, j+1) \text{번째 원소})$$

로 주어진다. $H_0: \beta_j = 0$와 $H_1: \beta_j \neq 0$에 대한 양측가설 검증은 식 (2.12)로부터 검증통계량 t_j의 절대값이 $t_{\alpha/2}(n-p-1)$보다 크면 귀무가설을 기각하고 유의수준 α에서 x_j는 y에 유의한 영향을 미친다고 결론 내린다.

다시 <표 2.2>를 보자. t 통계량 값을 살펴보면 창의력(x_1)에 대한 $\hat{\beta}_1$의 검증통계량 $t = 1.403$이고 유의확률이 0.168로서 일반적으로 사용하는 유의수준 $\alpha = 0.05$보다 크므로 귀무가설을 기각할 수 없다. 즉, 창의력 평가점수(x_1)는 영업 수익성 평가 지수(y)에 유의한 영향을 미친다고 할 수 없다. 복합추론 평가점수(x_3) 또한 유의확률 0.113으로 종속변수에 대한 효과가 유의하지 않다. 반면에, 단순추론(x_2)이나 계량능력(x_4)의 경우 t 통계량 값이 매우 커서(즉, 유의확률이 매우 작아서) 이들 변수가 y에 매우 큰 영향을 미친다는 것을 알 수 있다. t 검증을 통해 유의하지 않은 설명변수인 x_1이나 x_3를 모형에서 제거하고 상수항과 x_2, x_4만을 포함하는 모형으로 바꿀

수 있다. 그러나 각각의 회귀계수는 다른 변수들이 모두 존재하고 있을 때의 해당 변수의 효과이므로 x_1과 x_3를 한꺼번에 제외해서는 안 된다. 유의 확률이 가장 큰 변수인 x_1을 먼저 제거한 후 다시 출력결과를 보자. 그런 후에도 유의하지 않은 변수가 있다면 차례로 하나씩 모형에서 제외시킨다. 이런 과정은 2.3절에서 다룰 변수선택의 문제에서 쉽게 해결할 수 있을 것 이다. 기존의 모형에서 특정한 설명변수를 제외시키는 방법은 **Linear Regression** 대화 상자의 **I**ndependent(s): 목록에서 해당되는 변수만 제거하 거나 아니면 설명변수를 모두 선택하여 분석한 후 제거하고자 하는 변수만 지정하여 다음 그림과 같이 **Method:** 메뉴에서 Remove ▼ 를 선택하면 된다. 이때 x_1에서 x_4까지 모두 포함되는 모형이 제1 모형이 되고 x_1이 제외된 모형이 제2 모형이 됨을 주의하라. SPSS 명령문 형식은 <표 2.6>과 같다.

<그림 2.3>
유의하지 않은
변수를
제거하는
대화 상자

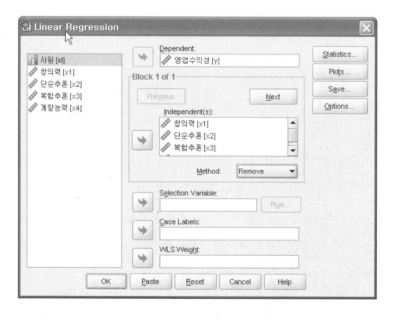

<표 2.6>
SPSS 중선형
회귀분석
명령문

```
REGRESSION
/MISSING  LISTWISE
/STATISTICS  COEFF  OUTS  R  ANOVA  SELECTION
/CRITERIA = PIN(.05)  POUT(.10)
/NOORIGIN
/DEPENDENT y
/METHOD = ENTER x1 x2 x3 x4
/METHOD = REMOVE x1.
```

위 명령문 중 /STATISTICS 문장의 SELECTION 명령은 2.3.3절에서 살펴볼 모형 선택 기준 통계량들을 제공한다. 이전 버전에서는 선형 회귀분석 대화 상자에서 여러 모형들을 실행할 경우 해당 통계량들이 디폴트로 출력되었으나 버전 10.0부터는 디폴트에서 제외되었음을 주의하라.

<표 2.7>
창의력(x_1)을
제거한
분석결과

Coefficients[a]

Model		Unstandardized Coefficients		Standardized Coefficients	t	Sig.
		B	Std. Error	Beta		
1	(Constant)	73.155	1.683		43.478	.000
	창의력	.142	.102	.055	1.403	.168
	단순추론	.845	.132	.283	6.408	.000
	복합추론	-.272	.168	-.061	-1.618	.113
	계량능력	.763	.039	.794	19.312	.000
2	(Constant)	73.708	1.653		44.594	.000
	단순추론	.944	.113	.315	8.369	.000
	복합추론	-.334	.164	-.075	-2.033	.048
	계량능력	.773	.039	.804	19.676	.000

a. Dependent Variable: 영업수익성

<표 2.7>에서 제2 모형의 결과 창의력이 제거되고 난 후에 제1 모형에서는 유의하지 않았던 복합추론(x_3)의 계수 $\hat{\beta}_3$도 유의해짐(p값 = 0.048)을 알 수 있다.

개별 회귀계수의 유의성 검증을 할 때 주의할 점은 $(p+1)$개의 t통계량들이 일반적으로 서로 독립이 아니라는 점이다. 따라서 둘 이상의 회귀

계수에 대하여 유의수준 α하에서 t검증을 하면 실제의 유의수준은 α보다 커지게 된다. 다시 말하면 귀무가설이 $H_0 : \beta_i = \beta_j = 0$이고 대립가설이 $H_1 : \beta_i \neq 0$ 혹은 $\beta_j \neq 0$이라고 하는 경우, 통계량 t_i와 t_j에 의한 검증은 유의확률이 α보다 커지게 되는 것이다. 경우에 따라서는 각각의 회귀계수의 유의성 검증을 종합한 결과와 분산분석에 의한 회귀선의 유의성에 대한 결과가 서로 상반되게 나타날 수 있다.

식 (2.13)의 회귀계수에 대한 95% 신뢰구간을 구하려면, [Statistics...] 대화 상자에서 **Regression Coefficient** 옵션 중 <u>**Confidence Intervals**</u>를 클릭하면 된다.

<표 2.8>에서 각 설명변수의 회귀계수 β_j에 대한 95% 신뢰구간의 하한값과 상한값을 보여 주고 있다. t검증에서 유의하지 않은 것으로 나타난 x_1이나 x_3의 회귀계수의 신뢰구간 역시 0을 포함하고 있음을 확인할 수 있다.

<표 2.8>
회귀계수에
대한
신뢰구간

Coefficients³

Model		95% Confidence Interval for B	
		Lower Bound	Upper Bound
1	(Constant)	69.766	76.544
	창의력	-.062	.347
	단순추론	.579	1.111
	복합추론	-.611	.067
	계량능력	.683	.842
2	(Constant)	70.381	77.035
	단순추론	.717	1.171
	복합추론	-.664	-.003
	계량능력	.694	.852

a. Dependent Variable: 영업수익성

2.2.2 Y의 예측치에 관한 추론

회귀분석에서 중요한 목적 중의 하나가 바로 예측(prediction)이다. 설명변수들의 값이 주어진다면 추정된 회귀식을 이용하여 예측을 할 수 있겠지만 예측을 함에 있어 두 가지의 측면을 생각할 수 있을 것이다. 1장에서 간략하게 언급한 것처럼 하나는 설명변수의 관측값 벡터 $\boldsymbol{x}$가 주어졌을 때 회귀선 위의 적합값은 무엇일까 하는 y의 조건부 기대값 $E(y \mid \boldsymbol{x}) = \boldsymbol{x}'\boldsymbol{\beta}$에 관한 것이며 또 하나는 설명변수의 값들이 주어졌을 때 반응변수의 값은 무엇일까 하는 (아직 관측되지 않은 미래의 관측치) y에 관한 예측이다.

$Var(\hat{y}) = \boldsymbol{x}(\boldsymbol{X}'\boldsymbol{X})^{-1}\boldsymbol{x}'\sigma^2$이므로 미지의 σ^2 대신 그 추정치인 MSE를 대입하면 $E(y \mid \boldsymbol{x})$의 $100(1-\alpha)\%$ 신뢰구간은

$$\hat{y} \pm t_{\alpha/2}(n-p-1)\sqrt{\boldsymbol{x}(\boldsymbol{X}'\boldsymbol{X})^{-1}\boldsymbol{x}' \cdot MSE}$$

로 주어진다. 한편, 새로운 설명변수 값이 주어졌을 때 y에 대한 $100(1-\alpha)\%$ 예측구간(prediction interval)은

$$\hat{y} \pm t_{\alpha/2}(n-p-1)\sqrt{(1+\boldsymbol{x}(\boldsymbol{X}'\boldsymbol{X})^{-1}\boldsymbol{x}')MSE}$$

로, $E(y \mid \boldsymbol{x})$의 신뢰구간보다 약간 넓게 구해진다. 이는 $E(y \mid \boldsymbol{x})$의 신뢰구간을 구할 때보다 새로운 한 개체에 대한 오차 $\hat{\sigma} = \sqrt{MSE}$ 만큼 더 큰 예측오차가 생기기 때문이다.

이러한 예측구간을 구하기 위해서는 Linear Regression 대화 상자에서 Save... 를 클릭한 후 <그림 2.4>의 Prediction Intervals에서 Mean과 Individual을 선택하면 된다. 1장에서 간략히 설명한 바와 마찬가지로 이들을 선택하면 각각이 새로운 변수로 데이터 셋에 저장되는데 여기서 Mean은 $E(y \mid \boldsymbol{x}) = \boldsymbol{x}'\boldsymbol{\beta}$에 대한 신뢰영역을, Individual은 $\boldsymbol{x}$가 주어졌을 때 미래 예측치 y에 대한 예측구간을 제공하는 옵션이다.

영업 사원들의 네 가지 평가점수에 대한 결과는 <그림 2.5>의 데이터 편집기 창에 제시된다. <그림 2.5>에서 새로운 변수들은 각각 LMCI_1이 $E(y \mid \boldsymbol{x})$의 신뢰하한을, UMCI_1이 신뢰상한을 의미하며 LICI_1과 UICI_1은 각각 y의 예측하한과 예측상한이다. 여기서 _1은 모형번호를 나타낸다.

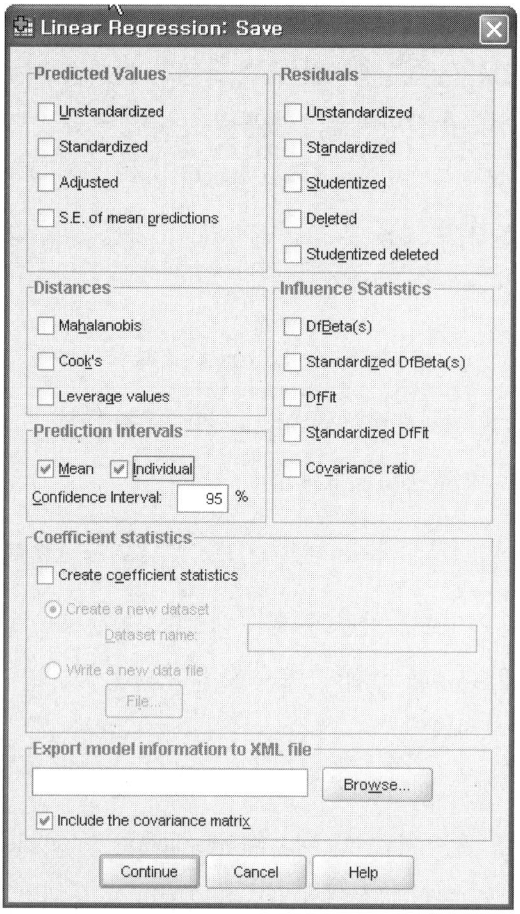

<그림 2.4>
예측구간을
구하기 위한
대화 상자

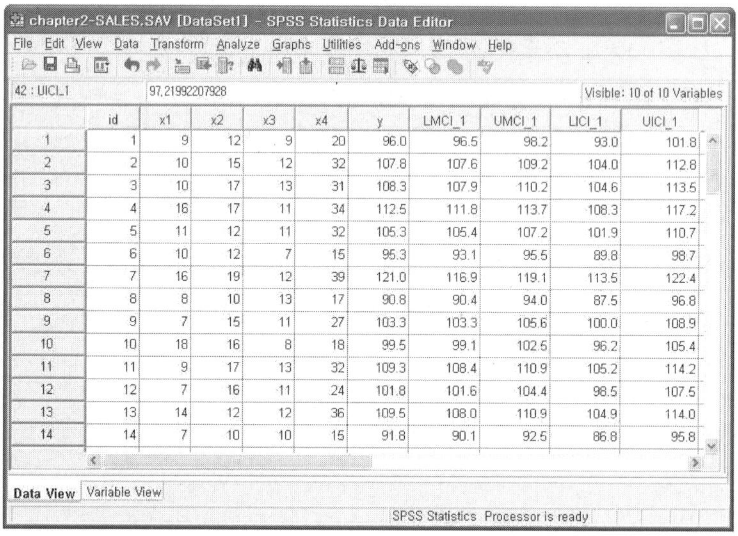

	id	x1	x2	x3	x4	y	LMCI_1	UMCI_1	LICI_1	UICI_1
1	1	9	12	9	20	96.0	96.5	98.2	93.0	101.8
2	2	10	15	12	32	107.8	107.6	109.2	104.0	112.8
3	3	10	17	13	31	108.3	107.9	110.2	104.6	113.5
4	4	16	17	11	34	112.5	111.8	113.7	108.3	117.2
5	5	11	12	11	32	105.3	105.4	107.2	101.9	110.7
6	6	10	12	7	15	95.3	93.1	95.5	89.8	98.7
7	7	16	19	12	39	121.0	116.9	119.1	113.5	122.4
8	8	8	10	13	17	90.8	90.4	94.0	87.5	96.8
9	9	7	15	11	27	103.3	103.3	105.6	100.0	108.9
10	10	18	16	8	18	99.5	99.1	102.5	96.2	105.4
11	11	9	17	13	32	109.3	108.4	110.9	105.2	114.2
12	12	7	16	11	24	101.8	101.6	104.4	98.5	107.5
13	13	14	12	12	36	109.5	108.0	110.9	104.9	114.0
14	14	7	10	10	15	91.8	90.1	92.5	86.8	95.8

<그림 2.5>
영업 사원
데이터에서의
예측구간

2.3 설명변수와 모형 선택 기준

2.3.1 변수선택의 문제

지금까지는 선형 회귀모형에서 반응변수에 영향을 미치는 설명변수들을 모두 알고 있다는 가정하에 이론을 전개하였다. 그러나 실제적인 분석을 하는 경우에 반응변수에 영향을 미치거나 원인이 될 만한 설명변수의 수는 가히 적지 않을 것이다. 가능한 모든 후보변수들을 설명변수로 취해야 할지, 아니면 어떤 변수들을 설명변수로 해야 할지를 고민하게 된다. 이처럼 회귀모형에 포함시킬 설명변수들을 선택하는 문제를 변수선택의 문제 또는 모형 선택의 문제라고 한다.

설명변수들을 선택하여 회귀모형을 설정하는 데는 다음의 두 가지를 고려하여야 한다. 첫째, 반응변수에 유의한 영향을 미치는 모든 설명변수들을 사용하여야 한다. 이는 반응변수의 적합값의 편의(bias)를 감소시키는 역할을 한다. 그러나 설명변수가 많으면 데이터를 수집하고 관리하는 데 많은 노력과 경비가 필요하게 되고 설명변수 간에 다중공선성(multicollinearity)의 문제가 발생하여 모형의 추정을 더욱 곤란하게 할 가능성이 크다. 둘째, 적합값의 분산은 설명변수들의 개수가 증가함에 따라 증가한다. 즉, 설명변수들을 많이 사용하는 선형 회귀모형의 적합값은 정도(precision)가 떨어진다. 따라서 반응변수를 잘 설명하는 범위 내에서 가능한 한 적은 수의 설명변수들을 모형에 포함시킨다.

따라서 위의 상반된 기준들을 적절히 절충하여 주어진 데이터를 가장 잘 표현하는 최적의 선형 회귀모형을 찾는 것이 목적이라 할 수 있다. 물론, 기준에 따라 최적모형은 달라지게 될 것이다.

SPSS에서 제공하는 설명변수 선택에 있어서의 판단기준들로는 결정계수, 수정된 결정계수, 평균제곱오차와 같은 모형적합의 결과로부터 계산되는 통계량들과 아카이케(Akaike)의 정보량 기준(AIC), 슈와르츠 베이지안 기준(SBC), 아메미야(Amemiya)의 예측 기준(PC) 등의 벌칙함수(penalty function)

판단 기준들이 있다. 또, 변수선택 방법으로는 입력변수법(enter), 단계적 선택방법(stepwise selection method), 전진선택법(forward selection), 후진제거법(backward elimination), 제거변수법(remove) 등이 있다.[1]

2.3.2 변수선택의 방법

반응변수 y를 설명하는 데 있어서 총 k개의 후보변수 중에서 $p(\leq k)$개를 선택하는 경우의 수(조합 수)는

$$\binom{k}{p} = \frac{k\,!}{p\,!\;(k-p)\,!}\;(p = 1, \cdots, k)$$

이다. 따라서 가능한 모든 변수선택 방법의 수는

$$\sum_{p=0}^{k} \binom{k}{p} = 2^k$$

이다. k값이 어느 일정 값 이상 커지면 2^k개의 회귀분석을 모두 하기가 어렵게 될 수 있다. 그러므로 효율적인 변수선택이 불가피하게 된다.

이후에는 편의상 고려하는 모든 설명변수들을 포함하는 모형을 완전모형(full model), 그러한 설명변수들 중 일부만을 포함하는 모형을 축소모형(reduced model)이라 부르기로 한다.

■ 전진선택법(forward selection)

가장 간단하게 절편만 있는 상수항 모형을 초기모형으로 생각하여 설명변수들 중에서 가장 중요하다고 생각되는 변수부터 차례로 모형에 추가시켜 나가다가 더 이상 추가할 만한 유의한 설명변수가 없으면 최종적으로 선택된 설명변수들만을 이용하여 모형을 적합시키는 방법이다.

---

[1] SPSS에서 제공하는 입력변수법(Enter)은 분석자가 설정한 변수들로 구성된 모형에 적합시키는 것이고, 제거변수법(Remove)은 지정한 변수를 제외시킨 모형에 적합시키는 방법을 나타낼 뿐 별도의 특별한 변수선택법을 의미하는 것이 아니다.

구체적으로 알고리즘을 소개하면 상수항 모형에서 k개의 후보 변수들 중 F 통계량의 값을 가장 크게 하는 변수 하나를 찾는다. 그 변수를 $x_{(1)}$이 라고 하자. 변수 $x_{(1)}$의 기여도에 대한 F 검증 통계량이 유의수준 α(디폴트 0.05)에서 유의하면 다음 단계로 넘어가고 그렇지 않으면 상수항만 포함되 는 회귀모형으로 귀착된다. j번째($j=2,\cdots$) 단계에서는 이미 $(j-1)$개의 변 수가 선택되어 회귀모형에 포함되어 있다. 각 단계별로 모형에 포함된 변 수들을 $x_{(1)},\cdots,x_{(j-1)}$이라고 하자. 아직 선택되지 않은 변수들 중에서 부 분 F 통계량(이하 설명 참조)의 값을 가장 크게 하는 변수 하나를 찾는다. 이 를 $x_{(j)}$라고 할 때 $x_{(j)}$에 대한 부분 F 검증(partial F test) 통계량이 유의수준 α하에서 유의하면 $x_{(j)}$를 모형에 포함시킨 후 또 다른 변수를 추가 선택하 기 위하여 $(j+1)$번째 단계로 넘어가고 그렇지 않으면 $x_{(j)}$를 버린 채 $x_{(1)},\cdots,x_{(j-1)}$을 설명변수로 하는 축소모형으로 귀착된다.

설명변수 x_j에 대한 부분 F 검증 통계량은

$$\text{partial } F = \frac{SSR(x_{(1)},\cdots,x_{(j-1)},x_j) - SSR(x_{(1)},\cdots,x_{(j-1)})}{MSE(x_{(1)},\cdots,x_{(j-1)},x_j)}$$

로 정의된다. 이 통계량의 값이 $F(1,n-j-1:\alpha)$보다 크면 변수 x_j의 기여 도가 통계적으로 유의하다고 결론 내린다. 전진선택법에서는 이러한 부분 F 검증을 축차적으로 반복하므로 축차(sequential) F 검증이라 하여 부분 F 검증과 구분하기도 한다.

Linear Regression 대화 상자에서 전진선택법을 수행하려면 <그림 2. 6>과 같이 Method: 오른쪽의 ▼을 눌러서 Forward ▾ 를 선택하면 된다.

<그림 2.6>
변수선택방법
을 지정하는
대화 상자

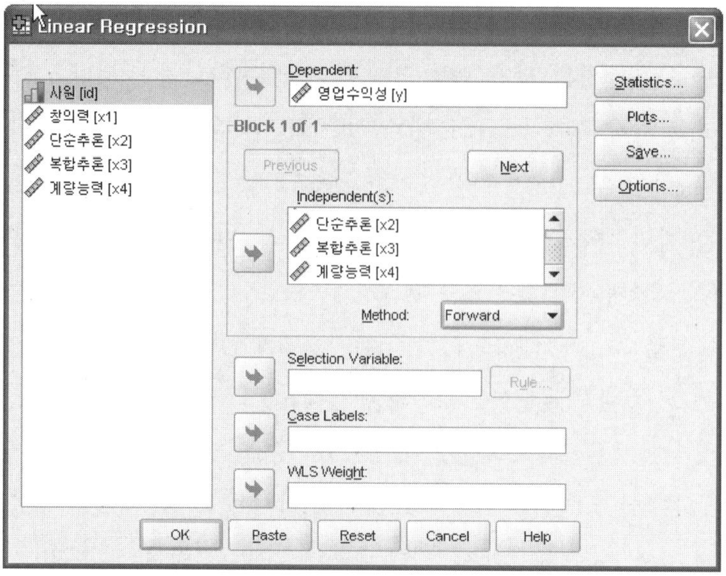

<표 2.9>
전진선택법
출력결과

Variables Entered/Removed[a]

Mode l	Variables Entered	Variables Removed	Method
1	계량능력	.	Forward (Criterion: Probability-of-F-to-enter <= .050)
2	단순추론	.	Forward (Criterion: Probability-of-F-to-enter <= .050)
3	복합추론	.	Forward (Criterion: Probability-of-F-to-enter <= .050)

a. Dependent Variable: 영업수익성

<표 2.9>는 영업 사원 데이터에 대해 전진선택법을 시행했을 때 설명변수가 선택되는 과정이다. 전진선택법에 의하면 계량능력(x_4)이 y에 가장 유의한 영향을 미쳐서 가장 먼저 모형에 들어오고 그 다음 단순추론(x_2), 복합추론(x_3) 순으로 모형에 포함되어

$$\hat{y} = 73.708 + 0.944x_2 - 0.334x_3 + 0.773x_4$$

로 적합된다. 이때 모형의 설명력은 95.7%이다.

그러나 전진선택법은 한번 선택된 설명변수가 추후에 다른 설명변수의 추가로 인하여 더 이상 유의하지 않게 되더라도 제거될 수 없다는 단점이 있다. 사실 나중에 추가된 변수와 먼저 선택된 변수와의 상호작용으로 인해 먼저 선택된 변수가 유의하지 않게 되는 경우가 생길 수도 있다. 이러한 단점은 후에 설명할 단계적 방법에 의해 개선될 수 있다.

전진선택법은 최대로 $k+(k-1)+\cdots+1=k(k+1)/2$개의 회귀분석을 하면 되므로 모든 가능한 회귀의 2^k개와 비교하면 작은 숫자이다. 이 방법은 직관적으로는 타당한 듯 보이는 이점이 있으나 각 단계마다 바로 한 치 앞에서의 '좋은' 변수를 선택하는 지나치게 '탐욕적'인 방법이다. 또한 회귀모형에 특정 세 변수($x_{(h)}$, $x_{(i)}$, $x_{(j)}$)가 순서대로 선택되었다 하더라도 임의의 세 변수를 선택하는 모든 $_kC_3$개의 회귀모형을 검토하여 보면 ($x_{(h)}$, $x_{(i)}$, $x_{(j)}$)를 사용한 경우보다 모형 선택 기준들에 더 적합한 다른 회귀모형이 있을 수 있다. 그럼에도 불구하고 전진선택법은 k가 아주 큰 경우, 특히 후보변수의 수 k가 개체수 n 이상인 경우에도 사용할 수 있다는 장점을 갖는다(허명회・서혜선, 1996).

■ 후진제거법(backward elimination)

이 방법은 불필요한 변수를 제거시켜 나가는 절차로서 초기 모형은 완전모형이다. 즉 첫 단계에는 모든 후보변수를 포함하는 회귀모형을 적합한 뒤 기여도가 가장 작은(부분 F 검증 통계량의 값이 가장 작은) 변수 하나를 찾는다. 그 변수를 $x_{(k)}$라고 하자. 만약 $x_{(k)}$에 대한 부분 F 검증이 유의수준 α(디폴트 0.10)하에서 유의하면 완전모형으로 귀착되고 그렇지 않으면 $x_{(k)}$를 제거하고 다음 단계로 넘어간다.

j번째($j=2,3,\cdots$) 단계에서는 이미 $(j-1)$개의 변수 $x_{(k)},\cdots,$ $x_{(k-j+2)}$가 제거되어 회귀모형에는 $(k-j+1)$개의 변수만 남아 있다. 남아 있는 변수들 중에서 부분 F의 값이 가장 작은 변수 하나를 찾는다. 그 변수를 $x_{(k-j+1)}$이라고 하자. 만약 $x_{(k-j+1)}$에 대한 부분 F 검증 통계량이 유의수

준 α하에서 유의하면 변수 $x_{(k)},\cdots,x_{(k-j+2)}$가 제거된 축소모형으로 귀착되고 그렇지 않으면 $x_{(k-j+1)}$를 추가로 제거하고 다음 $(j+1)$번째 단계로 넘어간다.

후진제거법에 의한 변수선택은 <그림 2.6>의 **Method:** 에서 Backward ▼ 를 지정하면 된다.

<표 2.10>은 영업 사원 데이터에 후진제거법을 적용한 결과이다. 창의력(x_1)이 모형에서 제외되고 나면 더 이상 제거할 변수가 없으므로 전진선택법과 동일한 결과를 얻는다.

<표 2.10>
후진제거법
출력결과

Variables Entered/Removed[b]

Mode	Variables Entered	Variables Removed	Method
1	계량능력, 창의력, 복합추론, 단순추론[a]	.	Enter
2	.	창의력	Backward (criterion: Probability of F-to-remove >= .100).

a. All requested variables entered.

b. Dependent Variable: 영업수익성

후진제거법의 문제점은 한번 제거된 설명변수가 추후에 다른 설명변수의 제거로 인해 그 변수가 필요하게 되더라도 모형에 포함시킬 수 없다는 점이며 이 역시 단계적 방법을 사용하면 개선될 수 있다. 후진제거법은 중요한 변수를 모형에서 제외할 가능성이 없으므로 비교적 안전한 방법이라고 할 수 있다. 그러나 후보변수의 수 k가 개체수 n 이상인 경우에는 사용할 수 없다. 따라서 k가 n에 비해 상당히 작은 경우에 적절한 방법이라 하겠다.

■ **단계적 방법**(stepwise method)

전진선택법과 후진제거법의 문제점을 동시에 고려하여, 모형에 설명변수를 하나씩 추가시키면서 모형 내의 설명변수들 중에서 추가되는 설명변수로 인하여 유의하지 않게 되는 것을 제거시키는 방법을 반복한다. 더 이상 추가되거나 제거되는 변수가 없을 때까지 추가와 제거의 과정을 반복적으로 시행하는 방법이다. 즉, 전진선택법과 후진제거법을 교대로 수행하면서 가장 최적의 모형을 선택하는 방법이다.

초기모형에는 상수항만으로 시작하되 모형에 들어오면서 F 통계량의 값을 가장 크게 하는 변수를 찾는다. 그 변수를 $x_{(1)}$이라고 하자. 이때 $x_{(1)}$에 관한 F 검증이 유의수준 α(디폴트 0.05)에서 유의하면 두 번째 단계로 넘어가고 그렇지 않으면 상수항만의 회귀모형으로 귀착된다.

두 번째 단계에서는 이미 $x_{(1)}$이 회귀모형에 포함되어 있고 나머지 후보변수 $(k-1)$개 중 모형에 추가되었을 때 부분 F 통계량의 값을 가장 크게 할 수 있는 한 개의 변수를 찾는다. 그 변수를 $x_{(2)}$라고 하자. 만약 $x_{(2)}$에 관한 부분 F 검증 통계량이 유의수준 α(디폴트 0.05)하에서 유의하면 그 변수를 회귀모형에 포함시키고 이미 선택되어 있던 $x_{(1)}$에 관한 부분 F 검증을 한다. 만약 이 부분 F 검증이 유의수준 α(디폴트 0.10)하에서 유의하면 다음 단계로 넘어가고 그렇지 않으면 $x_{(1)}$을 제거하고(즉, $x_{(2)}$만이 남는다) 다음 단계로 넘어간다. 한편 $x_{(2)}$에 관한 부분 F 검증이 유의수준 α하에서 유의하지 않으면 상수항과 $x_{(1)}$만의 모형으로 귀착된다.

단계적 방법은 결국 중요한 변수를 하나씩 추가 선택하되 이미 모형에 들어간 변수들이 제거될 수 있는지를 단계별로 검토하는 방법이다. 이 방법은 전진선택법을 일부 향상시킨 방법이라고 할 수 있으며 후보변수의 수 k가 개체 수 n 이상인 경우에도 효율적으로 사용할 수 있다.

영업 사원 데이터에 대하여 단계적 방법을 적용하면 전진선택법, 후진제거법과 동일한 결과를 얻게 됨을 확인하라.

2.3.3 모형 선택 기준

여러 후보 모형들에 대한 선택 기준으로는 비교대상인 모형 내의 설명 변수의 수가 같거나 같지 않은 경우 등에 있어 여러 가지 모형 선택 기준 (model selection criteria)이 있다. SPSS 선형 회귀에서 제공하는 모형 선택 기준 통계량들은 다음과 같다.

- 결정계수, 수정된 결정계수: 1에 가까울수록 좋다.
- 평균제곱오차(MSE): 작을수록 좋다.
- 아카이케의 정보량 기준(Akaike's Information Criteria; AIC): 작을수록 좋다.

$$AIC = n \log \frac{SSE}{n} + 2p.$$

여기서 p는 현재 고려중인 설명변수의 개수이다(상수항 제외).

- 슈와르츠 베이지안 기준(Schwarz Baysian Criteria; SBC): 작을수록 좋다.

$$SBC = n \ln \left(\frac{SSE}{n} \right) + p \ln(n).$$

- 아메미야의 예측 기준(Amemiya's Prediction Criteria; PC): 작을수록 좋다.

$$PC = \frac{(1 - R^2)(n + p)}{n - p}.$$

위에서 설명한 모형 선택 기준 통계량들은 여러 후보 모형들 중에서 어떤 모형을 최적모형으로 선택하면 좋을까 하는 일종의 방향 제시에 불과 하므로, 데이터의 성격과 관련 분야의 이론 등 여러 가지를 고려하여 가장 좋은 모형을 선택하여야 할 것이다. SPSS를 이용한 회귀분석에서는 분석 자가 여러 가지 모형을 설정하면서 명령문 중간에 **/STATISTICS SELECTION** 을 입력할 경우 이 통계량들을 제공하고 있다. 즉, 모형이 하나뿐일 때는 이 통계량들이 출력되지 않으며 버전 10.0 이상에서는 메뉴 방식의 디폴트 로 제공되지 않는다. 여러 모형을 고려하는 경우는 2.2.1절에서 본 바와 같 이 유의하지 않은 설명변수를 제거할 때와 전진, 후진, 단계선택, 제거 등의 변수선택 방법을 지정할 때이다. 변수선택 방법을 지정하면 변수의 진입 또는 제거 단계별로 모형 요약에서 해당 통계량을 산출한다.

영업 사원 데이터에서 제1 모형으로 완전모형을, 제2 모형으로 x_1을 제거하고 나머지 세 설명변수만 포함하는 모형을 설정한 후 Paste 를 눌러 나온 **Syntax** 대화 상자에서 <그림 2.7>과 같이 /**STATISTICS** 문장에 **SELECTION**을 추가하면, 이 두 모형에 대하여 모형 선택 기준 통계량들을 계산해 준다. 이 값들을 위에서 설명한 선호기준에 따라 비교해 보면 어떤 모형을 선택하는 것이 좋을지 알 수 있을 것이다.

<그림 2.7>
모형 선택
기준
통계량을
구하는 명령문

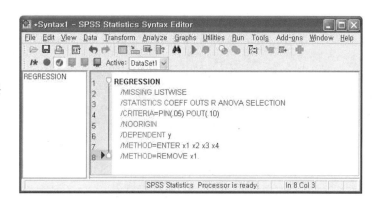

영업 사원 데이터의 경우 두 모형에 대한 모형 선택 기준 통계량들이 <표 2.11>과 같이 나타났다. AIC나 SBC를 기준으로 보면 제1 모형이, C_p를 기준으로 보면 제2 모형이 좋은 모형으로 보인다. 그러나 벌칙함수 기준들이 거의 차이가 없으므로 변수선택 결과나 회귀계수의 유의성 검증 등을 종합해 봤을 때 창의력(x_1)이 없는 제2 모형이 더 좋은 모형이라 할 수 있다.

<표 2.11>
모형 선택
기준
통계량
출력결과

Model Summary

Mode l	R	R Square	Adjusted R Square	Std. Error of the Estimate	Selection Criteria			
					Akaike Information Criterion	Amemiya Prediction Criterion	Mallows' Prediction Criterion	Schwarz Bayesian Criterion
1	.979[a]	.959	.955	2.1376	80.701	.050	5.000	90.261
2	.978[b]	.957	.954	2.1600	80.840	.050	4.967	88.488

a. Predictors: (Constant), 계량능력, 창의력, 복합추론, 단순추론

b. Predictors: (Constant), 계량능력, 복합추론, 단순추론

2.4 연습 문제

Quiz 1.

다음은 미국 대학생들의 GPA 점수를 언어 및 수리영역에 대한 고교시절의 GPA와 SAT 점수에 의해 설명하고자 하는 데이터이다(chapter2-Quiz1.sav). 아래 표의 데이터에 대해서 반응변수 GPA(y)에 가장 큰 영향을 미치는 설명변수가 어느 것인지 알아보시오.

번호	GPA (y)	SAT 수리영역 점수(x_1)	SAT 언어영역 점수(x_2)	고교 수리영역 GPA(x_3)	고교 언어영역 GPA(x_4)
1	1.97	321	247	2.30	2.63
2	2.74	718	436	3.80	3.57
3	2.19	358	578	2.98	2.57
4	2.6	403	447	3.58	2.21
5	2.98	640	563	3.38	3.48
6	1.65	237	342	1.48	2.14
7	1.89	270	472	1.67	2.64
8	2.38	418	356	3.73	2.52
9	2.66	443	327	3.09	3.20
10	1.96	359	385	1.54	3.46
11	3.14	669	664	3.21	3.37
12	1.96	409	518	2.77	2.60
13	2.2	582	364	1.47	2.90
14	3.9	750	632	3.14	3.49
15	2.02	451	435	1.54	3.20
16	3.61	645	704	3.50	3.74
17	3.07	791	341	3.20	2.93
18	2.63	521	483	3.59	3.32
19	3.11	594	665	3.42	2.70
20	3.2	653	606	3.69	3.52

출처: http://www2.spsu.edu/tmgt/richrdson/statistics

Quiz 2.

통계학과 수강생들의 학기 중 읽은 전공서적 수(x_1)와 출석일수(x_2)가 학기말 성적(y)에 얼마나 영향을 미치는지 다음 데이터(chapter2–Quiz2.sav)를 통해 알아보고자 한다. 중선형 회귀분석을 실시하고 결과를 해석하시오.

번호	grade (y)	books (x_1)	attend (x_2)	번호	grade (y)	books (x_1)	attend (x_2)
1	45	0	9	21	47	4	11
2	57	1	15	22	64	0	19
3	45	0	10	23	97	2	15
4	51	2	16	24	55	3	15
5	65	4	10	25	51	1	20
6	88	4	20	26	61	0	6
7	44	1	11	27	69	3	15
8	87	4	20	28	79	3	19
9	89	3	15	29	71	2	14
10	59	0	15	30	62	2	13
11	66	2	8	31	87	3	17
12	65	1	13	32	54	2	20
13	56	4	18	33	43	2	11
14	47	1	10	34	92	3	20
15	66	0	8	35	83	4	20
16	41	1	10	36	94	4	20
17	56	3	16	37	60	3	9
18	37	0	11	38	56	1	8
19	45	1	19	39	88	2	16
20	58	4	12	40	62	0	10

출처: http://www.jeremymiles.co.uk/regressionbook/data/index.html

3 장

가변수를 이용한 회귀분석
Multiple Regression Analysis Using Dummy Variables

2장에서 설명변수들이 2개 이상 포함된 중선형 회귀모형에 대해서 살펴보았다. 그런데 통계분석을 위한 독립변수들에는 성별, 출신 지역, 학력, 결혼 여부 등과 같은 범주형 변수들이 포함되어 있는 경우가 많으며 이러한 변수들은 자료 분석시 상당히 유용한 정보를 제공한다. 이들 변수들은 양적 변수가 아니므로 중회귀분석시 주의해서 다루어야 하는데 3장에서는 이러한 변수들을 중회귀분석에서 독립변수로 사용하는 방법을 소개한다.

3.1 가변수란?

데이터를 코딩할 때 성별에 따라 여자이면 0, 남자이면 1로 할 수도 있고, 또 여자이면 4, 남자이면 2로 할 수 있을 것이다. 즉, 코딩된 값 자체는 수치로서 의미가 없고 단지 특정 개체가 속하는 범주나 집단을 구별하는 역할만을 할 때 이런 변수들을 질적변수(qualitative variable)라 한다. 이 책에서 지금까지 다루어 온 변수들은 질적변수들에 비해 얻어진 데이터 자체가 수치적인 의미를 가지므로 양적변수(quantitative variable)라고 한다.

이들 질적변수는 설명변수뿐만 아니라 반응변수로도 사용된다. 이번 절에서는 질적변수가 독립변수로 사용될 경우만을 설명하기로 한다.

지역과 나이가 소득에 영향을 주리라 생각하고 식 (3.1)과 같은 모형을 세운다고 하자.

$$소득 = \beta_0 + \beta_1 나이 + \beta_2 지역 + \epsilon . \tag{3.1}$$

이때 7개 지역에 대하여 각각 다음과 같이 코딩되었다고 하자.

서울 = 1, 경기도 = 2, 강원도 = 3, 충청도 = 4, 전라도 = 5, 경상도 = 6, 기타 = 7 .

이런 경우에 결과해석은 어떻게 할까? 중회귀에서 회귀계수의 의미를 생각하면, 식 (3.1)은 동일한 나이에서 출신 지역이 한 단위 증가할 때 소득은 β_1 만큼 증가하므로 경상도 지역과 서울 지역은 $(6-1)\beta_1 = 5\beta_1$ 으로 충청도 지역과 서울 지역은 소득에서 $(4-1)\beta_1 = 3\beta_1$ 의 차이가 나는 모형이 된다. 따라서 명목적인 코딩 값에 따라 결과가 달라지므로 식 (3.1)을 적용하는 것이 타당하지 않음을 알게 된다.

이제 다음과 같은 접근방법을 생각해 보기로 한다. 우선 지역과 나이를 설명변수로 소득을 반응변수로 분석하고자 한다면 이는 지역에 따라 나이가 소득에 미치는 영향이 다를 것이라는 것을 미리 고려한 것이다. 지역이 많으므로 충청도, 전라도, 경상도만을 생각하여 세 변수 간의 관계를 플롯으로 표현하여 <그림 3.1>과 같다면 즉, 범주에 따라 서로 다른 회귀식을 한 모형에 나타내려면 어떻게 해야 할까? 아래와 같은 가변수(dummy variable) 2개를 새로 만들어 모형식 (3.2)를 세우면 된다.

$$소득 = \beta_0 + \beta_1 나이 + r_1 D_1 + r_2 D_2 + \epsilon, \tag{3.2}$$

$$D_1 = \begin{cases} 1, & 충청도이면, \\ 0, & 그 \ 이외의 \ 경우, \end{cases} \quad D_2 = \begin{cases} 1, & 전라도이면, \\ 0, & 그 \ 이외의 \ 경우. \end{cases}$$

따라서 가변수를 적용하여 식 (3.2)를 다시 써보면

$$충청도이면, \ 소득 = (\beta_0 + r_1) + \beta_1 나이 + \epsilon . \tag{3.3.1}$$

$$전라도이면, \ 소득 = (\beta_0 + r_2) + \beta_1 나이 + \epsilon . \tag{3.3.2}$$

$$경상도이면, \ 소득 = \beta_0 + \beta_1 나이 + \epsilon . \tag{3.3.3}$$

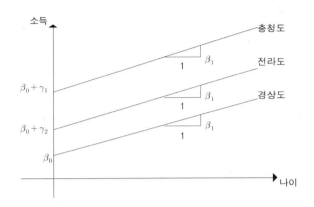

<그림 3.1>
나이에 따른
지역별 소득

과 같이 된다. 그러면, <그림 3.1>에서와 같이 3 범주에 따른 모형식을 나타낼 수 있게 된다. 회귀계수의 의미를 살펴보면 같은 나이에서 경상도에 비해 충청도는 r_1을 전라도는 r_2의 평균소득을 더 기대할 수 있다.

여기서 독자들은 다음과 같은 의문점을 가지게 될 것이다.

첫째, 범주는 3개인데 왜 2개만의 가변수를 만들었는가? 가변수를 만드는 규칙은 무엇인가?

둘째, 식 (3.2)에서는 범주에 따라 회귀모형의 절편항만 다를 뿐이지만, 만약 <그림 3.2>과 같이 기울기도 다를 수 있는데, 그 점은 어떻게 반영될 수 있는지? 즉, 경상도에서 20대와 30대의 평균소득 차이가 전라도 지역에서의 20대, 30대의 소득 차이와 다를 경우는 모형에서 어떻게 고려해야 하는가?

셋째, 식 (3.3.1)에서 (3.3.3)은 식 (3.2)에서 가변수 D_1, D_2를 풀어 쓴 것으로, 처음부터 데이터를 지역의 범주에 따라 각각 모형식을 세워 아래의 식 (3.4.1)에서 (3.4.3)인 선형 모형식을 3개로 만들어서 회귀분석을 하는 것과 어떻게 차이가 나는가?

$$\text{충청도만 이용하여, 소득} = \beta_{01} + \beta_{11}\text{나이} + \epsilon. \tag{3.4.1}$$

$$\text{전라도만 이용하여, 소득} = \beta_{02} + \beta_{12}\text{나이} + \epsilon. \tag{3.4.2}$$

$$\text{경상도만 이용하여, 소득} = \beta_{03} + \beta_{13}\text{나이} + \epsilon. \tag{3.4.3}$$

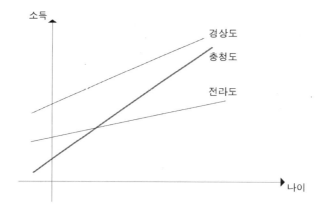

<그림 3.2>
나이와
가변수의
상호작용

넷째, 그 이외에도 어떤 경우에 가변수를 이용할 수 있는가?

앞으로 이러한 의문점들을 4개의 소절로 구분하여 설명하기로 한다. 그리고 마지막으로 SPSS를 이용하여 데이터 분석을 실시한다.

3.2 가변수의 개수

우선, 첫 번째 의문점을 풀어 보자. 3개 지역이므로 식 (3.2)의 모형에 가변수 D_3를 하나 추가하여 가변수 D_1, D_2, D_3를 이용한 식 (3.5)를 세워 보자.

$$소득 = \beta_0 + \beta_1 나이 + r_1 D_1 + r_2 D_2 + r_3 D_3 + \epsilon \ , \tag{3.5}$$

$$D_3 = \begin{cases} 1, & 경상도이면, \\ 0, & 그 \ 이외의 \ 경우. \end{cases}$$

전체 개체가 n명이고 충청도가 n_1명, 전라도가 n_2명, 경상도 n_3명 $(n_1 + n_2 + n_3 = n)$일 때 행렬 $\boldsymbol{X}$는

$$X = \begin{pmatrix} 1 & \text{나이}_1 & 1 & 0 & 0 \\ \vdots & \vdots & \vdots & \vdots & \vdots \\ 1 & \text{나이}_{n_1} & 1 & 0 & 0 \\ 1 & \text{나이}_{n_1+1} & 0 & 1 & 0 \\ \vdots & \vdots & \vdots & \vdots & \vdots \\ 1 & \text{나이}_{n_1+n_2} & 0 & 1 & 0 \\ 1 & \text{나이}_{n_1+n_2+1} & 0 & 0 & 1 \\ \vdots & \vdots & \vdots & \vdots & \vdots \\ 1 & \text{나이}_{n_1+n_2+n_3} & 0 & 0 & 1 \end{pmatrix} = \begin{pmatrix} x_1 & x_2 & x_3 & x_4 & x_5 \end{pmatrix} \tag{3.6}$$

이고, 모수벡터는

$$\boldsymbol{\beta}' = \begin{pmatrix} \beta_0 & \beta_1 & r_1 & r_2 & r_3 \end{pmatrix}$$

가 된다.

모수벡터를 최소제곱 추정법으로 추정한 추정량 $\widehat{\boldsymbol{\beta}} = (X'X)^{-1}X'y$인데 식 (3.6)의 행렬 X자체로는 $X'X$의 역행렬이 존재하지 않는다. (이유는 X의 계수(rank)가 X의 열의 수와 같아야만 $X'X$의 역행렬이 존재하는데 그러나 식 (3.6)의 계수가 $rank(X) = 4 \neq$ 열의수$(X) = 5$이기 때문이다.) 그러므로 식 (3.5)로는 최소제곱 추정량을 구할 수 없다.

그러나 식 (3.2)와 같이 2개의 가변수 D_1, D_2만을 이용하면, 설명변수들의 행렬은 아래와 같고, $rank(X) = $ 열의수 $(X) = 4$이므로 최소제곱추정량을 구할 수 있다.

$$X = \begin{pmatrix} 1 & \text{나이}_1 & 1 & 0 \\ \vdots & \vdots & \vdots & \vdots \\ 1 & \text{나이}_{n_1} & 1 & 0 \\ 1 & \text{나이}_{n_1+1} & 0 & 1 \\ \vdots & \vdots & \vdots & \vdots \\ 1 & \text{나이}_{n_1+n_2} & 0 & 1 \\ 1 & \text{나이}_{n_1+n_2+1} & 0 & 0 \\ \vdots & \vdots & \vdots & \vdots \\ 1 & \text{나이}_{n_1+n_2+n_3} & 0 & 0 \end{pmatrix} = \begin{pmatrix} x_1 & x_2 & x_3 & x_4 \end{pmatrix}$$

다른 예를 들어 보자. 이번에는 성별까지 고려하여 2개의 질적변수(지역, 성)가 있으면 어떻게 할까? 성별은 2개의 범주이므로 가변수를 하나만 생성한다.

$$Sex = \begin{cases} 1, \text{ 남자이면,} \\ 0, \text{ 여자이면} \end{cases}$$

를 이용하여, 식 (3.7)과 같이 모형화한다.

$$\text{소득} = \beta_0 + \beta_1 \text{나이} + r_1 D_1 + r_2 D_2 + \delta Sex + \epsilon \qquad (3.7)$$

가변수를 풀어쓰면, 식 (3.8.1)에서 (3.8.6)과 같다.

$$\text{충청도 여자: 소득} = (\beta_0 + r_1) + \beta_1 \text{나이} + \epsilon \qquad (3.8.1)$$

$$\text{충청도 남자: 소득} = (\beta_0 + r_1 + \delta) + \beta_1 \text{나이} + \epsilon. \qquad (3.8.2)$$

$$\text{전라도 여자: 소득} = (\beta_0 + r_2) + \beta_1 \text{나이} + \epsilon . \qquad (3.8.3)$$

$$\text{전라도 남자: 소득} = (\beta_0 + r_2 + \delta) + \beta_1 \text{나이} + \epsilon . \qquad (3.8.4)$$

$$\text{경상도 여자: 소득} = \beta_0 + \beta_1 \text{나이} + \epsilon . \qquad (3.8.5)$$

$$\text{경상도 남자: 소득} = (\beta_0 + \delta) + \beta_1 \text{나이} + \epsilon . \qquad (3.8.6)$$

즉, 지역과 나이가 동일할 때 남자는 여자보다 δ의 추가 소득을, 동일한 나이와 성별일 때는 충청도 사람은 경상도에 비하여 r_1을, 전라도는 경상도에 비하여 r_2의 평균적인 추가 소득을 기대할 수 있다.

이제 독자들은 질적변수에 따라 가변수를 어떻게 만들어 내는지 이해할 수 있을 것이다. 즉, 질적변수가 k개의 수준을 나타내면, $k-1$개의 더미변수(dummy variable)를 이용한다.

3.3 질적 변수들의 상호작용

식 (3.8.1)에서 (3.8.6)을 자세히 살펴보면 두 가지 사실을 발견할 수 있다. 첫 번째로 연속형 변수(나이)에 관하여는 모두 동일한 기울기 β_1을 가정하고 있다. 두 번째로, 식 (3.8.1)과 (3.8.2)를 비교하면, 충청도는 성별의 차이가 δ이고 식 (3.8.3)과 (3.8.4)를 비교하면 전라도도 성별의 차이가 δ로 나타난다. 경상도도 마찬가지이다. 즉, 같은 나이에서 충청도 여자와 경상도 여자의 소득은 같은 지역의 남자들과 비교하면 소득의 차이가 똑같이 δ 라는 것이다. 과연 지역에 관계없이 성별에 따른 소득 차이가 동일하다고 할 수 있는가? 따라서 식 (3.7)을 보다 현실적인 모형인 식 (3.9)로 바꾸어 보자.

$$소득 = \beta_0 + \beta_1 나이 + r_1 D_1 + r_2 D_2 + \delta Sex \qquad (3.9)$$

$$+ \alpha_1 (D_1 \cdot Sex) + \alpha_2 (D_2 \cdot Sex) + \epsilon$$

식 (3.9)는 아래의 6가지 식으로 풀어진다.

$$충청도\ 여자:\ 소득 = (\beta_0 + r_1) + \beta_1 나이 + \epsilon. \qquad (3.10.1)$$

$$충청도\ 남자:\ 소득 = (\beta_0 + r_1 + \delta + \alpha_1) + \beta_1 나이 + \epsilon. \qquad (3.10.2)$$

$$전라도\ 여자:\ 소득 = (\beta_0 + r_2) + \beta_1 나이 + \epsilon. \qquad (3.10.3)$$

$$전라도\ 남자:\ 소득 = (\beta_0 + r_2 + \delta + \alpha_2) + \beta_1 나이 + \epsilon. \qquad (3.10.4)$$

$$경상도\ 여자:\ 소득 = \beta_0 + \beta_1 나이 + \epsilon. \qquad (3.10.5)$$

$$경상도\ 남자:\ 소득 = (\beta_0 + \delta) + \beta_1 나이 + \epsilon. \qquad (3.10.6)$$

즉, 동일한 나이에서 충청도는 성별의 차이가 $\delta + \alpha_1$, 전라도는 $\delta + \alpha_2$, 경상도는 δ가 된다. 식 (3.9)를 출신 지역과 성별 간의 상호작용 효과(interaction effect)를 고려한 모형이라고 한다. 이와 달리 식 (3.7)은 출신 지역과 성별이라는 1차 주효과(main effect)만의 가법적 모형(additive model)이라고 한다.

3.4 가변수 사용의 타당성

이 절에서는 전체 n개 개체를 이용한 식 (3.11)과 개체를 지역별로 나누어서 각각을 회귀분석 하는 식 (3.12.1)에서 (3.12.3)의 두 가지 형태의 모형이 어떤 차이가 있는지를 살펴보도록 한다.

$$소득_i = \beta_0 + \beta_1 나이_i + r_1 D_{1i} + r_2 D_{2i} + \epsilon_i, \quad i = 1, 2, \cdots, n \qquad (3.11)$$

• 충청도만 이용한 경우

$$\text{소득}_i = \beta_{01} + \beta_{11}\text{나이}_i + \epsilon_i, \quad i = 1, 2, \cdots, n_1. \tag{3.12.1}$$

· 전라도만 이용한 경우,

$$\text{소득}_i = \beta_{02} + \beta_{12}\text{나이}_i + \epsilon_i, \quad i = n_1 + 1, \cdots, n_2. \tag{3.12.2}$$

· 경상도만 이용한 경우,

$$\text{소득}_i = \beta_{03} + \beta_{13}\text{나이}_i + \epsilon_i, \quad i = n_2 + 1, \cdots, n. \tag{3.12.3}$$

전체를 대상으로 분석하는 것과 지역별로 나누어서 분석하는 방법의 차이는 회귀모형의 기본 가정에서 찾을 수 있다. 식 (3.11)에서는 $Var(\epsilon_i) = \sigma^2, i = 1, 2, \cdots, n$ 으로 n개 개체의 분산이 모두 같음을 가정하고 있다. 따라서 잔차 플롯을 이용한 회귀진단에서도 이 점을 중요하게 관찰해야만 한다(5장 회귀진단 참조). 반면에 식 (3.12.1)에서 (3.12.3)은 지역별로 분산이 다를 수도 있음을 가정하고 있다. 따라서 지역별로 분산이 다르다면, 식 (3.11)처럼 가변수를 이용하여 분석하는 것보다는 10장에서 소개할 가중 최소제곱을 이용하는 것이 훨씬 바람직하다.

3.5 가변수의 활용

가변수를 사용하는 이유는 질적 변수를 다루기 위함이기도 하지만, 근본적인 문제는 관찰된 전체 데이터 $(\pmb{x}_1, y_1), \cdots, (\pmb{x}_n, y_n)$에 동일한 회귀계수를 적용할 수 없기 때문이다. 관찰된 데이터가 사람들이고 그들의 소속 집단에 따라 범주로 나누어진 경우, 적합시킬 수 있는 모형에 대한 설명이 3.1절에서 3.4절의 내용이었다.

또한, 다음과 같은 시계열 분석에서도 가변수를 사용할 수 있다. 예를 들어 식 (3.13) 모형을 고려해 보자.

$$y_t = \beta_0 + \beta_1 t + \beta_2 W_t + \epsilon_t \tag{3.13}$$

여기서, y_t는 시점 t에서의 사회간접자본 및 기타 서비스업의 취업자 수이고 W_t는 시점 t에서의 제조업 실질 임금 증가율이다. 수집한 전체 데이터들이 IMF 이전과 이후로 구성되어 있다면 분명히 식 (3.13)과 같이 W_t가 y_t에 미치는 영향이 시점 t에 관계없이 β_2로 일정하지는 않을 것이다. 이처럼 특정 시점을 기준으로 서로 다른 시계열적 회귀모형식을 적합시켜야 하는지를 검증하는 것을 구조변화에 대한 검증(test of structural change)이라 한다(박유성·송석헌, 1998).

다른 예로 아이스크림 판매량은 분기별로 차이가 있을 것으로 생각되므로 분기를 구분하는 세 개의 가변수 D_1, D_2, D_3를 이용하여 식 (3.14)와 같이 모형화할 수도 있다.

$$y_t = \beta_0 + \beta_1 온도_t + \delta_1 D_{1t} + \delta_2 D_{2t} + \delta_3 D_{3t} + u_t, \quad t = 1,2,\cdots,T \qquad (3.14)$$

여기서, $D_1 = \begin{cases} 1, & 1/4기간이면, \\ 0, & 그 이외 \end{cases}$

$$D_2 = \begin{cases} 1, & 2/4기간이면, \\ 0, & 그 이외 \end{cases} \qquad D_3 = \begin{cases} 1, & 3/4기간이면, \\ 0, & 그 이외. \end{cases}$$

즉, 횡단면과 종단면 데이터 모두 일정한 회귀계수를 적용하기 어려울 때 가변수를 활용할 수 있다.

3.6 사례 분석

분석할 데이터 셋은 1950년 미국의 45개 직종별 조사 자료이다(Fox, 1997). *occ* 변수는 직종을, *occtype*은 45개 직업을 전문직이나 관리직이면 1, 화이트칼라이면 2, 블루칼라이면 3으로 코딩하여 3개의 직군으로 구분한 변수이다. 각 직종에 속한 사람들이 자부심을 느끼는 퍼센트를 *prestige* 변수로, 해당 직종에서 3500\$ 이상 벌고 있는 사람들의 퍼센트를 *inc* 변수로, 고졸 이상의 학력을 지닌 사람들의 퍼센트를 *educ* 변수라 하자. 3.1절의 내용으로 *occtype*은 3범주를 가지므로 가변수 2개가 필요하다.

$$D_1 = \begin{cases} 1, & occtype \quad 1이면, \\ 0, & 그 \ 이외 \end{cases}$$

$$D_2 = \begin{cases} 1, & occtype \quad 2이면, \\ 0, & 그 \ 이외 \end{cases}$$

먼저 SPSS의 풀다운 메뉴를 이용하여 가변수를 만들기 위한 절차를 소개하기로 한다. 코딩된 데이터에 직업을 나타내는 변수인 $occtype$이 1, 2, 3으로 코딩되어 있다. <u>Transform</u>→<u>Compute Variable</u>을 클릭하면 <그림 3.3>의 Compute variable 대화 상자가 나온다. 여기서,

$$occtype = 1이면 \ D_1 = 1, D_2 = 0$$

$$occtype = 2이면 \ D_1 = 0, D_2 = 1$$

$$occtype = 3이면 \ D_1 = 0, D_2 = 0$$

와 같이 가변수 D_1, D_2를 생성해야 한다.

<그림 3.3>
변수계산
대화 상자

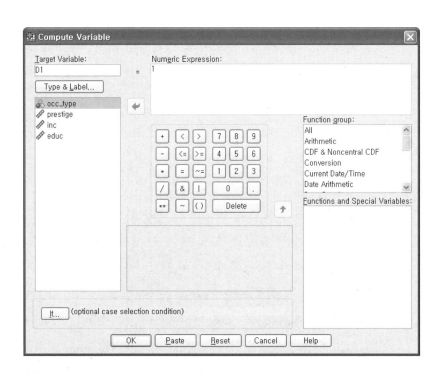

따라서 <그림 3.3>에서 Target variable에 새로 생성할 가변수 D_1을 입력
하고, **Numeric Expression**에는 1을 입력한다. 를 클릭하면 <그림 3.
4> Compute Variables: If Cases 대화 상자가 나온다.

여기서 <u>Include If case satisfies condition</u>을 선택하고 $occtype = 1$을 입
력한 후 ⎡ Continue ⎤ 를 선택하면 다시 <그림 3.3>으로 되돌아오게 된다.
⎡ OK ⎤ 를 클릭하면 <그림 3.5>와 같이 데이터 편집기 창에 $occtype$이
1인 개체에 D_1변수가 생기고 값이 지정되었음을 볼 수 있다.

다시 <그림 3.3>에서 **Numeric Expression**에 0을 입력하고 <그림 3.
4>에서 $\sim (occtype = 1)$을 입력하고 <그림 3.3>에서 ⎡ OK ⎤ 를 클릭한
다. 이때 <그림 3.6> 상자가 나오고 ⎡ OK ⎤ 를 클릭하면, 데이터 편집기
에서 모든 개체들에 D_1값이 지정되었음을 알 수 있다.

<그림 3.4>
변수계산:
케이스
조건대화 상자

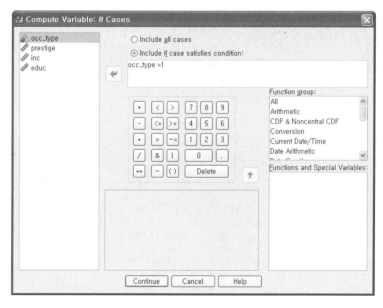

<그림 3.5>
가변수를
입력하는 과정

	occ_type	prestige	inc	educ	D1	var
1	1	97	76	97	1.00	
2	1	93	64	93	1.00	
3	1	92	78	82	1.00	
4	1	90	75	92	1.00	
5	1	90	64	86	1.00	
6	1	90	80	100	1.00	
7	1	89	76	98	1.00	
8	1	88	72	86	1.00	
9	1	87	21	84	1.00	
10	1	83	72	76	1.00	
11	1	82	62	86	1.00	
12	1	81	60	56	1.00	
13	1	76	55	90	1.00	
14	1	76	53	45	1.00	
15	1	73	48	91	1.00	
16	1	59	41	84	1.00	
17	1	57	42	74	1.00	
18	1	45	42	44	1.00	
19	2	52	67	87	.	
20	2	41	55	71	.	
21	2	39	29	72	.	
22	2	38	76	34	.	

<그림 3.6>
가변수의 저장

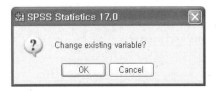

마찬가지 방식으로 가변수 D_2를 생성한다. 두 가변수 모두가 포함된 데이터 셋은 <그림 3.7>이다. <그림 3.8>은 $occtype$의 수준별로 $prestige$의 상자와 수염그림을 나타낸다. $occtype = 1$이 월등히 나머지 두 그룹에 비하여 $prestige$의 중위수가 크다(각 85.0, 38.5, 16.0). 물론, 통계적 유의성 확인이 필요하다. 또 다른 유의할 점은 이 자료는 관측 자료라는 사실이다. 즉, $prestige$에 영향을 줄 수 있는 $educ$ 변수와 inc 변수를 같이 고려해야만 한다는 점이다.

<그림 3.7>
가변수가
생성된 데이터
셋

	occ_type	prestige	inc	educ	D1	D2	var
1	1	97	76	97	1.00	0.00	
2	1	93	64	93	1.00	0.00	
3	1	92	78	82	1.00	0.00	
4	1	90	75	92	1.00	0.00	
5	1	90	64	86	1.00	0.00	
6	1	90	80	100	1.00	0.00	
7	1	89	76	98	1.00	0.00	
8	1	88	72	86	1.00	0.00	
9	1	87	21	84	1.00	0.00	
10	1	83	72	76	1.00	0.00	
11	1	82	62	86	1.00	0.00	
12	1	81	60	56	1.00	0.00	
13	1	76	55	90	1.00	0.00	
14	1	76	53	45	1.00	0.00	
15	1	73	48	91	1.00	0.00	
16	1	59	41	84	1.00	0.00	
17	1	57	42	74	1.00	0.00	
18	1	45	42	44	1.00	0.00	
19	2	52	67	87	0.00	1.00	
20	2	41	55	71	0.00	1.00	
21	2	39	29	72	0.00	1.00	
22	2	38	76	34	0.00	1.00	
23	2	34	48	55	0.00	1.00	
24	2	16	29	50	0.00	1.00	
25	3	67	81	28	0.00	0.00	
26	3	57	36	32	0.00	0.00	

<그림 3.8>
occtype의
범주에 따른
prestige의
상자와 수염
그림

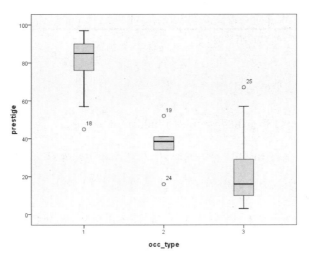

SPSS에서 가변수를 이용한 회귀분석 절차는 설명변수 중 가변수를 포함한다는 점 이외에는 중회귀분석과 동일하다. SPSS 선형 회귀분석 절차는 1, 2장을 참조하면 된다. 먼저 식 (3.15) 모형을 고려해 보자.

$$prestige = \beta_0 + \beta_1 \, educ + \beta_2 \, inc + r_1 \, D_1 + r_2 \, D_2 + \epsilon \tag{3.15}$$

<표 3.1>
모형 3.15
분석결과

Model Summary

Model	R	R Square	Adjusted R Square	Std. Error of the Estimate
1	.956[a]	.913	.904	9.744

a. Predictors: (Constant), D2, educ, inc, D1

ANOVA[b]

Model		Sum of Squares	df	Mean Square	F	Sig.
1	Regression	39889.690	4	9972.422	105.029	.000[a]
	Residual	3797.955	40	94.949		
	Total	43687.644	44			

a. Predictors: (Constant), D2, educ, inc, D1

b. Dependent Variable: prestige

Coefficients[a]

Model		Unstandardized Coefficients		Standardized Coefficients	t	Sig.
		B	Std. Error	Beta		
1	(Constant)	-.185	3.714		-.050	.961
	inc	.598	.089	.463	6.687	.000
	educ	.345	.114	.326	3.040	.004
	D1	16.658	6.993	.262	2.382	.022
	D2	-14.661	6.109	-.160	-2.400	.021

a. Dependent Variable: prestige

<표 3.1>을 살펴보면,

$$\hat{y} = -0.185 + 0.345 \, educ + 0.598 inc + 16.658 \, D_1 - 14.661 \, D_2$$

으로, 모든 독립변수의 회귀계수가 유의수준 5%에서 유의하다. 따라서 $occtype$의 범주를 구분하여 적합된 모형식은 다음과 같다.

$$occtype = 1 \text{인 경우: } \hat{y} = 16.473 + 0.345 \, educ + 0.598 \, inc$$

$$occtype = 2 \text{인 경우: } \hat{y} = -14.846 + 0.345 \, educ + 0.598 \, inc$$

$$occtype = 3 \text{인 경우: } \hat{y} = -0.185 + 0.345 \, educ + 0.598 \, inc$$

즉, $educ$와 inc가 같을 때 $occtype = 1$은 $occtype = 3$에 비해 평균 16.658 (= 16.473−(−0.185))만큼 직업에 대한 자부심을 더 갖는 것으로 나타났다.

만약, 모형에 독립변수로 $educ$와 inc만을 고려한다면 <표 3.2>의 결과를 얻을 수 있다. (수정결정계수 = 0.820)

<표 3.2>
occtype을
고려하지 않은
모형 결과

Coefficients^a

Model		Unstandardized Coefficients		Standardized Coefficients	t	Sig.
		B	Std. Error	Beta		
1	(Constant)	-6.065	4.272		-1.420	.163
	inc	.599	.120	.464	5.003	.000
	educ	.546	.098	.516	5.555	.000

a. Dependent Variable: prestige

이제 <그림 3.8>, <표 3.1>과 <표 3.2>의 결과를 다음과 같이 해석할 수 있다.

① <표 3.2>에서 $educ$의 계수가 0.546이므로 고졸 이상이 1% 증가함에 따라 자부심을 느끼는 비율이 0.546 증가함을 보이지만, <표 3.1>에서 직군을 함께 고려하면 0.345로 다소 작아짐을 볼 수 있다.

② $prestige$에 영향을 주는 $educ$와 inc으로 보정하면 $occtype = 1$과 $occtype = 3$의 차이는 57.68(= 80.44–22.76, <그림 3.8>)에서 16.658(<표 3.1>)로 약간 감소되었다.

③ 그러나 $occtype = 2$와 $occtype = 3$의 차이는 13.91(= 36.67–22.76)에서 보정 후 −14.661로 동일한 $educ$와 inc일 때 화이트칼라($occtype = 2$)가 블루칼라($occtype = 3$)에 비해 오히려 $prestige$가 더 낮음을 알 수 있다.

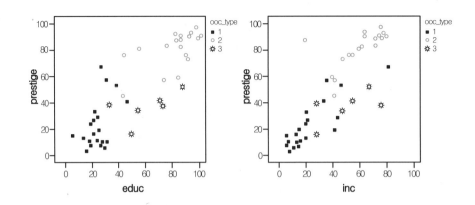

<그림 3.9>
prestige와
educ,inc의
산점도

다음으로 <그림 3.9>를 자세히 살펴보면, 오른쪽 그림에서는 $occtype$의 수준별 inc가 $prestige$에 미치는 영향의 기울기가 다소 다른 것을 살펴볼 수 있다. 다음과 같은 질적변수와 연속형변수의 상호작용을 포함해 보자.

$$prestige = \beta_0 + \beta_1 educ + \beta_2 inc + r_1 D_1 + r_2 D_2 \qquad (3.16)$$

$$+ \eta_{11} educ\, D_1 + \eta_{12} educ\, D_2$$

$$+ \eta_{21} inc\ D_1 + \eta_{21} inc\ D_2 + \epsilon$$

$occtype = 1$ 일 때: $prestige = (\beta_0 + r_1) + (\beta_1 + \eta_{11}) educ + (\beta_2 + \eta_{21}) inc + \epsilon$

$occtype = 2$ 일 때: $prestige = (\beta_0 + r_2) + (\beta_1 + \eta_{12}) educ + (\beta_2 + \eta_{21}) inc + \epsilon$

$occtype = 3$ 일 때: $prestige = \beta_0 + \beta_1 educ + \beta_2 inc + \epsilon$

4개의 새로운 독립변수를 생성한 데이터 셋은 <그림 3.10>과 같고 이를 모형식 (3.16)에 적합시킨 결과는 <표 3.3>이다.

<표 3.1>과 비교해 보면 수정결정계수는 0.904에서 0.906으로 다소 증가되었고, 표준오차는 9.74에서 9.65로 감소되었다. 그러나, inc_D_1만 유의수준 10%에 유의하지만(p값 0.079) inc_D_2, $educ\_D_1$과 $educ\_D_2$ 모두 유의하지 않다. 또한, $educ,\ D_2$의 회귀계수는 <표 3.1>과 다르게 유의하지 않다.

<그림 3.10>
데이터 셋

	occ_type	prestige	inc	educ	D1	D2	inc_D1	inc_D2	educ_D1	educ_D2	var
1	1	97	76	97	1.00	0.00	76.00	0.00	97.00	0.00	
2	1	93	64	93	1.00	0.00	64.00	0.00	93.00	0.00	
3	1	92	78	82	1.00	0.00	78.00	0.00	82.00	0.00	
4	1	90	75	92	1.00	0.00	75.00	0.00	92.00	0.00	
5	1	90	64	86	1.00	0.00	64.00	0.00	86.00	0.00	
6	1	90	80	100	1.00	0.00	80.00	0.00	100.00	0.00	
7	1	89	76	98	1.00	0.00	76.00	0.00	98.00	0.00	
8	1	88	72	86	1.00	0.00	72.00	0.00	86.00	0.00	
9	1	87	21	84	1.00	0.00	21.00	0.00	84.00	0.00	
10	1	83	72	76	1.00	0.00	72.00	0.00	76.00	0.00	
11	1	82	62	86	1.00	0.00	62.00	0.00	86.00	0.00	
12	1	81	60	56	1.00	0.00	60.00	0.00	56.00	0.00	
13	1	76	55	90	1.00	0.00	55.00	0.00	90.00	0.00	
14	1	76	53	45	1.00	0.00	53.00	0.00	45.00	0.00	
15	1	73	48	91	1.00	0.00	48.00	0.00	91.00	0.00	
16	1	59	41	84	1.00	0.00	41.00	0.00	84.00	0.00	
17	1	57	42	74	1.00	0.00	42.00	0.00	74.00	0.00	
18	1	45	42	44	1.00	0.00	42.00	0.00	44.00	0.00	
19	2	52	67	87	0.00	1.00	0.00	67.00	0.00	87.00	
20	2	41	55	71	0.00	1.00	0.00	55.00	0.00	71.00	
21	2	39	29	72	0.00	1.00	0.00	29.00	0.00	72.00	
22	2	38	76	34	0.00	1.00	0.00	76.00	0.00	34.00	
23	2	34	48	55	0.00	1.00	0.00	48.00	0.00	55.00	
24	2	16	29	50	0.00	1.00	0.00	29.00	0.00	50.00	
25	3	67	81	28	0.00	0.00	0.00	0.00	0.00	0.00	
26	3	57	36	32	0.00	0.00	0.00	0.00	0.00	0.00	
27	3	53	47	39	0.00	0.00	0.00	0.00	0.00	0.00	

<표 3.3>
분석결과

Model Summary

Model	R	R Square	Adjusted R Square	Std. Error of the Estimate
1	.961[a]	.923	.906	9.647

a. Predictors: (Constant), educ_D2, inc, D1, inc_D2, educ, inc_D1, D2, educ_D1

ANOVA[b]

Model		Sum of Squares	df	Mean Square	F	Sig.
1	Regression	40336.999	8	5042.125	54.174	.000[a]
	Residual	3350.645	36	93.073		
	Total	43687.644	44			

a. Predictors: (Constant), educ_D2, inc, D1, inc_D2, educ, inc_D1, D2, educ_D1

b. Dependent Variable: prestige

Coefficients[a]

Model		Unstandardized Coefficients		Standardized Coefficients	t	Sig.
		B	Std. Error	Beta		
1	(Constant)	-3.951	6.794		-.581	.565
	inc	.783	.131	.608	5.992	.000
	educ	.320	.280	.302	1.142	.261
	D1	32.008	14.109	.503	2.269	.029
	D2	-7.043	20.638	-.077	-.341	.735
	inc_D1	-.369	.204	-.368	-1.811	.079
	inc_D2	-.360	.260	-.213	-1.388	.174
	educ_D1	.019	.318	.025	.058	.954
	educ_D2	.107	.362	.075	.295	.770

a. Dependent Variable: prestige

이제 통계적으로 작은 모형 (3.15)와 큰 모형 (3.16)을 비교하기 위해서 다음의 편 F 검증(partial F test)을 실시해 보자. 즉, 가설

$$H_0 : \eta_{11} = \eta_{12} = \eta_{21} = \eta_{22} = 0 \quad vs. \quad H_1 : not \ H_0$$

에 대한 편 F 검증은

$$F = \frac{(\text{큰 모형의 model } SS - \text{작은 모형의 model } SS)/df_1}{\text{큰 모형의 } MSE} \sim F(df_1, df_2)$$

이다. 여기서, df_1은 큰 모형의 모형제곱합이 갖는 자유도와 작은 모형(축소된 모형)의 모형제곱합이 갖는 자유도의 차이이고, df_2는 큰 모형의 오차제곱합의 자유도이다. 따라서 편 F 검증 통계량 값은

$$F = \frac{(40336.999 - 39889.690)/(8 - 4)}{93.073} = 1.20$$

이고 이 값은 F분포(4,36)의 상위 10%값 2.10보다 작다. 따라서 5% 유의수준에서 귀무가설을 기각하기 어렵다.

3.7 연습 문제

Quiz 1.

다음은 개인의 종교(*Group*), 낙태에 대한 태도(*DV*)를 36명에 대하여 조사한 것이다, *DV* 점수가 높을수록 낙태에 대해 호의적임을 나타낸다. C는 가톨릭, P는 기독교, J는 유대교, O는 기타 종교를 나타낸다. 기타 종교에 비하여 가톨릭을 종교로 가진 사람들은 평균 *DV* 점수가 얼마나 높은가?

ID	Group	DV	ID	Group	DV
1	C	61	19	O	98
2	O	78	20	C	69
3	P	47	21	P	56
4	C	65	22	J	135
5	C	45	23	P	64
6	O	106	24	P	130
7	P	120	25	J	74
8	C	49	26	O	58
9	O	45	27	P	116
10	O	62	28	O	60
11	C	79	29	J	84
12	O	54	30	P	68
13	P	140	31	P	90
14	C	52	32	P	112
15	P	88	33	J	94
16	C	70	34	P	80
17	C	56	35	J	110
18	J	124	36	P	102

Quiz 2.

SPSS가 설치된 디렉토리에서 하위 디렉토리 중 SAMPLE 안에는 플로리다 대학 졸업생들 1100명의 급여 데이터인 "University of Florida graduates salaries.sav" 파일이 들어 있다. 이 파일을 데이터 창에 불러오면 아래와 같다. (여러 언어 지원으로 설치하였을 경우에는 각 언어별 디렉토리에 해당 언어로 변수명이 저장되어 있다. 즉, 영어 변수명 자료의 경우 샘플 데이터들은 SPSSInc\Statistics17\Samples \English 안에 저장되어 있다.)

급여($salary$)가 $gender$, $college$, $degree$, $graddate$ 변수들에 의해 어떻게 설명되고 있는지 중회귀분석을 하시오. (각 변수들의 범주 내용은 Variable View 창에서 확인할 수 있으므로 설명을 생략한다.)

4 장

계층적 중회귀분석
Hierarchical Multiple Regression Analysis

선행 연구결과 반응변수 y에 영향을 미치는 중요한 설명변수로 q개의 $x_1, \cdots, x_q$가 알려져 있을 때, 연구자가 이에 새로이 $k-q$개의 설명변수 $x_{q+1}, \cdots, x_k$를 추가로 고려하는 경우를 가정해 보자. 이런 경우 중회귀모형에서 $x_1, \cdots, x_q$를 반드시 설명변수로 회귀모형에 포함시킨 상황에서 $x_{q+1}, \cdots, x_k$의 유의성을 검증하는 것이 바람직할 것이다. 4장에서는 이러한 상황에서 유용하게 활용되는 계층적 중회귀분석을 소개한다.[1]

4.1 계층적 중회귀분석이란?

중회귀분석은 크게 3가지 방법으로 접근이 가능하다. 첫째, 연구자가 고려한 설명변수를 모두 동시에 고려한 모형에 데이터를 적합시키는 방법이다. 둘째, 2장에서 소개한 전진선택법, 후진제거법, 단계적 방법 등을 통해 일정 기준을 만족시키는 유의한 독립변수들만을 고려한 모형에 데이터

---

[1] 이 장에서 다루는 계층적 중회귀분석은 방법론적으로 다수준 모형(multi-level model)이라고 불리는 계층적 선형 회귀(hierarchical linear regression) 분석을 의미하지 않는다. 이는 베이지안 방법을 적용한다.

를 적합시키는 방법이다. 세 번째 방법은 바로 계층적 중회귀분석을 적용하는 것이다.

계층적 중회귀분석은 하나의 독립변수군(한 개 혹은 2개 이상의 독립변수들)이 종속변수에 영향을 미치고 있는 것을 고려하거나 통제한 상태에서 또 다른 독립변수군(한 개 혹은 2개 이상의 독립변수들)과 종속변수 간의 관계를 평가하는 것으로 계층적으로 모형평가를 하게 되며 연속적으로(sequentially) 투입되는 독립변수의 순서가 매우 중요하다.

예를 들어, 성별과 급여 간의 관계에 관심을 가지고 있다고 해보자. 그런데 급여에 영향을 미치는 변수로 선행 연구에서 교육 기간과 경력 기간이 영향을 미친다는 것이 이미 알려져 있다고 가정하자. 이런 경우 첫 번째 단계에서는 종속변수 급여와 교육 기간과 경력 기간이라는 2개의 독립변수를 고려한 회귀모형을 고려한다. 두 번째 단계로 첫 번째 단계에서의 종속변수와 독립변수 간의 관계를 고려한 상태에서 성별이라는 독립변수를 추가로 모형에 포함시켰을 때 어느 정도의 변화가 있는지를 파악하여 교육 기간과 경력 기간이 통제된 상태에서 성별에 따른 급여의 영향력을 살펴보는 것이다.

또 다른 예로, 직무 만족도에 영향을 미치는 변수그룹으로 작업환경 변수그룹과 과제수행능력에 대한 피드백 변수그룹, 인구통계학적 변수그룹이 있을 때 개별 변수들의 기여 정도보다 3가지 변수그룹에 의한 영향 정도를 평가하고자 하는 경우에도 계층적 중회귀모형이 유용하다.

이러한 계층적 중회귀분석은 독립변수들 간의 상호작용 효과를 살펴보는데도 유용하게 사용될 수 있다. 예를 들어, 2개의 독립변수 x, z를 고려한 $y = \beta_0 + \beta_1 x + \beta_2 z + \epsilon$에 적합시키는 경우를 생각해 보자. 이때 독립변수 z가 x와 y에 모두 영향을 미칠 수 있다. 이를 확인하기 위해서는 1단계에서는 모형

$$y = \beta_0 + \beta_1 x + \beta_2 z + \epsilon$$

를 고려하지만 2단계에서는

$$y = \beta_0 + \beta_1 x + \beta_2 z + \beta_3 xz + \epsilon$$

을 고려하는 것이다. 만약 xz가 모형에 포함되는 것이 유의하다면 변수 z
는 유의한 상호작용 효과를 가지고 있다고 할 수 있다. (여기서 변수 z를 조절
변수(moderator variable)이라고도 부르며 xz의 상호작용 효과를 조절효과(moderator effect)
라고도 부른다.)

계층적 중회귀분석 절차를 일반화시키면 반응변수 y를 설명하기 위해
처음 q개의 설명변수 $x_1, x_2, \cdots, x_q$를 포함한 중회귀분석을 실행한 후 추가
적인 $k-q$개의 설명변수 $x_{q+1}, \cdots, x_k$를 모형에 포함시킬지의 여부를 검증
하는 통계적인 절차는 다음과 같다.

먼저 식 (4.1)과 같이 $x_1, x_2, \cdots, x_q$를 중선형 회귀모형에 적합한 결과로
얻어진 최소제곱추정량을 $\hat{a}_0, \hat{a}_1, \cdots, \hat{a}_q$로, 회귀제곱합을 $SS(\hat{a}_0, \hat{a}_1, \cdots, \hat{a}_q)$로
표시하자.

$$y = \alpha_0 + \alpha_1 x_1 + \cdots + \alpha_q x_q + \epsilon \tag{4.1}$$

다음에는 k개의 모든 변수를 포함한 식 (4.2)

$$y = \beta_0 + \beta_1 x_1 + \cdots + \beta_q x_q + \beta_{q+1} x_{q+1} + \beta_k x_k + \epsilon \tag{4.2}$$

를 적합하여 구한 최소제곱추정량을 $\hat{\beta}_0, \hat{\beta}_1, \cdots, \hat{\beta}_k$이라 하고 회귀제곱합을
$SS(\hat{\beta}_1, \hat{\beta}_1, \cdots, \hat{\beta}_k)$이라 하자. 그러면, 추가적으로 고려한 $x_{q+1}, \cdots, x_k$의 통계
적 유의성은 식 (4.2)에서

$$H_0 : \beta_{q+1} = \beta_{q+2} = \cdots = \beta_k = 0 \quad vs \quad H_1 : H_0 \text{가 아님}$$

을 검증하는 것과 동일하다.

이에 대한 검증통계량은 추가된 변수들 $x_{q+1}, \cdots, x_k$로 인한 회귀제곱
합의 증가분 $SS(\hat{\beta}_0, \hat{\beta}_1, \cdots, \hat{\beta}_k) - SS(\hat{a}_0, \hat{a}_1, \cdots, \hat{a}_q)$을 식 (4.2)의 평균제곱오차
(MSE)로 나눈 값이다. 즉,

$$F = [SS(\hat{\beta}_0, \hat{\beta}_1, \cdots, \hat{\beta}_k) - SS(\hat{a}_0, \hat{a}_1, \cdots, \hat{a}_q)] / MSE \tag{4.3}$$

식 (4.3)의 검증통계량의 값과 분자 자유도 $k-q$, 분모자유도 $n-1-k$인 F
분포의 $100(1-\alpha)$백분위수와 비교하여 식 (4.3)의 검증통계량 값이 크면

유의수준 $\alpha\%$에서

$$H_0 : \beta_{q+1} = \beta_{q+2} = \cdots = \beta_k = 0$$

을 기각할 수 있게 된다. 즉, 추가적으로 $x_{q+1}, \cdots, x_k$변수들 중에서 유의한 변수가 있음을 의미한다. 따라서 일반적으로 표준화 회귀계수에 관심을 두는 것과 달리 계층적 회귀분석에서는 표준화된 회귀계수보다 어떤 독립변수군의 포함 여부에 따른 F값의 변화량이나 결정계수의 변화량에 더 관심을 갖게 된다.

이와 같이 계층적 회귀분석은 모형에 투입되는 설명변수의 순서가 분석자에 의해 정의되며, 순차적으로 회귀분석을 진행시키므로 계층적 회귀분석이라 한다. 설명변수가 모형에 포함되는 순서는 일반적으로 분석자의 경험적 근거 즉, 선행 연구의 이론적 또는 논리적 근거를 바탕으로 정하는 것이 일반적이다(Patricia Cohen, et al., 2002; John V. Petrocelli, 2003). 모형에 설명변수가 추가됨에 따라 회귀식을 적합하며 각각의 모형을 평가한다.

2.3절의 "설명변수와 모형 선택 기준"에서는 k개의 설명변수들이 있을 때, 통계적 검증만으로 설명변수들의 일부분을 선택하는 여러 가지 방법을 소개하였다. 이러한 방법은 SPSS가 자동적으로 변수들을 선택한다는 장점이 있고 쉽게 접근할 수 있지만, 연구자의 사전정보를 반영할 수 없다는 단점도 있다. 이에 비하여 계층적 회귀분석은 선행 연구결과들을 이용하면서 연구자가 새롭게 고려하는 변수의 유의성을 알아내는 방법에 초점을 맞추고 있다.

한편 계층적 회귀분석에서 매 단계에서 적용되는 가정들은 2장에서 이미 설명한 통상적인 회귀분석에서의 가정들과 동일하므로 이를 검토하면 된다.

이미 기술하였듯이 새로이 투입되는 변수들의 유의성은 식 (4.3)의 F 통계량 값을 이용해서 평가되는데 이와 아울러 자주 이용되는 통계량이 결정계수의 변화량이다. 다음은 이와 관련하여 계층적 회귀분석에서 결정계수가 어떻게 분해되는지 살펴보기로 하자.

반응변수 y를 4개의 설명변수 x_1, x_2, x_3, x_4로 설명하는 경우를 가정하

자. 우선 한 개의 독립변수 x_1만을 가지는 모형에서의 결정계수를 $R_{Y.1}^2$ 으로 표시하자. 다음에 x_1이 주어진 모형에 추가적인 설명변수 x_2를 포함할 경우, 두 개의 설명변수 x_1, x_2를 가지는 모형에서의 결정계수는 $R_{Y.12}^2$ 로 나타내자. 여기에 x_3를 추가하면 결정계수는 $R_{Y.123}^2$, 마지막으로 x_4를 추가하면 결정계수는 $R_{Y.1234}^2$ 가 되며, 결국 x_1, x_2, x_3, x_4를 설명변수로 하는 중회귀모형의 결정계수와 동일해진다. 이때 $R_{Y.1234}^2$ 는 다음과 같이 분해된다.

$$R_{Y.1234}^2 = R_{Y.1}^2 + (R_{Y.12}^2 - R_{Y.1}^2) + (R_{Y.123}^2 - R_{Y.12}^2) \qquad (4.4)$$
$$+ (R_{Y.1234}^2 - R_{Y.123}^2)$$

식 (4.4)에서 $R_{Y.12}^2 - R_{Y.1}^2$ 는 설명변수 x_1만을 고려하는 모형에 x_2가 추가로 포함됨으로써 생긴 결정계수의 변화량이다. 또한, $R_{Y.123}^2 - R_{Y.12}^2$ 는 x_3가 추가됨으로써 발생한 결정계수의 변화량이며, 마지막으로 x_4가 포함됨으로써 발생한 결정계수의 변화량은 $R_{Y.1234}^2 - R_{Y.123}^2$ 이 된다. 물론 식 (4.4)에서 등식 오른쪽의 분해는 연구자가 정한 설명변수들의 순서에 따라 달라진다. 여기서 한 가지 확인할 수 있는 것은 모든 독립변수들을 고려한 완전모형에서의 결정계수가 매 단계에 투입되는 변수들에 의한 결정계수들로 직교 분해된다는 점이다.

한편 Patricia Cohen, et al.(2002)에서 언급되었듯이 계층적 회귀분석에서는 어느 한 단계에서 오류가 있을 경우 총체적으로는 잘못된 결과를 유도할 수 있기 때문에 매우 세심한 주의를 기울여야 한다.

계층적 회귀분석을 할 경우 변수 설정에 있어서 이론적 근거(theoretical basis)를 무시하거나 설명변수 선정 우선순위의 무시와 같은 오류들을 범하기 쉬운 것으로 알려져 있으므로 실제 데이터 분석에서는 이러한 사항들을 잘 살펴보면서 실시하도록 한다(John V. Petrocelli, 2003).

그리고 계층적 회귀분석에서 독립변수 그룹 간에는 위계적으로 회귀분석을 실시하지만 각 단계에서는 필요할 경우 2장에서 다룬 단계적 선택법을 혼용하여 적용할 수도 있다.

4.2 예제 1: 연봉 데이터

<표 4.1>의 데이터(phd.sav)는 62명의 연봉(y)을 박사 학위를 받은 이후 기간(x_1), 논문 수(x_2), 성별(x_3), 논문이 인용된 횟수(x_4)의 4개 설명변수들로 설명하고자 한다.

<표 4.1>
대학교수 연봉
데이터
(phd.sav)

	id	x1	x2	x3	x4	y	estimated	var
1	1	3	18	1	50	51876	53007	
2	2	6	3	1	26	54511	49340	
3	3	3	2	1	50	53425	51523	
4	4	8	17	0	34	61863	54886	
5	5	9	11	1	41	52926	55682	
6	6	6	6	0	37	47034	52757	
7	7	16	38	0	48	66432	66517	
8	8	10	48	0	56	61100	63917	
9	9	2	9	0	19	41934	45973	
10	10	5	22	0	29	47454	51769	
11	11	5	30	1	28	49832	51391	
12	12	6	21	0	31	47047	52937	
13	13	7	10	1	25	39115	50644	
14	14	11	27	0	40	59677	59596	

이 데이터를 2장에서 설명한 x_1부터 x_4까지의 설명변수들을 모두 포함한 중회귀모형에 적합한 결과 모형 요약은 <표 4.2>와 같다.

<표 4.2>
중회귀모형
적합결과

Model Summary

Model	R	R Square	Adjusted R Square	Std. Error of the Estimate
1	.709[a]	.503	.468	7076.846

a. Predictors: (Constant), x4, x3, x2, x1

이 모형의 결정계수 R^2은 0.503으로 4개의 설명변수들이 반응변수의 변동을 50.3% 설명한다는 결과를 얻었다. (조정된 결정계수는 0.468이다.)

모형의 분산분석 결과 $F = 14.436$으로 유의수준 5%에서 유의하였으며,

회귀계수 추정치는 <표 4.3>과 같이 나타났다. 성별(x_3)의 계수추정치에 대한 유의확률 p값은 0.624로 유의수준 5%에서 유의하지 않았다.

<표 4.3>
중회귀분석의
계수추정치

Coefficients[a]

Model		Unstandardized Coefficients		Standardized Coefficients	t	Sig.
		B	Std. Error	Beta		
1	(Constant)	39587.350	2717.480		14.568	.000
	x1	857.006	287.946	.378	2.976	.004
	x2	92.746	85.928	.134	1.079	.285
	x3	-917.767	1859.936	-.047	-.493	.624
	x4	201.931	57.509	.357	3.511	.001

a. Dependent Variable: y

　　이러한 경우 2장의 중회귀분석에서는 유의하지 않은 설명변수 성별 (x_3)을 제거한 모형을 고려하거나, 변수선택을 통해 유의한 설명변수들로 이루어진 모형을 찾고자 할 것이다. 그러나 분석자가 반응변수인 연봉에 대한 설명에 있어서 성별을 반드시 모형에 포함시키고자 한다고 가정하자. 성별 자체는 유의한 설명변수가 아니지만, 논문의 수나 논문 인용 횟수, 학위취득 후 경과기간이 연봉을 설명함에 있어 성별의 효과를 통제하고자 하는 상황으로, 성별을 일종의 교락요인(confounding factor)으로 고려한 것이다.

　　먼저 <그림 4.1>과 같이 성별(x_3)을 설명변수로 지정하면 이 단순 회귀모형이 모형1(Block 1)이 된다. [Next] 를 누르면 다시 설명변수와 반응변수를 지정하는 대화 상자가 나오는데, <그림 4.2>와 같이 학위를 받은 이후 기간(x_1)을 설명변수로 추가하기로 하자(Block 2). 다시 [Next] 를 클릭하여 논문 수(x_2)를 추가하고(Block 3), 마지막으로 논문 인용 횟수(x_4)를 추가 (Block 4)하는 과정을 반복한다. 설명변수의 추가에 따른 F 통계량 및 결정 계수 R^2의 변화는 <그림 4.3>과 같이 [Statistics...] 대화 상자에서 **R Squared Change**를 클릭하면 된다. (회귀분석에서의 여러 가정들을 확인하기 위해서는 **Collinearity diagnostics, Durbin-Watson**도 체크하도록 한다. 자세한 설명은 5장을 참조.)

<그림 4.1>
x_3만
고려하는 모형
(Block 1)

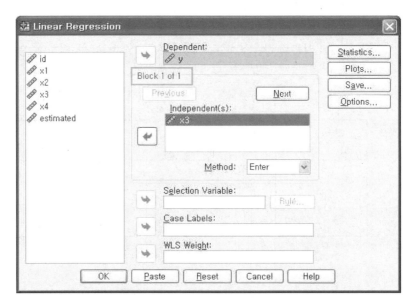

<그림 4.2>
x_3에 x_1을
추가하는 모형
(Block 2)

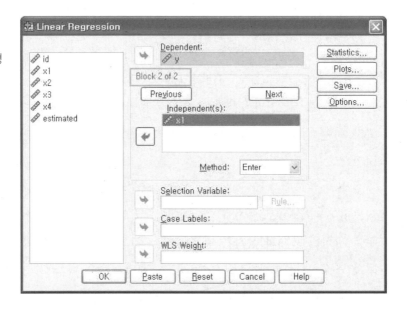

<그림 4.3>
F 통계량 및
R^2변화량을
구하기 위한
대화 상자

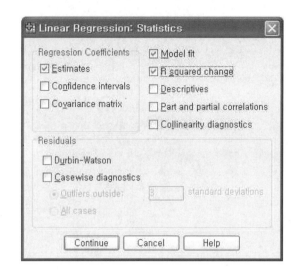

이러한 분석을 실행하는 명령문은 <그림 4.4>와 같다. /STATISTICS CHANGE는 F 및 R^2 변화량을 지정하는 명령문이며, 설명변수들을 순서에 따라 추가하는 과정은 /METHOD 문장을 반복적으로 써주면 된다. /METHOD =ENTER는 목적에 따라 REMOVE(제거), FORWARD(전진 선택), BACKWARD(후진 선택) 또는 STEPWISE(단계적 선택)을 지정할 수 있다.

<그림 4.4>
계층적
회귀분석의
명령문

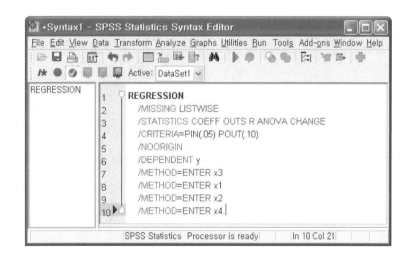

계층적 회귀분석 결과는 <표 4.4>와 같다.

<표 4.4>
계층적
회귀분석의
모형 요약

Model Summary

Model	R	R Square	Adjusted R Square	Std. Error of the Estimate	Change Statistics				
					R Square Change	F Change	df1	df2	Sig. F Change
1	0.201[a]	0.040	0.024	9586.919	0.040	2.525	1	60	0.117
2	0.613[b]	0.375	0.354	7801.038	0.335	31.616	1	59	0.000
3	0.629[c]	0.396	0.365	7737.198	0.021	1.978	1	58	0.165
4	0.709[d]	0.503	0.468	7076.846	0.107	12.329	1	57	0.001

a. Predictors: (Constant), x3

b. Predictors: (Constant), x3, x1

c. Predictors: (Constant), x3, x1, x2

d. Predictors: (Constant), x3, x1, x2, x4

연봉(y)에 대한 설명변수로 성별(x_3)만 고려한 모형1의 $R_{Y.3}^2$ = 0.04이며, 여기에 학위를 받은 이후 기간(x_1)을 추가하면 $R_{Y.31}^2$ 는 0.375가 된다. Change Statistics에서 모형2의 R Square Change(이후 ΔR^2으로 표기)가 0.335(= 0.375-0.04)임에 유의하라. 다음으로 논문 수(x_2)가 추가될 때 ΔR^2은 0.021이며 모형3의 $R_{Y.312}^2$ (0.396)는 모형2의 $R_{Y.31}^2$ (0.375)보다 0.021(= 0.396-0.375)만큼 증가하였음을 알 수 있다. 마지막으로 논문 인용 횟수(x_4)까지 추가되면 ΔR^2은 0.107(= 0.503-0.396)로 모형4의 $R_{Y.3124}^2$ 는 모형3보다 0.107 늘어난 0.503이 된다.

<표 4.2>의 x_1부터 x_4까지 모두 포함시킨 일반적 중회귀분석의 최종 R^2과 매 단계별로 계산된 ΔR^2의 합이 동일함을 확인해 보자. 4.1절의 결정계수 분해식을 다시 써보면

$$R_{Y.3124}^2 = R_{Y.3}^2 + (R_{Y.31}^2 - R_{Y.3}^2) + (R_{Y.312}^2 - R_{Y.31}^2) + (R_{Y.3124}^2 - R_{Y.312}^2)$$

으로, $0.503 = 0.04 + 0.335 + 0.021 + 0.107$이 됨을 알 수 있다.

모형2의 F Change(이후 ΔF로 표기)는 31.616으로 분자자유도 $k - q = 1$, 분모자유도 $n - 1 - k = 59$인 F 분포를 따르며, p값 < 0.001로 유의수준

0.1% 미만에서 x_1이 유의한 설명변수임을 나타내고 있다. 모형3의 ΔF에 대한 검증결과 p값은 0.165로 유의수준 5%에서 유의하지 않은데, 논문 수 (x_2)를 모형에서 제외시킬지 여부는 연구자의 판단에 따르는 것이 일반적이다.

4.3 예제 2: 사회불안장애

두 번째로 살펴볼 사례(SocialAnxiety.sav)는 심리학 분야의 연구로서 사회불안장애(social anxiety disorder)에 관한 설문조사 자료이다. 사회불안장애는 강박장애(obsessive compulsive disorder)와 관련이 있으며, 강박장애를 측정하는 도구로 주입된 인식(III) 및 강박관념(OBQ) 조사가 있다. 128명의 피험자로부터 사회불안(SPAI), 자의식(TOSCA), 주입된 인식(III) 및 강박관념(OBQ)을 측정하는 설문조사 결과를 얻었다(<그림 4.5>). 반응변수는 사회불안(SPAI)이며, 선행 연구결과들로부터 자의식(TOSCA)이 중요한 설명변수임이 밝혀져 있다. 우리는 자의식(TOSCA) 외에도 주입된 인식(III) 및 강박관념(OBQ)이 사회불안(SPAI)과 연관이 있는지 분석하고자 한다.

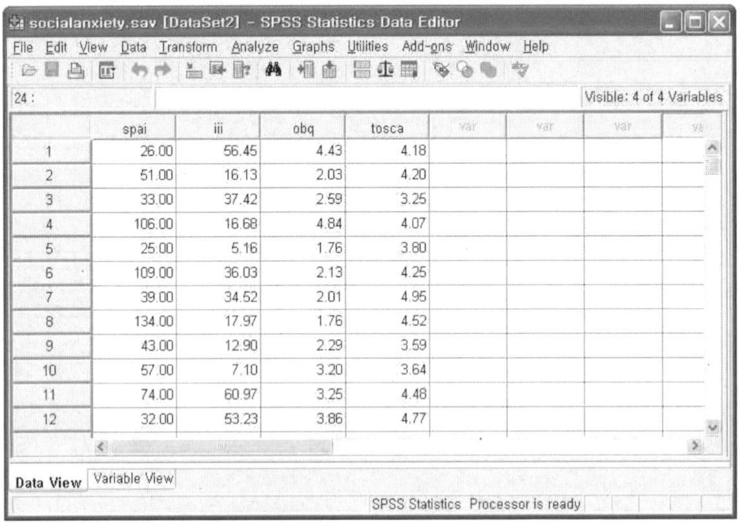

	spai	iii	obq	tosca
1	26.00	56.45	4.43	4.18
2	51.00	16.13	2.03	4.20
3	33.00	37.42	2.59	3.25
4	106.00	16.68	4.84	4.07
5	25.00	5.16	1.76	3.80
6	109.00	36.03	2.13	4.25
7	39.00	34.52	2.01	4.95
8	134.00	17.97	1.76	4.52
9	43.00	12.90	2.29	3.59
10	57.00	7.10	3.20	3.64
11	74.00	60.97	3.25	4.48
12	32.00	53.23	3.86	4.77

<그림 4.5> 사회불안 데이터 (social anxiety.sav)

우선 모형1(Block 1)에서는 자의식(TOSCA)만을 설명변수로 지정한 후 모형2로는 <그림 4.6>과 같이 III와 OBQ를 설명변수로 추가하였다.

＜그림 4.6＞
모형2를
지정하는
대화 상자

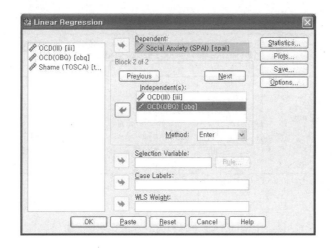

＜표 4.5＞의 모형 요약으로부터 자의식(TOSCA)만을 설명변수로 할 경
우 모형1의 R^2는 0.116, 여기에 III와 OBQ까지 고려한 모형2의 R^2은 0.157
로 ΔR^2은 0.041이 됨을 알 수 있다. ΔF는 3.0으로 자유도 2와 124에서
p값은 0.053으로 유의수준 10%에서 유의하였다.

＜표 4.5＞
사회불안
사례의
계층적 회귀
모형 요약

Model Summary

Model	R	R Square	Adjusted R Square	Std. Error of the Estimate	Change Statistics				
					R Square Change	F Change	df1	df2	Sig. F Change
1	0.340[a]	0.116	0.109	28.381	0.116	16.515	1	126	0.000
2	0.396[b]	0.157	0.136	27.941	0.041	3.000	2	124	0.053

a. Predictors: (Constant), Shame (TOSCA)

b. Predictors: (Constant), Shame (TOSCA), OCD(III), OCD(OBQ)

그런데 ＜표 4.6＞의 계수 추정치를 살펴보면, 주입된 인식(III)의 유의성에
대한 p값이 0.961로 매우 커서 주입된 인식(III)이 반응변수인 사회불안(SPAI)
에 유의한 영향을 미친다고 볼 수 없다.

<표 4.6>
III, OBQ를
모형2에
추가한
계수추정치

Coefficients[a]

Model		Unstandardized Coefficients		Standardized Coefficients		
		B	Std. Error	Beta	t	Sig.
1	(Constant)	-54.368	28.618		-1.900	.060
	Shame (TOSCA)	27.448	6.754	.340	4.064	.000
2	(Constant)	-51.755	28.706		-1.803	.074
	Shame (TOSCA)	22.084	7.048	.274	3.134	.002
	OCD(III)	-.009	.177	-.005	-.049	.961
	OCD(OBQ)	7.035	3.679	.216	1.912	.058

a. Dependent Variable: Social Anxiety (SPAI)

이 연구에서는 III와 OBQ가 강박장애(OCD)를 표현하는 수치로서 두 설명변수 모두 반드시 모형에 포함시켜야 하는 것은 아니라고 판단하였다. 따라서 Block 2를 지정할 때 **Method:** 중 Stepwise 로 단계적 선택을 하도록 하였다. 이를 SPSS 명령문으로 작성한 것이 <그림 4.7>과 같다. (이 명령어에는 5장에서 다룰 다중공선성과 잔차분석을 위한 명령어가 포함되어 있다.)

<그림 4.7>
모형2에서
단계적
선택법을
적용한 명령문

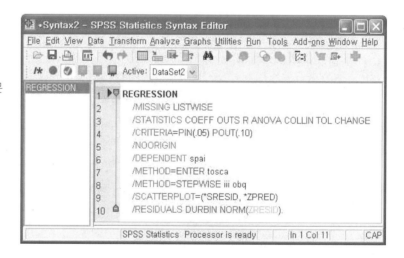

이를 수행한 결과 <표 4.7>과 같이 유의하지 않은 III는 제외되고 모형2에는 TOSCA와 OBQ만 남게 되었다. <표 4.7>의 모형 요약을 살펴보면 <표 4.5>와 비교하여 R^2 및 ΔR^2이 동일하게 나타났다. 다만, 모형2에서 OBQ 하나만 추가되었으므로 ΔF의 자유도가 1과 125로 변하였음을

확인하라. 이제 모형2의 ΔF에 대한 검증결과 p값은 0.015로 유의수준 5%
에서 유의해졌다.

 <표 4.8>의 계수추정 결과 모형2의 TOSCA에 대한 유의확률은 <표
4.6>과 차이가 없으나, OBQ에 대한 유의확률 p값은 0.058에서 0.015로 작
아져 유의수준 5%에서 반응변수에 유의한 영향을 미친다는 결론을 얻을
수 있다.

<표 4.7>
모형2의
단계적 선택
결과:
모형 요약

Model Summary

Model	R	R Square	Adjusted R Square	Std. Error of the Estimate	Change Statistics				
					R Square Change	F Change	df1	df2	Sig. F Change
1	0.340^a	0.116	0.109	28.381	0.116	16.515	1	126	0.000
2	0.396^b	0.157	0.143	27.829	0.041	6.045	2	125	0.015

a. Predictors: (Constant), Shame (TOSCA)

b. Predictors: (Constant), Shame (TOSCA), OCD(OBQ)

<표 4.8>
모형2의
단계적 선택
결과:
계수추정치

Coefficients^a

Model		Unstandardized Coefficients		Standardized Coefficients	t	Sig.
		B	Std. Error	Beta		
1	(Constant)	-54.368	28.618		-1.900	.060
	Shame (TOSCA)	27.448	6.754	.340	4.064	.000
2	(Constant)	-51.493	28.086		-1.833	.069
	Shame (TOSCA)	22.047	6.978	.273	3.160	.002
	OCD(OBQ)	6.920	2.815	.213	2.459	.015

a. Dependent Variable: Social Anxiety (SPAI)

4.4 예제 3: 교육기회와 사회경제적 성취(syntax 활용)

　　SPSS에서는 원 데이터가 없더라도 일부의 데이터 정보만 가지고서도 분석이 가능할 수 있다. 이 절에서는 평균과 표준편차, 케이스 수 그리고 상관계수 행렬만 알려진 경우, SPSS에서 계층적 회귀분석을 실행하는 방법을 살펴보도록 한다.

　　사회계층 형성에 관한 연구 중 특히 사회적 지위획득과 계층화에 관한 연구에서 제도적으로 주어지는 교육기회와 개인이 성취한 교육수준은 성장 후 사회진출로 이어지는 개인의 생애과정에서 사회경제적 불평등을 매개하는 중요한 변수 중 하나이다. 개인의 사회경제적 성취과정에서 성장환경이 출발점이고 직업적 지위획득과 성공이 목표점이라면 교육적 기회와 성취는 둘 사이를 매개하거나 전자가 후자에 미치는 직접적인 영향력을 한 단계 걸러주는 매개 역할을 수행한다고 한다(방하남·김기헌, 2002).

　　Swell과 Houser(1975, 1992)는 2000명이 넘는 사람들을 대상으로 부모의 교육수준, 부의 평균소득, 아들의 지능지수, 아들의 교육수준, 아들의 사회경제적지수(SEI: social economic index) 등을 조사하여 그 관계를 분석하였다. <표 4.9>는 이들 데이터에 대하여 평균과 표준편차 그리고 상관계수를 포함하고 있는 SPSS 명령문이다.

　　데이터가 행렬형태로 입력되어 있으므로 <표 4.9>에서 알 수 있듯이

MATRIX DATA VARIABLES＝ROWTYPE_ {variable list}

문을 이용하여 변수들을 선언해 주어야 한다. BEGIN DATA문과 END DATA문 사이에 행렬데이터가 입력되었음을 확인할 수 있다. 각 변수들에 대한 부가 설명은 VARIABLE LABEL문에서 정의한다.

<표 4.9>
행렬데이터
불러읽기 및
계층적
회귀분석
명령문

```
MATRIX DATA VARIABLES = ROWTYPE_ V M X I Q U W Y.
BEGIN DATA.
MEAN 10.200 10.410 33.11 6.443 99.80 13.22 42.110 7.538
STDDEV 3.008 2.848 22.41 3.141 14.57 1.676 23.340 2.589
N 2069 2069 2069 2069 2069 2069 2069 2069
CORR 1.000
CORR 0.524 1.000
CORR 0.425 0.288 1.000
CORR 0.320 0.238 0.457 1.000
CORR 0.254 0.211 0.184 0.184 1.000
CORR 0.316 0.260 0.291 0.279 0.448 1.000
CORR 0.263 0.211 0.262 0.237 0.377 0.621 1.000
CORR 0.093 0.083 0.102 0.184 0.162 0.203 0.220 1.000
END DATA.
VARIABLE LABELS
      V "Father's educational attainment"
      M "Mother's educational attainment"
      X "Status of F's Occ when son grad from HS"
      I "Parent's average income, 1957-1960"
      Q "Son's score on Henmon-Nelson IQ test"
      U "Son's educational attainment"
      W "Son's 1964 Occupation (Duncan SEI)"
      Y "Son's average earnings, 1965-1967" .
Subtitle "Hierarchical regression" .
REGRESSION /MATRIX IN(*)
/DESCRIPTIVES DEFAULTS
/VARIABLES V M X Q U W
/CRITERIA = POUT(.051)
/STATISTICS DEFAULTS CHANGE OUTS ZPP CI SES TOL
/DEPENDENT W
/METHOD  = ENTER V M
/METHOD  = ENTER V M X
/METHOD  = ENTER V M X Q U.
```

설명변수들이 모형에 포함되는 순서는 여러 가지 이론에 근거하여 설정되어야 하지만 여기서는 1단계에서 아들의 사회경제적 지수에 부모의 교육수준이 얼마만큼 영향력이 있는지를 검토하도록 한다. 2단계에서는 아버지의 직업상태, 마지막으로 3단계에서는 아들의 지능지수와 교육수준에 의한 아들의 사회경제적 지수에 미치는 영향 정도를 평가하도록 해보자.

<표 4.10>은 명령문으로 입력된 변수들 간의 상관계수를 보여 주고 있다. 아버지의 교육수준과 어머니의 교육수준이 0.524 정도의 상관관계를 나타내고 있다. 아버지의 교육수준과 아들의 교육수준 간의 상관은 0.318로 어머니의 교육수준과의 상관계수 0.260보다 크다.

<표 4.11>은 <표 4.9>의 명령문으로 계층적 회귀분석을 실행시킨 결과이다. 매 단계별로 모형에 포함된 회귀계수들의 통계적으로 유의함을 알 수 있다.

<표 4.10>
상관계수행렬

Correlations

		Father's educational attainment	Mother's educational attainment	Status of F's Occ when son grad from HS	Son's score on Henmon-Nelson IQ test	Son's educational attainment	Son's 1964 Occupation (Duncan SEI)
Pearson Correlation	Father's educational attainment	1.000	.524	.425	.254	.316	.263
	Mother's educational attainment	.524	1.000	.288	.211	.260	.211
	Status of F's Occ when son grad from HS	.425	.288	1.000	.184	.291	.262
	Son's score on Henmon-Nelson IQ test	.254	.211	.184	1.000	.448	.377
	Son's educational attainment	.316	.260	.291	.448	1.000	.621
	Son's 1964 Occupation (Duncan SEI)	.263	.211	.262	.377	.621	1.000

<표 4.11>
분산분석표

ANOVA[d]

Model		Sum of Squares	df	Mean Square	F	Sig.
1	Regression	86241.059	2	43120.530	85.635	.000[a]
	Residual	1040313.522	2066	503.540		
	Total	1126554.581	2068			
2	Regression	114812.246	3	38270.749	78.112	.000[b]
	Residual	1011742.335	2065	489.948		
	Total	1126554.581	2068			
3	Regression	456221.678	5	91244.336	280.811	.000[c]
	Residual	670332.903	2063	324.931		
	Total	1126554.581	2068			

a. Predictors: (Constant), Mother's educational attainment, Father's educational attainment

b. Predictors: (Constant), Mother's educational attainment, Father's educational attainment, S

c. Predictors: (Constant), Mother's educational attainment, Father's educational attainment, S Son's educational attainment

d. Dependent Variable: Son's 1964 Occupation (Duncan SEI)

<표 4.12>의 모형 요약 결과 테이블로부터 아들이 고등학교를 졸업할 때의 아버지의 직업상태는 아들의 사회경제적 지수를 설명하는 데 있어 $\Delta R^2 =$ 0.025를 보이고 있다. 마지막으로 아들의 지능지수와 교육수준이 추가적으로 현재수입을 설명하는 데 있어 $\Delta R^2 = 0.303$의 변화량을 보이고 있다.

5장에서 살펴본 다중공선성에 대한 검토도 필요한데 <표 4.13>의 테이블에서는 생략되었지만 이 데이터에서는 다중공선성은 찾아볼 수 없었다. <표 4.13>의 최종단계의 결과에서 부모의 교육수준은 통계적으로 유의하지 않음을 보이고 있다. 아마도 부모의 교육수준은 아들의 사회경제적 지수에 영향을 미치지 않을 것으로 생각된다.

<표 4.12>
모형 요약

Model Summary

Model	R	R Square	Adjusted R Square	Std. Error of the Estimate	R Square Change	F Change	df1	df2	Sig. F Change
					Change Statistics				
1	.277a	.077	.076	22.4396957	.077	85.635	2	2066	.000
2	.319b	.102	.101	22.1347659	.025	58.315	1	2065	.000
3	.636c	.405	.404	18.0258459	.303	525.357	2	2063	.000

a. Predictors: (Constant), Mother's educational attainment, Father's educational attainment

b. Predictors: (Constant), Mother's educational attainment, Father's educational attainment, Status of F's Occ when son grad from HS

c. Predictors: (Constant), Mother's educational attainment, Father's educational attainment, Status of F's Occ when son grad from HS, Son's : Son's educational attainment

<표 4.13>
각 단계별로
추정된
회귀계수

SPSS Pivot Table Coefficients
File Edit View Insert Pivot Format Help

Coefficients

Model		Zero-order	B	Std. Error	Beta	Std. Error	t	Sig.	Lower Bound	Upper Bound
		0	Unstandardized Coefficients		Standardized Coefficients				95% Confidence Interval for B	
1	(Constant)	.000	16.872	2.056			8.206	.000	12.840	20.904
	Father's educational attainment		1.630	.193	.210	.025	8.465	.000	1.253	2.008
	Mother's educational attainment		.827	.203	.101	.025	4.064	.000	.428	1.226
2	(Constant)		17.419	2.029			8.583	.000	13.439	21.399
	Father's educational attainment		1.113	.202	.143	.026	5.517	.000	.717	1.508
	Mother's educational attainment		.697	.201	.085	.025	3.459	.001	.302	1.092
	Status of F's Occ when son grad from HS		.184	.024	.177	.023	7.636	.000	.137	.231
3	(Constant)		-80.759	3.560			-22.685	.000	-87.741	-73.777
	Father's educational attainment		.220	.167	.028	.021	1.319	.187	-.107	.547
	Mother's educational attainment		.102	.165	.012	.020	.620	.535	-.221	.426
	Status of F's Occ when son grad from HS		.072	.020	.069	.019	3.605	.000	.033	.111
	Son's score on Henmon-Nelson IQ test		.182	.031	.114	.019	5.914	.000	.122	.242
	Son's educational attainment		7.491	.277	.538	.020	27.090	.000	6.948	8.033

a. Dependent Variable: Son's 1964 Occupation (Duncan SEI)

이제 2장에서 살펴본 단계적 선택법에 의한 최종결과와 <표 4.12>, <표 4.13>의 결과를 비교해 보도록 하자. <표 4.9>의 명령문 편집기 창에서 아래의 <표 4.14>의 프로그램을 추가적으로 입력한 후 실행시키도록 한다. 이를 수행하면 <표 4.15>와 같이 최종적 부모의 교육수준은 제외되고 대신 아들이 고등학교를 졸업할 때 아버지의 직업상태는 아들의 사회경제적 지수를 설명하는 데 유의한 변수로 모형에 포함되었다.

<표 4.14>
회귀분석(단계적 선택법)을 위한 명령문

```
REGRESSION MATRIX IN(*)
/DESCRIPTIVES DEFAULTS
/VARIABLES V M X Q U W
/CRITERIA = POUT(.051)
/STATISTICS DEFAULTS OUTS ZPP CI SES TOL
/DEPENDENT W
/METHOD = STEPWISE V M X Q U.
```

<표 4.15>
단계적 선택법에 의한 최종 회귀모형 (결정계수와 회귀계수)

Model Summary

Model	R	R Square	Adjusted R Square	Std. Error of the Estimate
1	.636[a]	.405	.404	18.0258459
2	.636[b]	.405	.404	18.0231567
3	.636[c]	.404	.403	18.0323286

a. Predictors: (Constant), Son's educational attainment, Mother's educational attainment, Status of F's Occ when son grad from HS, Son's score on Henmon-Nelson IQ test, Father's educational attainment

b. Predictors: (Constant), Son's educational attainment, Status of F's Occ when son grad from HS, Son's score on Henmon-Nelson IQ test, Father's educational attainment

c. Predictors: (Constant), Son's educational attainment, Status of F's Occ when son grad from HS, Son's score on Henmon-Nelson IQ test

Coefficients[a]

Model		Unstandardized Coefficients B	Unstandardized Coefficients Std. Error	Standardized Coefficients Beta	Standardized Coefficients Std. Error	t	Sig.	95% Confidence Interval for B Lower Bound	95% Confidence Interval for B Upper Bound
3	(Constant)	-79.806	3.506			-22.760	.000	-86.683	-72.929
	Status of F's Occ when son grad from HS	.085	.019	.082	.018	4.602	.000	.049	.122
	Son's score on Henmon-Nelson IQ test	.189	.031	.118	.019	6.203	.000	.129	.249
	Son's educational attainment	7.579	.272	.544	.020	27.822	.000	7.045	8.114

a. Dependent Variable: Son's 1964 Occupation (Duncan SEI)

그러나 아들이 가지고 있는 지능지수나 교육수준과 같은 직접적인 변수를 제외했을 때는 부모의 교육수준이 유의하여 사회계층 형성에 있어 부모의 교육수준은 경제적 차이를 낳고 이는 자녀세대에 일정부분 기여할 수 있음을 짐작할 수 있다.

계층적 모형 단계 구성을 아래의 <표 4.16>과 같이 할 경우, 3단계에서 어머니의 교육수준은 변수 아버지의 교육수준(V), 아들이 고등학교 졸업 때의 아버지의 직업상태(X), 아들의 지능지수(Q)가 통제된 상태에서 유의한 결과를 보였다. 이에 대한 결과는 직접 실습을 통해 확인해 보기 바란다.

<표 4.16>
4단계의
계층적
회귀분석

```
REGRESSION MATRIX IN(*)
/DESCRIPTIVES DEFAULTS
/VARIABLES V M X Q U W
/CRITERIA = POUT(.051)
/STATISTICS DEFAULTS CHANGE OUTS ZPP CI SES TOL
/DEPENDENT W
/METHOD  = ENTER V X
/METHOD  = ENTER V X Q
/METHOD  = ENTER V X Q M
/METHOD  = ENTER V X Q M U.
```

이상과 같이 사례를 중심으로 계층적 회귀분석에 대해 살펴보았다. 계층적 회귀분석은 통계량과 가설검증이 대부분 중회귀분석과 동일하다. 하지만 기존에 알려진 설명변수들을 우선 반영할 수 있고 인구통계적 또는 사회경제적 변인을 통제한 후 관심 있는 설명변수의 영향력을 분석할 수 있다는 특징 때문에 사회과학 분야에서 많이 활용되고 있다.

4.5 연습 문제

Quiz 1.

다음 데이터(chapter4-Quiz1.sav)는 20명의 대학생들을 대상으로 응답자의 특성 및 대학 재학시 생활 만족도를 측정하고, 7년 후 생활 만족도를 측정하여 미래의 생활 만족도에 영향을 미치는 변수들을 분석하고자 하는 자료이다. 7년 후 생활 만족도를 y라 할 때 성별(x_1: 1 = 남), 형제 수(x_2), 대학 재학시 건강상태(x_3) 및 대학 재학시 생활 만족도(x_4) 이상 4개 설명변수를 모형1로 고려하고, 대학 졸업 여부(x_5: 1 = 졸업), 7년 후 소득(x_6), 결혼 여부(x_7: 1 = 결혼)를 모형2로 고려하는 계층적 중회귀분석을 하시오.

id	y	x_1	x_2	x_3	x_4	x_5	x_6	x_7
1	22	0	0	38	17	1	30	0
2	20	1	0	38	16	1	39	0
3	42	0	1	52	39	1	30	1
4	48	1	0	51	22	1	60	0
5	19	0	0	52	25	0	32	1
6	33	0	2	43	53	0	39	1
7	33	0	0	55	28	1	51	1
8	21	1	2	52	17	1	35	0
9	26	0	2	60	20	1	23	0
10	37	1	0	53	21	0	29	0
11	40	1	0	39	18	1	61	0
12	35	1	0	42	31	1	58	1
13	32	1	0	43	15	1	39	0
14	37	0	1	54	34	0	40	1
15	35	1	0	52	20	1	27	0
16	47	1	1	54	39	0	30	1
17	26	0	0	46	17	1	36	0
18	42	1	2	55	48	0	43	1
19	38	0	0	52	16	1	54	0
20	42	1	1	57	39	1	32	1

Quiz 2.

SPSS가 설치된 하위 디렉토리 중 Samples 안에는 다음과 같은 급여 관련 데이터가 있다(Employee data.sav). 현재 받는 급여(salary)를 설명하기 위해 고려한 독립변수들은 다음과 같다.

gender: 성별, educ: 교육 기간(단위: 년), jobcat: 직업 구분

salbegin: 초기 급여, jobtime: 고용된 이후 근무 기간(단위: 개월)

preexp: 경력 기간(단위: 개월), minority: 소수 민족 여부

이 변수들을 이용하여 다음과 같은 계층적 중회귀모형에 적합시켜 보시오

모형1: *salbegin*

모형2: *salbegin, gender, educ*

모형3: *salbegin, gender, educ, minority*

모형4: *salbegin, gender, educ, minority, jobcat, jobtime, preexp*

Quiz 3.

4.4절의 <표 4.9>에 제시되어 있는 상관행렬 데이터를 이용하여 아들의 평균소득 (Y)가 아버지의 교육수준, 어머니의 교육수준, 아들이 고등학교 졸업 때의 직업상태, 아버지의 평균소득, 아들의 교육수준과 어떤 관계가 있는지 나름대로 계층적 모형을 설정하고 분석하시오. 또한 계층적 회귀분석에 의한 결과를 단계적 선택법에 의한 분석결과와 비교해 보시오.

5 장

회귀진단
Regression Diagnostics

회귀진단이란 회귀분석에서 가정한 모형 및 주어진 데이터의 특이성에 대한 진단을 말하며, 영향력 있는 데이터(influential data), 설명변수들 간의 공선성의 검색 등이 다루어진다.

즉, 회귀진단이란 주어진 데이터와 이 데이터를 사용해서 추정한 회귀모형 사이에 서로 일치되지 않는 점을 찾아내는 과정이라 할 수 있다. 회귀진단은 크게 두 부분으로 나눌 수 있다. 하나는 추정된 회귀모형에 관한 진단(모형진단)이고, 다른 하나는 주어진 데이터에 관한 진단(데이터 진단)이다.

모형진단에서는 잔차분석을 통한 오차항의 가정 검토, 변수 변환 등을 통한 적절한 회귀모형의 선택 문제, 설명변수들 간의 다중공선성 검토 등을 다루게 된다. 데이터 진단에서는 이상점(이상치: outlier), 지레점(지레값: leverage), 영향점(influential observations)의 검출 문제를 다룬다.

5.1절에서는 잔차의 분포를 통하여 1장에서 살펴본 잔차분석의 개념을 설명하고 5.2절에서는 이상점의 성질과 데이터 셋에서 이상점을 검출하는 방법을 다룬다. 5.3절에서는 설명변수들 사이의 다중공선성과 이를 식별하는 방법들을 살펴보고 5.4절에서는 영향력 분석을 설명한다.

앞으로 논의하게 될 문제점들 중에서 하나만 발생한다고 해도 그 분석 결과는 정당성을 어느 정도 상실한다고 할 수 있을 것이다. 그러므로 고급 회귀분석을 하고자 하는 분석자라면 반드시 회귀진단의 과정을 거쳐야 한다.

5.1 잔차의 분포

중회귀분석에서의 잔차분석은 단순 회귀에서처럼 간단하지만은 않다. 회귀모형에서 오차들의 분포가 서로 독립인 $N(0, \sigma^2)$을 가정했으나 모형에 적합된 후의 잔차는 서로 독립이 아닌 분포를 따르게 되며 잔차 e의 분포는

$$e \sim N(0, \sigma^2(I - H)) \ , \quad e = (e_1, \cdots, e_n)' \tag{5.1}$$

이다. 이때 $H = X(X'X)^{-1}X'$는 모자행렬(hat matrix)라 하며 이를 이용하여 여러 가지 회귀진단을 하게 된다. 회귀계수 β에 대한 최소제곱 추정량은 $\hat{\beta} = (X'X)^{-1}X'y$이므로, 예측값 $\hat{y}$을

$$\hat{y} = X\hat{\beta} = X(X'X)^{-1}X'y = Hy$$

로 나타내면 잔차는 $e = y - \hat{y} = y - X\hat{\beta} = (I - H)y$로 표현할 수 있으므로 $Var(e) = \sigma^2(I - H)$가 되는 것이다. H의 대각원소는 회귀진단에 있어서 중요한 정보를 제공한다. 사실 이 부분이 통계 비전공자들에게는 다소 어려운 경향이 있지만, H를 알아야 회귀진단의 이론들을 이해할 수 있으므로 H가 구해지는 과정을 알아두기 바란다.

H의 (i, j)번째 원소를 h_{ij}라 하고, X의 i번째 행을 x_i'이라 하면, 잔차 $e_i = y_i - \hat{y}_i$에 대하여 $h_{ii} = x_i'(X'X)^{-1}x_i$이고,

$$Var(e_i) = \sigma^2(1 - h_{ii})$$
$$Cov(e_i, e_j) = -\sigma^2 h_{ij} (i \neq j) \tag{5.2}$$

가 성립한다. 식 (5.2)에서 잔차들은 등분산을 갖지 않고 공분산이 0이 아님을 확인하라. 이를 이용하여 표준화된 잔차와 표준화 제외잔차를 구할 수 있으며 잔차(또는 표준화 제외잔차)의 분포를 이용하여 이후에 나오게 될 이상점 등을 파악할 수 있다.

일반적으로 잔차분석을 시행할 때는 $e_i = y_i - \hat{y}_i$보다는 표준화된 잔차 (standardized residual) 또는 식 (5.3)의 스튜던트 잔차(studentized residual)

$$t_i = \frac{e_i}{\hat{\sigma}\sqrt{1-h_{ii}}}, \ h_{ii} = \frac{1}{n} + \frac{(x_i - \overline{x})^2}{\sum(x_i - \overline{x})^2}, \ \hat{\sigma} = \sqrt{MSE} \qquad (5.3)$$

를 사용하는데, 스튜던트 잔차 t_i는 잔차 e_i를 표준화시킨 것이며 t_i는 근사적으로 t 분포를 따른다. 이 외에도 제외잔차 $e_i/\hat{\sigma}_{(i)}$ 또는 스튜던트화 제외잔차(studentized deleted residual)인 식 (5.4)가 있다.

$$t_{(-i)} = \frac{e_i}{\hat{\sigma}_{(i)}\sqrt{1-h_{ii}}} \ . \qquad (5.4)$$

여기서 $\hat{\sigma}_{(i)}$는 i번째 관측값을 제외하고 계산된 표준편차 σ의 추정치이다. 스튜던트화 제외잔차의 절대값이 2.5 내지 3보다 큰 경우의 개체를 이상점(outlier)이라고 판단할 수 있어 이를 찾고자 하는 회귀진단에 유용하다.

잔차 e_i는 변수의 측정단위나 척도에 따라 변할 수 있는 데 반해 스튜던트 잔차 t_i나 스튜던트화 제외잔차 $t_{(-i)}$는 측정단위와 무관하기 때문에 이들을 사용하여 잔차분석을 하는 것이 편리할 때가 많다.

잔차의 산점도로부터 모형의 타당성을 검토하는 방법은 단순 회귀분석에서의 잔차분석과 동일하기 때문에 설명을 생략하기로 한다. 구체적인 사용법은 1.5절을 참고하기 바란다. 잔차분석을 통해 모형의 선형성과 오차항의 정규성, 등분산성과 독립성 등을 검토하고 잔차가 가정들을 만족하지 않는 경우에는 비선형 회귀나 변수변환, 가중회귀, 시계열모형 등 적절한 방법을 이용하여 최적모형을 수립할 수 있을 것이다. 다만 중회귀분석에서는 편회귀플롯(partial regression plot)을 통하여 각 설명변수의 역할을 검토해 볼 수 있다.

p개의 설명변수가 있는 회귀모형에서는 p개의 편회귀도표를 그릴 수가 있다. j번째 설명변수에 대한 편회귀도표를 그리는 방법은 x_j를 뺀 나머지 설명변수들과 반응변수인 y를 통한 회귀분석의 결과로 얻어진 잔차 $e(y|\boldsymbol{x}_{-j})$를 수직축에 잡고, x_j를 나머지 설명변수들 $x_1, \cdots, x_{j-1}, x_{j+1} \cdots, x_p$를 통해 적합시킨 후에 생기는 잔차 $e(x_j|\boldsymbol{x}_{-j})$를 수평축에 플롯하면 된다. 편회귀도표에서의 기울기는 원래 적합된 중회귀모형에서의 x_j의 기울기 $\hat{\beta}_j$과 동일하

다. 따라서 이 그림에서 자료점들이 0을 중심으로 랜덤하게 퍼져 있다면(기울기가 0에 가깝다면), x_j를 제외한 다른 모든 설명변수가 이미 회귀모형에 들어 있는 상태에서 x_j를 집어넣는 것은 별다른 의미가 없다고 할 수 있다. 편회귀도표의 형태가 직선에 가까우면 x_j의 선형 항(linear term)을 모형에 포함시키는 것이 의미가 있으며, 만약 이 그림이 2차 이상의 곡선 형태를 보이면 x_j의 고차항을 포함하는 회귀모형을 고려하는 것이 좋을 것이다.

편회귀도표를 그리기 위해서는 <그림 5.1>과 같이 Linear Regression 의 [Plots...] 대화 상자에서 **Produce all partial plots**를 선택하면 된다.

<그림 5.1>
편회귀 도표를
그리기 위한
대화 상자

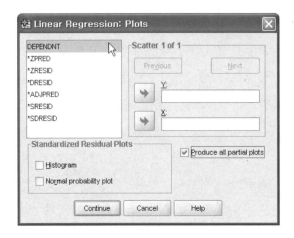

영업 사원 데이터의 경우 편회귀도표를 살펴보면, <그림 5.2>에서와 같이 창의력(x_1)과 복합추론(x_3)의 경우는 그림의 기울기가 0에 가까워서 이들 변수를 모형에 포함시키는 것이 의미가 없어 보인다. 반면에, 단순추론 (x_2)과 계량능력(x_4)의 경우는 뚜렷한 직선 형태를 보이고 있어 반응변수와 유의한 선형관계를 가지고 있음을 알 수 있다. 이는 회귀계수의 유의성 검증결과와 동일함을 확인할 수 있다.

<그림 5.2>
설명변수들의
편회귀도표

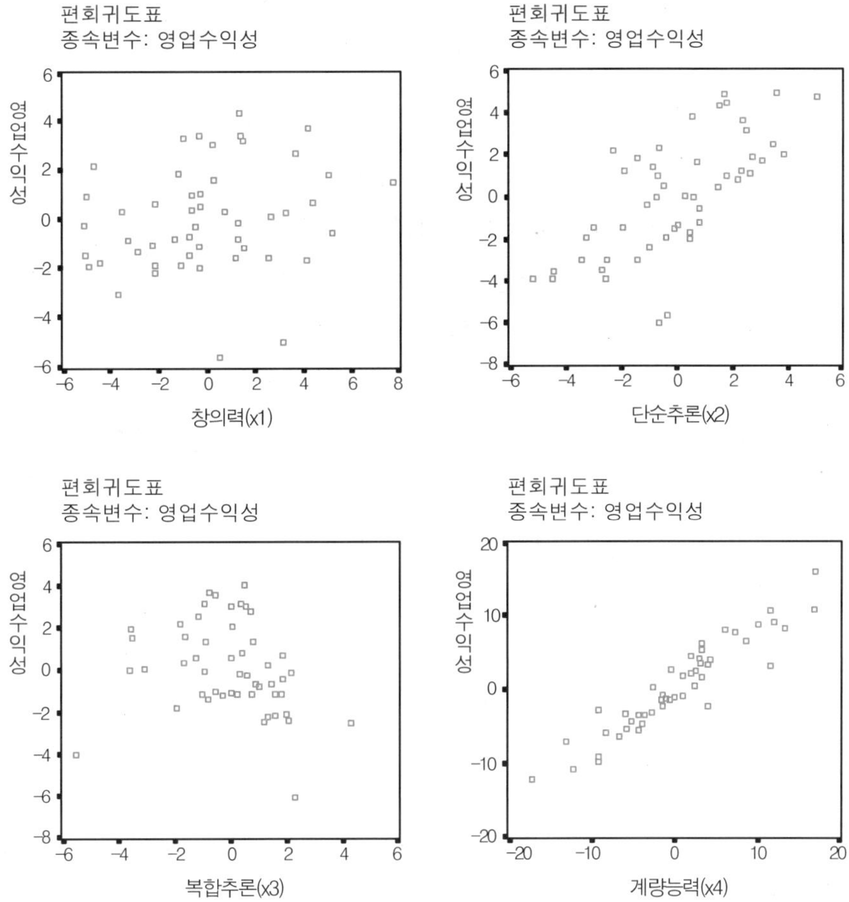

편회귀도표
종속변수: 영업수익성

영업수익성 / 창의력(x1)

편회귀도표
종속변수: 영업수익성

영업수익성 / 단순추론(x2)

편회귀도표
종속변수: 영업수익성

영업수익성 / 복합추론(x3)

편회귀도표
종속변수: 영업수익성

영업수익성 / 계량능력(x4)

5.2 이상점(outlier)

데이터 중에서 대부분의 개체들과 아주 멀리 떨어져 있는 개체를 불일치 개체(discordant observation), 오염된 개체(contaminate), 또는 이상점(outlier)이라고 부른다. 이중에서 불일치 개체는 전혀 예상하지 못한 개체를 뜻하고, 오염된 개체는 가정된 확률분포에서 나올 가능성이 없는 개체를 뜻하며, 이상점은 이 두 경우를 총칭한다. 따라서 이상점이란 자료 분석에서 문제가 될 소지를 가지고 있는 개체이다.

이상점이 존재하는 이유를 다음과 같이 설명할 수 있다.

- **잘못된 모형 선택**: 모형이 잘못 선택되면 이상점들이 여러 개 발생할 수 있다. 이 경우에는 현재 사용하는 모형을 변형시키거나 새로운 모형을 선택해야 한다.
- **모형의 국부적 약점**: 데이터를 입력할 때 오류가 있었다든가, 한 개체의 반응변수 값이 다른 개체들의 반응변수 값과 크게 다르거나, 특정 개체가 설명변수 공간의 중심에서 지나치게 멀리 떨어진 경우이다. 즉, 어떤 개체가 모형의 추정계수에는 큰 영향을 미치지 않지만 그 개체 자체만이 문제가 되는 경우이다.
- **본성적 변이**(natural variability): 데이터가 나타내는 현상 자체가 가지고 있는 변동성이 지나치게 큰 경우이다. 예를 들면, 포유 동물의 키를 설명변수로 하고 체중을 반응변수로 하는 모형에서 고래나 코끼리를 나타내는 개체는 다른 개체들로부터 멀리 떨어져 있다.

이상점을 구체적으로 살펴보면 경우에 따라 x축에서만 이상점인 것, y축에서만 이상점인 것, 그리고 x축과 y축 모두 이상점인 것으로 나눌 수 있다. 그런데 보통 설명변수는 조정할 수 있는 상수변수이므로 x축을 중심으로 본 이상점은 그다지 의미가 없고 y축 관점에서 본 이상점이 주요 관심사가 된다. x축에서의 이상점은 영향력 분석에서 설명하게 될 지레값

(leverage)을 통해서 파악해 볼 수 있다. y축에서의 이상점은 잔차분석을 통해서 알 수 있는데, 단순 회귀분석에서와 같이 표준화잔차, 스튜던트 잔차 또는 스튜던트화 제외잔차의 절대값이 큰(보통 3이상) 개체를 이상점으로 간주하게 된다.

2장에서 분석한 영업 사원 데이터의 이상점 검출은 5.4절에서 영향력 분석과 함께 살펴보기로 하자.

5.3 다중공선성(multicollinearity)

중선형 회귀에서 하나의 설명변수에 대한 회귀계수의 의미는 다른 설명변수들의 값을 고정시키고 그 설명변수의 값만 한 단위 증가시킬 때 발생하는 반응변수의 변화량이다. 그런데 만약 설명변수들 사이에 강한 상관성이 존재한다면, 이러한 해석은 의미를 잃게 된다. 개념상으로는 추정된 회귀식에서 한 설명변수의 값을 증가시키면서 다른 나머지 설명변수들의 값을 고정시킬 수 있지만 변수들 간에 상관관계가 있다면 현실적으로는 이 조작이 추정 식에 어떠한 결과를 미치는지 알 수 없을 수도 있다. 또한, 실험에 따라서는 다른 모든 설명변수들을 고정시킨 채 한 설명변수의 값만을 변화시키는 것 자체가 불가능할 수도 있다. 이러한 경우에는 회귀계수 자체를 해석하는 것이 유용하지 않다.

중회귀에서는 설명변수들이 서로 선형 독립(linearly independent)이라는 가정을 포함하고 있는데 이는 각각의 설명변수들에 의해 설명되는 부분들이 서로 겹치지 않음을 의미한다. 기하학적으로 설명하면, x_1, x_2, x_3이라는 세 개의 설명변수가 있을 때 x_1과 x_2라는 설명변수로 설명할 수 있는 부분을 하나의 평면으로 나타낸다면 나머지 x_3은 이 평면 위에 놓이지 않음을 뜻한다. 즉, 앞의 두 설명변수로는 다른 또 하나의 변수를 설명할 수 없다.

중회귀에서는 일반적으로 p개의 설명변수가 있을 때 p차원 평면상에서 p개의 설명변수 벡터들이 서로 직교한다(orthogonal)고 가정한다. 그러나 실제 자료를 분석할 때 대부분의 설명변수 벡터들은 직교하지 않는다. 비록 설명변수 벡터들이 직교하지 않더라도 이 비직교성이 회귀분석에 심각한 영향을 미치지 않을 수도 있으나, 어떤 경우에는 설명변수들 사이의 상관성이 지나치게 높아 회귀분석의 결과를 믿기 어려운 경우도 있다. 이럴 경우 추정된 회귀모형에서 각 설명변수가 독자적으로 반응변수에 미치는 영향을 조사하는 것은 거의 불가능하다. 이때는 회귀계수 추정값들이 관측값의 작은 변화에도 매우 민감하게 반응하며, 선형 회귀모형에서 한 설명변수를 제거하거나 추가할 경우 매우 민감한 반응을 보인다. 더구나, 회귀계수 추정치의 표준오차가 매우 커지므로 그러한 선형 회귀모형을 바탕으로 한 통계적 추론의 정확도나 예측의 신뢰성이 떨어진다. 경우에 따라서는 최소제곱법으로 회귀계수를 구하는 데 필요한 역행렬 $(X'X)^{-1}$ 을 구하지 못할 수도 있다.

설명변수들의 비직교성 문제가 심각할 때 이를 설명변수들 간의 다중공선성(multicollinearity) 문제라고 한다. 다중공선성은 잔차분석을 통해서 발견할 수 있는 모형화의 문제가 아니고 주어진 자료 자체가 지니고 있는 문제이다.

회귀분석에서 회귀계수들을 사용하고 해석하는 것은 매우 중요하기 때문에 반드시 데이터에 다중공선성이 존재하는지 여부를 조사해 보아야 한다. 만일 다중공선성이 존재한다고 판단되면, 설명변수들 사이에 어떤 선형결합들이 존재하는지를 조사해 본 후 자료에서 다중공선성을 제거하고 회귀분석을 해야 한다.

그러면, 자료의 다중공선성에 주목해야 할 경우는 언제일까? Neter, Wasserman, Kunter(1990)에 따르면, 다음과 같은 현상이 나타날 경우 일단 다중공선성의 존재를 의심해 볼 필요가 있다고 한다.

- 설명변수들 사이의 상관계수들의 절대값이 클 때
- 모형에 한 설명변수를 추가하거나 제거하는 것이 다른 회귀계수 추정치들에 큰 영향을 미칠 때
- 개체를 추가하거나 제거하는 것이 회귀계수 추정치들에 큰 영향을 미칠 때
- 각 회귀계수의 유의성에 대한 검증통계량 값이 유의하지 않음에도 불구하고 모형에 대한 분산분석 결과가 유의할 때
- 결정계수가 지나치게 클 때
- 중요한 설명변수의 회귀계수 추정치가 유의하지 않을 때
- 회귀계수 추정치의 부호가 과거의 경험이나 이론적으로 기대되는

부호와 반대일 때

- 중요하다고 생각되는 설명변수의 회귀계수에 대한 신뢰구간이 터무니없이 넓을 때

그러나 이와 같은 현상이 나타났다고 해서 반드시 다중공선성이 존재하는 것은 아니라는 데 주의하자.

다중공선성이 존재한다고 밝혀졌을 때 이를 제거하는 방법은 선형관계가 강한 변수를 제거하거나, 좀 더 넓은 범위의 설명변수들의 값에서 새로운 데이터를 구하는 방법이 있다. 또, 능형회귀(ridge regression)나 주성분 회귀분석(principle component regression analysis) 등의 편의(bias) 추정법을 사용하는 방법도 있다. 이러한 방법들을 통해 표본이 가지고 있는 정보와 표본 외적인 정보(배경 학문 이론, 기존의 분석결과, 분석자의 주관적 판단 등)를 모두 이용해서 다중공선성이 추정에 미치는 그릇된 영향을 줄이고자 노력하여야 할 것이다. 다중공선성이 추정에 미치는 그릇된 영향을 줄이기 위한 여러 방법들이 제시되고 있으나 일반적으로 최적이라고 판단되는 방법은 없다.

이제 다중공선성의 존재 여부를 조사하는 기준들을 살펴보기로 한다.

5.3.1 설명변수들 간의 단순 상관계수

2.1절에서 설명한 표준화된 회귀모형에서 $Z'Z$는 설명변수들의 상관계수행렬임을 설명한 바 있다. 만약 설명변수들이 다중공선성을 가지고 있다면 이 상관계수의 절대값이 1에 가까운 값이 나올 것이다. 경험적으로 설명변수들 간의 상관계수가 0.9 이상이면 다중공선성을 의심해 볼 만하다.

설명변수들 간의 상관계수들은 Linear Regression의 Statistics... 대화 상자에서 **Descriptives**를 통해서 쉽게 구할 수 있으나, 이 기준만 가지고는 실제로 다중공선성이 있는지, 그 크기가 어느 정도인지는 알 수 없다.

영업 사원 데이터의 경우 설명변수들 간의 단순상관계수는 0.3에서 0.6 정도로 나타났다.

5.3.2 분산팽창인자와 허용치

변수가 여러 개 있을 때 한 변수와 다른 변수들 간에 선형관계가 있는 지를 보는 척도로 결정계수가 있다. j번째 설명변수와 다른 설명변수들에 대하여 회귀모형을 적합시켰을 때의 결정계수를 R_j^2이라 한다. 이 값은 선형관계가 강할수록 1에 가깝게 될 것이다. 이를 이용하여 x_j의 분산팽창인자(variance inflation factor: VIF)는

$$VIF_j = \frac{1}{1 - R_j^2} \tag{5.5}$$

으로 정의하며, 분모의 $1 - R_j^2$을 허용치(tolerance) 또는 공차한계라고 한다. 식 (5.5)에서 알 수 있듯이 j번째 설명변수가 나머지 설명변수들과 상관관계가 없다($R_j^2 = 0$)면 VIF와 허용치는 1이 되고 x_j가 나머지 설명변수와 완전한 상관관계가 있다($R_j^2 = 1$)면 $VIF = \infty$이고 허용치는 0이 될 것이다. 흔히 가장 큰 VIF값이 10을 넘으면 다중공선성의 존재를 의심하게 된다. 따라서 p개의 허용치 중에서 가장 작은 값이 0.1 이하일 때도 다중공선성이 있다고 판단한다.

분산팽창인자와 허용치, 그리고 다음에 설명할 상태지수와 분산비율 등의 다중공선성 진단통계량들을 구하려면 <그림 5.3>의 Linear Regression 의 Statistics... 대화 상자에서 Collinearity diagnostics를 클릭하면 된다.

영업 사원 자료의 경우 <표 5.1>의 결과를 살펴보면 공차한계(허용치)가 0.1 이하이거나 분산팽창인자가 10보다 큰 설명변수는 없는 것으로 나타났다.

<그림 5.3>
다중공선성
진단통계량을
구하기 위한
대화 상자

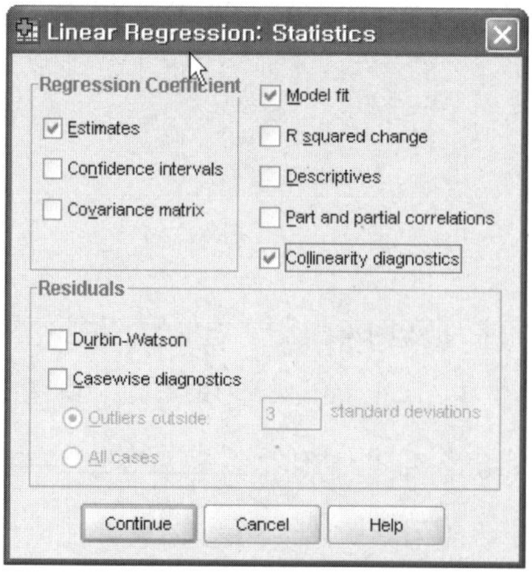

<표 5.1>
분산팽창인자
와 허용치
출력결과

Coefficients[a]

Model		Unstandardized Coefficients		Standardized Coefficients	t	Sig.	Collinearity Statistics	
		B	Std. Error	Beta			Tolerance	VIF
1	(Constant)	73.155	1.683		43.478	.000		
	창의력	.142	.102	.055	1.403	.168	.592	1.689
	단순추론	.845	.132	.283	6.408	.000	.468	2.136
	복합추론	-.272	.168	-.061	-1.618	.113	.637	1.571
	계량능력	.763	.039	.794	19.312	.000	.538	1.857

a. Dependent Variable: 영업수익성

5.3.3 분산비율과 상태지수

분산비율(variance proportion)과 상태지수(condition index)를 이해하기 위해서
는 고유값(eigen value)과 고유벡터(eigen vector)에 대한 개념이 필요하지만 여기
에서는 그 의미만 설명하기로 한다. 모든 행렬(단, 여기서는 행과 열의 수가 같은
정방 행렬의 경우만 해당)에는 그 행의 수(열의 수)만큼의 고유값이 있다. 즉,
$(p+1) \times (p+1)$ 행렬이라면 $(p+1)$개의 고유값이 있다. 고유값, 그리고 고
유값과 밀접한 관계가 있는 고유벡터(역시 행의 수만큼의 고유벡터가 있다)를 구
하면 그 행렬의 여러 가지 성질들을 쉽게 파악할 수 있어 많은 도움이 된다.
중회귀분석에서는 설명변수의 관측행렬 $\boldsymbol{X}$에 척도화(scaling)만 하고 중심화
(centering)는 하지 않은 $\boldsymbol{X}^{*\prime}\boldsymbol{X}^{*}$에 대한 고유값과 고유벡터를 이용하여 각 설

명변수의 중요도를 파악할 수 있다. $X^{*'}X^*$는 $(p+1)\times(p+1)$ 행렬이므로 $(p+1)$개의 고유값들의 합은 항상 회귀계수의 수 $(p+1)$과 같다. 그런데 이 $(p+1)$개의 고유값 중 가장 작은 것이 0에 가까우면 설명변수들 사이에 강한 선형 종속성이 존재함을 의미한다. 또한, 고유값 중 0에 가까운 것이 있으면 고유값들의 합은 $(p+1)$로 고정되어 있으므로 최대 고유값은 1보다 훨씬 큰 값을 갖게 될 것이다. 이를 이용해서 최대 고유값을 $\lambda_{\max}$, j번째 고유값을 λ_j라 할 때 j번째 상태지수는 식 (5.6)과 같다.

$$I_j = (\lambda_{\max}/\lambda_j)^{\frac{1}{2}}, \ \ j = 0, 1, \cdots, p. \tag{5.6}$$

이 $(p+1)$개의 상태지수 중에서 최대값이 10을 넘으면 일단 다중공선성을 경계하고 15가 넘으면 문제가 있다고 본다. 만일 이 최대값이 100을 넘으면 다중공선성 문제가 심각하다고 생각할 수 있다.

이제 $X^{*'}X^*$의 고유값과 관련된 $(p+1)$개의 고유벡터들을 생각해 보자. 반응변수의 전체 변동에 각 설명변수가 기여하는 정도를 고유벡터를 이용하여 분해할 수 있기 때문에 이러한 기여 정도(분산 비율)를 파악하여 그 기여하는 바가 겹치는지를 알 수 있다. 각 설명변수에 있어서 추정된 회귀계수의 분산 중에서 몇 %가 각각의 고유벡터에 의해서 설명되느냐 하는 것을 재는 측도를 분산비율이라 한다. 최소의 고유값, 즉 최대의 상태지수를 갖는 고유벡터가 90% 이상 설명하는 설명변수의 수가 두 개 이상일 때 다중공선성의 문제가 있다고 본다. 즉, 최대의 상태지수를 갖는 고유벡터로의 분산비율이 높은 설명변수들은 다중공선성으로 인해서 영향을 크게 받게 된다.

영업 사원 데이터에 대한 상태지수와 분산비율은 <표 5.2>와 같이 나타났다.

Collinearity Diagnostics[a]

Model	Dimension	Eigenvalue	Condition Index	Variance Proportions				
				(Constant)	창의력	단순추론	복합추론	계량능력
1	1	4.827	1.000	.00	.00	.00	.00	.00
	2	.078	7.888	.01	.54	.00	.08	.06
	3	.059	9.051	.18	.00	.00	.02	.63
	4	.020	15.670	.24	.22	.93	.00	.13
	5	.017	16.771	.57	.24	.06	.90	.18

a. Dependent Variable: 영업수익성

위 표에서 차원(Dimension)이 1에서 5로 나온 이유는 상수항을 포함하고 있기 때문이다. 가장 작은 고유값은 0.017로 0에 가깝고, 그에 대한 상태지수는 16.771로 다중공선성의 존재를 의심해 볼 만하다. 어느 변수에서 공선성이 나타나는지는 분산비율을 통해 알 수 있는데 최대 상태지수를 갖는 차원 5의 분산비율이 90% 이상인 설명변수는 복합추론 평가점수(x_3) 하나 뿐이었다. 그러므로 상태지수가 10 이상이라 하더라도 분산비율이나 앞에서 살펴본 분산팽창인자, 허용치 등을 종합해 볼 때 영업 사원 데이터의 다중공선성은 걱정하지 않아도 될 것 같다.

5.4 영향력 분석

주어진 데이터를 모형에 적합시킬 때 각 개체가 모형에 어떠한 영향을 미치는가를 알아보는 것을 영향력 분석(influence analysis)이라 한다. 즉, 데이터에 어떤 변화를 가했을 때 추정된 모형이 어떻게 변화하는지를 조사하는 것이다. 가장 널리 사용되는 영향력 분석 기법은 한번에 한 개체씩 제외시키고 회귀분석을 한 결과와 모든 개체들을 사용해서 한 회귀분석의 결과가 큰 차이를 보이는가를 조사하는 것이다. 만일 큰 차이를 발생시키는 개체가 있다면, 이 개체를 영향점(influential point; influential observations)이라 한다. 회귀분석에서 영향점은 다른 관측점들보다 회귀모형 추정에 더 많은 영향을 끼치는 경향이 있다. 따라서 영향점은 일반적인 관측점들보다 회귀모형에 더 중요한 정보를 제공하는 경우도 많다.

일반적으로 영향력 분석에서는 영향점을 찾는 데 주력한다. 그 이유는 영향점을 처리하는 방법이 각 문제에 따라 달라서 영향력 분석에서 발견한 문제점을 해결하는 일반적인 치료 방법이 없기 때문이다. 그렇더라도 영향점을 그냥 두라는 말은 아니다. 일단 영향점을 발견하면 어떤 가능한 조치를 취하려고 노력하는 것이 바람직하다. 다음과 같은 처방을 시도해 보는 것도 좋을 것이다.

① 측정이나 입력 과정에서 실수가 있었다면, 실수를 교정하거나 영향점을 데이터 셋에서 제거한다.
② 영향점이 되는 원인은 확실히 알 수 없으나 선택한 모형이 옳다고 확신하면, 이 영향점이 이상점인지 여부를 조사한다.
③ 실험조건이 부적절했으면, 실험조건을 수정해서 새로운 개체들을 얻는다.
④ 개체의 수가 적어서 판단이 어렵다면, 새로운 개체들을 데이터 셋에 추가한다.

앞의 네 가지 경우에 해당하지 않을 때에는 영향점을 포함시켜 분석한 것과 영향점을 제외시킨 후 분석한 것 두 가지로 보고서를 작성한다.

어느 개체가 영향점인지를 판단하는 기준으로는, 해당되는 개체가 분석에 포함된 경우와 포함되지 않은 경우 분석결과에 얼마만큼의 차이가 있는지를 고려하여 결정한다. 두 결과 사이에 심각한 차이가 발생한다면 해당되는 개체는 영향점이라고 할 수 있을 것이다. 이와 관련된 주요 측도들은 다음과 같다.

■ 지레값(leverage)

H(hat matrix)의 대각원소 h_{ii}를 지레값이라 하고 이를 i번째 관측점의 설명변수들이 표본평균벡터에서 얼마나 떨어져 있는가를 나타내는 측도로 이용한다. 만일 지레값 h_{ii}가 1에 가까우면 식 (5.1)에서 i번째 개체에서 잔차의 분산이 매우 작아진다. 이는 i번째 개체의 관측값이 모형을 통해 거의 정확히 예측된다는 것을 의미한다. 이때 i번째 개체를 큰 지레점(high leverage point) 또는 지레점이라 한다. 무거운 물건을 움직일 때 긴 막대를 사용하면 힘들지 않은 것과 같은 원리로 설명변수들의 관측벡터가 각 표본평균벡터에서 멀리 떨어져 있으면(즉 지레값이 크면), $\hat{y}_i$과 y_i의 차이가 작다. 이는 i번째 개체가 회귀계수의 최소제곱추정에 큰 영향력을 행사함을 뜻한다.

경험적으로, $h_{ii} > 2(p+1)/n$이면 i번째 개체를 지레점이라 한다. 영업 사원 데이터의 경우 $n = 50$, $p = 4$이므로 지레값이 0.2보다 큰 개체가 있는지 살펴본다.

■ 공분산비율(covariance ratio: COVRATIO)

i번째 개체에 대한 공분산비율을 다음과 같이 정의한다.

$$COVRATIO_i = \frac{\det\{\hat{\sigma}^2_{(-i)}(\mathbf{X}'_{(-i)}\mathbf{X}_{(-i)})^{-1}\}}{\det\{\hat{\sigma}^2(\mathbf{X}'\mathbf{X})^{-1}\}}. \tag{5.7}$$

(여기서 **det**는 행렬식(determinant)을 의미한다)

$COVRATIO$는 i번째 관측값을 제외하고 계산한 추정치벡터 $\hat{\boldsymbol{\beta}}$ 의 분산 공분산행렬의 행렬식을 모든 개체를 이용한 분산공분산행렬의 행렬식으로 나눈 값으로 이 비율이 클수록 i번째 개체가 영향력이 있다고 판단한다. Belsley, Kuh, Welsch(1980)에 의하면,

$$|COVRATIO-1| \geq 3(p+1)/n$$

인 개체는 영향점의 가능성이 있다고 한다.

■ **적합값 변화**(differences between fits: DFFITS)

$$\text{표준화 } DFFITS_i = \frac{\hat{y}_i - \hat{y}_{(-i)}}{\hat{\sigma}_{(-i)}\sqrt{h_{ii}}} \tag{5.8}$$

$DFFITS$는 i번째 개체를 제외하고 계산한 예측치와 모든 개체를 이용하여 계산한 예측치 사이의 차, 즉, $DFFITS_i = \hat{y}_i - \hat{y}_{(-i)}$이다. 따라서 이 값이 클수록 i번째 개체의 영향력이 있다고 판단한다. 표준화 $DFFITS$란 $DFFITS_i$를 표준오차 $\hat{\sigma}_{(-i)}\sqrt{h_{ii}}$ 로 나눈 것으로 (5.8)과 같이 표현된다.

표준화 $DFFITS$가 2 또는 $2\sqrt{(p+1)/n}$ 보다 크면 해당 개체를 영향점으로 의심하게 된다(Belsley, Kuh, Welsch, 1980).

■ **모수값 변화**(differences between $\boldsymbol{\beta's}$: DFBETAS)

$$\text{표준화 } DFBETAS_i = \frac{\hat{\beta}_j - \hat{\beta}_{j(-i)}}{\hat{\sigma}_{(-i)}\sqrt{c_{jj}}}, \ j=1,2,...,p . \tag{5.9}$$

여기서, (c_{jj})는 $(\boldsymbol{X'X})^{-1}$의 $(j+1)$번째 대각원소이다.

$DFBETAS_i$는 i번째 개체를 제외하고 계산한 회귀계수 추정치와 모든 개체를 이용하여 계산한 추정치의 차이인 $DFBETAS_i = \hat{\beta}_j - \hat{\beta}_{j(-i)}$이다. 즉, i번째 개체가 설명변수 x_j의 회귀계수 추정에 크게 영향을 미칠수

록 이 값은 커지게 된다. 또, 이를 표준화한 값을 표준화 $DFBETAS_i$라 하며 (5.9)와 같이 산출된다.

표준화 $DFBETAS_i$가 2 또는 $2/\sqrt{n}$ (단, n은 표본크기)보다 큰 경우 i번째 개체의 영향력이 있다고 판단한다.

■ 쿡(Cook)의 D 통계량(Cook's distance: Cook's D)

$$Cook's\ D_i = \frac{(\hat{\boldsymbol{\beta}} - \hat{\boldsymbol{\beta}}_{(-i)})'\boldsymbol{X}'\boldsymbol{X}(\hat{\boldsymbol{\beta}} - \hat{\boldsymbol{\beta}}_{(-i)})}{(p+1)\hat{\sigma^2}} \qquad (5.10)$$

쿡의 D 통계량 역시 $DFBETAS$와 마찬가지로 i번째 개체를 제외하고 계산한 추정치와 모든 개체를 이용하여 계산한 추정치의 차를 이용한 통계량이다. 따라서 이 값이 큰 경우 해당 개체에 의해 모수값의 변화가 크므로 그 개체의 영향력이 있다고 판단한다. 흔히 쿡의 D 통계량이 1.0 이상이면 영향력이 큰 것으로 간주한다.

영향점에 관한 통계량들을 구하기 위해서는 <그림 5.4>와 같이 ⌐Save...⌐ 대화 상자의 Influence Statistics에서 통계량들을 선택하고 지레값과 Cook의 D 통계량 산출을 위해서는 Distances에서 Leverage values와 Cook's를 선택하면 된다. 각 케이스에 대한 영향력 통계량 값들은 <그림 5.5>와 같이 해당 데이터 편집기 창에 새로운 변수들로 저장된다.

또, 5.2절의 이상점 검출을 위하여 이 대화 상자의 Residual을 함께 선택하도록 한다, 특히 표준화잔차와 스튜던트 잔차, 그리고 삭제된 스튜던트화 잔차의 절대값이 2보다 큰 개체에 주의하도록 하자.

데이터 편집기 창에 저장된 변수들은 coo(뒤의 _1은 모형번호를 나타낸다)가 쿡의 D 통계량, lev가 지레값, cov가 공분산비율, diff가 적합값 변화($DIFFITS$), dfb0부터 dfb4까지는 상수항부터 계량능력(x_4)까지의 모수값 변화($DFBETAS$)를 각각 나타낸다.

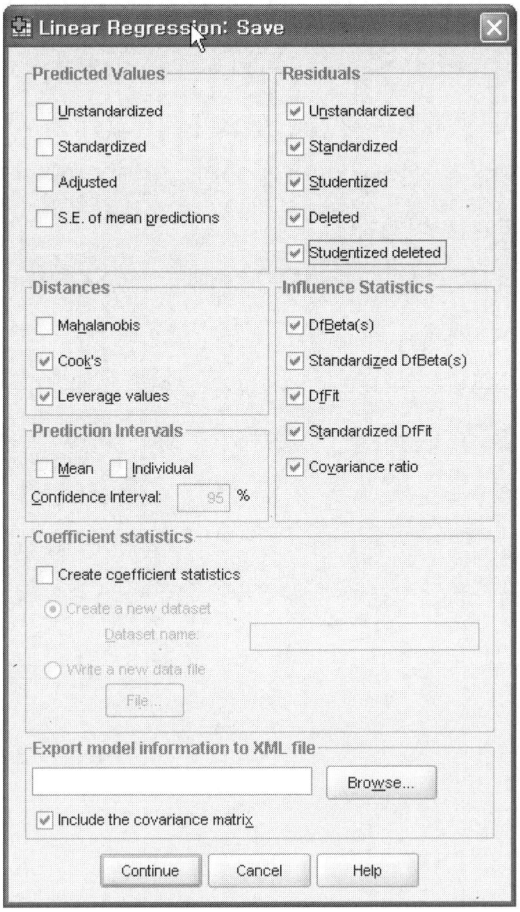

<그림 5.4>
영향력 분석을
위한 대화
상자

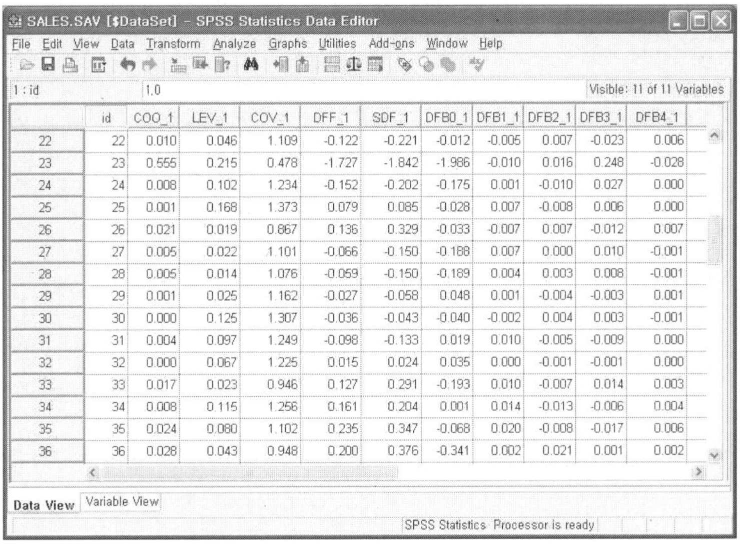

<그림 5.5>
영업 사원자료
영향치
검출통계량
출력결과

	id	COO_1	LEV_1	COV_1	DFF_1	SDF_1	DFB0_1	DFB1_1	DFB2_1	DFB3_1	DFB4_1
22	22	0.010	0.046	1.109	-0.122	-0.221	-0.012	-0.005	0.007	-0.023	0.006
23	23	0.555	0.215	0.478	-1.727	-1.842	-1.986	-0.010	0.016	0.248	-0.028
24	24	0.008	0.102	1.234	-0.152	-0.202	-0.175	0.001	-0.010	0.027	0.000
25	25	0.001	0.168	1.373	0.079	0.085	-0.028	0.007	-0.008	0.006	0.000
26	26	0.021	0.019	0.867	0.136	0.329	-0.033	-0.007	0.007	-0.012	0.007
27	27	0.005	0.022	1.101	-0.066	-0.150	-0.188	0.007	0.000	0.010	-0.001
28	28	0.005	0.014	1.076	-0.059	-0.150	-0.189	0.004	0.003	0.008	-0.001
29	29	0.001	0.025	1.162	-0.027	-0.058	0.048	0.001	0.000	-0.003	0.001
30	30	0.000	0.125	1.307	-0.036	-0.043	-0.040	-0.002	0.004	0.003	-0.001
31	31	0.004	0.097	1.249	-0.098	-0.133	0.019	0.010	-0.005	-0.009	0.000
32	32	0.000	0.067	1.225	0.015	0.024	0.035	0.000	-0.001	0.000	0.000
33	33	0.017	0.023	0.946	0.127	-0.193	-0.188	0.010	-0.007	0.014	0.003
34	34	0.008	0.115	1.256	0.161	0.204	0.001	0.014	-0.013	-0.006	0.004
35	35	0.024	0.080	1.102	0.235	0.347	-0.068	0.020	-0.008	-0.017	0.006
36	36	0.028	0.043	0.948	0.200	0.376	-0.341	0.002	0.021	0.001	0.002

영업 사원 데이터의 경우 *id* 16번 영업 사원의 잔차가 2보다 크지만 지레값을 비롯한 영향력 기준들이 모두 작으므로 이 개체는 이상점인 것으로 보인다. 그 외에 잔차가 큰 개체는 없으며 지레값이 큰 개체는 23번, 공분산비율이 기준보다 큰 개체는 23번과 30번, *DFFITS*이 기준값인 0.02보다 큰 개체는 35번 사원이었다.

영향점인지 의심이 가는 개체가 있을 때는 **Linear Regression** 대화 상자에서 <u>Case label</u>에 개체를 구별하는 변수명(영업 사원 데이터의 경우는 사원번호인 id)을 지정하여 편회귀 도표를 다시 그려 보아 그 개체가 실제로 회귀선 적합에 어떤 영향을 미치는지를 살펴보고 앞에서 설명한 처방들을 따르는 것이 좋겠다.

5.5 연습 문제

Quiz 1.

2장의 연습 문제 Quiz 1에서 다룬 데이터(chapter2-Quiz1.sav)에 대하여 다중공선성의 존재 여부를 판정하시오. 또, 이상점이나 영향점이 있는지를 검토하시오.

Quiz 2.

2장 연습 문제의 Quiz 2에서 다룬 데이터(chapter2-Quiz2.sav)에 대하여 회귀진단을 하시오.

6 장

자료의 변환을 이용한 선형모형

Transformations of Variables in Linear Regression

주어진 자료의 변수들(종속변수, 독립변수들)의 변환이 요구되는 경우는 다음과 같다. 선형 회귀모형의 기본 가정 즉, 종속변수와 독립변수들은 선형관계이고, 종속변수의 분산은 독립변수들의 수준에 관계없이 등분산을 갖는 정규분포를 따름이 자료에서 위배될 경우. 적절한 변수변환이 요구된다. 이 장에서는 몇 가지 사례를 통하여 그 문제를 해결하는 방법을 소개한다.

6.1 적합모형의 선형성을 위한 변환

독자들은 이제 (6.1) 형태의 모형을 능숙하게 분석할 수 있으리라 생각한다.

$$y = \beta_0 + \beta_1 x_1 + \beta_2 x_2 + \cdots + \beta_p x_p + \epsilon \tag{6.1}$$

그러나 p개의 설명변수들 $x_1, x_2, \cdots, x_p$와 반응변수 y의 관계가 식 (6.1)과 같다는 조건은 상당히 강한 제약이다. 식 (6.1)의 모형은 회귀계수에 관해서도 선형적이며 변수들($y, x_1, x_2, \cdots, x_p$)도 선형관계이다. 즉, y를 수직축에 각 설명변수를 수평축에 그린 산점도들이 모두 직선 형태와 비슷할 때 분석을 할 수 있는 것이다.

그러나

$$y = \beta_0 + \beta_1 \log x + \epsilon \tag{6.2.1}$$

$$y = \beta_0 + \beta_1 \sqrt{x} + \epsilon \tag{6.2.2}$$

식 (6.2.1)에서 $\log x$를 새변수 x'으로, 식 (6.2.2)는 $\sqrt{x}$를 x'로 고려하면 식 (6.1) 형태의 $y = \beta_0 + \beta_1 x' + \epsilon$이 되므로 앞 장에서 기술한 방법으로 분석하면 된다. 사실 선형 회귀모형에서 "선형"의 의미는 변수들 간의 관계라기보다는 회귀모수들에 대한 선형임을 뜻한다. 따라서 독립변수들과 종속변수들은 비선형관계이지만 회귀모수와는 선형인 경우는 원 변수들을 변환시켜 얻은 새로운 변수로 분석하면 된다.

변수변환은 SPSS에서 제공하는 **Transform** 메뉴를 이용할 수도 있으나, **Analyze** → **Regression** → **Curve Estimation**을 선택하면 사용자가 변수 변환하는 수고를 덜어 준다. <그림 6.1>의 곡선추정 대화 상자가 열린다. 여기서는 하나의 설명변수(x)와 하나의 반응변수(y)의 관계를 11가지 모형으로 적합시킬 수 있다. **Models**에서 한 가지 이상의 적절한 모형을 지정할 수 있다.

<그림 6.1>
곡선추정
대화 상자

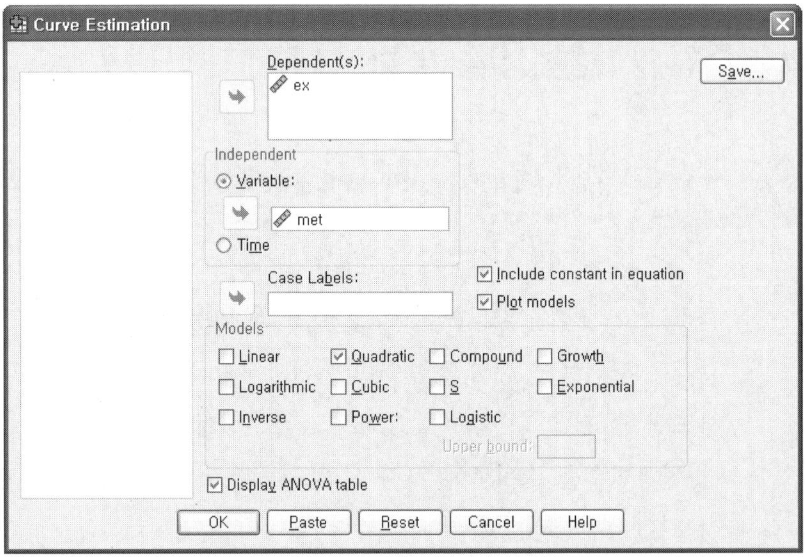

11가지 모형식은 다음과 같다.

① **Linear:** $y = \beta_0 + \beta_1 x + \epsilon$.

② **Logarithmic:** $y = \beta_0 + \beta_1 \log(x) + \epsilon$.

③ **Inverse:** $y = \beta_0 + \beta_1 (1/x) + \epsilon$.

④ **Quadratic:** $y = \beta_0 + \beta_1 x + \beta_2 x^2 + \epsilon$.

⑤ **Cubic:** $y = \beta_0 + \beta_1 x + \beta_2 x^2 + \beta_3 x^3 + \epsilon$.

이들 5가지 모형은 회귀모수에 대해 선형이므로 선형모형이다. 그리고 모두 ϵ의 분포는 서로 독립인 $N(0, \sigma^2)$을 가정한다.

모형식 ⑥에서 ⑪의 좌측 모형은 비선형 모형이다. 그러나 변수변환을 통하여 우측 모형과 같이 선형으로 만들 수 있다. 주의할 점은 선형모형으로 만든 후 오차항의 분포는 역시 서로 독립인 $N(0, \sigma^2)$을 가정한다. 즉, 아래 ⑥에서 ⑪까지의 $\log \epsilon$의 분포는 서로 독립인 $N(0, \sigma^2)$이다.

⑥ <u>**Compound:**</u> $y = \beta_0 \beta_1^x \epsilon \iff \log y = \log \beta_0 + x \log \beta_1 + \log \epsilon$.

⑦ <u>**Power:**</u> $y = \beta_0 x^{\beta_1} \epsilon \iff \log y = \log \beta_0 + \beta_1 \log x + \log \epsilon$.

⑧ <u>**S:**</u> $y = \exp(\beta_0 + \beta_1/x)\epsilon \iff \log y = \beta_0 + \beta_1(1/x) + \log \epsilon$.

⑨ <u>**Growth:**</u> $y = \exp(\beta_0 + \beta_1 x)\epsilon \iff \log y = \beta_0 + \beta_1 x + \log \epsilon$.

⑩ <u>**Exponential:**</u> $y = \beta_0 \exp(\beta_1 x)\epsilon \iff \log y = \log \beta_0 + \beta_1 x + \log \epsilon$.

⑪ <u>**Logistic:**</u>

$$y = \left(\frac{1}{u} + \beta_0 \beta_1^x \epsilon \right)^{-1} \iff \log\left(\frac{1}{y} - \frac{1}{u} \right) = \log \beta_0 + x \log \beta_1 + \log \epsilon.$$

그 이외에 적절한 변환을 통해 선형화가 가능한 모형은 식 (6.3)이다(곡선추정에서는 제공되지 않는다).

$$y = \frac{x}{\alpha x - \beta} \qquad (6.3)$$

여기서, $y' = 1/y$ 으로 $x' = 1/x$ 으로 하여, $y' = \alpha - \beta x'$ 이 된다.

위의 모형식들 중 몇 가지만 그림으로 살펴보면 다음과 같다.

<그림 6.2.1>
⑦ Power모형

<그림 6.2.2>
⑨ Growth모형

<그림 6.2.3>
식 (6.3) 모형

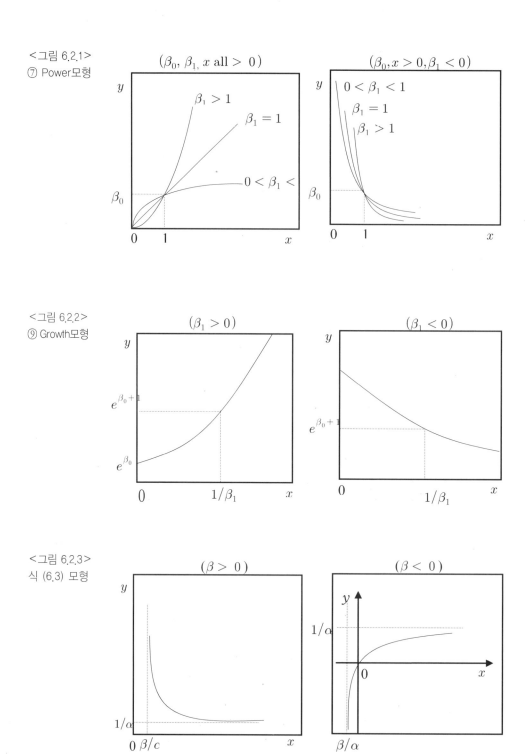

실제 데이터로 SPSS의 곡선추정을 실행해 보자. 다음의 데이터 <표 6.1>
은 주($state$)와 지역($local$)의 1인당 공공지출 경비($: 변수명은 EX)와 대도시
지역 안의 인구 백분율(%: 변수명은 MET)이다. 대도시 지역에 인구가 많이
밀집되어 있으면 그와 비례적으로 공공지출이 커지리라 예상된다. 그러나
실제 데이터의 산점도 <그림 6.3>을 보면 선형관계는 아닌 듯하다.

<표 6.1>
1인당
공공지출
경비와
도시지역의
인구백분율

EX	MET	EX	MET	EX	MET	EX	MET
256	19.7	273	69.5	231	8.6	309	27.6
275	17.7	256	48.1	329	51.3	309	71.4
327	0.0	287	76.9	294	33.2	334	22.6
297	85.2	290	46.3	232	57.9	284	0.0
256	86.2	217	30.9	369	10.6	454	0.0
312	77.6	198	34.1	302	12.7	344	6.8
374	85.5	217	45.8	269	37.6	307	67.5
257	78.9	195	24.6	291	37.4	333	63.1
336	77.9	183	32.2	323	5.0	343	50.4
269	68.8	222	46.0	198	19.1	421	74.2
213	50.9	283	65.6	282	43.9	380	86.5
308	73.1	217	45.6	246	63.4		

출처: lib.stat.cmu.edu

전체적인 양상이 아래로 볼록한 이차함수처럼 보이므로 <그림 6.1>
Curve Estimation 대화 상자에서 Quadratic을 선택하였다. Include constant
in equation은 모형에 상수항을 포함시키는지의 여부를, Plot models는
(x_i, y_i)와 $(x_i, \hat{y_i})$을 겹쳐 그릴 수 있다. 또한, Save... 를 클릭하면 <그림
6.4>의 Curve Estimation: Save 대화 상자가 열린다. 여기에서 Predicted
value, Residuals, Prediction intervals들 중에서 저장할 변수를 지정할 수 있
다. Continue 를 클릭하면, <그림 6.1>로 돌아오고 OK 를 클릭하면
<표 6.2> 결과가 나온다.

① 수정결정계수 $Adj\text{-}R^2 = 0.235$ 이다.

② MET, MET^2 변수는 모두 유의수준 $\alpha = 0.05$ 에서 유의하다.

③ 적합치와 원데이터를 겹쳐 그린 것은 <그림 6.5>이다. 모형 적합식은 다음과 같다.

$$\widehat{EX} = 338.366 - 4.024MET + 0.048MET^2$$

이다. 그러나 전반적인 모형 적합은 $R^2 = 0.269$, $Adj\text{-}R^2 = 0.235$ 로 낮은 편이다. 이는 MET 와 MET^2 은 충분히 EX 에 유의한 영향을 주지만, 다른 추가적인 변수선택이 필요한 것 같다.

<그림 6.3>
1인당
공공지출경비
와 도시지역의
인구백분율

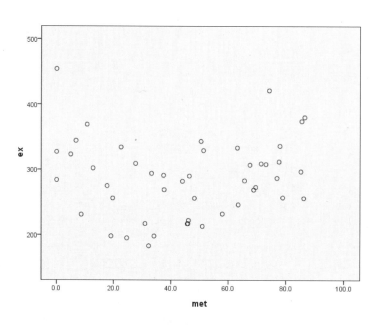

<그림 6.4>
곡선추정:
저장 대화
상자

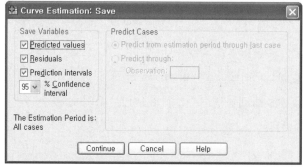

그러나 SPSS Curve Estimation 프로시저에서는 설명변수를 하나만 선

택할 수 있다. 또한, 5장에서 설명한 회귀진단에 필요한 표준화잔차 등을 저장할 수 없다.

<표 6.2>
표 6.1
데이터의
곡선추정결과

Model Summary

R	R Square	Adjusted R Square	Std. Error of the Estimate
.518	.269	.235	51.822

The independent variable is met.

ANOVA

	Sum of Squares	df	Mean Square	F	Sig.
Regression	43408.857	2	21704.428	8.082	.001
Residual	118164.548	44	2685.558		
Total	161573.404	46			

The independent variable is met.

Coefficients

	Unstandardized Coefficients		Standardized Coefficients		
	B	Std. Error	Beta	t	Sig.
met	-4.024	1.085	-1.820	-3.708	.001
met ** 2	.048	.012	1.956	3.986	.000
(Constant)	338.366	20.884		16.202	.000

<그림 6.5>
적합지와
원자료의
산점도

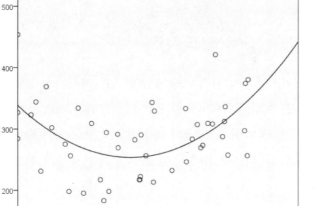

6.2 분산 안정화를 위한 변환

변수변환은 선형 회귀모형의 기본 가정 중 오차의 등분산성이 자료에서 만족되지 않을 경우에 사용 가능하다. 종속변수 y의 분산이 y의 평균값의 함수인 경우가 이에 해당된다. 이항확률변수, 포아송 확률변수인 경우가 대표적인데 이 경우는 분산을 안정화시키는 변환공식이 알려져 있다. 예를 들어, 종속변수의 분포가 포아송인 경우 제곱근 변환을 취하면 분산이 평균과 독립인 상수가 된다. 또한 이런 변환들은 변환된 변수의 분포가 정규분포에 가깝도록 하는 효과까지 안겨준다. 그러나 실제 자료에서는 자료의 정확한 분포를 파악하기가 쉽지 않고 따라서 타당한 변환이 구체적으로 어떤 것이지 연구자가 사전에 파악하기가 힘들다. 그러므로 주로 자료의 산점도와 적합된 잔차들의 양상을 면밀히 검토하여 적절한 변환을 선택한다.

다음의 예제는 변수변환을 통해 분산이 안정화됨을 보인다.

식기 제조회사에서는 원자료를 가공하여 여러 단계를 거쳐 최종 상품들을 생산한다. <표 6.3>은 그릇의 지름(x)과 전체 공정시간(y)에 관한 데이터이고 <그림 6.6>은 두 변수 간의 산점도이다. 두 변수 간의 관계가 선형으로 보이기는 하지만 x 값이 증가함에 따라 분산의 폭이 다소 커지는 경향을 보인다. 다음과 같은

$$y_i = \beta_0 + \beta_1 x_i + \epsilon_i, \ \epsilon_i \ \text{들은 서로 독립인} \ N(0,\sigma^2) \tag{6.4}$$

에 적합시켜 보자.

<표 6.4>에서 접시의 지름에 대한 회귀계수는 p 값이 0.000으로 상당히 유의하고, 수정된 R제곱은 0.482이다. 그러나 스튜던트 잔차 대 설명변수의 산점도인 <그림 6.7>에서 독립변수의 값이 증가함에 따라 잔차의 폭이 증가함을 관찰할 수 있으므로 오차의 등분산성에 회의적이다.

<표 6.3>
접시의 지름과
공정 시간
데이터

지름	시간	지름	시간	지름	시간
10.7	47.65	11.0	45.12	10.4	17.67
14.0	63.13	16.0	26.09	7.4	16.41
9.0	58.76	13.5	68.63	5.4	12.02
8.0	34.88	11.1	33.71	15.4	49.48
10.0	55.53	9.8	44.45	12.4	48.74
10.5	43.14	10.0	23.74	6.0	23.21
16.0	54.86	13.0	86.42	9.0	28.64
15.0	44.14	13.0	39.71	9.0	44.95
6.5	17.46	11.7	26.52	12.4	23.77
5.0	21.04	12.3	33.89	7.5	20.21
25.0	109.38	19.5	64.30	14.0	32.62
7.0	17.84	8.8	27.76	5.5	26.53
9.0	22.82	8.5	30.20	14.2	37.11
12.0	29.48	6.0	20.85	15.2	22.55
5.0	15.61	11.0	26.25	10.0	31.86
6.0	13.25	11.1	21.87	11.0	53.18
12.0	45.78	14.5	23.88	17.8	74.48
11.5	34.16	5.0	16.66	7.5	20.83
12.7	31.46	8.0	21.34	9.0	20.59
14.0	33.70	12.4	32.90		

자료출처: lib.stat.cmu.edu

<그림 6.6>
접시의
지름과 공정
시간의
산점도

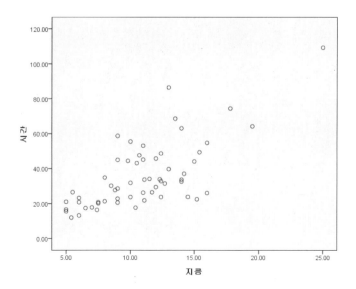

<표 6.4>
원자료의
회귀분석
결과

Model Summary

Model	R	R Square	Adjusted R Square	Std. Error of the Estimate
1	.700[a]	.490	.482	2.78331

a. Predictors: (Constant), 시간

ANOVA[b]

Model		Sum of Squares	df	Mean Square	F	Sig.
1	Regression	425.042	1	425.042	54.867	.000[a]
	Residual	441.568	57	7.747		
	Total	866.609	58			

a. Predictors: (Constant), 시간

b. Dependent Variable: 지름

Coefficients[a]

Model		Unstandardized Coefficients		Standardized Coefficients	t	Sig.
		B	Std. Error	Beta		
1	(Constant)	5.819	.778		7.479	.000
	시간	.142	.019	.700	7.407	.000

a. Dependent Variable: 지름

<그림 6.7>
원자료의
회귀분석
결과: 잔차의
산점도

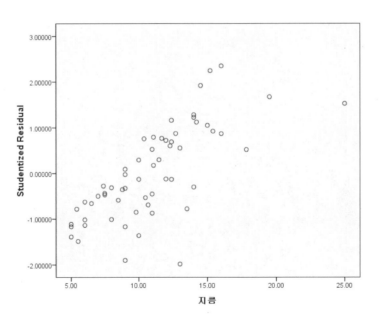

<그림 6.7>의 표준화잔차의 양상을 설명하기 위해 오차의 이분산을 식 (6.5)로 가정하는 것은 어떨까?

$$\sigma_i^2 = Var(\epsilon_i) = c^2 x_i^2 \ , \ \text{적당한} \ c > 0. \tag{6.5}$$

따라서, 식 (6.5)의 양변을 x로 나누면

$$\frac{y_i}{x_i} = \frac{\beta_0}{x_i} + \beta_1 + \frac{\epsilon_i}{x_i} \tag{6.6}$$

이고, $Var(\epsilon_i/x_i) = Var(\epsilon_i)/x_i^2 = c^2$ 이므로 오차항의 분산이 상수가 되어 등분산 가정을 만족하게 된다. 이제 식 (6.6)에서 y/x를 반응변수로 $1/x$을 설명변수로 하여 모형을 적합시킨 후, 그 결과를 이용할 수 있다. 이와 같이 각 개체에 가중치를 $1/x_i$을 곱하여 회귀분석을 시도하는 방법으로는 10장의 가중 최소제곱 회귀분석을 참조하기 바란다.

이제 <표 6.3>의 시간을 로그변환시킨 log(시간)와 지름 간의 관계를 살펴보자. <그림 6.8>의 산점도로부터 로그변환 후 선형관계는 유지되는 것으로 보이고, 퍼짐의 폭도 원자료의 산점도 <그림 6.6>과 비교하면 그릇의 지름에 관계없이 다소 일정하게 보인다. 독자는 **Transform** → **Compute Variable**에서 데이터 셋에 변환된 변수를 생성하면 된다.

<그림 6.8>
log(시간)과
지름의
산점도

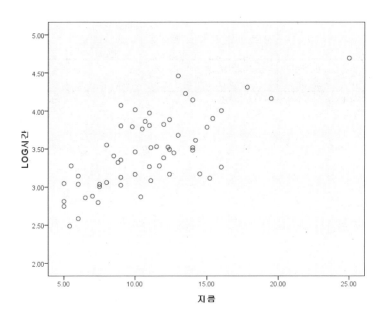

　　<표 6.5>는 로그변환된 시간을 종속변수로, 지름을 독립변수로 한 단순선형 회귀분석 결과이다. 회귀계수는 모두 유의하며 MSE는 0.121로 <표 6.4>에서의 MSE값 7.747에 비하여 상당히 줄었고, 회귀계수의 표준오차들도 또한 작아졌음을 알 수 있다.

<표 6.5>
변환된 자료의
회귀분석 결과

Model Summary[b]

Model	R	R Square	Adjusted R Square	Std. Error of the Estimate
1	.698[a]	.487	.478	.34832

a. Predictors: (Constant), 지름
b. Dependent Variable: LOG시간

ANOVA[b]

Model		Sum of Squares	df	Mean Square	F	Sig.
1	Regression	6.563	1	6.563	54.092	.000[a]
	Residual	6.916	57	.121		
	Total	13.478	58			

a. Predictors: (Constant), 지름
b. Dependent Variable: LOG시간

Coefficients[a]

Model		Unstandardized Coefficients		Standardized Coefficients	t	Sig.
		B	Std. Error	Beta		
1	(Constant)	2.510	.137		18.329	.000
	지름	.087	.012	.698	7.355	.000

a. Dependent Variable: LOG시간

　　스튜던트화잔차 대 x의 플롯(<그림 6.9>)도 대체적으로 만족스럽다.

<그림 6.9>
변환된 자료의
회귀분석 결과
잔차의 산점도

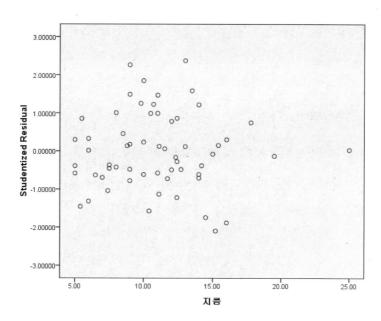

6.3 연습 문제

Quiz 1.

다음의 자료는

$$y = 6 + 0.2x + x^2 + 14\sin(x) + 45\cos(x) + \epsilon, \quad \epsilon \sim N(0, 100)$$

에서 임의 생성된 데이터이다. 곡선추정(curve estimation) 프로시저와 필요하다면 선형(linear) 프로시저를 이용하여 모형을 적합시켜 보시오.

y	x
54.3849	1
57.9038	2
41.9740	3
39.6582	4
20.6492	5
7.2486	6
−5.2081	7
−20.2649	8
−17.5781	9
−11.0819	10
−6.4355	11
26.3571	12
61.5750	13
78.0212	14
98.3823	15

Quiz 2.

     다음의 자료는 연어들을 29℃의 수족관에 2주 동안 자라게 한 후 길이를 측정한 것이다. 주어진 자료의 산점도를 그리고 이를 바탕으로 나이를 독립변수로 하여 적절한 모형들을 곡선추정(curve estimation) 프로시저를 이용하여 적합시키시오.

나이(age)	길이(length)	나이(age)	길이(length)
14	590	21	910
28	1305	35	1730
42	2140	49	2725
56	2890	63	3685
70	3920	77	4325
84	4410	91	4485
98	4515	105	4480
112	4520	119	4545
126	4525	133	4560
140	4565	147	4626
154	4566		

단위: 나이_주(week), 길이_0.01cm

Quiz 3.

다음은 뉴질랜드의 남부 지역의 19개 분지들의 연평균 강수량(y), 연평균 시냇물의 양(X_1), 연평균 침전물의 양(X_2)이다. 적절한 변수변환을 통하여 회귀모형을 구축하시오.

분지	시냇물의 양 (mm)	강수량 (mm)	침전물의 양 (tons/km²)
ivory	11300	8600	14900
cropp	11500	10070	32600
u.waitangitoana	6800	7300	12500
hokitika	8870	9400	18800
haast	5970	6500	14000
l.hopwood burn	1430	2100	1640
shotover	1060	1600	1120
arrow	410	1100	270
manuherikia	130	830	44
karamea	2860	3300	360
buller a	1660	2400	300
buller b	2070	2600	300
inangahua a	1750	2500	190
inangahua b	2300	3000	800
grey	2360	3000	610
butchers creek	2320	2900	300
cleddau	6510	7000	14600
hooker	6430	6500	4600
tsidjiore nouve	1480	1947	3010

7 장

프로빗과 로지스틱 회귀모형 I
Probit and Logistic Regression Model I

이 장에서는 종속변수가 개인의 신용 유무나 어떤 광고에 대한 반응 유무, 새로운 치료법의 효과 유무와 같이 오직 2개의 범주로 구성된 경우 적용할 수 있는 프로빗 모형(probit model)과 이항형 로지스틱 회귀모형(binary logistic regression model)에 대하여 살펴보도록 한다.

앞에서 다룬 전통적 선형 회귀모형과 마찬가지로 로지스틱 회귀모형에서도 설명변수들에 대한 회귀계수들을 추정하고 그 유의성을 검증하게 된다. 설명변수들이 많을 경우에는 다양한 변수선택 방법을 이용하여 통계적으로 유의한 설명변수들을 선별할 수 있다.

종속변수가 3 이상의 범주를 가지는 경우는 이를 다시 명목형 반응범주와 순서형 반응범주로 나누어 8장에서 다루도록 한다.

7.1 서론

이제까지 다룬 회귀모형은 반응변수가 연속형 값만을 취하는 경우에 적용될 수 있다. 그런데 항상 반응변수들이 연속형 값만을 취하는 것은 아니다. 예를 들어, 독성물 실험에서 독성물의 양에 따른 실험용 쥐의 생존율 또는 사망률에 관심을 갖는다고 하자. 이런 경우 독성물의 양을 다르게 하여 쥐들에게 투입하고 일정 시간이 지난 후 몇 마리나 살았는지 또는 죽었는지를 관측하게 된다. 여기서 독성물 투입 양은 연속형 척도로 관측되지만 각 독성물 수준에 따른 실험개체의 반응은 1(죽음) 또는 0(생존)의 값만을 취하게 된다. 따라서 지금까지 설명했던 오차항의 정규분포 가정 하에 데이터를 적합시키기가 어렵게 된다.

이와 같은 경우, 고려해 볼 수 있는 모형이 바로 본 장에서 설명하고자 하는 로지스틱 회귀모형과 프로빗 모형이다.

로지스틱 회귀모형과 프로빗 모형에 대한 이해를 위해 먼저 2장에서 살펴본 중선형 회귀모형을 다시 생각해 보자.

$$y_i = \boldsymbol{x}_i' \boldsymbol{\beta} + \epsilon_i, \quad \epsilon_i \sim N(0, \sigma^2)$$

여기서 $\boldsymbol{x}_i' = (1, x_{1i}, x_{2i}, \cdots, x_{pi})$, $\boldsymbol{\beta} = (\beta_0, \beta_1, \beta_2, \cdots, \beta_p)'$이다. 이제 반응변수 y_i의 기대값을 다음과 같이 μ_i로 표기하도록 하자.

$$E(y|x_i) = \mu_i = \boldsymbol{x}_i' \boldsymbol{\beta}$$

그리고 독립변수들의 선형결합을 다음과 같이 η_i로 표기하면

$$\eta_i = \boldsymbol{x}_i' \boldsymbol{\beta}$$

$\eta_i = \mu_i$임을 알 수 있다. 따라서 단조미분 가능한 연결함수(monotonic differentiable link function) g를 통해 y_i의 기대값이 독립변수들의 선형결합 η_i와 어떻게 관련되어 있는지를 다음과 같이 나타낼 수 있다.

$$g(\mu_i) = \boldsymbol{x}_i' \boldsymbol{\beta}$$

이제까지 살펴본 중선형 회귀모형은 연속형 반응변수의 정규분포 가정 하에 $\eta = \mu$의 항등함수(identity function)를 연결함수로 고려한 것임을 이해할 수 있다.

이 장에서 다루려는 로지스틱 회귀모형은 반응변수가 이항분포를 따른다는 가정 하에

$$\eta_i = \log\left(\frac{\mu_i}{1 - \mu_i}\right)$$

와 같은 "로짓(logit)" 연결함수를 고려한 것으로 이해할 수 있다.

프로빗(probit) 모형도 이항분포를 따른다는 가정 하에

$$\eta_i = \Phi^{-1}(\mu_i)$$

와 같은 "프로빗(probit)" 연결함수를 고려한 모형이다. 여기서 Φ는 표준정규 누적분포함수를 나타낸다.

보통 특정 반응범주에 대한 비율과 설명변수 간의 관계가 0에서 1 사이에서 S자 곡선 형태를 나타낼 경우 로지스틱 회귀모형이나 프로빗 모형에 데이터를 적합시킨다.

이와 같이 기존의 회귀모형에서 반응변수의 기대치가 (비선형)연결함수를 통해 선형결합으로 표현되도록 하고 반응변수의 분포함수를 지수족 (exponential family)에 속하는 분포함수까지 확장시킨 것을 일반화 선형모형 (generalized linear model)이라고 부른다.[1]

일반화 선형모형은 반응변수가 어떤 분포를 따르는가 하는 랜덤성분 (random component)과 설명변수들의 선형결합과 같은 체계적 성분(systematic component), 그리고 랜덤성분과 체계적 성분을 연결시키는 연결함수(link function)로 구성된다.

여기서 랜덤성분, 체계적 성분, 연결 함수들이 어떻게 결합되는지 간략히 살펴보자. 예를 들어, 확률변수 y_i가 이항분포 $B(n_i, p_i)$를 따른다고 가정하자. 그러면 $\mu_i = E(y_i) = n_i p_i$ 이다. 이때 하나의 독립변수를 고려한 로지스틱 회귀모형은 로짓 연결함수를 통해

$$\log\left(\frac{p_i}{1-p_i}\right) = \beta_0 + \beta_1 x_{i1} \tag{7.1}$$

로 표현된다. 이는 선형결합 $\eta_i = \beta_0 + \beta_1 x_{i1}$ 와 연결함수 $g(\cdot)$를

$$g(\mu_i) = \log\left(\frac{\mu_i}{n_i - \mu_i}\right)$$

---

1 정규분포, 이항분포, 포아송 분포, 감마분포 등은 지수족(exponential family)에 속하는 확률분포이다.

와 같이 구성하여 일반화 선형모형을 구성할 수 있게 되는데 $n_i = 1$일 경우, $\mu_i = E(y_i) = p_i$ 이므로 연결함수는

$$g(p_i) = \log\left(\frac{p_i}{1 - p_i}\right)$$

이고 따라서 로지스틱 회귀모형은 (7.1)과 같이 표현되는 것이다. 물론 (7.1)의 모형도 p개의 설명변수를 고려하면

$$\log\left(\frac{p_i}{1 - p_i}\right) = \beta_0 + \beta_1 x_{i1} + \cdots + \beta_p x_{ip} \tag{7.2}$$

와 같이 확장 가능하다.

한편 (7.1)과 (7.2)의 좌변에 있는 로짓(logit)은 (7.3)과 같이 표기되기도 한다.

$$\text{logit}(p_i) = \log\left(\frac{p_i}{1 - p_i}\right) \tag{7.3}$$

그리고 (7.2)의 모형으로부터 확률은 (7.4)와 같이 계산된다.

$$p_i = \frac{\exp(\boldsymbol{x}_i'\boldsymbol{\beta})}{1 + \exp(\boldsymbol{x}_i'\boldsymbol{\beta})} = \frac{1}{1 + \exp(-\boldsymbol{x}_i'\boldsymbol{\beta})} \tag{7.4}$$

프로빗 모형도 로지스틱 회귀모형과 마찬가지로 확률변수 y_i 가 이항분포 $B(n_i, p_i)$를 따른다는 가정 하에 $n_i = 1$인 경우, 선형결합 $\eta_i = \beta_0 + \beta_1 x_{1i}$ 와 (7.5)의 프로빗 연결함수(probit link function)

$$g(p_i) = \Phi^{-1}(p_i) \tag{7.5}$$

와 같은 변환함수를 통해

$$\eta_i = \Phi^{-1}(p_i)$$

와 같이 표현된다. 즉,

$$\Phi^{-1}(p_i) = \boldsymbol{x}_i'\boldsymbol{\beta} \tag{7.6}$$

이다. 여기서, Φ^{-1}는 다음과 같은 표준화 정규분포의 누적분포함수의 역

함수를 나타낸다.

$$\Phi(\eta_i) = \int_{-\infty}^{\eta_i} \frac{1}{\sqrt{2\pi}} exp(-\frac{1}{2}z^2)dz$$

모형 (7.6)으로부터 확률은

$$p_i = \Phi(\boldsymbol{x}_i'\boldsymbol{\beta}) \tag{7.7}$$

와 같이 계산된다.

이제 각 모형에 대하여 이해를 하였으니 모수가 어떻게 추정되는지 살펴보자.

먼저 데이터가 그룹화되어 있지 않은 경우를 살펴보자. 종속변수 Y가 0 또는 1의 값을 취하며 성공의 확률이 p인 이항분포를 따르는 확률변수일 때, p개의 설명변수를 고려한 n개의 각 관측치가 가중치 w_i를 가진다면 가능도 함수는

$$L(\beta_0, \beta_1, \cdots, \beta_p) = \Pi_{i=1}^{n} p_i^{w_i y_i} (1-p_i)^{w_i(1-y_i)}$$

와 같이 표시된다. 이에 대한 로그 가능도 함수는

$$\ln L(\beta_0, \beta_1, \beta_2, \cdots, \beta_p) = \sum_{i=1}^{n} (w_i y_i \ln(p_i) + w_i(1-y_i)\ln(1-p_i))$$

이고 모수 β_j에 대한 편미분

$$L_{\beta_j}^* = \frac{\partial \ln L}{\partial \beta_j} = \sum_{i=1}^{n} w_i(y_i - p_i)x_{ij}$$

을 0으로 놓고 이를 풀어야 하나 이는 뉴튼-랩슨(Newton-Raphson) 알고리즘을 이용한 반복적인 계산을 통해 그 해를 구하게 된다. 이것이 이항형 로지스틱 회귀분석에서 그 해를 추정하는 방법이다. 최대가능도 추정치 $\hat{\beta}$을 구한 후 근사적인 공분산행렬(asymptotic covariance matrix)은 다음의 정보량행렬(information matrix) I의 역행렬에 의해 추정된다.

$$I = -\left[E(\frac{\partial^2 \ln L}{\partial \beta_i \partial \beta_j}) \right] = \boldsymbol{X'} \boldsymbol{W} \boldsymbol{\hat{V}} \boldsymbol{X}$$

여기서

$$\widehat{V} = diag\big\{\hat{p}_1(1-\hat{p}_1),\cdots,\hat{p}_n(1-\hat{p}_n)\big\}$$

$$W = diag\{w_1,\cdots,w_n\}$$

$$\hat{p}_i = \frac{\exp(\hat{\eta}_i)}{1+\exp(\hat{\eta}_i)}$$

$$\hat{\eta}_i = \boldsymbol{x}_i'\hat{\boldsymbol{\beta}}$$

이다.

이번에는 프로빗 모듈에서 적용되는 추정방법을 살펴보기 위해 다음과 같은 자료구조를 고려해 보자.

Group	X_1	X_2	$\cdots$	X_p	#(Y = 1)	#(Y = 0)	합계
1	0	0	$\cdots$	0	r_1	$n_1 - r_1$	n_1
2	0	1	$\cdots$	1	r_2	$n_2 - r_2$	n_2
$\vdots$	$\vdots$	$\vdots$	$\cdots$	$\vdots$	$\vdots$	$\vdots$	$\vdots$
m	1	1	$\cdots$	1	r_m	$n_m - r_m$	n_m
				합계	r	$n - r$	n

이 테이블은 표본크기가 n이며 설명변수 $X_1, X_2, \cdots, X_p$ 값에 대해 서로 독립적인 m개 그룹으로 나누어 데이터를 재정리한 것으로 간주할 수 있다. 여기서 n_i는 각 그룹에 속한 케이스 총수를 나타내며 r_i는 i번째 그룹에서 반응을 보인 케이스 총수, $n_i - r_i$는 반응을 보이지 않은 케이스 총수를 나타낸다. 종속변수 Y는 0 또는 1의 값만을 취한다.

이 자료구조에 대하여 로지스틱 회귀모형과 프로빗 모형에 대한 최대가능도법에 의한 모수 추정은 다음과 같은 과정으로 이루어진다.

각 그룹에서의 표본들이 독립일 경우 가능도 함수(likelihood function)는

$$L(\beta_0,\beta_1,\cdots,\beta_p) = \Pi_{i=1}^m \, p(Y_i=1|x_{i1},\cdots,x_{ip})^{r_i} \, p(Y_i=0|x_{i1},\cdots,x_{ip})^{n_i-r_i}$$

이고 로그 가능도 함수는

$$\ln L(\beta_0,\beta_1,\beta_2,\cdots,\beta_p) \approx \sum_{i=1}^m r_i \ln p_i + (n_i-r_i)\ln(1-p_i)$$

이므로 이를 최대화시키는 추정량이 최대가능도 추정량이 된다.

각 모형에 대하여 i번째 그룹에서의 반응률은 자연반응률 c를 고려할 경우 다음과 같이 표기된다. (여기서 $0 < c < 1$) 여기서 자연반응률은 자연치 사율과 같이 투입된 공변량에 의한 것이 아닌 자연스런 반응률을 말한다.

$$p_i = c + (1-c)\frac{\exp(\boldsymbol{x}_i'\boldsymbol{\beta})}{1 + \exp(\boldsymbol{x}_i'\boldsymbol{\beta})} \text{ (로짓 모형)}$$

$$p_i = c + (1-c)\int_{-\infty}^{\boldsymbol{x}_i'\boldsymbol{\beta}} \frac{1}{\sqrt{2\pi}} e^{-z^2/2} dz \text{ (프로빗 모형)}$$

이를 이용하여 모수 c와 β_j에 대해 로그 가능도 함수를 편미분하면 다음과 같다.

· 로짓 모형

$$\ln L_c^* = \sum_{i=1}^{m} \frac{r_i - n_i p_i}{p_i(1-p_i)}\left[1 - \frac{\exp(\boldsymbol{x}_i'\boldsymbol{\beta})}{1 + \exp(\boldsymbol{x}_i'\boldsymbol{\beta})}\right]$$

$$\ln L_{\beta_j}^* = (1-c)\sum_{i=1}^{m} \frac{r_i - n_i p_i}{p_i(1-p_i)} x_{ij}\left\{\frac{\exp(\boldsymbol{x}_i'\boldsymbol{\beta})}{1 + \exp(\boldsymbol{x}_i'\boldsymbol{\beta})}\right\}\left\{1 - \frac{\exp(\boldsymbol{x}_i'\boldsymbol{\beta})}{1 + \exp(\boldsymbol{x}_i'\boldsymbol{\beta})}\right\}$$

· 프로빗 모형

$$\ln L_c^* = \sum_{i=1}^{m} \frac{r_i - n_i p_i}{p_i(1-p_i)}\left[1 - \int_{-\infty}^{\boldsymbol{x}_i'\boldsymbol{\beta}} \frac{1}{\sqrt{2\pi}} e^{-z^2/2} dz\right]$$

$$\ln L_{\beta_j}^* = (1-c)\sum_{i=1}^{m} \frac{r_i - n_i p_i}{p_i(1-p_i)} x_{ij} \frac{1}{\sqrt{2\pi}} exp\left\{-\frac{1}{2}(\boldsymbol{x}_i'\boldsymbol{\beta})^2\right\}$$

여기서 x_{ij}는 i번째 그룹에서의 j번째 독립변수의 값을 나타낸다. 모수 c 와 β_j에 대한 추정량은 이 식을 0으로 놓고 풀어야 하지만 수치적 방법으로만 가능하기 때문에 9장에서 다루게 될 비선형 프로그래밍에 의한 반복 알고리즘에 의해 추정된다.

최종적으로 추정된 최대가능도 추정량을 $\hat{c}, \hat{\boldsymbol{\beta}}$라고 표시하면 추정된 반응률은 다음과 같다.

$$\hat{p}_i = \hat{c} + (1-\hat{c})\frac{\exp(\boldsymbol{x}_i'\hat{\boldsymbol{\beta}})}{1 + \exp(\boldsymbol{x}_i'\hat{\boldsymbol{\beta}})} \text{ (로짓 모형)}$$

$$\hat{p}_i = \hat{c} + (1 - \hat{c}) \int_{-\infty}^{x_i'\hat{\beta}} \frac{1}{\sqrt{2\pi}} e^{-z^2/2} dz \ \text{(프로빗 모형)}$$

이로부터 각 그룹에서의 기대빈도는

$$\hat{E}_i = n_i \hat{p}_i$$

와 같이 추정된다. 따라서 모형적합도 평가를 위한 피어슨(Pearson)의 카이제곱 통계량은

$$\chi^2 = \sum_{i=1}^{m} \frac{(r_i - \hat{E}_i)^2}{\hat{E}_i (1 - \hat{p}_i)}$$

이다. 이때의 자유도는 다음과 같이 계산된다.

$$df = \begin{cases} (q-1)m - s, & \text{if } q \geq 2 \\ m - s & \text{if } q = 1 \end{cases}$$

여기서 q는 그룹화된 변수들의 범주 수이고 s는 추정해야 할 모수의 총 개수를 나타낸다.

한편 추정된 모수에 대한 유의성 여부를 검증하기 위해서는 j번째 설명변수가 연속형일 경우 다음과 같은 Wald 통계량을 이용하여 검증한다.

$$Wald_j = \hat{\beta}_j^2 / \hat{\sigma}_{\hat{\beta}_j}^2 \sim \chi^2(1)$$

만약 i번째 설명변수가 g개의 범주로 구성된 범주형 변수일 경우, $g-1$개의 가변수와 관련된 최대가능도 추정벡터를 $\hat{\beta}_i$라고 하고 이에 대한 근사적 공분산행렬을 C라고 표시하면 검증통계량은

$$Wald_i = \hat{\beta}_i' C^{-1} \hat{\beta}_i$$

이다. 이는 추정되는 모수의 개수를 자유도로 취하는 카이제곱분포를 근사적으로 따르게 된다.

또한 어떤 모형으로부터 해당 변수를 제거하고 싶을 경우에는 다음과 같은 가능도비 LR(Likelihood Ratio) 통계량을 이용할 수 있다. 이는 완전모형(full model)에서의 가능도함수와 축소된 모형(reduced model)에서의 가능도함수

를 이용하여 다음과 같이 계산된다.

$$LR = -2\ln\left(\frac{L(reduced)}{L(full)}\right) = -2\left(\ln L(reduced) - \ln L(full)\right)$$

이 통계량의 자유도는 두 모형에서의 모수 차가 되며 근사적으로 카이제곱 분포를 따른다.

중선형 회귀모형에서 모형에 유의한 설명변수들을 선별하기 위한 변수선택법을 살펴보았는데 이항형 로지스틱 회귀분석에서도 그와 유사한 변수선택법이 제공된다. 그것은 전진단계법(Forward stepwise)과 후진단계법 (backward stepwise)이다. 이들 방법은 위에서 설명한 Wald, LR 통계량과 조건부 통계량(conditional statistic)에 기초하여 변수들을 선별한다. 조건부 통계량은 다음과 같이 정의된다.

$$-2\left(\ln L(\tilde{\beta}_{(i)}) - \ln L(full)\right)$$

여기서 $\ln L(\tilde{\beta}_{(i)})$는 $\tilde{\beta}_{(i)}$로 평가되는 모형에 대한 로그 가능도 함수이다.

전진단계법의 경우, 현재 모형(current model)의 최대가능도 추정량에 기초하여 각 변수들의 유의성을 검증한 후 모형에 포함시킬 변수를 하나씩 선택하게 된다. 그러나 한번 모형에 포함되면 다시 제거되기 어려운 전진선택법과 달리 모형에 포함되었을지라도 Wald, LR, 조건부 통계량에 기초하여 유의하지 않은 변수는 다시 제거될 수 있다. 다만 최대가능도 추정량에 기초한 통계량들을 이용한다는 점이 전진선택법과 차이가 있다.

로지스틱 회귀진단(logistic regression diagnosis)을 위한 통계량들로는 스튜던트 잔차, 로짓 잔차, 표준화잔차 등의 다양한 잔차 통계량과 쿡(Cook)의 거리, Leverage, DFBETA 등이 이용된다.

이 장에서는 설명의 편의를 위해서 SPSS 메뉴에 나와 있는 순서와 달리 프로빗 모형에의 데이터 적합방법부터 살펴보도록 한다.

7.2 프로빗 모형

프로빗 모형은 로지스틱 회귀모형과 마찬가지로 반응변수가 이항반응일 경우, 설명변수의 효과를 추정하고자 할 때 사용되며 Bliss(1934)가 처음 제안한 것으로 알려져 있다.

7.2.1 이황화탄소(CS_2)에 노출된 딱정벌레의 치사율

이황화탄소는 용제로 타이어나 살충제를 만드는 공장과 레이온 공장에서 많이 사용되는 것으로 중독을 일으킬 수 있는 유해물질이다. 이 물질에 중독되면 동맥경화나 뇌경색, 신장장애 등의 증상이 나타날 수 있다고 한다.

<표 7.2.1>의 데이터는 가스로 유입된 CS_2에 5시간 동안 노출된 후, 관측된 죽은 딱정벌레 마리 수이다. 관측된 변수들을 살펴보면 $dosage$는 로그변환된 이황화탄소($\log(CS_2)$)의 양을 나타내며 $insects$는 각 처리 수준별로 실험에 투입된 딱정벌레 총 마리 수를, 그리고 $killed$는 5시간 동안 CS_2에 노출된 후 죽은 딱정벌레 수를 나타낸다. 여기서 치사율과 투입된 $\log(CS_2)$에 대하여 산점도를 작성하면 <그림 7.1>과 같이 S자 유형의 형태를 나타냄을 알 수 있다.

<표 7.2.1>
CS_2에 노출된 후 죽은 딱정벌레 수

Dosage	1.6907	1.7242	1.7552	1.7842	1.8113	1.8369	1.8610	1.8839
Insects	59	60	62	56	63	59	62	60
Killed	6	13	18	28	52	53	61	60

출처: Bliss, 1935.

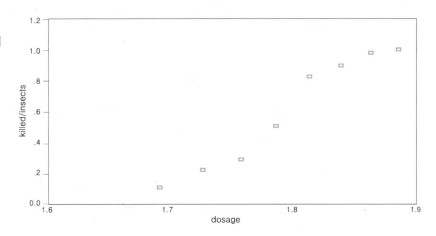

<그림 7.1>
병충해 살포제
량과 치사율

이제 SPSS를 이용한 프로빗 모형에의 데이터 적합방법을 살펴보도록
하자. 프로빗 모형에 의한 분석은 <그림 7.2>처럼 SPSS 풀다운 메뉴에서
<u>Statistics</u> → <u>Regression</u> → <u>Probit</u> 모듈을 이용하여 이루어진다.

<그림 7.2>
프로빗 분석을
위한 통계분석
창

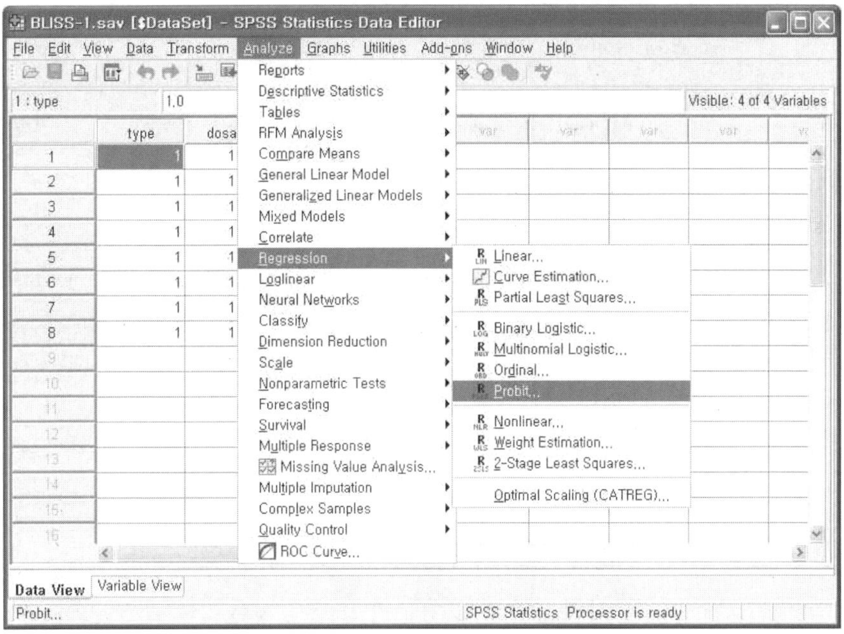

<그림 7.3>의 **Probit Analysis** 대화 상자에서 먼저 각 변수들의 지정
과 모형설정에 대한 세부적인 내용을 살펴보면 다음과 같다.

■ **변수 지정**

- Response Frequency: 치사된 병충수와 같이 반응빈도를 나타내는 변수를 선언한다.
- Total Observed: 일정 수준의 살포된 독성물의 용량에 대하여 실험에 투입된 총 개체수를 나타내는 변수를 선언한다.
- Factor: 그룹과 같이 범주형으로 분류되어 있는 공변량 변수를 지정한다.
- Covariate: 각 개체에 적용된 독성물질의 수준을 나타내는 변수를 선언한다. 만약 공변량을 변환시키고자 한다면 'Transform'탭을 이용한다.
- Transform: 로그변환 유무를 설정한다. 변환된 반응변수는 비선형 최적화 방법을 이용하여 예측되며 반복적인 가중최소제곱법을 이용한다.

■ **모형설정**

- Model: **Probit**이나 **Logit**을 선택하여 관측된 반응비율에 대한 프로빗 모형이나 로짓 모형을 지정할 수 있다.

한편 <그림 7.3>의 우측에 보이는 ⌈ Options... ⌋ 버튼을 클릭하면 <그림 7.4>의 **Probit Analysis: Options** 대화 상자가 열리는데 여기서의 선택 사항은 다음과 같다.

■ **선택 사항**

- Statistics: 디폴트로 빈도와 신뢰구간(fiducial confidence intervals)을 제공한다. 필요시 기울기의 동질성을 검증하는 평행성 검증(parallelism test)과 50% 효능을 계산하는 상대적 중위수 효능(relative median potency)을 선택할 수 있다. 설명변수가 하나인 경우, 관측치에 대한 프로빗이나 로짓 값을 제공한다.

- Natural Response Rate: 공변량 수준이 0인 경우에도 자연사(自然死)와 같은 현상이 관측되었을 때 모형으로부터 자연사율(natural response rate)을 추정한다.
- Criteria: 모수 추정시 필요한 수렴 허용치나 반복 횟수 등을 지정한다. SPSS에서 제공하고 있는 모수 추정은 디폴트로 최대가능도 추정 방법을 사용하고 있다. 절편을 포함한 표준오차, 모수 추정량의 공분산 행렬과 모형에 대한 피어슨(Pearson)의 적합도 검증을 수행한다.

이제 <표 7.2.1>의 데이터에 대하여 각 변수와 필요한 선택 사항들을 <그림 7.3>, <그림 7.4>와 같이 지정한 후 실행시키도록 한다.

<그림 7.3>
프로빗 분석
대화 상자

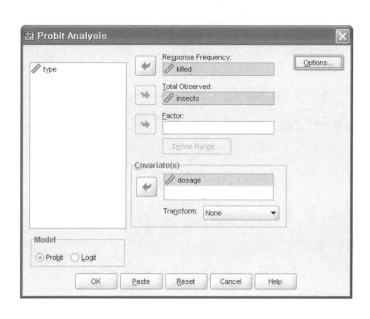

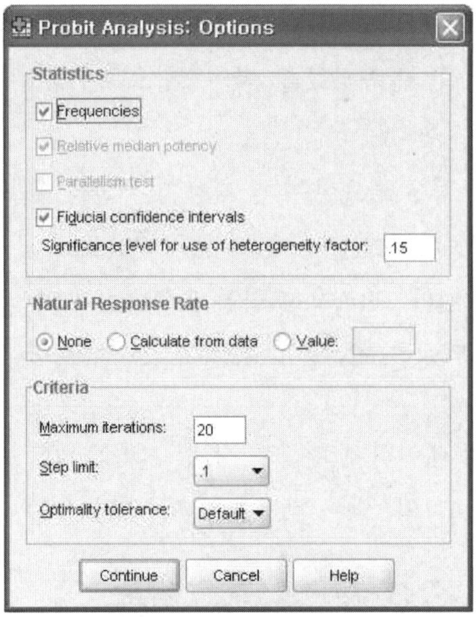

<그림 7.4>
옵션의
대화 상자

<표 7.2.2>의 분석결과부터 살펴보기로 하자. 이 테이블은 데이터에 대한 일반적인 정보로 결측치가 없다는 것과 총 8개의 범주로 분류되어 분석에 사용되었으며 13번의 반복 후에 최적 해를 찾았음을 알려 준다.

<표 7.2.3>의 ①은 치사율과 이황화탄소량에 대하여 다음의 프로빗 모형에 적합시킨 결과를 나타낸다. 즉,

$$\Phi^{-1}(p) = \beta_0 + \beta_1 x$$

에 대한 모형적합 결과

$$\widehat{\Phi^{-1}}(p) = -34.94 + 19.73\,x \qquad (7.8)$$
$$(2.640)(1.484)$$

로 적합되었음을 알 수 있다. 여기서 괄호 안의 2.640과 1.484는 추정된 계수의 표준오차를, x는 $\log(CS_2)$를 나타낸다.

②는 모형의 적합성(goodness of fit) 검증 결과로 피어슨의 카이제곱 통계량 값이 9.513으로 계산되었다. 자유도 6에서의 유의확률이 0.147이므로 5% 유의수준 하에서 데이터가 위에서 세운 프로빗 모형에 잘 적합되었다는 귀무가설을 기각하기 어렵다.

<표 7.2.2>
데이터와
모형에 대한
기본 정보

Data Information

		N of Cases
Valid		8
Rejected	Missing	0
	Number of Responses > Number of Subjects	0
Control Group		0

Convergence Information

	Number of Iterations	Optimal Solution Found
PROBIT	13	Yes

<표 7.2.3>
모형적합과
통계량 추정

① **Parameter Estimates**

	Parameter	Estimate	Std. Error	Z	Sig.	95% Confidence Interval Lower Bound	Upper Bound
PROBIT[a]	dosage	19.728	1.484	13.293	.000	16.819	22.637
	Intercept	-34.935	2.640	-13.236	.000	-37.575	-32.296

a. PROBIT model: PROBIT(p) = Intercept + BX

② **Chi-Square Tests**

		Chi-Square	df[a]	Sig.
PROBIT	Pearson Goodness-of-Fit Test	9.513	6	.147[b]

a. Statistics based on individual cases differ from statistics based on aggregated cases.

b. Since the significance level is less than .150, a heterogeneity factor is used ....

<표 7.2.4>에서 기대반응(expected responses)은 적합된 프로빗 모형으로부터 계산된 예측반응비율 $\Phi(\widehat{\beta_0}+\widehat{\beta_1}x)$ 에 $\log(CS_2)$ 값을 곱해서 구한 기대도수를 나타낸다. 따라서 약 60%의 딱정벌레를 죽일 수 있는 $\log(CS_2)$ 수준은 1.78임을 알 수 있다. $\log(CS_2)$ 의 수준을 1.837 정도로 높이면 약 90%의 치사율을 얻을 수 있다.

<표 7.2.4>의 추정된 확률은 <표 7.2.3>의 ②에서 살펴본 피어슨 카이제곱통계량(goodness-of-fit chi square) 값 계산에서 다음과 같이 이용되기도 한다.

$$\chi^2 = \sum \frac{(r_i - \widehat{E}_i)^2}{\widehat{E}_i(1 - \widehat{p}_i)} = \sum \frac{(residual_i)^2}{n_i \widehat{p}_i(1 - \widehat{p}_i)}$$

$$= \frac{(2.642)^2}{59(0.057)(1 - 0.057)} + \cdots + \frac{(0.772)^2}{60(0.987)(1 - 0.987)}$$

$$\fallingdotseq 9.513$$

<표 7.2.5>는 딱정벌레 치사율 $p(x)$에 대한 $dosage$의 점 추정치와 95% 신뢰구간이다. 이 결과로부터 50%의 딱정벌레를 치사시킬 수 있는 $\log(CS_2)$량에 대한 추정치는 1.77이며 95% 신뢰구간은 (1.76, 1.78)임을 알 수 있다. 추정치 1.77은 추정된 프로빗 모형에서 프로빗이 0을 만족시키는 설명변수의 값이다. 즉,

$$0.5 = \Phi(-34.94 + 19.73x) \quad => \quad x = 34.94/19.73 = 1.77.$$

<그림 7.5>는 $\log(CS_2)$ 용량과 프로빗 간의 산점도이다. 데이터가 많지 않아 완벽한 S자 모양을 파악하기는 쉽지 않다.

<표 7.2.4>
관측치와
기대빈도

Cell Counts and Residuals

	Number	Dosage	Number of Subjects	Observed Responses	Expected Responses	Residual	Probability
PROBIT	1	1.691	59	6	3.358	2.642	.057
	2	1.724	60	13	10.722	2.278	.179
	3	1.755	62	18	23.482	−5.482	.379
	4	1.784	56	28	33.816	−5.816	.604
	5	1.811	63	52	49.616	2.384	.788
	6	1.837	59	53	53.319	−.319	.904
	7	1.861	62	61	59.665	1.335	.962
	8	1.884	60	60	59.228	.772	.987

| | | Confidence Limits | | |
| | | 95% Confidence Limits for Dosage | | |
	Prob.	Estimate	Lower Bound	Upper Bound
Probit	0.01	1.65	1.61	1.68
	0.02	1.67	1.63	1.69
	0.03	1.68	1.64	1.70
	0.04	1.68	1.65	1.70
	0.05	1.69	1.66	1.71
	0.06	1.69	1.66	1.71
	0.07	1.70	1.67	1.71
	0.08	1.70	1.67	1.72
	0.09	1.70	1.68	1.72
	0.10	1.71	1.68	1.72
	0.15	1.72	1.70	1.73
	0.20	1.73	1.71	1.74
	0.25	1.74	1.72	1.75
	0.30	1.74	1.73	1.76
	0.35	1.75	1.74	1.76
	0.40	1.76	1.74	1.77
	0.45	1.76	1.75	1.78
	0.50	1.77	1.76	1.78
	0.55	1.78	1.77	1.79
	0.60	1.78	1.77	1.80
	0.65	1.79	1.78	1.80
	0.70	1.80	1.79	1.81
	0.75	1.81	1.79	1.82
	0.80	1.81	1.80	1.83
	0.85	1.82	1.81	1.84
	0.90	1.84	1.82	1.86
	0.91	1.84	1.82	1.86
	0.92	1.84	1.83	1.87
	0.93	1.85	1.83	1.87
	0.94	1.85	1.83	1.87
	0.95	1.85	1.84	1.88
	0.96	1.86	1.84	1.89
	0.97	1.87	1.85	1.90
	0.98	1.87	1.85	1.91
	0.99	1.89	1.87	1.92

<표 7.2.5>
공변량에 대한
신뢰구간 추정

<그림 7.5>
공변량과
프로빗에 대한
산점도

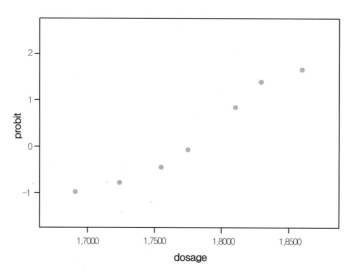

한편 어떤 경우에는 병충 살포제의 종류별로 치사율을 비교하고자 하는 경우도 있을 것이다. 예를 들어, 앞의 예제에서 관심 있었던 CS_2 ($type = 1$) 외에 "A"($type = 2$)라는 다른 성분에 의한 치사율을 비교할 필요가 있다고 하자. 그리고 데이터가 <그림 7.6>과 같이 입력되었다고 하자. 이와 같은 경우에는 <그림 7.7>의 **Probit Analysis** 대화 상자에서 **Factor**에 병충살포 제 종류를 나타내는 변수 $type$을 지정한 후 범위를 지정하기 위한 <u>Define Range...</u> 버튼을 눌러 최소값 1, 최대값 2를 입력한다. <u>Options...</u> 을 클릭한 후 <그림 7.8>과 같이 <u>Parallelism test</u>를 선택한다.

이에 대한 분석결과는 <표 7.2.6>과 같다. 이 결과로부터 설명변수에 대한 기울기의 공통추정치와 절편 추정치를 통해 모형은 다음과 같이 추정 된다.

$$\widehat{\Phi^{-1}}(p(x)) = -33.099 + 18.695 \, x \,, \qquad \text{type} = 1 \tag{7.9}$$

$$\widehat{\Phi^{-1}}(p(x)) = -33.054 + 18.695 \, x \,, \qquad \text{type} = 2$$

모형에 대한 적합도 분석결과, 유의수준 5% 하에서

Goodness-of-Fit Chi Square = 19.291, p-value = 0.082

로 데이터가 프로빗 모형에 잘 적합되었다고 할 수 있다. 또한 두 그룹에서의 기울기의 동질성을 검증하는 평행성 검증(parallelism test)에 대한 카이제곱 통계량 값과 유의확률은

Parallelism Test Chi Square = 1.120 DF = 1 P = .290

으로 5% 유의수준 하에서 기울기가 동질적이라고 할 수 있다. 이와 같이 회귀선이 평행한 경우에는 반응수준에 관계없이 두 살포제의 상대효능은 동일하게 된다. 여기서 상대효능(relative potency)이란 동일한 효과를 나타내는 설명변수 투입량의 비를 말한다.

<그림 7.6>
병충살포제
"A"와의
비교자료

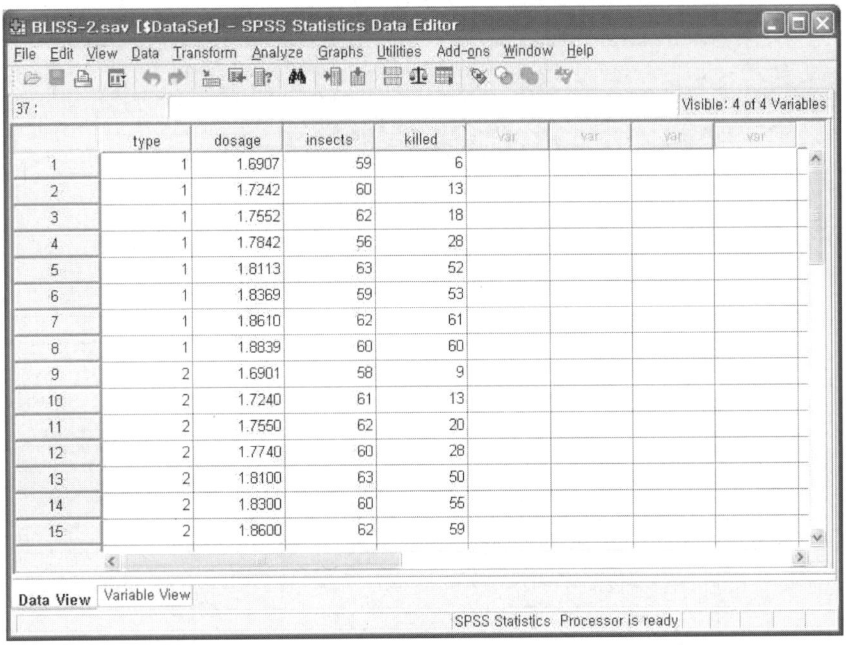

	type	dosage	insects	killed
1	1	1.6907	59	6
2	1	1.7242	60	13
3	1	1.7552	62	18
4	1	1.7842	56	28
5	1	1.8113	63	52
6	1	1.8369	59	53
7	1	1.8610	62	61
8	1	1.8839	60	60
9	2	1.6901	58	9
10	2	1.7240	61	13
11	2	1.7550	62	20
12	2	1.7740	60	28
13	2	1.8100	63	50
14	2	1.8300	60	55
15	2	1.8600	62	59

<그림 7.7>
Factor에
그룹변수 넣기

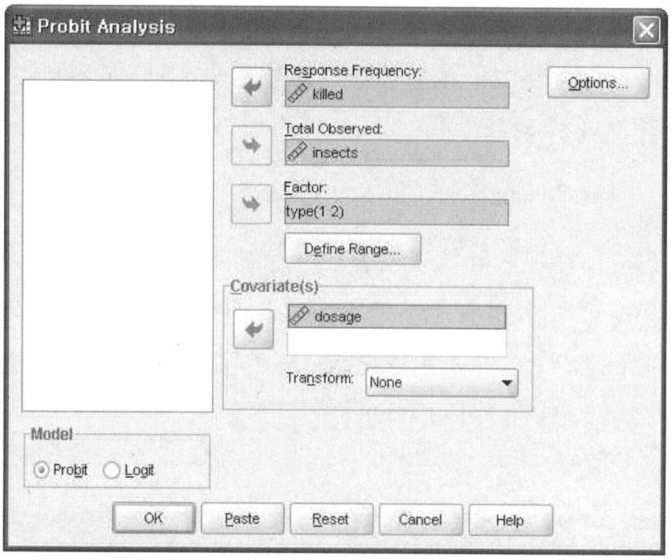

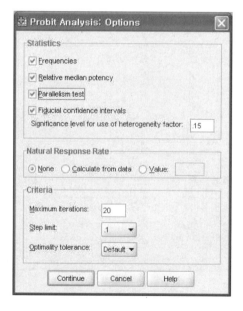

<그림 7.8>
Options 대화
상자에서의
통계량 선택

<표 7.2.6>
그룹별 계수
추정과 모형
적합

Parameter Estimates

	Parameter		Estimate	Std. Error	Z	Sig.	95% Confidence Interval	
							Lower Bound	Upper Bound
PROBIT[a]	dosage		18.695	1.044	17.908	.000	16.649	20.741
	Intercept[b]	1	-33.099	1.858	-17.813	.000	-34.957	-31.240
		2	-33.054	1.851	-17.855	.000	-34.905	-31.202

a. PROBIT model: PROBIT(p) = Intercept + BX

b. Corresponds to the grouping variable type.

Chi-Square Tests

		Chi-Square	df[a]	Sig.
PROBIT	Pearson Goodness-of-Fit Test	19.291	12	.082[b]
	Parallelism Test	1.120	1	.290

a. Statistics based on individual cases differ from statistics based on aggregated cases.

b. Since the significance level is less than .150, a heterogeneity factor is used ...

<그림 7.9>
이황화탄소량
과 프로빗에
대한 산점도

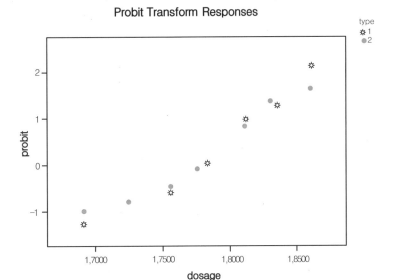

<표 7.2.7>은 두 그룹에 대해 계산된 치사율과 관측빈도, 기대빈도를
나타낸다.

Cell Counts and Residuals

	Number	type	dosage	Number of Subjects	Observed Responses	Expected Responses	Residual	Probability
PROBIT	1	1	1.691	59	6	4.012	1.988	0.068
	2	1	1.724	60	13	11.618	1.382	0.194
	3	1	1.755	62	18	24.044	−6.044	0.388
	4	1	1.784	56	28	33.682	−5.682	0.601
	5	1	1.811	63	52	48.982	3.018	0.777
	6	1	1.837	59	53	52.684	0.316	0.893
	7	1	1.861	62	61	59.195	1.805	0.955
	8	1	1.884	60	60	58.982	1.018	0.983
	9	2	1.690	58	9	4.207	4.793	0.073
	10	2	1.724	61	13	12.514	0.486	0.205
	11	2	1.755	62	20	25.028	−5.028	0.404
	12	2	1.774	60	28	32.660	−4.660	0.544
	13	2	1.810	63	50	49.366	0.634	0.784
	14	2	1.830	60	55	52.597	2.403	0.877
	15	2	1.860	62	59	59.347	−0.347	0.957

한편 50% 상대효능을 나타내는 **relative median potency**(상대적 중위수 효능)는 확률이 0.5인 두 종류 살포제의 투입량의 비를 나타낸다. 예를 들어, 살포제 "가"에 의한 치사율이 0.5가 되는 독성량이 4.83이고 살포제 "나"에 의한 치사율이 0.5가 되는 독성량이 13.11이라면 적은 용량으로 동일한 효과를 보이고 있는 살포제 "가"가 살포제 "나"보다 상대적으로 효능이 더 높다고 할 수 있다. 이 경우 50% 상대효능은 다음과 같이 계산할 수 있다.

"가"에 대한 "나"의 상대적 중위수 효능: $\dfrac{13.11}{4.83} = 2.71$

"나"에 대한 "가"의 상대적 중위수 효능: $\dfrac{4.83}{13.11} = 0.37$

살포제 "가"는 동일한 효능을 보이기 위해서는 살포제 "나"보다 훨씬 적은 0.37배만큼의 용량만 투입되면 된다는 것을 알 수 있다. 반대로 살포제 "나"는 살포제 "가"에 비해 동일한 효과를 나타내기 위해서는 2.71배 많은 용량의 투입이 요구된다. 따라서 50% 치사율에 대한 상대적 중위수 효능은 살포제 "가"가 살포제 "나"보다 더 높다고 할 수 있다. 만약 50% 상대 효능에 대한 추정된 신뢰구간을 가지고 평가할 경우, 신뢰구간에 1이 포함 되어 있다면 50% 치사율에 대해서는 두 종류의 독성량이 서로 다른 효과를 낸다고 할 수 없다.

이번에는 투입량이 전혀 없었는데도 병충이 치사되는 경우를 생각해 보자. 이와 같은 경우에는 투입량에 따른 반응을 조절해 주어야 한다. 이 에 대한 옵션들은 바로 <그림 7.8> 대화 상자의 **Natural Response Rate**에 나타나 있다. 따라서 자연치사율을 알고 있으면 <그림 7.8>에서 **Value**를 클릭하고 입력란에 직접 그 값을 넣으면 되고 데이터로부터 추정할 경우, **Calculate from data**를 선택하면 된다. 또한 여러 수준으로 분류되어 있는 설명변수를 고려할 경우에는 공변량에 포함시키면 되지만 SPSS에서는 이 럴 경우 상대적인 중위수 추정치와 95% 신뢰한계(95% confidence limits)는 제 공하지 않는다.

7.2.2 프로빗 모형에의 데이터 적합

농업연구에서는 병충해를 방지하기 위해 살포되는 독성물(예: 병충 살포제) 의 용량을 증가시킬 때 병충살포제에 의한 치사율이 어느 정도 되는지에 관 심을 두게 된다. 이렇게 관측된 데이터에서 독성물의 용량과 반응에 대한 관 계는 보통 S자 모양의 곡선 형태로 나타나게 된다. 이 S자 모양의 곡선을 표 준정규분포의 누적분포함수 $\Phi(\cdot)$ 에 적합시키면 7.1절에서 설명한 것처럼

$$\Phi^{-1}(p(x)) = \beta_0 + \beta_1 x$$

로 적합된다. 이때 $\Phi^{-1}(p(x))$ 를 프로빗(Probit: probability unit)이라고 일컫는다.

Bliss는 병충의 치사율 등의 실험에서 해당용량에 따른 개체가 많을 경 우에는 일반적으로 적절한 단위로 데이터를 변환시키는 것이 더 타당하다 고 생각했다. 그래서 <표 7.2.8>과 같이 관측값의 0.01% 치사율을 임의의 스케일상의 0에 놓고 99.99%의 치사율은 10에 놓은 후 그 사이에 있는 값 들은 대칭적으로 계산하는 방법을 고안했다.

<표 7.2.8>
치사율(%)과
Probits

치사율 (%)	Probits	치사율 (%)	Probits	치사율 (%)	Probits	치사율 (%)	Probits
1	1.87	50	5.00	80	6.13	95.0	7.21
5	2.79	52	5.07	81	6.18	96.0	7.35
10	3.28	54	5.14	82	6.23	97.0	7.53
15	3.61	56	5.20	83	6.28	98.0	7.76
20	3.87	58	5.27	84	6.34	98.5	7.92
25	4.09	60	5.34	85	6.39	99.0	8.13
30	4.30	62	5.41	86	6.45	99.1	8.18
34	4.44	64	5.48	87	6.51	99.2	8.24
36	4.52	66	5.56	88	6.58	99.3	8.30
38	4.59	68	5.63	89	6.65	99.4	8.38
40	4.66	70	5.70	90	6.72	99.5	8.46
42	4.73	72	5.78	91	6.80	99.6	8.57
44	4.80	74	5.86	92	6.89	99.7	8.69
46	4.86	76	5.96	93	6.98	99.8	8.87
48	4.93	78	6.04	94	7.09	99.9	9.16

출처: Bliss, 1934.

대칭적으로 계산되기 때문에 <표 7.2.8>에서 치사율이 10%인 경우 프로빗은 3.28이고 치사율이 90%일 경우에는 프로빗은 6.72가 된다(3.28+ 6.72 = 10). 이후 이와 같이 사용한 임의의 확률 단위들(probability units)을 "probits"라고 불러온 것이다(Bliss, 1935). 따라서 <그림 7.10>에서 표준정규분포에서 음의 값을 취하던 확률변수들의 값들이 프로빗으로 모두 양의 값에 대응되고 있음을 살펴볼 수 있다.

<그림 7.11>에서 실제 관심이 50%의 치사율을 낳는 병충살포제 용량에 있다고 하자. 그러면 비율을 추정해야 하고 이에 대한 적절한 신뢰구간을 구하게 되는데 표준정규분포에 맞추면 50%의 치사율을 제공해 주는 용량은 0이 되는 것이다. 이 경우 용량이 0일 경우에는 자연치사를 제외하고는 병충살포제에 의한 치사는 없다고 보아야 할 것이다. 따라서 분산이 매우 작게 되고 이는 신뢰구간 추정에 영향을 준다.

이와 같이 임의의 확률단위에 치사율을 변환시키는 방법이 실제적으로는 살포된 니코틴 함량에 따른 진딧물 치사율과 같은 병충해 실험이나 독성실험에서의 생체사망률과 같은 데이터들을 다른 모형에 적합시키는 것보다 더 잘 적합시켰기 때문에 이들 분야에서 프로빗 모형을 많이 사용해 오고 있다.

<그림 7.10>
표준정규분포
와 프로빗

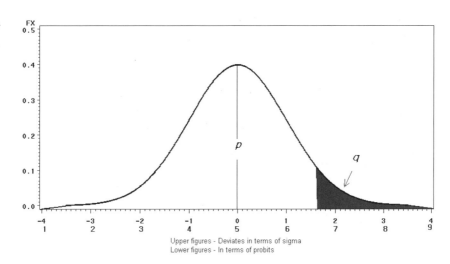

<그림 7.11>
관측도수에
기초한
프로빗에서의
이론적 살포제
용량

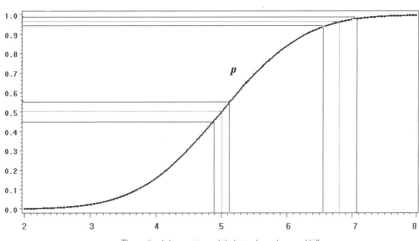

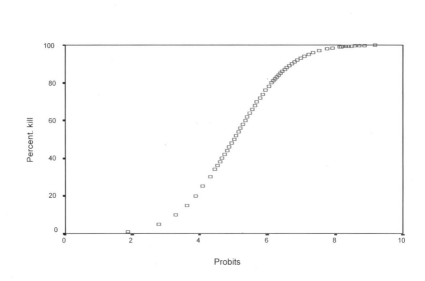

<그림 7.12>
치사율과
프로빗 간의
관계

7.2.3 SPSS(PASW) 프로빗 명령문 형식

메뉴 바를 이용해서 제공되는 프로빗 분석은 <u>Paste</u>를 통해 프로그램으로 받아볼 수 있는데 이를 먼저 간략히 살펴보면 다음과 같다.

<표 7.2.9>
프로빗 명령문
예

PROBIT *response* OF *total* BY ROOT(1,2) WITH *x*
/ MODEL = BOTH

이 명령문 예는 설명변수 x와 총관측 빈도 *total*이 주어진 경우, 반응도수 *response*에 프로빗 모형과 로짓 모형을 둘 다 적용시켜 데이터를 분석하고자 하는 프로그램이다. MODEL = BOTH에 의해 두 모형에 모두 적용된다. 프로빗 모형과 로짓 모형은 둘 다 S자 형태의 관계에 적용시키는 것이므로 모두 적합시켜 모형적합이 더 잘된 것을 선택하면 될 것이다. 자연치사율을 고려한 모형적합이 필요할 경우에는 <표 7.2.10>에서처럼 <u>NATRES</u>라는 옵션을 사용하면 된다.

만약 사전에 4가지로 분류된 약에 대해 용량별로 각 개체들의 선호유무(1/0)를 관측한 경우라면 명령문 편집기(Syntax Editor) 창에서 원 데이터(raw data)의 입력과 프로빗 모형 명령문을 <표 7.2.11>과 같이 작성해 분석할 수 있다. "Compute subject = 1."을 선언해 주어야 한다.

<표 7.2.11>은 4가지 종류로 사전에 분류된 약 종류(prepartn), 약의 용량(*dosage*), 1 또는 0으로 표기된 4종류 약에 대한 선호여부(response)에 관한 자료와 이에 대한 프로빗 분석 명령문이다. 이 경우 각 개체별 반응을 고려할 수 있게 된다. 즉 사전에 분류된 4가지 약의 종류는 그룹변수로 입력되고 설명변수는 약의 용량이 되며 반응변수는 각 개체의 선호여부가 되는 것이다.

SPSS 풀다운 메뉴의 <u>Statistics</u> → <u>Regression</u> → <u>Probit</u>을 이용해서 실행시킨 분석은 <그림 7.3>의 대화 상자를 열어 <u>Paste</u>를 눌러 실행시킨 명령문을 확인할 수 있다. <표 7.2.1> 데이터에 대하여 실행시킨 과정은 <표 7.2.12>와 같은 프로그램으로 요약될 수 있다.

<표 7.2.10>
Natres
부명령어의
사용

```
DATA LIST FREE/ type dose nobsn nresp.
BEGIN DATA
1  5  100  20
1  10  80  30
1  0  100  10
        ...
END DATA.
PROBIT nresp OF nobsn BY type(1,4) WITH dose
            /NATRES.
```

<표 7.2.11>
각 개체별로
입력된 자료에
대한 프로빗
분석 명령문

```
DATA LIST FREE/ prepartn dose response.
BEGIN DATA
1  21.5  0
      ...
4  20.5  1
END DATA.
COMPUTE SUBJECT = 1.
PROBIT response OF SUBJECT BY prepartn(1,4)
            WITH dose.
```

<표 7.2.12>
표 7.2.1의
데이터에 대한
프로빗
분석 명령문

```
PROBIT
    killed OF insects WITH dosage
    /LOG NONE
    /MODEL PROBIT
    /PRINT FREQ CI
    /CRITERIA P(.15) ITERATE(20) STEPLIMIT(.1).
```

    SPSS에서 제공되는 프로빗 분석을 위한 명령문 형식의 내용을 요약하면 다음과 같다.

■ MODEL 명령어

- PROBIT: 프로빗 모형에 적합시킨다.
- LOGIT: 로짓 모형에 적합시킨다.
- BOTH: 로짓 모형과 프로빗 모형 모두에 적합시킨다.

■ LOG 명령어

공변량에 대해 로그변환(log10, ln, log2 등)을 선택할 수 있다.
- VALUE: 밑을 사용자가 지정한 숫자로 하는 로그변환을 선언할 수 있다.
- NONE: 아무런 변환도 하지 않는다.

■ PRINT 명령어

- DEFAULT: 빈도, 신뢰구간, 상대적 중위수 효능을 출력시킨다.
- FREQ: 빈도를 출력시킨다.
- CI: 각 반응비율을 알기 위해 필요한 적합치의 각 수준별 신뢰구간을 제공한다.
- RMP: 50% 효능인 상대적 중위수 효능을 출력한다.
- PARALL: 기울기 동질성 검증인 평행성 검증을 한다.

· ALL: FREQ, CI, RMP, PARALL을 선택한 것과 같은 결과로 이 모
  든 것을 제공한다.

■ **NATRES 명령어**

　자연치사율을 추정하거나 알려진 값을 이용하기 위한 것으로 표준오
차, 분산공분산 행렬을 제공한다.

■ **CRITERIA 명령어**

· OPTOL(n): 최적허용한계를 지정한다. 만약 OPTOL = 10-8을 하면
  로그 가능도 함수는 유효숫자 8까지 정확하게 계산하게 된다.

· ITERATE(n): 최대 반복 횟수를 지정한다. 디폴트는 max(50, 3(추정모
  수 개수+1))이다.

· P(p): 이분산성 검증에 필요한 유의확률을 지정한다. 디폴트는 0.15
  이다. 신뢰구간 추정시 이에 의해 조정된다.

· Steplimit(n): 모수추정 단계를 조정한다. 가능한 좋은 초기 추정치를
  이용하여 수렴속도가 빠르도록 조정하는 것으로 디폴트값은 0.1이다.

· Converge(n): OPTOL(n)과 같다.

■ **MISSING 명령어**

· EXCLUDE: 지정한 결측치를 분석에서 제외시킨다.

· INCLUDE: 지정한 결측치를 분석에 포함시킨다.

7.3 로지스틱 회귀모형

로지스틱 회귀모형은 프로빗 모형과 매우 유사한 형태를 나타낸다. 이 모형으로부터의 회귀계수 추정치는 프로빗 모형으로부터의 추정치보다 약 $\pi/\sqrt{3}$ 큰 것으로 알려져 있다(E. D. Hahn and R. Soyer, 2005). 일반적으로 사회과학에서는 로지스틱 회귀모형이 많이 사용된다.

7.3.1 전립선 암환자에 대한 치료

전립선 암환자에 대한 치료 방법은 종양이 림프절(lymph nodes) 주변까지 퍼졌는지 그렇지 않은지에 따라 다르다. 림프절까지 퍼져 있는 경우에는 수술을 하게 되는데 어떤 항목들은 수술이 필요하지 않음에도 불구하고 림프절까지 퍼져 있는 듯한 징후를 나타낸다. 아래의 <표 7.3.1>은 53명의 전립선 암환자를 대상으로 림프절까지 종양이 퍼졌는지 여부를 관찰할 수 있는 몇 가지 항목들에 대해 관측한 데이터이다.

<표 7.3.1>
전립선
암환자에
대한 자료
(일부)

Case	Age	Acid	Xray	Size	Grade	Nodalinv
1	66	0.48	0	0	0	0
2	68	0.56	0	0	0	0
3	65	0.46	1	0	0	0
4	60	0.62	1	0	0	0
5	50	0.56	0	0	1	1
⋮	⋮	⋮	⋮	⋮	⋮	⋮

여기서 각 변수들은 다음과 같이 정의된다.

age : 환자의 연령

$acid$: 혈청산성 인산효소 수치(킹 암스트롱 단위)

(level of serum acid phosphatase in King–Armstrong units)

$xray$: 방사선(X-ray) 촬영결과(0 = 음성, 1 = 양성)

$size$: 직장검사(rectal examination)를 통해 살펴본 종양의 크기

（0 = 작음, 1 = 큼）

$grade$: 생검으로 판단된 종양의 병리학적 상태

（0 = 덜 심각, 1 = 매우 심각）

$nodalinv$: 수술결과

（0 = 림프절까지 전이되지 않았음, 1 = 림프절까지 전이되었음）

이제 이 데이터에 대하여 종양의 림프절 전이(nodal involvement) 여부에 대하여 다음과 같이 각 변수들의 주효과들만 고려한 로지스틱 회귀모형을 고려해 보자.

$$\log \frac{p_{(nodalinv\,=\,1)}}{p_{(nodalinv\,=\,0)}} = \beta_0 + \beta_1\,age + \beta_2\,acid + \beta_3\,xray + \beta_4\,grade + \beta_5\,size$$

이 모형으로부터 림프절까지 전이되었을 확률은 (7.10)과 같다.

$$p_{(nodalin\,=\,1)} = \frac{1}{1 + e^{-\left(\beta_0 + \beta_1 age + \beta_2 acid + \beta_3 xray + \beta_4 grade + \beta_5 size\right)}} \tag{7.10}$$

분석을 위해서는 SPSS 풀다운 메뉴에서 <u>Statistics</u> → <u>Regression</u> → <u>Binary Logistic...</u>을 선택한다. 종속변수와 설명변수는 Logistic Regression 대화 상자에서 <그림 7.13>과 같이 선택하도록 한다. 지정한 설명변수 중 범주형 변수가 있을 경우에는 <그림 7.13>의 Categorical... 을 클릭한 후 별도로 지정해 두어야 한다. 여기서는 $xray, grade, size$가 범주형 변수이므로 Categorical... 을 클릭한 후 <그림 7.14>의 Logistic Regression: Define Categorical Variables 대화 상자에서 <u>Categorical Covariates</u>로 정의하도록 한다. 아울러 $xray, grade, size$의 값이 0인 그룹을 참조범주로 하기 위하여 <u>Reference Category</u>를 <u>First</u>로 선택하였다. 이들 변수들은 출력결과에서 $xray(1), grade(1), size(1)$로 표시되어 나온다. 즉, 이들 변수 값이 1일 때의 회귀계수가 출력된다. 그러나 이들 변수들이 원래 0과 1밖에 취하지 않으므로 구분을 두지 않고 원래 변수로 표기한다.

<그림 7.13>
변수의 지정

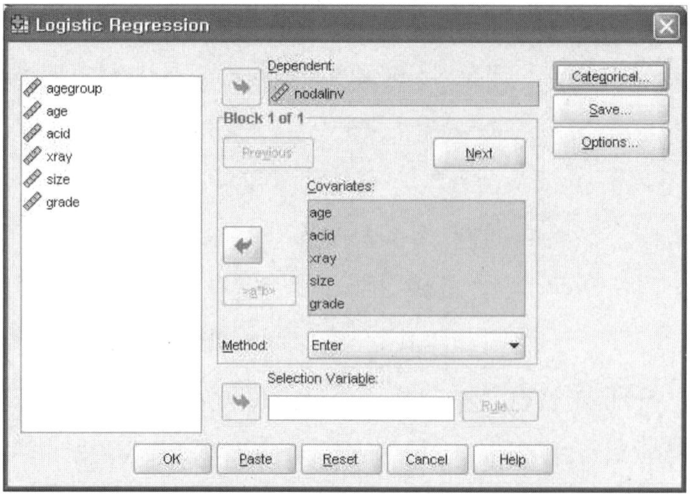

<그림 7.14>
범주형 변수
정의를 위한
대화 상자

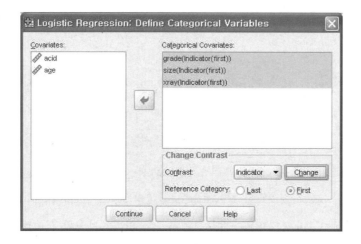

<그림 7.13>의 대화 상자에서 예측된 확률이나 그룹을 데이터로 저장하기 위해서는 [Save...] 버튼을 눌러 <그림 7.15>와 같이 선택하도록 한다. [Options...]을 통해서는 <그림 7.16>과 같이 모형 적합과 평가를 위해 필요한 통계량들을 선택하도록 한다.

모든 필요한 통계량과 항목들의 지정이 끝나면 최종적으로 [OK] 버튼을 눌러 실행시킨다. 분석결과는 **Output** 결과 창에서 확인할 수 있다.

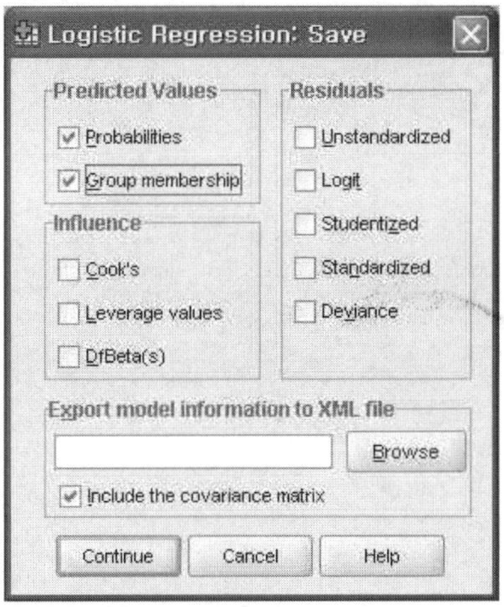

<그림 7.15>
로지스틱
옵션의
대화 상자

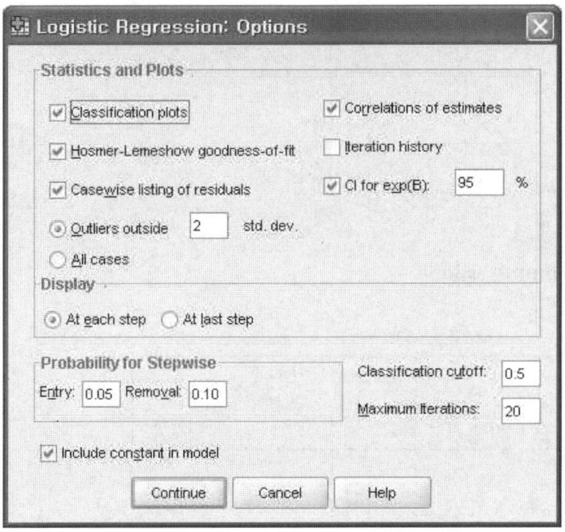

<그림 7.16>
로지스틱
회귀: 옵션
대화 상자

이제 분석된 결과를 살펴보도록 하자. <표 7.3.2>는 데이터에 대한 기본 정보를 알려주는 결과로 ①은 전체 데이터 53 케이스 중 결측치가 하나도 없음을 알려준다. ②와 ③은 종속변수와 설명변수의 범주가 내부적으로 어떻게 코딩되었는지를 나타낸다.

<표 7.3.3>은 절편만 포함시킨 초기 모형에 대한 결과로 투입한 설명변수들이 모두 모형에 포함되어 있지 않음을 알 수 있다.

<표 7.3.2>
데이터와
모형에 대한
기본 정보

Case Processing Summary

Unweighted Cases[a]		N	Percent	
Selected Cases	Included in Analysis	53	100.0	①
	Missing Cases	0	.0	
	Total	53	100.0	
Unselected Cases		0	.0	
Total		53	100.0	

a. If weight is in effect, see classification table for the total number of cases.

Dependent Variable Encoding

Ori···	Internal Value	
0	0	②
1	1	

Categorical Variables Codings

		Frequency	Parameter coding (1)	
grade	0	33	.000	
	1	20	1.000	③
size	0	25	.000	
	1	28	1.000	
xray	0	38	.000	
	1	15	1.000	

<표 7.3.3>
단계별
모형적합
결과

Block 0: Beginning Block

Classification Table[a,b]

			Predicted		
			nodalinv		
Observed			0	1	Percentage Correct
Step 0	nodalinv	0	33	0	100.0
		1	20	0	.0
	Overall Percentage				62.3

a. Constant is included in the model.

b. The cut value is .500

Variables in the Equation

		B	S.E.	Wald	df	Sig.	Exp(B)
Step 0	Constant	-.501	.283	3.123	1	.077	.606

Variables not in the Equation

			Score	df	Sig.
Step 0	Variables	age	1.094	1	.296
		acid	3.117	1	.077
		xray(1)	11.283	1	.001
		size(1)	9.515	1	.002
		grade(1)	4.075	1	.044
		Overall Statistics	20.991	5	.001

<표 7.3.4>의 ④에서 Model에 대한 카이제곱 통계량 값 24.495는 절편항만 고려한 모형과 설명변수들을 투입한 모형에 대한 LR 통계량값이다. ④와 ⑤의 결과로부터 절편항만 고려한 모형에 대한 $-2LL\,(=-2\ln L)$은 70.252(=45.757+24.495)임을 알 수 있다.

초기 단계에서의 통계량은 다음과 같이 추정된다.

만약 투입된 공변량이 제외된 모형에서 절편 β_0가 포함되지 않았다면 모든 케이스에 대하여 관심 사건의 확률은 0.5로 추정된다. 따라서 이때의 로그 가능도 함수 $L(0)$는

$$\ln L(0) = \ln(0.5)\,W = -0.69315\,W, \quad \text{여기서} \quad W = \sum_{i=1}^{n} w_i$$

이다. 만약 모형에 절편 β_0가 포함된다면 관심 사건의 확률은

$$\hat{p}_i = \frac{\sum_{i=1}^{n} w_i y_i}{W}$$

와 같이 추정되며 이로부터 절편은

$$\hat{\beta}_0 = \ln\left(\frac{\hat{p}_0}{1-\hat{p}_0}\right)$$

로 추정된다. 따라서 절편만 포함시킨 모형에 대한 로그 가능도 함수는

$$\ln L(0) = W\left[\hat{p}_0 \ln\left(\frac{\hat{p}_0}{1-\hat{p}_0}\right) + \ln(1-\hat{p}_0)\right] \tag{7.11}$$

이다. 그러므로 70.252는

$$-2LL = -2W\left[\hat{p}_0 \ln\left(\frac{\hat{p}_0}{1-\hat{p}_0}\right) + \ln(1-\hat{p}_0)\right]$$

로부터 계산된 값이다. 절편과 나머지 공변량들이 모형에 포함된 경우에는 ⑤에서 보듯이 $-2LL$ 값 45.757은

$$-2LL = -2\sum_{i=1}^{n}\left(w_i y_i \ln(\hat{p}_i) + w_i(1-y_i)\ln(1-\hat{p}_i)\right)$$

으로부터 계산된 결과이다.

<표 7.3.4>
단계별
모형적합
결과

Block 1: Method = Enter

Omnibus Tests of Model Coefficients

		Chi-square	df	Sig.	
Step 1	Step	24.495	5	.000	④
	Block	24.495	5	.000	
	Model	24.495	5	.000	

Model Summary

Step	-2 Log likelihood	Cox & Snell R Square	Nagelkerke R Square	
1	45.757	.370	.504	⑤

Hosmer and Lemeshow Test

Step	Chi-square	df	Sig.	
1	6.098	8	.636	⑥

Contingency Table for Hosmer and Lemeshow Test

		nodalinv = 0		nodalinv = 1			
		Observed	Expected	Observed	Expected	Total	
Step 1	1	5	4.856	0	.144	5	
	2	5	4.759	0	.241	5	
	3	5	4.619	0	.381	5	
	4	3	4.258	2	.742	5	⑦
	5	3	3.881	2	1.119	5	
	6	4	3.397	1	1.603	5	
	7	4	2.785	1	2.215	5	
	8	2	2.343	3	2.657	5	
	9	1	1.382	4	3.618	5	
	10	1	.721	7	7.279	8	

결국 ④의 결과 중 Model에 나와 있는 자유도 5를 가지는 카이제곱 통계량 값은 현재 고려된 모형과 상수항만 포함된 모형 간의 $-2LL$ 값의 차이임을 알 수 있다(70.252 - 45.757 = 24.495). 물론 모형설정에서 상수항을 포함시키지 않을 경우에는 이에 대해서 계산된다. 이 카이제곱 검증통계량 값은 상수항을 제외한 나머지 설명변수들에 대한 계수 값이 0이라는 귀무가설을 검증하는 것이다. 마치 회귀분석에서 F 검증통계량 값을 가지고 판단하는 것과 같다.

④에서 Block에 대한 결과는 모형을 세울 때 설명변수들을 몇 개의 그룹으로 나누어 [Next] 버튼을 이용하여 연속적으로 투입하였을 때 블록 간의 차이를 나타낸다. 이 예제에서는 설명변수들을 동시에 모두 고려한 블록이 하나인 모형이므로 Model에 대한 것과 동일한 결과를 제공해 준다. Step에는 모형수립에서 연속적인 단계를 거쳐 모형을 세울 때 각 단계별 차이를 말하는 것으로 마지막 단계에 추가된 변수의 계수가 0인지를 검증하는 것이다. 현재 결과는 오직 두 단계(즉 상수항만 있는 모형과 나머지 독립변수들을 다 포함시킨 모형)만을 거쳤다. 따라서 Model에 나와 있는 결과와 동일하다.

⑤의 분석결과는 전통적인 회귀분석에서 결정계수와 유사한 역할을 하는 통계량들이다. 데이터가 현재 고려하고 있는 모형에 의해 잘 적합될 경우 $-2LL$은 0이 된다. 반대로 pseudo R square로 불리는 Cox & Snell R square와 Nagelkerke R square는 잘 적합되면 1에 가까운 값이 된다. 그러나 연속형 변수들을 취급하여 계산되는 전통적 회귀모형에서의 결정계수와 달리 로지스틱 회귀분석에서의 이들 pseudo R square는 보통 모형이 잘 적합되더라도 값이 크지는 않다.

⑥의 Hosmer and Lemeshow test는 모형에 대한 적합도 검증 결과를 나타낸다.

<표 7.3.5>
모수에 대한
계수 추정 및
검증 결과

Variables in the Equation

		B	S.E.	Wald	df	Sig.	Exp(B)	95.0% C.I.for EXP(B) Lower	Upper
Step 1	age	-.060	.058	1.062	1	.303	.942	.841	1.055
	acid	2.621	1.354	3.748	1	.053	1.37E1	.968	195.454
	xray(1)	2.201	.858	6.587	1	.010	9.038	1.682	48.556
	size(1)	2.078	.866	5.755	1	.016	7.991	1.463	43.657
	grade(1)	.529	.803	.434	1	.510	1.697	.352	8.190
	Constant	-.948	3.566	.071	1	.790	.388		

<표 7.3.5>의 추정된 계수들로부터 림프절 전이(nodal involvement)에 대한 추정된 확률은 다음과 같다.

$$\hat{p}(nodalivn = 1) = \frac{1}{1 + e^{-Z}}$$

여기서

$$Z = \quad 0.948 \quad 0.06\,age \mid 2.621\,acid \mid 2.201\,xray$$

$$+ 2.078\,size + 0.529\,grade$$

이다. 이로부터 연령은 66세이고 acid = 0.48이며 나머지 설명변수에 대한 값이 0인 환자에 대하여 적용해 보면

$$Z = -0.948 - 0.060(66) + 2.621(0.48) = -3.65$$

이다. 따라서 림프절 전이에 대한 확률은

$$\hat{p}(nodalinv = 1) = \frac{1}{1 + e^{3.65}} = 0.02$$

로 추정된다. 이 확률 추정치에 기초하여 혹이 악성 종양이 되지 않을 것이라고 예측하게 된다. 일반적으로 관심 사건에 대한 예측확률이 0.5 미만이면 관심 사건이 발생하지 않을 것이라고 예측하고 0.5보다 크면 관심 사건이 발생할 것이라고 예측한다. <표 7.3.6>은 데이터 창에 저장된 예측확률을 보여 주고 있다.

<표 7.3.6>
추정된 확률

age	acid	xray	size	grade	nodalinv	PRE_1
60	0.49	0	0	0	0	0.03719
65	0.46	1	0	0	0	0.19306
60	0.62	1	0	0	0	0.32925
50	0.56	0	1	1	1	0.53378
49	0.55	1	0	0	0	0.44108
61	0.62	0	0	0	0	0.04867

이제 <표 7.3.5>에서 각 공변량에 대한 계수 값이 0인지 여부를 검증하는 $Wald$ 통계량 값을 살펴보도록 하자. age에 대한 $Wald$ 통계량은 추정된 계수와 표준오차로부터 $(-0.060/0.058)^2 \fallingdotseq 1.062$와 같이 계산된다. Sig.에 표기되어 있는 것이 이에 대한 유의확률로 5%의 유의수준을 기준으

로 살펴보면 $xray,\ size$가 통계적으로 유의함을 알 수 있다.

한편 종속변수의 분산이 과대하게 클 경우, 즉 과대산포인 경우, 추정된 표준오차가 상대적으로 커져 모형의 적합도 검증시 결과를 잘못 왜곡시킬 수 있다. 이 경우 $Wald$ 통계량 값도 매우 작아져서 회귀계수가 0이라는 귀무가설을 기각하지 못하게 된다. 따라서 산포모수로 조정해야 되는데 이항형 로지스틱 회귀분석 모듈에서는 이를 제공하지 않고 있다. 따라서 가설검증시 $Wald$ 통계량 값에 전적으로 의존하지 말고 대신 해당되는 설명변수가 포함되었을 경우와 제거되었을 경우의 로그 가능도 값의 변화에 기초하여 가설을 검증하는 것이 좋다.

한편 <표 7.3.5>에서 추정된 계수에 대한 해석은 다음과 같이 한다. 로지스틱 회귀모형에서 로그오즈(log odds)는

$$\ln \frac{\hat{p}(y=1)}{\hat{p}(y=0)} = \hat{\beta}_0 + \hat{\beta}_1 x_1 + \cdots + \hat{\beta}_p x_p$$

로 관심되는 사건이 발생할 확률과 그렇지 않을 확률 비에 대한 로그값이 선형식으로 표현된 것이다. 예를 들어, $grade$에 대한 추정치가 0.529인데 이는 $grade$가 0에서 1로 바뀌고 나머지 설명변수들은 모두 동일할 경우 혹이 종양으로 이전될 로그오즈가 0.529 증가한다는 것을 나타낸다. 로그오즈보다 좀 더 쉽게 생각해 볼 수 있는 것이 바로 오즈(odds)인데 로지스틱 모형식으로부터

$$\left(\frac{\hat{p}(y=1)}{\hat{p}(y=0)}\right) = e^{\hat{\beta}_0 + \hat{\beta}_1 x_1 + \cdots + \hat{\beta}_p x_p} = e^{\hat{\beta}_0} e^{\hat{\beta}_1 x_1} \cdots e^{\hat{\beta}_p x_p}$$

임을 알 수 있다. 예를 들어 $age = 60$, $acid = 0.62$, $grade = 0$, $size = 0$, $xray = 1$을 갖는 환자에 대하여 혹이 종양이 될 확률을 추정하면 다음과 같다.

$$\hat{p}(nodalivn = 1) = \frac{1}{1 + e^{-Z}}$$

여기서

$$Z = -0.948 - 0.06(60) + 2.621(0.62) + 2.201(1) + 2.078(0) + 0.529(0)$$

$$\fallingdotseq -0.72$$

이므로 이 환자에 대하여 혹이 종양이 될 확률은 거의 0.33으로 추정된다. 이로부터 종양이 아닌 혹일 확률은 1-0.33 = 0.67이 된다. 따라서 종양인 혹을 가질 오즈는

$$Odds = \frac{p(\text{nodalivn} = 1)}{p(\text{nodalivn} = 0)} = \frac{0.33}{1 - 0.33} = 0.49$$

로 추정된다.

$size$에 대한 추정계수도 마찬가지로 살펴보면 종양의 크기가 작을 때 보다 클 경우 혹이 종양으로 이전될 로그오즈를 2.078 증가시킨다는 것을 의미한다. $size = 0$일 경우 종양이 혹일 가능성은 0.721이고 따라서 추정된 오즈는 0.388(로그 오즈: -0.948)이 된다. $size = 1$일 경우 종양이 혹일 가능성은 0.244이고 따라서 추정된 오즈는 3.096(로그 오즈: 1.13)이다. 그러므로 $size$가 0에서 1로 바뀌면 다른 변수들 값이 동일한 상태에서 $size$의 오즈는 0.388에서 3.096으로 변한다는 것을 알 수 있다. $size = 1$과 $size = 0$일 경우 이들 오즈비(odds ratio)는 약 7.99가 된다. 이것이 바로 <표 7.3.5>의 Exp(B)에 나와 있는 수치들이 나타내는 의미이다. 즉 해당되는 변수들을 한 단위 증가 시켰을 때 각 개체(case)에 대한 오즈 변화량을 나타낸다고 할 수 있다.

한편 모형 적합도를 주어진 데이터에 대해서뿐만 아니라 모집단 전체에 대해서도 평가해 보길 바라게 된다. 로지스틱 모형에 대한 적합성 평가는 크게 모형식별(model discrimination)과 모형평가(model calibration)로 한다. 모형식별은 추정된 확률을 기초로 두 개의 반응변수 그룹으로 얼마나 잘 판별하는가를 평가하는 것이고 모형평가는 전체적인 확률값들을 고려할 때 관측확률과 예측확률이 얼마나 일치하는가를 검토하는 것이다.

<표 7.3.7>은 전체적으로 약 81.1%의 데이터가 정확하게 원래 반응 변수 그룹으로 잘 판별되고 있음을 나타낸다.

<표 7.3.8>의 결과는 확률을 기준으로 이를 표시한 것인데 만약 모형이 완벽하게 판별하고 있다면 0.5를 중심으로 왼쪽에 한 그룹, 오른쪽에 또

다른 한 그룹이 위치하게 된다.

<표 7.3.7>
모형식별
결과

Classification Table[a]

			Predicted		
			nodalinv		
Observed			0	1	Percentage Correct
Step 1	nodalinv	0	29	4	87.9
		1	6	14	70.0
	Overall Percentage				81.1

a. The cut value is .500

모형식별과 모형평가는 예측된 확률을 데이터 창에 저장시킨 후 Analyze → ROC Curve에서 ROC(receiver operator characteristic) 곡선을 이용해서 그 유용성을 평가해 볼 수 있다.

<표 7.3.9>는 오분류된 관측치에 대한 정보와 잔차들을 알려주고 있다. 26번째와 37번째 케이스의 잔차가 2보다 크다는 것을 알려주고 있다. 이는 [Save...]을 이용하여 필요한 잔차를 저장시킨 후 개체별 잔차의 분포를 Graphs → scatter plot 창에서 작성하여 <그림 7.17>과 같이 살펴볼 수 있다.

<표 7.3.8>
모형평가

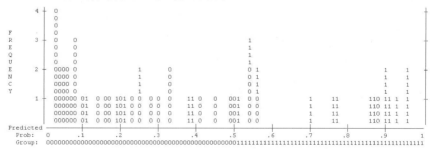

<표 7.3.9>
오분류된
관측치와
잔차

Casewise List[b]

Case	Selected Status[a]	Observed nodalinv	Predicted	Predicted Group	Temporary Variable Resid	ZResid
26	S	1**	.104	0	.896	2.929
37	S	0**	.879	1	-.879	-2.694

a. S = Selected, U = Unselected cases, and ** = Misclassified cases.

b. Cases with studentized residuals greater than 2.000 are listed.

<그림 7.17>
잔차 플롯

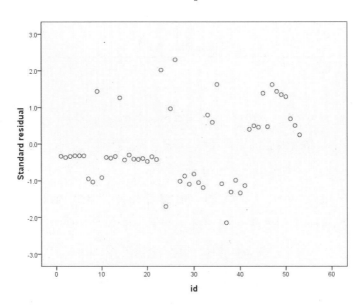

한편 로지스틱 회귀모형에서도 고전적인 회귀분석과 마찬가지로 중요
변수를 선별하여 최적모형을 찾을 수 있다.

<그림 7.18>과 같이 앞에서와 동일하게 변수들을 설정해 놓은 상태
에서 변수선택법으로 LR을 이용한 **Backward: LR**을 선택하여 보자. <표
7.3.10>의 분석결과를 살펴보면 4번째 단계에 가서 변수선택법이 종료되
었음을 알 수 있고 이때의 카이제곱 통계량 값은 22.89로 계산되었다. <표
7.3.11>의 분류표(classification table)로부터 최종모형에서 75.5%의 정확도를
가짐을 알 수 있다. 아울러 처음 모형에 포함시켰던 변수들 중 age, $grade$
는 최종모형에서 탈락되었음을 확인할 수 있다.

<그림 7.18>
변수선택
(Backward:
LR)

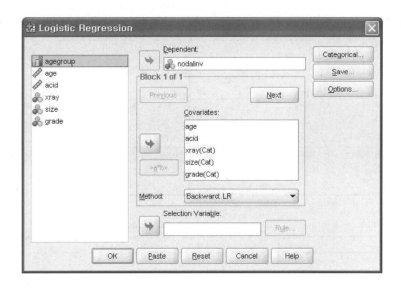

<표 7.3.10>
변수선택
(Backward:
LR)

Block 1: Method = Backward Stepwise (Likelihood Ratio)

Omnibus Tests of Model Coefficients

		Chi-square	df	Sig.
Step 1	Step	24.495	5	.000
	Block	24.495	5	.000
	Model	24.495	5	.000
Step 4[a]	Step	-1.175	1	.278
	Block	22.890	3	.000
	Model	22.890	2	.000

a. A negative Chi-squares value indicates that the Chi-squares value ...

Model Summary

Step	-2 Log likelihood	Cox & Snell R Square	Nagelkerke R Square
1	45.757[a]	.370	.504
4	47.362[a]	.351	.478

a. Estimation terminated at iteration number 5 ...

Hosmer and Lemeshow Test

Step	Chi-square	df	Sig.
1	6.098	8	.636
4	6.855	8	.552

<표 7.3.11>
분류표와
추정치

Classification Table[a]

			Predicted		
			nodalinv		
Observed			0	1	Percentage Correct
Step 1	nodalinv	0	29	4	87.9
		1	6	14	70.0
	Overall Percentage				81.1
Step 4	nodalinv	0	29	4	87.9
		1	9	11	55.0
	Overall Percentage				75.5

a. The cut value is .500

Variables in the Equation

		B	S.E.	Wald	df	Sig.	Exp(B)
Step 1[a]	age	-.060	.058	1.062	1	.303	.942
	acid	2.621	1.354	3.748	1	.053	13.756
	xray(1)	2.201	.858	6.587	1	.010	9.038
	size(1)	2.078	.866	5.755	1	.016	7.991
	grade(1)	.529	.803	.434	1	.510	1.697
	Constant	-.948	3.566	.071	1	.790	.388
Step 4[a]	acid	2.337	1.306	3.202	1	.074	10.348
	xray(1)	2.219	.839	6.994	1	.008	9.198
	size(1)	2.281	.827	7.615	1	.006	9.785
	Constant	-4.189	1.318	10.107	1	.001	.015

a. Variable(s) entered on step 1: age, acid, xray, size, grade.

7.3.2 로지스틱 회귀모형에의 적합과 통계량

예제를 통해 지금까지 살펴본 내용을 다시 한 번 정리해 보도록 하자.
로지스틱 회귀모형은 프로빗 모형과 마찬가지로 회귀분석에서의 오차
항의 정규성 가정을 충족시키지 않는다. 또한 회귀분석을 했다고 하더라도
음이나 1 이상의 값으로 추정된 반응변수 값을 어떻게 설명해야 하는가 하
는 문제들이 발생하게 된다.

분석하고자 하는 데이터의 성격이 이와 같고 반응비율과 설명변수의
관계가 단조증가 관계이며 곡선의 모양이 특히 S자 모양인 경우,

$$p(x) = \frac{\exp(\beta_0 + \beta_1 x)}{1 + \exp(\beta_0 + \beta_1 x)} \tag{7.12}$$

또는

$$p(x) = \frac{1}{1 + e^{-(\beta_0 + \beta_1 x_1)}} \tag{7.13}$$

와 같이 적합시킬 수 있다.

식 (7.13)은 반응변수가 이항형인 로짓 모형으로 표현된다. 즉, 독립적인 이항형 반응변수를 y 라고 했을 때 설명변수 x 가 주어진 경우의 확률을 $P(y=1|x) = p(x)$ 라고 하면 로짓 모형은

$$\log\left(\frac{p(x)}{1 - p(x)}\right) = \beta_0 + \beta_1 x \tag{7.14}$$

이다. 따라서 이 로짓 모형은 (7.12)의 모형을 로그오즈(log-odds)로 나타낸 모형임을 알 수 있다.

한편 식 (7.12)를 x에 대해 편미분하면 S자 모양의 플롯에서 가장 경사가 가파른 기울기는 $p(x) = 0.5$가 되는 x에서 존재하고 그 값은 $x = -\beta_0/\beta_1$이다. 또한 $x = -\beta_0/\beta_1$에 접하는 접선의 기울기는 $\beta_1/4$이 된다(A. Agresti, 1989).

로지스틱 회귀모형은 공변량과 확률 $p(x)$ 간의 관계가 비선형(nonlinear)이며 공변량이 어떤 값을 취하든 확률에 대한 추정값은 0과 1 사이에 있게 된다. 1장과 2장에서 다룬 선형 회귀에서 모수에 대한 추정치는 최소제곱법에 의해 구해지지만 로지스틱 회귀모형에서는 비선형관계를 고려하여 최대가능도 추정법에 의한 반복알고리즘을 이용하여 추정된다. SPSS에서 제공하는 로지스틱 회귀모형의 계수들은 뉴튼-랩슨 방법으로 추정되고 있다.

회귀계수에 대한 검증은 7.1절에서 설명한 것처럼 카이제곱 분포를 따르는 $Wald$ 통계량에 기초하여 이루어진다. 그런데 $Wald$ 통계량은 회귀계수의 절대값이 클 경우 추정된 표본오차값도 역시 증가하는 성질을 가지고 있다. 따라서 $Wald$ 통계량 값이 매우 작을 경우, 회귀계수가 0이라는

귀무가설을 기각할 오류가 있으므로 유의해야 된다.

한편 SPSS를 이용해 로지스틱 회귀분석에서 제공되는 통계량들을 간략히 살펴보면 다음과 같다.

· $-2LL$: $-2LL$ 은 모형에 대한 적합성을 평가할 수 있는 통계량으로 데이터가 모형에 완벽하게 적합되면 이 통계량 값은 0이 된다. 한편 모형적합이 얼마나 잘 이루어졌는가를 평가할 수 있는 또 다른 통계량으로

$$Z^2 = \sum \frac{\text{Residual}_i^2}{p_i(1-p_i)}$$

이 있다. 여기서 p_i는 예측확률을 나타내고 분자항의 잔차는 관측치 y_i와 적합치의 차이를 나타낸다.

· Cox and Snell R^2 : 단순 회귀나 중회귀모형에서 데이터에 대한 설명력을 R^2을 통해 살펴보았는데 로지스틱 회귀모형에 대해서도 이와 유사한 성질의 통계량이 Cox and Snell에 의해 다음과 같이 제안되었다.

$$R^2 = 1 - \left[\frac{L(0)}{L(B)}\right]^{2/W}$$

여기서 $L(0)$은 상수항만 포함된 모형에 대한 가능도(likelihood)를, $L(B)$는 현재 고려하고 있는 모형에 대한 가능도를 나타낸다. 그리고 W는 가중치의 합을 나타낸다. 그런데 이 통계량은 로지스틱 회귀모형에 대해서 최대값 1에 도달하지 못하는 문제점을 지니고 있으며 이를 수정 보완한 통계량이 Nagelkerke가 제안한

$$\widetilde{R}^2 = \frac{R^2}{1 - [L(0)]^{2/W}}$$

이다.

다중공선성이나 영향력 있는 관측치들에 대한 회귀진단을 위한 통계량들로는 잔차를 포함하여 다음의 통계량을 제공하고 있다.

- Standardized residual: $Z_i = \dfrac{y_i - \hat{p}_i}{\sqrt{\hat{p}_i(1-\hat{p}_i)}}$

- Studentized residual: 해당되는 케이스만을 제외시킨 잔차이다.

- Logit residual: 로짓 척도로 측정된 경우의 모형에 대한 잔차이다.

$$\frac{y_i - \hat{p}_i}{\hat{p}_i(1-\hat{p}_i)}$$

- Leverage: 예측값에 대해 강력한 영향을 미치는 관측치를 탐색하기 위해 사용한다. 선형 회귀와 달리 로지스틱 모형에서의 Leverage는 반응변수값과 설명변수 관측행렬에 의존해서 0과 1 사이에 있게 된다. 그리고 평균값은 절편항을 포함하여 $(p+1)/n$ 이 된다.

- Cook's distance: 각 개체의 영향력을 나타내는 통계량이다.

$$D_i = \frac{Z_i^2 \times h_i}{(1-h_i^2)}$$

- DFBETA: 로지스틱 회귀모형에서 한 개의 케이스를 제외시켰을 경우의 회귀계수의 변화량을 나타내는 통계량으로 이 통계량 값이 크게 나오는 관측치를 보다 세밀하게 탐색해야 한다.

한편 <그림 7.19>와 같이 빈도로 채워진 데이터의 경우, SPSS 풀다운 메뉴의 Statistics → Regression → Probit을 클릭한 후 이 대화 상자에서 Model 상자의 Logit을 선택해서 실행시킬 수 있다. 원 데이터인 경우에는 Statistics → Regression → Binary Logistic으로 적합시킨다.

<그림 7.19>
흡연 데이터

<그림 7.20>
프로빗 모듈

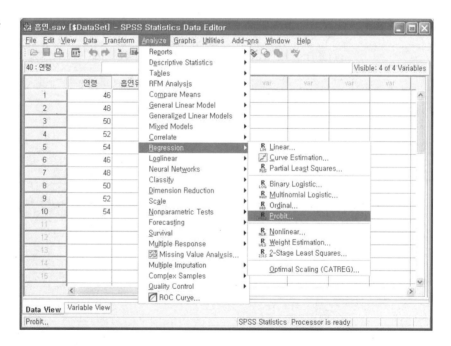

<그림 7.21>
프로빗 분석
대화 상자

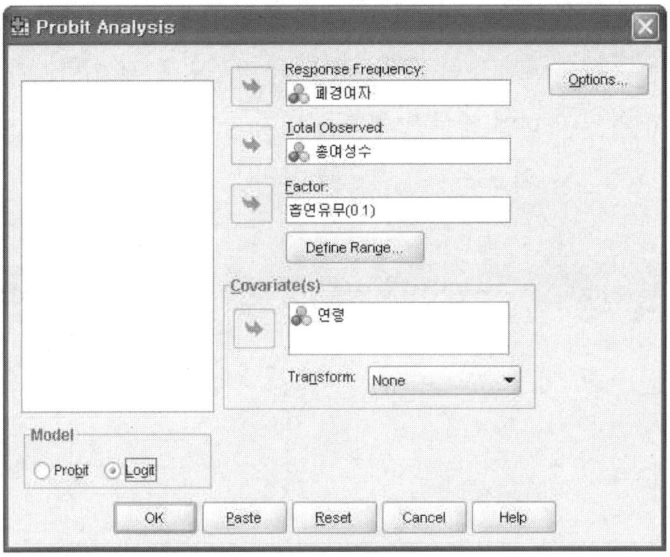

<그림 7.22>
프로빗 분석:
옵션 선택

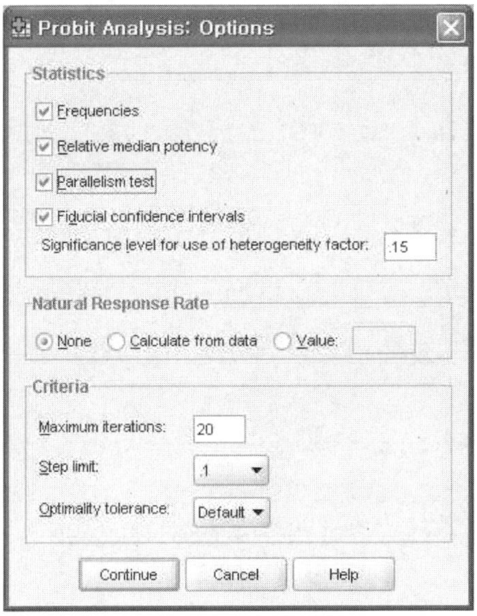

7.3.3 흡연이 폐경에 미치는 영향 (프로빗 메뉴 이용)

중년 여성을 대상으로 각 연령대별 흡연 유무와 폐경기 여성 수를 조사하였다. 흡연 유무가 폐경 연령에 영향이 있는지를 알아보고자 하는 것

이다. 만일 흡연자와 비흡자별로 연령을 설명변수로 폐경 여성의 비율을
반응변수로 한 로지스틱 회귀모형을 추정하였을 때 기울기가 같다면 흡연
유무가 폐경 연령에 아무런 영향을 미치지 않는다고 생각할 수 있다. 이에
대한 로지스틱 회귀분석을 적용해 보자.

<표 7.3.12>
중년 여성의
흡연 여부와
폐경 여부에
관한 자료

연령대	흡연 유무	총 응답자 수	폐경기 여자 수
46	0	64	1
48	0	40	3
50	0	63	15
52	0	71	34
54	0	53	39
46	1	35	1
48	1	30	4
50	1	38	10
52	1	47	22
54	1	25	24

SPSS의 PROBIT 프로시저를 이용해서 적합시킨 명령문 형식은 다음
과 같이 구성된다. /MODEL 명령문에 LOGIT이라 정의된 <표 7.3.13>을
살펴보라. 이를 수행시킨 결과는 <표 7.3.14>와 같다.

<표 7.3.13>
Probit을
이용한
프로그램

```
PROBIT
    폐경여자 OF 총여성 수 BY 흡연 유무(0 1) WITH 연령
/LOG NONE
/MODEL LOGIT
/PRINT FREQ CI RMP PARALLEL
/NATRES
/CRITERIA P(.15) ITERATE(30) STEPLIMIT(.1) .
```

<표 7.3.14>
데이터에 대한
기본 정보

Data Information

		N of Cases
Valid		10
Rejected	Out of Range[a]	0
	Missing	0
	Number of Responses > Number of Subjects	0
Control Group		0
흡연유무	0	5
	1	5

a. Cases rejected because of out of range group values.

Convergence Information

	Number of Iterations	Optimal Solution Found
LOGIT	14	Yes

<표 7.3.14>는 프로빗 모형에서 살펴본 것처럼 입력된 데이터에 대한 일반적인 사항과 모형에 대한 설명이다.

<표 7.3.15>에서 모수추정치(parameter estimates)는 입력 데이터를 로짓 모형

$$\log\left(\frac{p(x)}{1-p(x)}\right) = \beta_0 + \beta_1 x$$

에 적합시켰을 때의 모수추정값들이다. 따라서 <표 7.3.12>의 데이터는

$$\log\left(\frac{\hat{p}(x)}{1-\hat{p}(x)}\right) = -30.869 + 0.59x \qquad \text{(비흡연군)}$$

$$\log\left(\frac{\hat{p}(x)}{1-\hat{p}(x)}\right) = -30.6 + 0.59x \qquad \text{(흡연군)}$$

로 적합되었음을 알 수 있다.

<표 7.3.15>에서 피어슨의 적합도 검증 결과를 살펴보면 유의확률이 0.412이므로 5% 유의수준에서 로짓 모형에 잘 적합되었다는 것을 알 수 있다. 또한 흡연군과 비흡연군에 대한 기울기 동질성(parallelism test)에 있어서도 유의확률이 0.585이므로 두 그룹에 대해 추정된 기울기가 동일하다는 귀

무가설을 기각하기 어렵다. 따라서 위에서 언급한 것처럼 연령 한 단위 증가시 로짓은 0.593만큼 증가하나 흡연군과 비흡연군 간 조기폐경 비율 차이는 통계적으로 유의하지 않다.

<표 7.3.15>
계수추정치와
모형적합

Parameter Estimates

	Parameter		Estimate	Std. Error	Z	Sig.	95% Confidence Interval	
							Lower Bound	Upper Bound
LOGIT[a]	연령		.593	.059	10.017	.000	.477	.709
	Intercept[b]	0	-30.869	3.047	-10.130	.000	-33.916	-27.821
		1	-30.600	3.027	-10.108	.000	-33.627	-27.573

a. LOGIT model: LOG(p/(1-p)) = Intercept + BX

b. Corresponds to the grouping variable 흡연유무.

Chi-Square Tests

		Chi-Square	df[a]	Sig.
LOGIT	Pearson Goodness-of-Fit Test	7.165	7	.412[b]
	Parallelism Test	.299	1	.585

a. Statistics based on individual cases differ from statistics based on aggregated cases.

b. Since the significance level is greater than .150, no heterogeneity factor is used in ...

<표 7.3.16>은 흡연군과 비흡연군에 대해 각 연령대별 관측빈도와 추정된 모형에 의한 기대빈도 그리고 잔차와 이에 대한 확률을 제공해 주고 있다.

<표 7.3.17>은 흡연군과 비흡연군의 두 그룹에 대해 각 반응확률별 연령과 95% 신뢰구간을 나타낸다. 비흡연군의 반응확률이 50%인 연령은 52세 정도이고 흡연군의 경우와 비교해 보면 근소한 차이로 거의 동일함을 알 수 있다. <그림 7.23>은 두 그룹에 대하여 로짓 모형에 적합시킨 플롯이다. 흡연군과 비흡연군의 연령대별 로짓이 거의 비슷하게 분포되어 있음을 알 수 있다.

<표 7.3.16>
관측빈도와
기대빈도

Cell Counts and Residuals

	Number	흡연유무	연령	Number of Subjects	Observed Responses	Expected Responses	Residual	Probability
LOGIT	1	0	46.000	64	1	1.697	-.697	.027
	2	0	48.000	40	5	3.273	1.727	.082
	3	0	50.000	63	15	14.223	.777	.226
	4	0	52.000	71	34	34.666	-.666	.488
	5	0	54.000	53	39	40.142	-1.142	.757
	6	1	46.000	35	1	1.204	-.204	.034
	7	1	48.000	30	4	3.132	.868	.104
	8	1	50.000	38	10	10.491	-.491	.276
	9	1	52.000	47	22	26.092	-4.092	.555
	10	1	54.000	25	24	20.082	3.918	.803

<그림 7.23>
흡연군과
비흡연군에
대한 연령별
로짓 반응

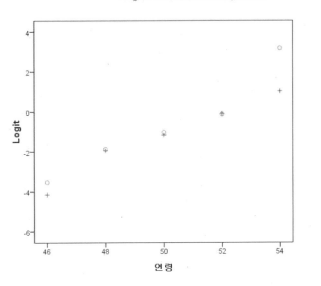

Logit Transformed Responses

<표 7.3.17>
그룹별
공변량에 대한
점추정치와
신뢰구간

흡연유무	Prob.	Confidence Limits 95% Confidence Limits for 연령			흡연유무	Prob.	Confidence Limits 95% Confidence Limits for 연령		
		Estimate	Lower Bound	Upper Bound			Estimate	Lower Bound	Upper Bound
0	0.01	44.3	42.5	45.6	1	0.01	43.9	42.0	45.2
	0.02	45.5	44.0	46.6		0.02	45.1	43.4	46.2
	0.03	46.2	44.8	47.2		0.03	45.8	44.3	46.8
	0.04	46.7	45.4	47.6		0.04	46.3	44.9	47.2
	0.05	47.1	45.9	48.0		0.05	46.7	45.4	47.6
	0.06	47.4	46.3	48.2		0.06	47.0	45.8	47.9
	0.07	47.7	46.7	48.5		0.07	47.3	46.1	48.1
	0.08	48.0	46.9	48.7		0.08	47.5	46.4	48.3
	0.09	48.2	47.2	48.9		0.09	47.7	46.7	48.5
	0.10	48.4	47.4	49.1		0.10	47.9	46.9	48.7
	0.15	49.2	48.4	49.8		0.15	48.7	47.8	49.4
	0.20	49.7	49.1	50.3		0.20	49.3	48.5	50.0
	0.25	50.2	49.6	50.7		0.25	49.8	49.0	50.4
	0.30	50.6	50.1	51.2		0.30	50.2	49.5	50.8
	0.35	51.0	50.5	51.5		0.35	50.6	49.9	51.2
	0.40	51.4	50.9	51.9		0.40	50.9	50.3	51.6
	0.45	51.7	51.2	52.3		0.45	51.3	50.6	51.9
	0.50	52.1	51.6	52.6		0.50	51.6	51.0	52.3
	0.55	52.4	51.9	53.0		0.55	52.0	51.3	52.7
	0.60	52.8	52.2	53.4		0.60	52.3	51.7	53.1
	0.65	53.1	52.6	53.8		0.65	52.7	52.0	53.5
	0.70	53.5	52.9	54.3		0.70	53.1	52.4	53.9
	0.75	53.9	53.3	54.8		0.75	53.5	52.8	54.4
	0.80	54.4	53.7	55.3		0.80	54.0	53.2	55.0
	0.85	55.0	54.3	56.0		0.85	54.6	53.7	55.7
	0.90	55.8	54.9	57.0		0.90	55.3	54.4	56.6
	0.91	56.0	55.1	57.2		0.91	55.5	54.6	56.8
	0.92	56.2	55.3	57.5		0.92	55.7	54.8	57.1
	0.93	56.4	55.5	57.8		0.93	56.0	55.0	57.4
	0.94	56.7	55.7	58.1		0.94	56.3	55.2	57.7
	0.95	57.0	56.0	58.5		0.95	56.6	55.5	58.1
	0.96	57.4	56.4	59.0		0.96	57.0	55.9	58.6
	0.97	57.9	56.8	59.6		0.97	57.5	56.3	59.2
	0.98	58.6	57.4	60.5		0.98	58.2	56.9	60.1
	0.99	59.8	58.4	62.0		0.99	59.4	57.9	61.5

7.3.4 SPSS(PASW) 로지스틱 명령문 형식

7.3.1절에서 다룬 적용 사례에 대한 로지스틱 회귀분석의 명령문은
<표 7.3.18>과 같이 구성된다.

즉 반응변수는 VAR = *nodalinv*로 선언해 놓고 공변량들을 METHOD
옆에 나열한다. 그리고 필요한 출력결과에 대한 명령어들을 옵션으로 작성
하는 것이다. SPSS에서 제공하는 LOGISTIC 명령문 형식에 대한 세부적인
내용은 다음과 같다.

<표 7.3.18>
로지스틱
명령문 형식

```
LOGISTIC  REGRESSION
VAR = nodalinv
/METHOD = ENTER acid age grade xray size
/SAVE  PRED  COOK  SRESID
/CLASSPLOT
/CASEWISE  OUTLIER(2)
/PRINT = CORR  CI(95)
/CRITERIA  PIN(.05)  POUT(.10)  ITERATE(30)  CUT(.5).
```

■ CATEGORICAL 명령어

설명변수가 명목형인지 순서형인지를 선언한다. 선언된 범주형 변수
가 n개의 수준을 가지고 있으면 CONTRAST 명령어에서 정의한 방법에 따
라 $n-1$개의 대조변수(contrast variables)가 생성된다.

■ CONTRAST 명령어

범주형 설명변수에 대해 사용될 대조유형을 선언한다. 디폴트는 지표
변수를 사용한다.

· INDICATOR: 지표변수를 선언하고 디폴트는 마지막 범주가 0으로
표현된다.
· DEVIATION: 총체적인 효과로부터 편차를 계산한다.

- SIMPLE: 마지막 범주로 선언된 것과 나머지 범주들이 비교된다.
- DIFFERENCE: (reverse Helmert contrasts) 첫 번째 범주를 제외하고 설명 변수의 각 범주에 대한 효과가 바로 전 단계의 범주의 평균효과와 비교된다.
- HELMERT: 마지막 범주를 제외시킨 설명변수의 각 범주에 대한 효과가 순차적인 범주의 평균효과와 비교된다.
- REPEATED: 이웃한 범주와의 비교로 첫 번째를 제외한 설명변수의 각 범주들이 바로 전 단계의 범주와 비교된다.
- POLYNOMIAL: 설명변수의 범주간의 선형효과, 2차 효과 등이 포함되며 디폴트로는 범주들이 등간격인 것을 가정한다. 만약 등간격 이 아니면 설명변수의 각 범주에 대한 정수값을 포함하는 행렬을 정 의해 준 후 실시해야 한다.

  예를 들어

  $$\text{contrast(stimulus)} = \text{polynomial}(1,2,4)$$

  같이 설정하며 이는

  $$\text{contrast(stimulus)} = \text{polynomial}(10,20,40)$$

  과 동등하다.
- SPECIAL: 사용자가 정의하는 대조(contrast)를 이용한다.

■ METHOD 명령어

- ENTER: 연구자가 선택한 모든 변수들이 제1단계에 모두 투입되며 디폴트이다.
- FSTEP: 전진단계법(forward stepwise method)으로 변수를 선별한다.
- BSTEP: 후진단계법(backward stepwise method)으로 변수를 선택한다. 여기서 변수를 제거할 때 사용되는 통계량은 추가적으로 지정해 주 어야 하는데 디폴트는 Cond이다. 선택할 수 있는 방법은 다음 3가 지이다.

○ Cond: 조건부 통계량을 기준으로 변수를 제거시킨다.

○ Wald: Wald 통계량을 기준으로 변수제거 여부를 판단한다.

○ LR: 가능도비를 이용하여 유의성을 판단한다. 만약 LR이 지정되었다면 모형에서 각각의 변수를 뺀 후의 추정량을 계산해야 하기 때문에 컴퓨터 시간 측면에서는 효율성이 떨어지지만 어떤 변수를 제거해야 하는가를 결정하는 데는 가장 좋은 기준이 된다.

■ SELECT 명령어

지정한 변수들에 대한 정보만 출력한다.

■ NOORIGIN/ORIGIN 명령어

절편항(constant)의 포함 여부를 나타낸다. ORIGIN은 절편항을 모형에 포함시킨 것이다.

■ ID 명령어

각 개체에 해당되는 번호를 부여한다.

■ PRINT 명령어

디폴트는 모형적합 결과, 분류표, 각 단계별 모형에 포함된 변수에 대한 통계량 등을 제공한다.

· SUMMARY: 각 단계별 결과만을 제외하고는 디폴트와 같은 결과를 출력한다.

· CORR: 모형에 포함된 변수들의 추정치에 대한 상관행렬을 출력한다.

· ITER: 모수추정에 필요한 반복 횟수를 표시한다.

· GOODFIT: Hosmer-Lemeshow 적합통계량을 제공한다.

· ALL: 모든 변수에 대한 결과를 출력한다.

■ CRITERIA 명령어

· BCON: 모수추정에 있어 반복을 종료할 수 있는 모수의 변화량을 정한다. 디폴트는 0.001이다.

· ITERATE: 최대반복수를 지정하는데 디폴트는 20이다.

· LCON: 반복을 종료하기 위한 로그 가능도비의 변화량(백분율)을 지정한다.

· PIN: 투입된 변수에 대한 스코어(score) 통계량에 대한 확률을 지정하는 것으로 디폴트는 0.05이다. 이 확률이 클수록 모형에 변수가 포함되기 쉽다.

· POUT: 변수를 제거하기 위한 조건부 통계량, Wald, LR 통계량에 대한 확률을 지정하는데 디폴트는 10-8이다.

· EPS: 정보의 중복(redundancy)에 대한 검토를 위해 사용될 ϵ값을 지정한다. 여기서 지정될 값은 0.05보다는 작아야 하고 10-12보다는 커야 한다. 디폴트는 10-8으로 만약 더 큰 값이 지정되면 변수가 모형에서 빠지기 쉽다.

· CUT: 개체의 추정된 확률을 통해 반응변수의 두 집단으로 분류하기 위한 절단값(cutoff value)을 지정한다.

■ CLASSPLOT 명령어

각 단계에서 이항반응으로 관측된 반응변수의 적합값과 실제값에 대한 분류플롯을 출력한다.

■ MISSING 명령어

· EXCLUDE: 시스템 결측과 마찬가지로 사용자가 정의한 결측값을 분석에서 제외시킨다.

· INCLUDE: 사용자가 정의한 결측값을 분석에 포함시킨다.

이상의 분석을 통해 살펴본 사용상의 제한점은 비록 예측을 위해 프로빗과 로짓 모형 두 개를 모두 적합시켜 볼 필요가 있을지라도 메뉴를 통해서는 한 번에 한 개의 모형만을 가지고 검증된다는 것이다. 그리고 신뢰한계나 변환된 반응비율과 적합치에 대한 플롯 등은 한 개의 설명변수를 고려한 모형(single-predictor model)에 한해서만 가능하다. relative median potency와 parallelism test는 한 개의 요인변수(factor)를 가지고 있을 때만 적용 가능하다.

한편 일반적으로 이 책에서 소개하고 있듯이 프로빗 모형은 계획된 실험 데이터에 적합하고 로짓 모형은 신용불량 여부, 기업의 부실 여부, 선호하는 정당, 선호하는 제품 등과 같이 관측된 데이터의 분석에 더 적합한 것으로 알려져 있다. 두 가지 모형 적합에 따른 분석결과의 차이점도 바로 이런 점을 잘 나타내는데 프로빗 모형에 의한 데이터 분석은 다양한 반응비율에 대한 효과적인 값을 추정해 주는 반면 로짓 모형에의 적합 결과는 설명변수들에 대한 오즈비를 추정해 준다.

7.4 연습 문제

Quiz 1.

　　다음은 71명의 백혈병 환자에 대한 데이터이다. 이 가운데 37명은 어떤 치료에 반응(resp)을 보였고 나머지 34명은 반응을 보이지 않았다. LIP(labeling index percent)와 연령(age)을 고려하여 데이터를 분석하시오.

AGE	LIP	RESP*	AGE	LIP	RESP*	AGE	LIP	RESP*
20	7	1	28	8	1	47	2	4
25	16	1	28	9	1	48	10	4
26	12	1	28	22	1	52	7	4
26	16	1	34	14	1	57	19	4
27	6	1	37	11	1	59	5	4
28	20	1	47	13	1	60	12	4
28	14	1	56	15	1	63	5	4
31	5	1	19	5	1	71	6	4
33	5	1	33	7	2	80	7	4
33	12	1	45	10	2	21	11	4
36	14	1	59	8	2	55	5	4
40	9	1	61	4	2	62	14	4
40	12	1	65	10	2	83	9	4
45	14	1	73	6	2	26	36	1
45	10	1	36	16	2	37	15	4
50	19	1	59	6	2	27	28	1
50	14	1	34	7	3	45	4	4
53	13	1	43	4	3	22	10	1
56	10	1	51	8	3	27	8	4
62	19	1	53	6	3	19	9	1
71	11	1	60	7	3	28	26	3
74	10	1	61	8	3	18	3	1
75	17	1	61	11	3	74	16	3
77	9	1	73	4	3			

* RESP: 1(반응) , 2,3,4(무반응)

Quiz 2.

다음은 8개 연령 그룹으로 나누어 관상동맥질환(CHD: coronary heart disease)의 유무를 관측한 데이터이다. 이 데이터에 적절한 모형에 적합시켜 보시오.

연령 그룹	표본크기	CHD (Coronary Heart Disease Status)	
		무	유
20~29	10	9	1
30~34	15	13	2
35~39	12	9	3
40~44	15	10	5
45~49	13	7	6
50~54	8	3	5
55~59	17	4	13
60~69	10	2	8
합계	100	57	43

출처: D. w. Hosmer & S. Lemeshow, 1989.

Quiz 3.

로테논(rotenone)은 콩과식물 데리스(Derris elliptica)의 뿌리에서 얻어지는 화학성분으로 물에는 거의 녹지 않고, 아세톤·클로로포름 등에 녹는다. 식물성 살충제로서, 특히 오이고자리파리류에 대해 특효가 있다. 그리고 인축(人畜)에 대한 독성은 적으며 데리스 분제(粉劑)·데리스에멀션[乳劑] 등으로 만들어 농약으로 사용하는데 다음 자료는 두 회사에서 실험한 충해에 대한 로테논의 살충 효과이다. 두 회사에서 만든 살충제의 효과가 동일하다고 할 수 있는지 분석하시오.

로테논 투입 양	회사	실험된 충해 마릿수	치사된 충해 마릿수
2.57	1	50	6
3.80	1	48	16
5.13	1	46	24
7.76	1	49	42
10.23	1	50	44
10.00	2	48	18
20.42	2	48	34
30.20	2	49	47
40.74	2	50	47
50.12	2	48	48

8 장

프로빗과 로지스틱 회귀모형 II
Probit and Logistic Regression Model II

이 장에서는 범주형 반응변수의 범주가 셋 이상인 경우에 적용할 수 있는 다항형 로지스틱 회귀(multinomial logistic regression)와 순서형 로지스틱 회귀(ordinal logistic regression)에 대해서 살펴보도록 한다.

8.1 서론

다항형 로지스틱 회귀분석은 반응 범주가 셋 이상인 명목형 반응범주를 종속변수로 고려한 경우 적용할 수 있는 방법이다. 이는 7장에서 설명한 이항형 로지스틱 회귀모형을 확장하여 직접 적용하면 된다.

종속변수가 취하는 명목형 범주가 $1, 2, \cdots, J$ 라고 하고 다항분포를 따른다고 가정할 경우 다항형 로지스틱 회귀모형은 다음과 같다.

$$\log \frac{P(Y=j|x_1,\cdots,x_p)}{P(Y=J|x_1,\cdots,x_p)} = \beta_{oj} + \beta_{1j}x_{i1} + \cdots + \beta_{pj}x_{ip} \tag{8.1}$$

여기서 $j = 1, 2, \cdots, J-1$ 이다. 이 모형으로부터 종속변수가 범주 j에 속할 확률은

$$P(Y=j \mid x_1,\cdots,x_p) = \frac{\exp(\beta_{0j}+\beta_{1j}x_{i1}+\cdots+\beta_p x_{ip})}{1+\exp(\beta_{0j}+\beta_{1j}x_{i1}+\cdots+\beta_p x_{ip})} \tag{8.2}$$

와 같다. 모수에 대한 추정은 7장에서 이미 소개한 최대가능도법을 확장하여 이루어진다.

한편 현재의 모형에 데이터가 잘 적합되었는지 알아보기 위해서는 피어슨의 적합도 카이제곱 통계량

$$X^2 = \sum_{i=1}^{m}\sum_{j=1}^{J} \frac{(n_{ij}-n_i \hat{p}_{ij})^2}{n_i \hat{p}_{ij}} \sim \chi^2(m(J-1)-p^*)$$

을 이용하면 된다. 여기서 m은 공변량 패턴에 의해 독립적으로 구분된 부모집단(subpopulation)의 총수이고 p^*는 추정해야 할 모수의 총수를 나타낸다. 이와 더불어 일반화 선형모형(generalized linear model)에서 모형의 적합도 검증통계량으로 많이 사용하는 것으로 Deviance가 있다. 보통 D로 표기하고 다음과 같이 정의한다.

$$D = 2\sum_{i=1}^{m}\sum_{j=1}^{J} n_{ij} \log\left(\frac{n_{ij}}{n_i \hat{p}_{ij}}\right) \sim \chi^2(m(J-1)-p^*)$$

D나 피어슨(Pearson)의 적합도 통계량은 관측치와 추정치에 대한 차이를 볼 수 있으므로 이 값이 작을수록 적합이 잘 되었다고 판단한다.

다항형 회귀분석에서 추정된 모수는 7장에서 설명한 *Wald* 통계량에 의해 검증되며 변수선택법은 전진단계법(forward stepwise), 후진단계법 (backward stepwise)과 전진선택법(forward only), 후진제거법(backward only)이 제공된다.

다음으로 종속변수가 순서형 범주를 취하는 경우를 생각해 보자. 종속변수가 취할 수 있는 범주가 $1,2,\cdots,J$ 라고 하자. 여기서 종속변수가 범주 j값을 가지고 설명변수 $X_1, X_2, \cdots, X_p$가 $x_{i1},\cdots,x_{ip}$를 취했을 때의 확률을

$$p_{ij} = P(Y=j \mid x_{i1},\cdots,x_{ip})$$

라고 하자. 그리고 첫 번째 범주부터 j번째 범주까지의 확률의 합을

$$\gamma_{ij} = p_{i1} + p_{i2} + \cdots + p_{ij}$$

라고 놓으면 순서형 로지스틱 회귀모형(ordinal logistic regression model)은 일반적으로 다음과 같이 표현된다.

$$\log\frac{\gamma_{ij}}{1-\gamma_{ij}} = \alpha_1 x_{i1} + \alpha_2 x_{i2} + \cdots + \alpha_p x_{ip} + \theta_j \tag{8.3}$$

여기서 $j = 1, 2, \cdots, J-1$ 이고

$$\log\frac{\gamma_{i,j-1}}{1-\gamma_{i,j-1}} \leqq \log\frac{\gamma_{i,j}}{1-\gamma_{i,j}}$$

이므로 $\theta_{j-1} \leqq \theta_j$의 관계를 만족한다.

모형 (8.3)으로부터 종속변수가 어느 한 범주에 속할 확률은 다음과 같이 계산됨을 알 수 있다.

$$\gamma_{i1}(\boldsymbol{x}_i) = \frac{\exp(\boldsymbol{\alpha}'\boldsymbol{x}_i + \theta_1)}{1 + \exp(\boldsymbol{\alpha}'\boldsymbol{x}_i + \theta_1)}$$

$$\gamma_{i2}(\boldsymbol{x}_i) = \frac{\exp(\boldsymbol{\alpha}'\boldsymbol{x}_i + \theta_2)}{1 + \exp(\boldsymbol{\alpha}'\boldsymbol{x}_i + \theta_2)} - \frac{\exp(\boldsymbol{\alpha}'\boldsymbol{x}_i + \theta_1)}{1 + \exp(\boldsymbol{\alpha}'\boldsymbol{x}_i + \theta_1)}$$

$$\gamma_{i3}(\boldsymbol{x}_i) = \frac{\exp(\boldsymbol{\alpha}'\boldsymbol{x}_i + \theta_3)}{1 + \exp(\boldsymbol{\alpha}'\boldsymbol{x}_i + \theta_3)} - \frac{\exp(\boldsymbol{\alpha}'\boldsymbol{x}_i + \theta_2)}{1 + \exp(\boldsymbol{\alpha}'\boldsymbol{x}_i + \theta_2)}$$

$$\vdots$$

$$\gamma_{i,J}(\boldsymbol{x}_i) = 1 - \gamma_{i1} - \gamma_{i2} - \cdots - \gamma_{i,j-1}$$

여기서 $\boldsymbol{\alpha}' = (\alpha_1, \alpha_2, \cdots, \alpha_p)$, $\boldsymbol{x}_i = (x_{i1}, x_{i2}, \cdots, x_{ip})'$ 이다. 또한 n개의 관측벡터$(i = 1, \cdots, n)$에 대한 가능도 함수는 $Y = j$이면 1, 그렇지 않으면 0으로 둔 $J \times 1$벡터 $\boldsymbol{z}_i = (z_{1i}, z_{2i}, \cdots, z_{Ji})'$를 구성하면

$$L(\boldsymbol{\alpha}, \boldsymbol{\theta}) = \Pi_{i=1}^n \gamma_1(\boldsymbol{x}_i)^{z_{1i}} \gamma_2(\boldsymbol{x}_i)^{z_{2i}} \cdots \gamma_J(\boldsymbol{x}_i)^{z_{Ji}}$$

과 같이 표현된다. 따라서 로그 가능도 함수는

$$\log L(\boldsymbol{\alpha}, \boldsymbol{\theta}) = \sum_{i=1}^n [z_{1i}\log\gamma_1(\boldsymbol{x}_i) + z_{2i}\log\gamma_2(\boldsymbol{x}_i) + \cdots + z_{Ji}\log\gamma_J(\boldsymbol{x}_i)] \tag{8.4}$$

이다. 최대가능도 추정량은 이 로그 가능도 함수를 모수들에 대해 편미분한 후 방정식을 0으로 놓고 풀어야 하나 폐쇄형(closed form)이 아니므로 반복 알고리즘에 의해 그 해를 추정하게 된다.

SPSS에서는 (8.3)의 모형 대신

$$\log \frac{\gamma_{ij}}{1 - \gamma_{ij}} = \theta_j - (\alpha_1 x_{i1} + \alpha_2 x_{i2} + \cdots + \alpha_p x_{ip}) \tag{8.5}$$

에 적합시킨다. 따라서 SPSS를 실행시킨 결과는 (8.3)의 모형에 적합시켜 추정된 계수와 부호가 반대로 나오므로 이를 주의하면 된다.

SPSS에서 다루어지는 일반화 선형모형(generalized linear model)은 다음과 같은 모형식으로부터 제공된다.

$$link(\gamma_j) = \frac{\theta_j - (\alpha_1 x_1 + \cdots + \alpha_p x_p)}{\exp^{(\tau_1 z_1 + \tau_2 z_2 + \cdots + \tau_m z_m)}} \tag{8.6}$$

여기서 γ_{ij}는 j번째 범주에 대한 누적확률을 나타내고 θ_j는 j번째 범주에 대한 임계치(threshold) 모수를, $\alpha_1, \cdots, \alpha_p$는 p개 독립변수들에 대한 회귀계수를 나타낸다. 이 모형에서 분자 항은 모형의 위치(location)를 결정하며 분모 항은 척도(scale)를 나타낸다. 따라서 $\tau_1, \cdots, \tau_m$ 을 척도성분(scale component)에 대한 계수라고 부르며 $z_1, \cdots, z_m$은 척도성분에 대한 설명변수를 나타낸다. 이는 설명변수 $x_1, \cdots, x_p$로부터 재구성된다. 척도성분은 서로 다른 값을 가지게 되는 설명변수들의 변동(variability)에 대한 차이를 설명한다. 예를 들어 어떤 그룹의 변수들이 등급화(rating)한 것보다 변동이 더 크다면 해당 척도성분을 이용하는 것이 모형을 더 향상시킬 수 있다는 것을 의미한다. 식 (8.6)에서 분모항이 1이라는 것은 척도성분에 대한 설명변수들의 변동이 1이라는 것을 가정하는 것이다.

모수에 대한 추정은 최대가능도 추정량으로 반복 알고리즘에 의해 계산된다. 순서형 로지스틱 회귀분석에서의 적합도 통계량이나 모수에 대한 검증은 다항형 로지스틱 회귀분석에서와 동일하게 적용된다.

8.2 다항형 로지스틱 회귀분석

8.2.1 데이터: 교육 프로그램 효과

<표 8.2.1>의 데이터는 교육 프로그램 효과를 관측한 데이터이다. 학교별, 프로그램별로 선호하는 학습방법에 차이가 있는지 살펴보려고 한다. 따라서 종속변수를 선호하는 학습방법으로 두고 다항 로지스틱 회귀모형을 고려해야 할 것이다.

<표 8.2.1>
데이터

school	program	선호하는 학습 방법(response)		
		self(1)	team(2)	class(3)
1	1	10	17	26
1	2	5	12	50
2	1	2	17	26
2	2	16	12	36
3	1	15	15	16
3	2	12	12	20

8.2.2 분석 절차

다항형 로지스틱 회귀분석은 주메뉴의 Analyze→Regression→Multinomial Logistic Regression을 클릭하여 실행할 수 있다. 여기서 범주형 설명변수는 이항형 로지스틱 회귀분석과 달리 <그림 8.1>에서 보는 것처럼 Factor에 지정해야 한다. 연속형 설명변수는 Covariate에 지정한다. <표 8.2.1>의 데이터에서 연속형 설명변수는 없으므로 $school, program$ 두 변수를 <그림 8.1>의 Multinomial Logistic Regression 대화 상자에서 Factor에 지정하도록 하자.

<그림 8.1>
다항 로지스틱 회귀분석: 변수 설정

	school	program	response	freq
1	1	1	1	10
2	1	1	2	17
3	1	1	3	26
4	1	2	1	5
5	1	2	2	12
6	1	2	3	50
7	2	1	1	21
8	2	1	2	17
9	2	1	3	26
10	2	2	1	16
11	2	2	2	12
12	2	2	3	36
13	3	1	1	15
14	3	1	2	15
15	3	1	3	16
16	3	2	1	12
17	3	2	2	12
18	3	2	3	20

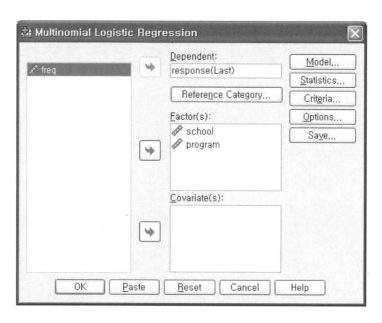

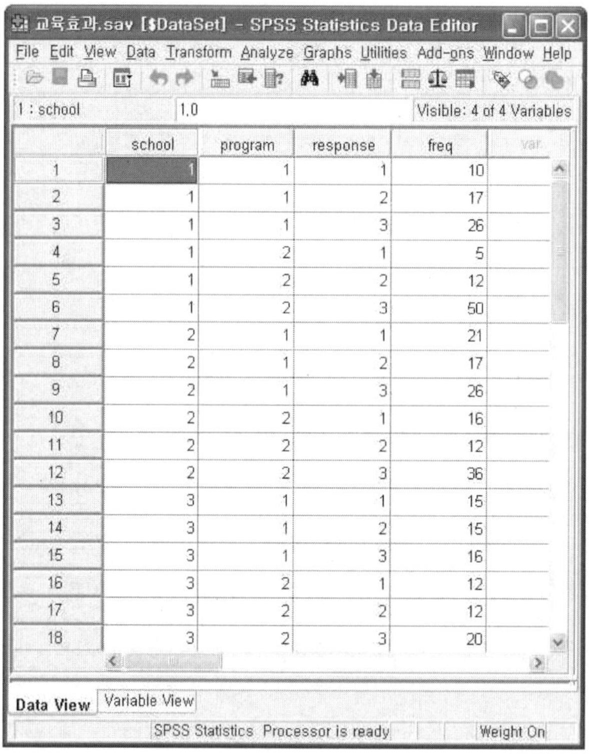

<그림 8.2>
입력된 데이터

한편 <그림 8.1>에서 Dependent에 지정한 종속변수의 참조범주 (reference category)는 를 눌러 연구자의 편의에 따라 지정할 수 있다. 이는 버전 12.0부터 개선된 사항이다. 이때 선택 가능한 참조범주는 첫 번째 범주와 마지막 범주, 그리고 분석자가 관심을 두고 있는 특정 범주, 이 3가지가 가능하다. 물론 디폴트는 코딩된 수치 중 가장 큰 값을 가지는 범주가 참조범주가 된다.

모형설정은 <그림 8.1>의 우측 탭 Model... 을 클릭하여 분석자의 관심사에 따라 재구성할 수 있다. 디폴트는 모형에 투입된 변수들의 주효과(main effect)만을 살펴보는 것이다. 만약 <그림 8.3>에서 완전요인(full factorial) 모형을 선택하면 위와 같은 예에서는 $school*program$과 같이 두 변수 간의 상호작용도 분석하게 된다. Custom/Stepwise를 선택할 경우에는 분석자가 고려한 모형에 포함되는 일부 효과들만을 고려하거나 Stepwise Terms에 투입된 효과들 중 유의한 변수들만 Stepwise Method에서 지정한 변수선택법에 의해 통계적으로 유의한 모형에 적합시킬 수 있다.

<그림 8.3>
다항 로지스틱
회귀분석:
모형설정

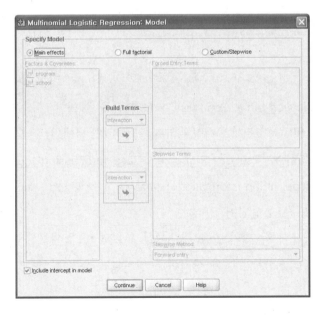

<그림 8.4>
다항 로지스틱
회귀분석:
통계량 선택

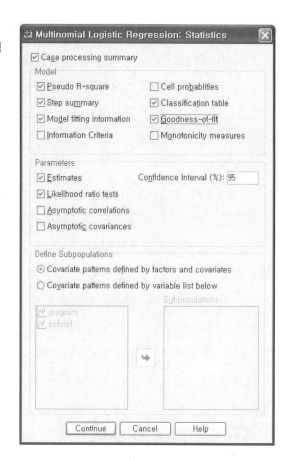

이제 <그림 8.1>에서 [Statistics...] 탭을 눌러 <그림 8.4>의 대화 상자에서 **Classification table, Goodness-of-fit**과 같은 필요한 통계량들을 선택하도록 한다. SPSS 버전 12 이상부터는 연구자가 선택할 수 있는 통계량을 더욱 세분화하여 **Pseudo R-square**, **Case processing summary**, **Step summary**, **Model fitting information**, **Estimates**, **Likelihood Ratio test** 등을 선택할 수 있도록 구성되어 있다.

모형 적합이 잘 되지 않을 경우에는 <그림 8.1>에서 [Criteria...]를 클릭하여 <그림 8.5>의 대화 상자에서 반복알고리즘에 적용되는 기준들을 변경할 수 있다. 또한 <그림 8.1>에서 [Options...] 탭을 눌러 <그림 8.6>의 대화 상자에서 단계적 선택방법에 의한 변수선택시 필요한 유의수준과 검증통계량을 지정하여 최적모형을 탐색해 볼 수 있다.

<그림 8.5>
수렴한계 설정
대화 상자

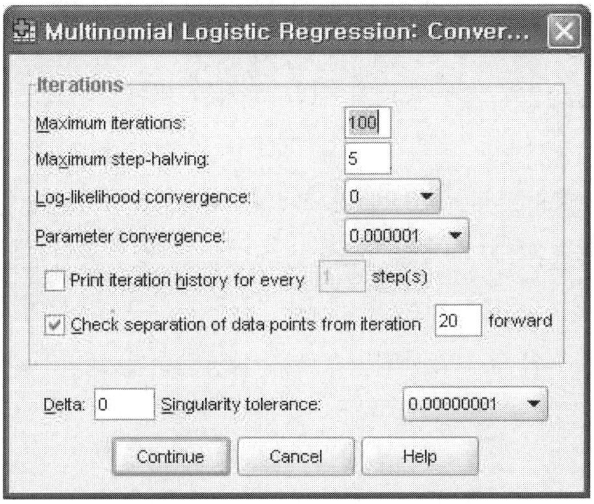

<그림 8.6>
옵션 대화
상자

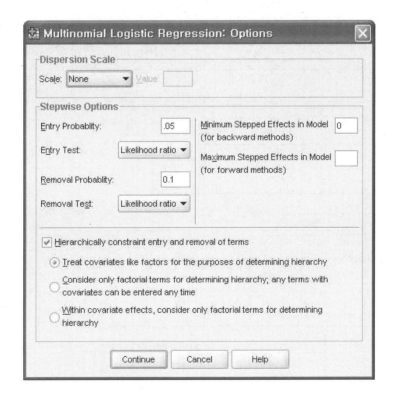

8.2.3 분석결과의 이해

이제 학습 프로그램 효과에 대한 분석결과를 살펴보도록 하자.

<표 8.2.2>의 ①은 모형 적합 정보를 제공한다. 절편만 고려하였을 경우 −2Log Likelihood는 78.915였으나 *school*, *program*의 설명변수를 모형에 포함시킨 후 −2Log Likelihood는 50.445로 감소하였음을 알 수 있다. 이 두 값의 차이를 나타내는 카이제곱 통계량 값은 28.47이고 유의확률이 5% 유의수준보다 작게 계산되었으므로 설명변수를 포함시킨 모형에 적합시키는 것이 타당함을 알 수 있다.

<표 8.2.2>
분석결과

Model Fitting Information ①

Model	Model Fitting Criteria	Likelihood Ratio Tests		
	-2 Log Likelihood	Chi-Square	df	Sig.
Intercept Only	78.915			
Final	50.445	28.470	6	.000

Goodness-of-Fit ②

	Chi-Square	df	Sig.
Pearson	1.759	4	.780
Deviance	1.778	4	.777

Pseudo R-Square ③

Cox and Snell	.081
Nagelkerke	.093
McFadden	.041

Likelihood Ratio Tests ④

Effect	Model Fitting Criteria	Likelihood Ratio Tests		
	-2 Log Likelihood of Reduced Model	Chi-Square	df	Sig.
Intercept	50.445[a]	.000	0	.
school	66.830	16.385	4	.003
program	61.539	11.094	2	.004

<표 8.2.2>의 ②에서 제시한 적합도 검증 통계량을 통해 데이터가 주어진 모형에 잘 적합되는지 여부를 확인할 수 있다. Pearson이나 Deviance 기준의 카이제곱 통계량에 대한 유의확률이 유의수준보다 크면 주어진 모형에 잘 적합되는 것으로 이해할 수 있다.

<표 8.2.2>의 ③에서 제공하는 통계량은 일종의 결정계수로 **Pseudo R Square** 값을 살펴보면 세 가지 통계량이 모두 0.1 이하로 설명력이 매우 낮음을 알 수 있다.

<표 8.2.2>에서 ④의 우도비 검증 통계량은 투입된 설명변수의 유의성 여부를 나타낸다. 계산된 유의확률이 설정한 유의수준보다 클 경우 해당 변수는 다항형 로지스틱 회귀분석에 유용한 변수가 되지 못한다고 할 수 있다. ④의 결과로부터 *school*, *program* 모두 5%의 유의수준에서 통계적으로 유의하다고 할 수 있다.

<표 8.2.3>은 추정된 모수와 통계적 유의성 여부를 나타낸다. 이를 정리하면 다음과 같은 식으로 표현된다.

$$\log\left(\frac{P(Y=1)}{P(Y=3)}\right) = -0.656 - 1.315SD_1 - 0.232SD_2 + 0.747PD_1$$

$$\log\left(\frac{P(Y=2)}{P(Y=3)}\right) = -0.653 - 0.656SD_1 - 0.475SD_2 + 0.743PD_1$$

여기서 SD_1, SD_2는 *school* = 1, *school* = 2에 대한 가변수를 나타내며 PD_1은 *program* = 1에 대한 가변수를 나타낸다. 이렇게 추정된 모형식으로부터 *program* = 2에 비해 *program* = 1이 'class'에 비해 'self'나 'team'에 의한 학습선호 효과가 있다고 할 수 있고 *school* = 3이 *school* = 1, *school* = 2보다는 'self'나 'team' 학습을 선호한다고 할 수 있다. 그러나 Exp(B)와 이에 대한 95% 신뢰구간을 함께 고려해 보면 *school*보다는 *program*에 의한 학습선호 효과가 더 뚜렷함을 알 수 있다.

<표 8.2.3>의 모수 추정값(parameter estimates)으로부터 오즈(Odds)를 추정하면 <표 8.2.4>와 같이 정리할 수 있다.

<표 8.2.3>
모수 추정값

Parameter Estimates

response[a]		B	Std. Error	Wald	df	Sig.	Exp(B)	95% Confidence Interval for Exp(B) Lower Bound	Upper Bound
self	Intercept	-.656	.296	4.924	1	.026			
	[school=1]	-1.315	.384	11.727	1	.001	.269	.127	.570
	[school=2]	-.232	.333	.486	1	.486	.793	.413	1.522
	[school=3]	0[b]	.		0				
	[program=1]	.747	.282	7.027	1	.008	2.112	1.215	3.670
	[program=2]	0[b]	.		0				
team	Intercept	-.653	.293	4.986	1	.026			
	[school=1]	-.656	.339	3.730	1	.053	.519	.267	1.010
	[school=2]	-.475	.344	1.915	1	.166	.622	.317	1.219
	[school=3]	0[b]	.		0				
	[program=1]	.743	.271	7.533	1	.006	2.101	1.237	3.571
	[program=2]	0[b]	.		0				

a. The reference category is: class.

b. This parameter is set to zero because it is redundant.

<표 8.2.4>
추정된 오즈

school	program	Odds self/class	team/class
1	1	$e^{(-0.656-1.315+0.747)}$	$e^{(-0.653-0.656+0.743)}$
1	2	$e^{(-0.656-1.315-0.747)}$	$e^{(-0.653-0.656-0.743)}$
2	1	$e^{(-0.656-0.232+0.747)}$	$e^{(-0.653-0.475+0.743)}$
2	2	$e^{(-0.656-0.232-0.747)}$	$e^{(-0.653-0.475-0.743)}$
3	1	$e^{(-0.656+1.315+0.232+0.747)}$	$e^{(-0.653+0.656+0.475+0.743)}$
3	2	$e^{(-0.656+1.315+0.232-0.747)}$	$e^{(-0.653+0.656+0.475-0.743)}$

8.2.4 SPSS(PASW) 다항형 로지스틱 명령문 형식

다항형 로지스틱 회귀분석은 NOMREG 프로시저에 의해 분석된다. 8.2.2절에서 설명한 모든 절차를 마친 후 [Paste]을 누르면 다음과 같은 명령문(syntax)에 의해 데이터가 분석되었음을 알 수 있다. 이 NOMREG 명령문에 의해 생성되는 대부분의 통계량들은 7.3.2절에서 설명하는 바와 맥락이 같으므로 이를 참조하도록 한다.

```
NOMREG response
    (BASE = LAST ORDER = ASCENDING) BY school program
    /CRITERIA CIN(95) DELTA(0) MXITER(100) MXSTEP(5)
            CHKSEP(20) LCONVERGE(0) PCONVERGE(0.000001)
            SINGULAR(0.00000001)
    /MODEL
    /STEPWISE = PIN(.05) POUT(0.1) MINEFFECT(0) RULE(SINGLE)
            ENTRYMETHOD(LR) REMOVALMETHOD(LR)
    /INTERCEPT = INCLUDE
    /PRINT = CLASSTABLE FIT PARAMETER SUMMARY LRT CPS
            STEP MFI.
```

SPSS에서 제공되는 NOMREG 명령문 형식의 내용을 요약하면 다음과 같다.

■ **MODEL 명령어**

모형에 포함되는 효과들과 변수선택법을 지정할 수 있다.

· MODEL과 FULLFACTORIAL은 상호배반적인 부명령어이다.
· 2개 이상의 모형이 지정되었을 경우 최종모형만 유의하다.
· 주효과들을 포함시킬 경우 요인명을 나열한다.
· 두 요인 간의 상호작용은 "*"을 이용하여 나타낸다.
· 지분된(nested) 요인일 경우 괄호를 이용하여 표시한다. 예를 들어 B 요인에 지분된 A요인의 경우 A(B)로 표시한다.
· 공변량도 포함시킬 수 있으나 지분된 형태는 가능하지 않다.
· 단계적 방법이 지정되면 TEST 부명령문은 무시된다.

여기서 가능한 변수선택법 키워드는 다음과 같다.
· BACKWARD: 후진제거법(backward elemination)을 적용한다.
· FORWARD: 전진선택법(forward entry)이 적용된다.

- BSTEP: 후진단계법(backward stepwise)이 적용된다. 이 방법은 처음 단계에서는 모형에 모든 효과들을 포함시킨 후 POUT에서 지정한 값과 비교하여 가장 큰 유의확률을 가진 변수가 제거된다. 그 다음 단계에서는 모형에 포함되지 못한 변수들에 대하여 모형 투입 여부에 대해 검증하게 된다. PIN보다 가장 작은 유의수준을 갖는 변수는 모형에 투입되어 다시 추정된다. 이러한 과정이 반복되어 최종 모형 적합에 이르게 된다.

- FSTEP: 전진단계법(forward stepwise)이 적용된다. 이 방법은 처음 단계에서는 가능한 모든 변수들에 대하여 모형에 하나씩 포함시켜 유의성 여부를 검정하게 된다. PIN보다 가장 작은 유의수준을 지닌 변수가 모형에 포함되며 이 모형에 대한 추정이 이루어진다. 그 다음 단계로 우도비 통계량의 유의수준을 기준으로 모형에 이미 포함된 변수들에 대하여 제거 여부를 검정하게 된다. POUT에서 지정한 값과 비교하여 가장 큰 유의확률을 가진 변수가 제거되며 그 모형에 대하여 다시 추정이 이루어진다. 모형에 포함된 변수들에 대하여 제거 여부를 다시 평가하게 된다.

■ FULLFACTORIAL 명령어

특정한 모형을 생성할 수 있는 명령문이다. MODEL과는 상호배반적으로 사용된다. 특정한 키(key)를 필요로 하지 않으며 지정한 모든 요인들의 완전모형을 고려하게 된다.

■ CRITERIA 명령어

- BIAS(n): 관측된 셀빈도(cell frequency)에 편의값(bias value)를 더한다. 디폴트는 0이다.
- CHKSEP(n): 완벽한 분할을 체크하기 위한 초기 반복 횟수를 지정한다. 디폴트는 20이다.
- CIN(n): 신뢰구간의 신뢰수준을 지정한다. 디폴트는 95이다.

- DELTA: 칸빈도가 0일 경우에 더해지는 델타값을 지정한다. 디폴트는 0이다.
- LCONVERGE(n): 로그 가능도 함수의 수렴 기준값을 지정한다.
- MXITER(n): 알고리즘의 최대 반복 횟수를 지정한다.
- MXSTEP(n): 여러 단계로 나누어 모형적합이 이루어지는 경우, 수용할 수 있는 최대 단계 값을 지정한다. 디폴트는 5이다.
- PCONVERGE(a): 모수 추정치의 수렴 기준을 지정한다. 디폴트는 10^{-6}이다.
- SINGULAR(a): 비정칙 여부를 체크하는 데 필요한 허용기준값을 지정한다. 디폴트는 10^{-8}이다.

■ STEPWISE 명령어

단계적 방법에 의해 모형이 수립될 때 적용되는 통계적 기준들을 제어하기 위한 명령문이다.

- RULE(keyword): 단계적 모형에서 변수항목을 투입시키거나 제외시키는 규칙으로 키워드 SINGLE을 사용하면 한 번에 한 효과만을 포함시키거나 제외시키게 된다. 키워드 SFACTOR는 계층적 구조가 유지될 때 한 번에 한 효과만을 포함시키거나 제외시킨다.
- MINEFFECT(n): 최종모형에 포함시킬 효과들의 최소 개수를 지정한다. 디폴트는 0이다.
- MAXEFFECT(n): 최종모형에 포함시킬 효과들의 최대 개수를 지정한다. 디폴트는 효과들의 총수이다.
- ENTRYMETHOD(keyword): 단계적 방법에서 변수를 모형에 투입시킬 때 사용하는 방법을 지정한다. 키워드 LR은 가능도비 검증에 의해 변수 포함 여부를 결정하게 되며 SCORE는 스코어 검증이 사용된다. 변수선택법이 FORWARD, BSTEP, FSTEP이 아닐 경우 이 기준은 무시된다.
- REMOVALMETHOD(keyword): 단계선택법에서 효과항목을 제거할

때 적용되는 방법을 지정한다. 키워드로는 LR, WALD가 있다. WALD는 월드 검증(Wald test)으로 모형에 투입된 변수를 제거할지 여부를 결정하게 된다. 변수선택법이 BACKWARD, BSTEP, FSTEP 이 아니면 이 기준도 무시된다.

■ **INTERCEPT 명령어**

· INCLUDE: 모형에 절편을 포함시킨다. 디폴트이다.
· EXCLUDE: 모형에서 절편을 제외시킨다.

■ **MISSING 명령어**

· INCLUDE: 사용자가 지정한 결측값을 타당한 값으로 취급한다.
· EXCLUDE: 사용자가 지정한 결측값이나 시스템 결측값을 모두 분석에서 제외시킨다.

■ **OUTFILE 명령어**

· MODEL(filename): 모수 추정치와 공변량을 XML 파일에 기록한다.
· PARAMETER(filename): 모수 추정치만 XML 파일에 기록한다.

■ **PRINT 명령어**

· ASSOCIATION: 연관성 측도를 출력한다. 소머의 D 통계량, 굿만과 크루스칼의 감마(Goodman and Kruskal' gamma), 켄달의 타우(Kendall's tau) 등이 출력된다.
· CELLPROB: 관측확률, 예측확률, 잔차 등을 출력한다.
· CLASSTABLE: 분류표를 출력한다.
· CROB: 모수 추정치의 근사적 상관계수 행렬을 출력한다.
· COVB: 모수 추정치의 근사적 공분산 행렬을 출력한다.
· FIT: 적합도 통계량을 출력한다.

· HISTORY(n): 반복과정을 모두 출력한다.

· IC: 정보량 기준(Information criteria)을 출력한다. 아카이케 정보량 (Akaike Information Criterion)과 슈와르츠 베이지안 정보량(Schwarz Bayesian Information Criterion)이 출력된다.

· KERNEL: 로그 가능도의 커널을 출력한다.

· LRT: 가능도비 검정 결과를 출력한다.

· PARAMETER: 모수 추정치를 출력한다.

· SUMMARY: 모형에 대한 요약 통계량으로 결정계수를 출력한다.

· STEP: 변수선택법이 적용되는 매 과정에서 포함되거나 제거되는 효과들에 관한 테이블을 요약하여 출력한다.

· MFI: 모형 적합과 관련된 정보를 출력한다.

· NON: 통계량을 출력하지 않는다.

■ **SAVE 명령어**

추가적인 분석을 위해 활성화된 파일에 통계량을 저장시킬 수 있다.

· ACPROB(newname): 요인이나 공변량 패턴을 실제 범주(actual category)로 분류시키는 추정된 확률을 저장한다.

· ESTPROB(newname): 요인이나 공변량 패턴을 각 반응 범주들 (response categorires)로 분류시키는 추정된 확률을 저장한다.

· PCPROB(newname): 요인이나 공변량 패턴을 예측 범주(predicted category)로 분류시키는 추정된 확률을 저장한다.

· PREDCAT(newname): 요인이나 공변량에 대하여 최대 예측확률을 가지는 반응범주를 저장한다.

■ **SCALE 명령어**

산포 척도(dispersion scale)를 지정한다.

· N: 과대산포(overdispersion)나 과소산포(underdispersion)에 대응되는 양의 정수를 출력한다. (과대산포나 과소산포의 문제는 중요한데 이에 대해서는 전

문 서적을 참고하기 바란다.)

· DEVIANCE: Deviance 함수에 의한 척도화(scaling) 추정치를 출력한다.

· PEARSON: 피어슨의 카이제곱 통계량을 이용한 척도화값 추정치를
출력한다.

■ **TEST 명령어**

모수들의 선형 조합에 대한 귀무가설을 직접적으로 검증할 수 있다.

· TEST는 오직 명령문으로만 가능하다.

· 다중 검증(multiple test)이 가능하다.

다음은 TEST 명령문의 사용 예이다.

<표 8.2.6>
TEST 명령문
사용 예

```
NOMREG
    movie BY gender date
    /CRITERIA = CIN(95) DELTA(0) MXITER(100) MXSTEP(5)
                LCONVERGE(0) PCONVERGE(1.0E-6)
                SINGULAR(1.0E-6)
    /INTERCEPT = EXCLUDE
    /PRINT = CELLPROB CLASSTABLE FIT CORB COVB
             HISTORY(1) PARAMETER SUMMARY LRT
    /TEST (0  0) = ALL 1 0 0 0;
                   ALL 0 1 0 0 .
```

8.3 순서형 로지스틱 회귀분석[1]

8.3.1 데이터: 관절염 치료 효과

<표 8.3.1>의 데이터는 관절염으로 고통 받는 환자들을 두 그룹으로 나누어 한 그룹은 신약 처리를 하고 나머지 그룹에게는 위약 처리를 한 후 관절염에 의해 고통 받는 정도가 얼마나 나아졌는지를 평가한 결과이다.

<표 8.3.1>
관절염
데이터

성별	처리	반응			합계
		현저히 나음 (M)/1	보통 (S)/2	전혀 차도가 없음(N)/3	
여자(1)	신약(1)	16	5	6	27
여자(1)	위약(2)	6	7	19	32
남자(2)	신약(1)	5	2	7	14
남자(2)	위약(2)	1	0	10	11

여기서 처치에 따른 반응은 순서성을 지니고 있으므로 앞에서 설명한 이항이나 다항 로지스틱 회귀분석이 아닌 순서형 로지스틱 회귀분석 모형을 고려하기로 하자.

8.3.2 분석 절차

먼저 순서형 로지스틱 회귀분석 대화 상자를 열어 <그림 8.7>과 같이 Dependent에 반응변수를 지정하고 Factor(s)에 범주형 변수 sex와 $treat$를 지정한다. 순서형 로지스틱 회귀분석에서도 8.2절에서 설명한 것과 마찬가지로 범주형 설명변수는 Factors에, 연속형 설명변수는 Covariates에서 지정한다.

---

[1] 순서형 프로빗 모형에의 적합도 이 절에 포함시켰다.

<그림 8.7>
순서형
로지스틱
회귀분석

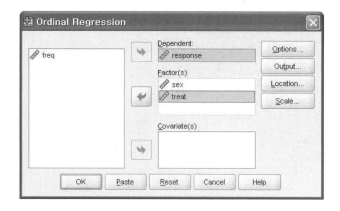

<그림 8.8>
순서형
로지스틱
회귀분석:
옵션

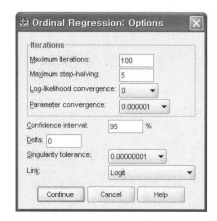

<그림 8.9>
순서형
로지스틱
회귀분석:
출력결과
선택

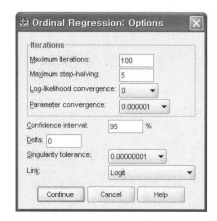

<그림 8.7> 우측에는 [Options...], [Output...], [Location...], [Scale...] 4개의 탭이 있다. <그림 8.8>과 같이 [Options...] 탭을 열면 모수 추정을 위한 반복 알고리즘에 적용되는 다양한 기준을 지정할 수 있다. 여기서 제공되는 반복 알고리즘의 기준들 내용은 다음과 같다.

- 최대반복수(Maximum iterations): 알고리즘의 반복 횟수를 지정한다. 만약 0을 지정할 경우 초기 추정치를 제공한다.
- 로그 가능도 수렴(Log-likelihood convergence): 로그 가능도에서 절대값의 변화나 상대적인 변화값이 설정된 값 이하가 되면 알고리즘이 종료된다.
- 모수 수렴(Parameter convergence): 각 모수 추정치의 절대값이나 상대적인 값 변화가 설정된 값 이하이면 알고리즘이 종료된다.
- 신뢰구간(Confidence interval): 모수에 대해 설정한 신뢰도의 신뢰구간을 계산한다.
- 델타(Delta): 칸 빈도가 0일 경우 설정된 값을 더한다.
- 비정칙 허용오차(Singularity tolerance): 설명변수들 간의 높은 상관성을 체크하도록 한다.
- 링크(Link): 연결함수를 선택할 수 있다.

또한 어떤 연결함수(link function)를 적용하여 데이터를 적합시킬 것인지를 설정할 수 있다. 디폴트로 설정된 연결함수는 로짓 모형이다. 여기서 고려되는 연결함수는 각각 다음을 나타낸다.

- 로짓(logit): 일반적인 범주형 데이터의 모형 적합에 사용되며 연결함수는 $\log(p/(1-p))$이다.
- 보 로그 로그(complementary log-log): 범주 값이 클수록 빈도가 매우 커지는 경향을 가진 데이터에 사용 가능하며 연결함수는 $\log(-\log(1-p))$이다.
- 음 로그 로그(negative log-log): 수치가 작을수록 높은 빈도를 보일 경

우 사용 가능하며 연결함수는 $-\log(-\log(p))$이다.

- 프로빗(probit): 정규분포를 따르는 변수 적합에 사용가능하며 연결함수는 7장에서 설명한 바와 같이 $\Psi^{-1}(p)$이다.
- 역코쉬(cauchit): 극단값이 많을 경우 적용가능하며 연결함수는 $\tan(\pi(p-0.5))$이다.

<그림 8.9>는 출력결과를 제어하는 대화 상자로 적합도 통계량, 요약 통계량, 모수 추정값 등을 살펴볼 수 있다. 주로 사용되는 항목의 내용은 다음과 같다.

- 적합도 통계량(goodness of fit statistics): 피어슨에 의한 카이제곱 통계량과 우도비 카이제곱 통계량을 제공한다.
- 요약 통계량(Summary statistics): 칵스와 스넬(Cox and Snell)에 의한 R^2 통계량, 나겔커크(Nagelkerke)의 R^2 통계량, 맥파든(McFadden)의 R^2 통계량이 제공된다.
- 모수 추정값(Parameter estimates): 모수 추정값, 잔차, 신뢰구간 등을 제공한다.
- 라인 평행성 검증(test of parallel lines): 반응변수의 각 수준별로 위치모수(location parameter)가 동일한지를 검증한 결과를 제공한다. 이 검증은 위치모수 모형(location-only model)에서만 가능하다.

<그림 8.10>은 위치모수(location parameter)에 대한 모형설정으로 특별히 지정하지 않으면 주효과만을 고려한 모형에 적합시키게 된다.

<그림 8.10>
순서형
로지스틱
회귀분석:
위치모수
설정

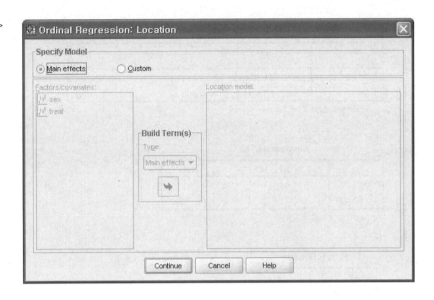

8.3.3 분석결과의 이해

이제 <그림 8.7>부터 <그림 8.10>과 같이 지정한 후 실행시킨 결과를 하나씩 살펴보도록 하자.

<표 8.3.2>에서 ①은 모형적합도 정보로 절편만 고려한 경우 −2log Likelihood는 43.384로 계산되지만 sex와 $treat$라는 변수를 투입시킨 결과 23.598로 감소되었음을 나타낸다. 이들 두 값의 차이가 바로 카이제곱 통계량이다. 이 카이제곱 통계량에 대한 유의확률이 0.000이므로 성별과 처치를 고려한 모형에 적합시키는 것이 타당하다고 할 수 있겠다.

<표 8.3.2>의 ②는 적합도 통계량에 관한 것으로 피어슨(Pearson)이나 Deviance 카이제곱 통계량에 대한 유의확률이 유의수준 0.05보다 모두 큰 0.752, 0.607로 계산되어 분석 데이터가 고려한 모형에 잘 적합되었다고 할 수 있다.

<표 8.3.2>에서 ③의 Pseudo R-Square는 통상적인 회귀분석과 달리 높게 나오지 않는 편이므로 참고하는 정도로 살펴보는 것이 바람직하겠다.

<표 8.3.2>
모형적합
결과

Model Fitting Information ①

Model	-2 Log Likelihood	Chi-Square	df	Sig.
Intercept Only	43.484			
Final	23.598	19.887	2	.000

Link function: Logit.

Goodness-of-Fit ②

	Chi-Square	df	Sig.
Pearson	1.910	4	.752
Deviance	2.712	4	.607

Link function: Logit.

Pseudo R-Square ③

Cox and Snell	.211
Nagelkerke	.243
McFadden	.117

Link function: Logit.

<표 8.3.3>
모수 추정값

Parameter Estimates

		Estimate	Std. Error	Wald	df	Sig.	95% Confidence Interval	
							Lower Bound	Upper Bound
Threshold	[response = 1]	-2.667	.600	19.780	1	.000	-3.843	-1.492
	[response = 2]	-1.813	.557	10.607	1	.001	-2.904	-.722
Location	[sex=1]	-1.319	.529	6.210	1	.013	-2.356	-.282
	[sex=2]	0[a]	.	.	0	.	.	.
	[treat=1]	-1.797	.473	14.449	1	.000	-2.724	-.871
	[treat=2]	0[a]	.	.	0	.	.	.

Link function: Logit.

a. This parameter is set to zero because it is redundant.

Test of Parallel Lines[a]

Model	-2 Log Likelihood	Chi-Square	df	Sig.
Null Hypothesis	23.598			
General	22.128	1.469	2	.480

a. Link function: Logit.

한편 <표 8.3.3>의 모수 추정치는 아래의 순서형 로지스틱 회귀모형 (8.7)에 대한 모수 추정값이다. (8.1절에서 언급한 것처럼 SPSS에서는 아래와 같이 투입된 설명변수에 대한 기울기를 (8.5) 모형에 적합시키므로 다른 패키지의 결과와 부호가 반대로 나온다.)

$$\begin{cases} \log\left(\dfrac{p_1}{p_2 + p_3}\right) = \alpha_0 - \alpha_1 Sex - \alpha_2 Treatment \\ \log\left(\dfrac{p_1 + p_2}{p_3}\right) = \beta_0 - \beta_1 Sex - \beta_2 Treatment \end{cases} \tag{8.7}$$

추정치 −2.667은 위약처치를 받은 남성 환자에 대하여 경미하게 진통이 완화되었거나 거의 완화되지 않은 그룹과 아주 현저하게 완화된 그룹에 대한 로그오즈 값을 의미한다. 모수 추정치 −1.813은 위약처치를 받은 남성 환자에 대하여 관절염 치료에 아무런 변화가 없었던 그룹과 경미하게 나아졌거나 현저하게 나아진 그룹에 대한 로그오즈 값을 나타낸다. −1.319는 성별에 따른 영향 정도로 여성이기 때문에 기대되는 두 가지 타입의 로그오즈를 나타내며 −1.797은 신약처치를 받으므로 발생한 두 가지 타입의 로그오즈 값을 나타낸다. 새로이 개발된 관절염 치료제는 남성보다는 여성 환자에게 더 치료효과가 높음을 알 수 있다.

추정된 모수로부터 칸별 오즈(Odds)를 계산하면 다음과 같다. 이 결과로부터 동일한 여자 그룹에서 신약처치를 받았던 그룹은 위약처치를 받았던 여자 그룹에 비해 전혀 효과가 없었던 반응과 조금이라도 효과가 있었던 반응 간의 오즈가 약 6배(= 3.68/0.61) 차이가 있다고 할 수 있다.

<표 8.3.4>
추정된 오즈

성별	처치	반응	
		M 대 (S, N)	(M, S) 대 N
여자	신약	$e^{(-2.667 + 1.319 + 1.797)}$	$e^{(-1.813 + 1.319 + 1.797)}$
여자	위약	$e^{(-2.667 + 1.319)}$	$e^{(-1.813 + 1.319)}$
남자	신약	$e^{(-2.667 + 1.797)}$	$e^{(-1.813 + 1.797)}$
남자	위약	$e^{-2.667}$	$e^{-1.813}$

8.3.4 순서형 프로빗(probit) 모형에의 적합

8.3.2절에서 다룬 데이터를 가지고 이번에는 순서형 프로빗 모형에 적합시켜 보도록 하자.

8.1절에서 살펴본 모형 (8.6)은 종종 시그널 분석에서 일반화된 순서형 프로빗 모형

$$p(Y \leq k|X) = \Phi\left(\frac{c_k - d_n X}{\sigma_S^X}\right) \tag{8.8}$$

으로 표현된다. 여기서 Y는 1부터 k까지의 범주를 취하는 종속변수를 나타내고 X는 독립변수이며 c_k, d_n이 추정해야 할 모수이다. c_k는 $c_{j-1} < c_j$ $(j=1,\cdots,k)$를 만족시키며 σ_S^X는 설명변수 S의 표준편차를 나타낸다. 만약 데이터가 이분산을 가지고 있는 경우 σ_S^X를 고려하여 모형에 적합시키게 된다. 우측의 함수 $\Phi(x)$는 표준정규분포의 누적분포함수를 나타낸다.

프로빗 모형은 조기경보 시스템이나 방송 시그널, 무선랜의 시그널, 통화정책 신호와 금융시장 간의 관계 등 다양한 시그널(signal) 분석에서 많이 사용되고 있다. 이때, 모수 c_k는 잡음분포(noise distribution)의 순서화된 거리(ordered distances)를 나타내며 d_n은 척도화된 거리 모수(scaled distance parameter)이고 σ_S^X는 시그널 분포(signal distribution)의 표준편차를 의미한다.

(8.8)의 모형은 다음과 같이 재표현된다.

$$\Phi^{-1}[p(Y \leq k|X)] = \frac{c_k - d_n X}{e^{aX}} \tag{8.9}$$

여기서 a는 σ_S의 자연로그이고 분자항은 위치(location)를 모형화하고 분모항은 척도(scale)를 모형화한 것이다. 만약 잡음과 시그널 분포가 서로 다른 분산을 가지고 있다면 모형에 그와 같은 정보를 포함시켜야 한다. 그렇지 않으면 모수 추정치가 편향되며 일치성을 지니지 못한다.

<그림 8.7>에서 Scale... 을 클릭하여 특별히 지정하지 않으면 위 모형에서 위치 모형만을 고려한 모형에 데이터를 적합시키게 된다. <그림 8.11>과 같이 연결함수로 <u>probit</u>을 지정하고 출력결과는 <그림 8.9>와 동

일하게 지정하도록 한다.

<표 8.3.6>의 모수 추정치로부터 순서형 프로빗 모형은

$$\hat{P}(Y \leq 1) = \Phi(-1.592 + 0.772 Sex_1 + 1.092 treat_1)$$

$$\hat{P}(Y \leq 2) = \Phi(-1.083 + 0.772 Sex_1 + 1.092 treat_1)$$

와 같이 추정된다. 이들 누적확률을 계산함으로써 $\hat{P}(Y=1), \hat{P}(Y=2),$ $\hat{P}(Y=3)$을 각각 추정할 수 있게 된다.

<표 8.3.5>의 결과로부터 절편만 포함된 경우보다 두 개의 설명변수 가 포함된 순서형 프로빗 모형이 데이터를 잘 설명하는 것으로 파악된다. 모형 적합도는 앞 절에서 설명한 순서형 로지스틱 회귀분석 결과와 매우 유사한 결과를 보이고 있다. <표 8.3.6>의 기울기 동질성 검증(test of parallel lines) 결과에서 기울기가 동일하다는 가설이 기각되지 않았으므로 이 분산을 고려한 순서형 프로빗 모형에의 적합은 필요하지 않다. 만약 기울 기가 동일하지 않은 것으로 판정되면 척도모수도 고려한 프로빗 모형에의 적합을 시도해 볼 필요가 있다.

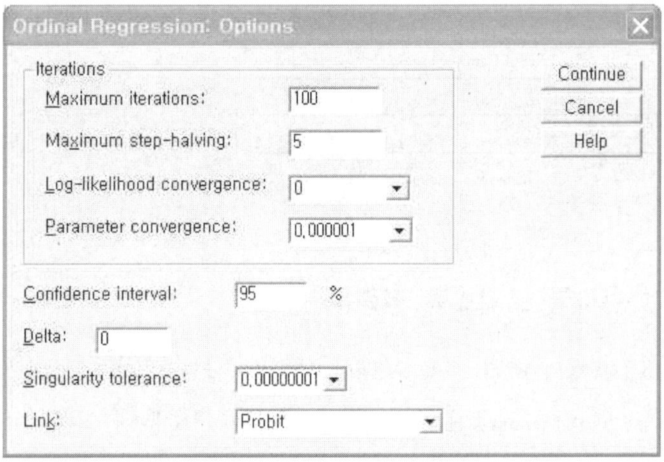

<그림 8.11>
순서형
프로빗
모형에의
적합

<표 8.3.5>
순서형 프로빗
모형에의
적합결과

Model Fitting Information

Model	-2 Log Likelihood	Chi-Square	df	Sig.
Intercept Only	43.484			
Final	23.782	19.702	2	.000

Link function: Probit.

Goodness-of-Fit

	Chi-Square	df	Sig.
Pearson	2.031	4	.730
Deviance	2.897	4	.575

Link function: Probit.

Pseudo R-Square

Cox and Snell	.209
Nagelkerke	.241
McFadden	.116

Link function: Probit.

<표 8.3.6>
순서형 프로빗
모형에 따른
모수 추정치
및 기울기
동질성 검정
결과

Parameter Estimates

		Estimate	Std. Error	Wald	df	Sig.	95% Confidence Interval Lower Bound	Upper Bound
Threshold	[response = 1]	-1.592	.337	22.353	1	.000	-2.253	-.932
	[response = 2]	-1.083	.321	11.414	1	.001	-1.711	-.455
Location	[sex=1]	-.772	.310	6.210	1	.013	-1.379	-.165
	[sex=2]	0ᵃ	.	.	0	.	.	.
	[treat=1]	-1.092	.277	15.531	1	.000	-1.635	-.549
	[treat=2]	0ᵃ	.	.	0	.	.	.

Link function: Probit.
a. This parameter is set to zero because it is redundant.

Test of Parallel Linesᵃ

Model	-2 Log Likelihood	Chi-Square	df	Sig.
Null Hypothesis	23.782			
General	22.231	1.551	2	.461

The null hypothesis states that the location parameters (slope coefficients) are the same across response categories.
a. Link function: Probit.

8.3.5 SPSS(PASW) 순서형 로지스틱 명령문 형식

8.3.1절에서 다룬 적용 사례에 대한 순서형 로지스틱 회귀분석의 명령
문은 PLUM(PoLytomous Universal Model)이라는 명령문에 의해 수행된다. 사례
에 적용한 명령문은 <표 8.3.6>과 같다.

<표 8.3.6>
순서형
로지스틱
회귀분석을
위한 명령문
예

```
PLUM
    response BY sex treat
    /CRITERIA = CIN(95) DELTA(0) LCONVERGE(0)
        MXITER(100) MXSTEP(5) PCONVERGE(1.0E-6)
        SINGULAR(1.0E-8)
    /LINK = LOGIT
    /PRINT = FIT PARAMETER SUMMARY .
```

명령문 PLUM에서 사용되는 부명령문 및 키워드는 다음과 같다.

■ CRITERIA 명령어

- BIAS: 관측된 셀빈도에 편의값(bias value)를 더한다. 디폴트는 0이다.
- CIN: 신뢰구간의 신뢰수준을 지정한다. 디폴트는 95이다.
- DELTA: 칸빈도가 0일 경우에 더해지는 델타값을 지정한다. 디폴트는 0이다.
- LCONVERGE: 로그 가능도 함수의 수렴 기준값을 지정한다.
- MXITER: 알고리즘의 최대 반복 횟수를 지정한다.
- MXSTEP: 여러 단계로 나누어 모형적합이 이루어지는 경우, 수용할 수 있는 최대 단계 값을 지정한다. 디폴트는 5이다.
- PCONVERGE: 모수 추정치의 수렴 기준을 지정한다. 디폴트는 10^{-6}이다.
- SINGULAR: 비정칙 여부를 체크하는 데 허용기준값을 지정한다. 디폴트는 10^{-8}이다.

■ LINK 명령어

이 부명령문을 이용해 모형에 적용할 수 있는 5가지 연결함수(link function)를 지정할 수 있다. 디폴트는 로짓(logit) 연결함수이다.

- CAUCHIT: Cauchit 연결함수 $f(x) = \tan(\pi(x - 0.5))$에 적용한다.
- CLOGLOG: 보 로그-로그(complementary log-log) 연결함수 $f(x) = \log(-\log(1 - x))$에 적용한다.

- LOGIT: 로짓 연결함수 $f(x) = \log(x/(1-x))$에 적용한다.
- NLOGLOG: 음의 로그-로그 연결함수 $f(x) = -\log(-\log(x))$에 적용한다.
- PROBIT: 프로빗 연결함수 $f(x) = \Phi^{-1}(x)$에 적용한다.

■ **LOCATION 명령어**

나열된 효과들은 콤마, 빈공백에 의해 분류된 위치모형(location model)에 포함된다. 상호작용은 "＊"를 이용해서 표시한다. 주효과만으로 구성된 모형은 변수들을 나열하여 표현한다. 지분된 효과는 괄호를 이용하여 표시한다. 절편을 포함시킬 경우 키워드 INTERCEPT를 이용한다.

■ **MISSING 명령어**

- INCLUDE: 사용자가 지정한 결측값을 타당한 값으로 취급한다.
- EXCLUDE: 사용자가 지정한 결측값이나 시스템 결측값을 모두 분석에서 제외시킨다.

■ **PRINT 명령어**

- CELLINFO: 범주별 관측빈도, 예측빈도, 잔차 등을 출력한다.
- CROB: 모수 추정치의 근사적 상관계수 행렬을 출력한다.
- COVB: 모수 추정치의 근사적 공분산 행렬을 출력한다.
- FIT: 적합도 통계량을 출력한다.
- HISTORY: 반복과정을 모두 출력한다.
- KERNEL: 로그 가능도의 커널을 출력한다.
- TPARALLEL: 기울기 동질성 검증(test of parallel lines)을 한다.
- PARAMETER: 모수 추정치를 출력한다.
- SUMMARY: 모형에 대한 요약 통계량으로 결정계수를 출력한다.

■ **SAVE 명령어**

추가적인 분석을 위해 활성화된 파일에 통계량을 저장시킬 수 있다.

· ESTPROB(newname): 요인(factor)이나 공변량 패턴을 반응 범주들 (response categories)로 분류시키는 추정된 확률을 저장한다.

· PCPROB(newname): 요인이나 공변량 패턴을 예측 범주(predicted category)로 분류시키는 추정된 확률을 저장한다.

· PREDCAT(newname): 요인이나 공변량 패턴에 대하여 최대 예측 확률을 가지는 반응범주를 저장한다.

· ACPROB: 실제 범주로 분류시키는 확률의 추정치를 저장한다.

그 밖에 SCALE, TEST 부명령문은 NOMREG와 마찬가지로 사용된다.

8.4 연습 문제

Quiz 1.

다음은 부모의 사회경제적 지위와 정신손상(mental impairment) 정도를 분류한 자료이다(Alan Agresti, 1989). 부모의 사회경제적 지위에 따라 정신손상 정도가 어떻게 달라지는지 분석하시오.

Parents' socioeconomic status	Mental impairment			
	Well	Mild symptom formation	Moderate symptom formation	Impaired
A(high)	64	94	58	46
B	57	94	54	40
C	57	105	65	60
D	72	141	77	94
E	36	97	54	78
F(low)	21	71	54	71

Quiz 2.

다음은 암성 종양의 종류를 분류한 데이터이다(Karim F. Hirji, 1992). 여기서 종양은 배아세포종양(E), 폐포의 종양(A), 다형성 종양(M) 세 가지로 분류되었다. 종양의 유형과 환자의 연령대, 성별이 어떤 관계가 있는지를 분석하시오.

Age(years)	Sex	Tumor type*		
		E	A	P
〈 = 15	Male	4	4	0
〈 = 15	Female	4	2	0
〉 15	Male	2	3	4
〉 15	Female	0	3	2

* 배아(embryonal:(E)), 폐포(alveolar:(A)), 다형성(pleomorphic(P))을 나타냄.

Quiz 3.

다음은 사탕의 판매량에 대한 데이터이다. 소비자의 성별과 연령대, 사탕 종류에 따른 선호빈도가 어떤 관계를 갖는지를 분석하시오.

Gender	Age	Candy	Count
1	1	1	2
1	1	2	13
1	1	3	3
1	2	1	10
1	2	2	9
1	2	3	3
2	1	1	3
2	1	2	9
2	1	3	1
2	2	1	8
2	2	2	0
2	2	3	1

Quiz 4.

다음은 몬타나(Montana) 주의 시민들을 대상으로 현재 재정상태가 작년과 비교해서 어떤지 그리고 지역 경제에 대해서 어떻게 생각하는지를 질문하여 얻은 데이터의 일부이다. 각 변수들이 가지는 범주 값은 다음과 같다.

연령: 1(35세 미만), 2(35-54세), 3 (55세 이상)

성별: 0 (남자), 1(여자)

연봉: 1(2만$ 이하), 2(2만$-3만5천$ 이하), 3(3만5천$ 이상)

성향: 1(민주당 지지), 2(독립), 3(공화당 지지)

지역: 1(서부지역), 2(동북부), 3(동남부)

재정상태: 1(작년에 비해 나빠짐), 2(작년과 같음),
      3(작년에 비해 좋아짐)

지역 경제: 1(작년에 비해 좋아짐), 2(작년에 비해 나빠짐)

재정상태가 연령이나 성별 등 기타 변수들에 의해 어느 정도 설명될 수 있는지를 살펴보시오.

연령	성별	연봉	성향	지역	재정상태	지역 경제
3	0	2	2	1	2	1
2	0	3	3	1	3	1
3	1	2	1	1	1	0
3	1	1	3	3	1	1
1	0	1	3	2	1	0
3	1	1	3	2	2	0
2	0	2	1	3	3	0
3	0	3	3	3	3	1
3	0	3	1	3	1	1
3	1	2	1	3	2	1
3	1	2	3	3	1	0
2	0	3	3	3	3	1
1	1	3	1	1	3	0
1	0	1	2	1	2	0
3	0	2	2	1	2	1
2	0	3	1	1	3	0
1	0	1	3	1	1	1
3	0	2	1	1	3	0
2	1	2	2	3	2	0
2	1	2	3	3	1	0
2	0	2	3	1	2	1
1	1	2	3	3	3	1
2	1	3	1	3	2	0
1	0	1	1	3	2	1
2	0	3	3	3	3	0
3	0	1	3	3	3	0
1	0	1	3	3	1	0
1	0	1	1	1	1	1
3	1	3	1	2	1	0
2	1	2	1	1	1	0
1	0	2	3	1	2	1
1	1	3	1	1	2	0
1	1	3	3	1	3	1
2	0	3	2	1	3	1
1	1	2	3	2	3	0
2	0	3	1	1	1	0

연령	성별	연봉	성향	지역	재정상태	지역 경제
1	1	2	2	1	1	0
2	1	1	1	1	1	0
1	0	3	1	1	1	0
2	1	2	1	1	3	1
1	0	3	2	1	1	1
3	0	2	1	2	1	0
3	0	2	2	2	1	0
1	1	1	1	1	1	0
2	0	3	2	2	2	0
3	0	2	1	3	2	0
3	1	1	1	3	2	1
3	1	1	1	3	1	0
1	1	3	1	1	3	1
2	0	3	3	2	3	0
3	1	2	3	3	2	1
2	0	3	3	3	1	0
3	1	2	2	2	2	0
3	1	2	1	1	3	1
3	0	2	3	3	3	1
2	0	3	2	2	1	0
3	0	3	3	2	2	0
2	1	3	3	2	3	0
1	0	1	1	2	1	0
2	1	2	3	1	3	0
2	1	3	1	1	2	0
3	0	3	3	2	1	0
3	1	1	2	3	2	0
1	1	2	1	2	1	0
2	1	3	1	1	2	0
2	0	3	1	3	2	1

Quiz 5.

다음은 Swets, et al.(1961)에서 다루어진 빛의 탐색(light detection)에 관한 데이터이다(DeCARLO, 2003). 시그널이 있을 때와 없었을 때 시그널에 대한 확신 정도를 관측한 것이다. 시그널이 없었을 때는 591회 시험중 시그널이 있다는 확신정도가 낮은 범주의 반응빈도가 높은 반면 실제 시그널이 주어졌을 때는 총 597회의 시험 중 시그널에 대한 확신을 높게 하는 범주의 반응빈도가 높은 경향을 보이고 있다.

시그널이 주어졌을 때와 그렇지 않을 때 시그널에 대한 확신정도가 어떤 차이를 보이는지 프로빗 모형에 적합시켜 보라. 여기서 변수 response의 값이 작을수록 시그널에 대한 신뢰정도가 매우 낮음을 나타낸다.

signal	response	count
0	1	174
0	2	172
0	3	104
0	4	92
0	5	41
0	6	8
1	1	46
1	2	57
1	3	66
1	4	101
1	5	154
1	6	173

9 장

비선형 회귀분석
Nonlinear Regression Analysis

본 장에서는 비선형 회귀모형을 소개하고 모수추정법과 몇 가지 사례
를 통한 분석방법을 다룬다.

9.1 소개

이 책에서 지금까지 다루어 온 회귀모형은 선형모형(linear model)이었다.
즉 선형이란 모수(parameter)에 대한 선형을 말한다.

$$y = \beta_0 + \beta_1 x_1 + \beta_2 x_2 + \cdots + \beta_k x_k + \epsilon \tag{9.1.1}$$

$$y = \beta_0 + \beta_1 x_1 + \beta_2 \sqrt{x_2} + \epsilon \tag{9.1.2}$$

식 (9.1.1)과 (9.1.2)의 모형들은 모두 선형모형이다. 또한,

$$y = \beta_0 + \beta_1 \sin x_1 + \beta_2 \cos x_2 + \epsilon \tag{9.1.3}$$

식 (9.1.3)도 모형식에서 모수가 선형으로 연결되어 있으므로 선형모형이다.

그러나 복잡하고 다양한 실제 데이터를 모형화하는 데 있어 선형모형
이 부적합한 경우가 종종 있다. 또한, 이공계 학과의 수리적으로 증명된 이
론들은 식 (9.1.1)처럼 단순하지 않다. 예를 들어 시간 t에 대해 모수

$\theta_1, \theta_2, \theta_3, \theta_4$ 를 고려한 주기적인 (물론 주기는 알려져 있지 않음) 함수

$$f(t, \boldsymbol{\theta}) = \theta_1 + \theta_2\cos(\theta_4 t) + \theta_3\sin(\theta_4 t) \tag{9.1.4}$$

이나 미분방정식 책에 등장하는 여러 가지 물리적 관계들에서는 선형관계를 찾아보기 어렵다.

다음의 두 비선형 모형을 고려해 보자.

$$y = \beta_1 \, x_1^{\beta_2} x_2^{\beta_3} \exp^\epsilon \tag{9.2.1}$$

$$y = \beta_1 + \beta_2 \exp^{\beta_3 x} + \epsilon \tag{9.2.2}$$

여기서 식 (9.2.1)은 양변에 로그를 취하면

$$\ln y = \ln\beta_1 + \beta_2\ln x_1 + \beta_3\ln x_2 + \epsilon$$

로 변형되고 $x_1^* = \ln x_1$, $x_2^* = \ln x_2$ 라고 표기하면 이는

$$y^* = \beta_1^* + \beta_2 x_1^* + \beta_3 x_2^* + \epsilon$$

인 중선형 회귀모형이 된다. 이러한 변수변환은 6장의 1절에서 간략히 소개하였다. 식 (9.2.2)에 대하여는 선형모형으로의 적절한 변환이 있는지 여부를 알 수가 없다. 따라서 본 장에서는 식 (9.2.1)과 (9.2.2) 모두를 고려하고자 한다. 이제 비선형모형을 다음과 같이 정의하자.

$(\boldsymbol{x_i}, y_i)$ 를 i 번째 객체의 관측벡터(여기서, $\boldsymbol{x_i} = (x_{i1}, x_{i2}, \cdots, x_{ip})$)라 하고 모수벡터 $\boldsymbol{\theta}$ 를 $\boldsymbol{\theta} = (\theta_1, \theta_2, \cdots, \theta_k)$ 라 하자. 여기서 설명변수의 개수 p와 모수의 개수 k는 아무 관계도 없다. 이때 설명변수와 반응변수의 관계가

$$y_i = f(x_i, \boldsymbol{\theta}) + \epsilon_i \tag{9.3}$$

일 때 기대반응함수 f 를 모수에 대해 편미분한 함수

$$\frac{\partial f(\boldsymbol{x_i}, \boldsymbol{\theta})}{\partial \theta_l}, \ l = 1, 2, \cdots, k$$

들 중에서 한 함수라도 $\boldsymbol{\theta}$ 에 의존하면 비선형이라 한다. 오차 ϵ_i 들의 분포는

$$E(\epsilon_i) = 0, \ \ Cov(\epsilon_{i,}\epsilon_j) = \begin{cases} \sigma^2, i = j, \\ 0, i \neq j \end{cases}$$

임을 가정하자.

예제 1 Michaelis-Menten 모형(Bates and Watts, 1988)

다음의 <표 9.1> 데이터는 반응으로부터 1분당 어떤 물질의 양을 ppm 단위로 한 기질 농도(substrate concentration)의 함수로 측정되었고 이 양으로부터 반응의 초기 비율(초기속도($counts/\mathrm{min}^2$))을 계산한 자료이다. 이에 대한 산점도는 <그림 9.1>이다. 일반적으로 기질 농도 x에 대한 효소반응의 초기속도와 관련된 효소활동학(Enzyme Kinetics)에서의 Michaelis-Menten 모형(이후 M-M 모형)은 식 (9.4)라 한다.

$$y = f(x, \boldsymbol{\theta}) = \frac{\theta_1 x}{\theta_2 + x}. \tag{9.4}$$

이를 미분하면,

$$\partial f/\partial \theta_1 = x/(\theta_2 + x) \ , \ \ \partial f/\partial \theta_2 = -\theta_1 x/(\theta_2 + x)^2$$

이다. 따라서 모수에 대한 편미분함수가 모수에 의존하므로 비선형 모형이다.

<표 9.1>
기질 농도와
초기 비율
자료

기질 농도 (ppm)	초기 비율 ($counts/\mathrm{min}^2$)	기질 농도 (ppm)	초기 비율 ($counts/\mathrm{min}^2$)
0.02	76	0.22	159
0.02	47	0.22	152
0.06	97	0.56	191
0.06	107	0.56	201
0.11	123	1.10	207
0.11	139	1.10	200

원자료를 보면, y값이 x값에 관계없이 흩어진 정도가 비슷하므로 오차의 분산이 상수라 여겨진다. 그런데, 식 (9.4)에서 $1/y = y'$, $1/x = x'$ 으로 변환하여 식 (9.5)의 선형모형을 만들 수도 있다.

$$y' = \frac{1}{\theta_1} + \frac{\theta_2}{\theta_1}x' = \beta_1 + \beta_2 x' \tag{9.5}$$

변환된 y'과 x'의 산점도가 <그림 9.2>이다.

<그림 9.1>
기질 농도와
초기 비율

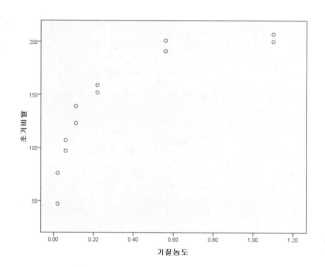

<그림 9.2>
변환된
데이터의
산점도

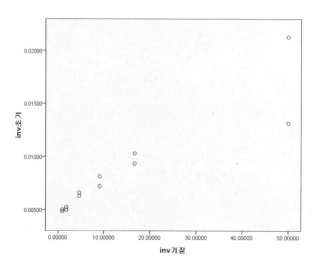

등분산 가정이 위배되는 것을 쉽게 파악할 수 있다. 그리고 변환된 자료에 선형모형을 적합시킨 결과는 $\hat{y}' = 0.005107 + 0.0002472x'$이므로, 모형 (9.4)에서 모수 θ_1, θ_2 추정치는 $\hat{\theta}_1 = 1/\hat{\beta}_1 = 195.8$, $\hat{\theta}_2 = \hat{\beta}_2 \times \hat{\theta}_1 = 0.04841$ 이므로 $\hat{y} = 195.8\,x/(0.04841 + x)$이다. <그림 9.3>은 원자료와 적합치를 플롯한 것이다. x값이 커질수록 적합이 다소 잘 되지 않았음을 보여 준다.

이 데이터는 변환 전에 <그림 9.1>에서 오차항의 등분산성을 대체로 만족하는 것 같았다. 그러나 변환의 결과 오차항의 이분산성을 초래하게 되었고 그후의 선형모형의 적합은 좋지 않은 결과를 이끌었다.

9.2절에서는 모수추정방법을 소개한다. 독자들은 9.2절을 지나쳐도 SPSS을 이용한 비선형 회귀분석을 실시하는 데 무리가 없을 것이다.

<그림 9.3>
적합치와
원자료의 플롯

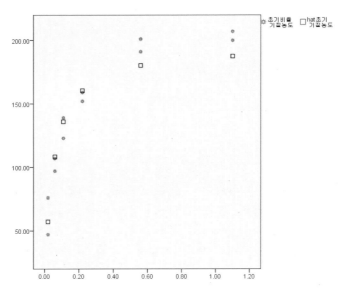

9.2 모수 추정 방법

설명변수들의 i번째 개체를 $\boldsymbol{x}_i$, 모수벡터를 $\boldsymbol{\theta}' = (\theta_1, \theta, \cdots \theta_k)$, 반응변수의 i번째 관측치를 y_i 라 하자. 식 (9.3)을 행렬형태로 고쳐 쓰면,

$$\boldsymbol{y} = \boldsymbol{f}(\boldsymbol{X}, \boldsymbol{\theta}) + \boldsymbol{\epsilon} \tag{9.6}$$

이다. 여기서,

$$\boldsymbol{y} = \begin{pmatrix} y_1 \\ y_2 \\ \vdots \\ y_n \end{pmatrix}, \ \boldsymbol{f}(\boldsymbol{X}, \boldsymbol{\theta}) = \begin{pmatrix} f(\boldsymbol{x}_1, \boldsymbol{\theta}) \\ f(\boldsymbol{x}_2, \boldsymbol{\theta}) \\ \vdots \\ f(\boldsymbol{x}_n, \boldsymbol{\theta}) \end{pmatrix}, \ \boldsymbol{\epsilon} = \begin{pmatrix} \epsilon_1 \\ \epsilon_2 \\ \vdots \\ \epsilon_n \end{pmatrix}$$

로 모두 $n \times 1$벡터이다. 예를 들어 모형식 (9.4)에서는

$$\boldsymbol{f}(\boldsymbol{X}, \boldsymbol{\theta}) = \begin{pmatrix} \dfrac{\theta_1 x_1}{\theta_2 + x_1} \\ \dfrac{\theta_1 x_2}{\theta_2 + x_2} \\ \vdots \\ \dfrac{\theta_1 x_n}{\theta_2 + x_n} \end{pmatrix}$$

이다.

선형 회귀에서 이용한 최소제곱 추정량은 비선형 모형에서도 사용한다. 최소제곱추정량은 식 (9.7)의 $SSE(\boldsymbol{\theta})$를 최소화하는 추정량이다.

$$SSE(\boldsymbol{\theta}) = \boldsymbol{\epsilon}' \boldsymbol{\epsilon} = [\boldsymbol{y} - \boldsymbol{f}(\boldsymbol{X}, \boldsymbol{\theta})]' [\boldsymbol{y} - \boldsymbol{f}(\boldsymbol{X}, \boldsymbol{\theta})]$$
$$= \sum_{i=1}^{n} [y_i - f(\boldsymbol{x_i}, \boldsymbol{\theta})]^2 \tag{9.7}$$

한편 선형모형과 달리 비선형 모형에서는 폐쇄형(closed form)의 해가 존재하지 않으므로 이를 위한 여러 가지 알고리즘이 있다. 그러나 SPSS에서는 그중에서도 Levenberg–Marquardt 알고리즘을 사용한다. 이 방법은 Gauss–Newton 알고리즘을 보완한 것으로 먼저 Gauss–Newton 알고리즘을 살펴보자.

9.2.1 Gauss-Newton 알고리즘

최소제곱추정량은 전체 모수 공간에서 오차제곱합인 $SSE(\boldsymbol{\theta})$를 최소화하는 추정량이다. 여기서 $SSE(\boldsymbol{\theta})$가 $\boldsymbol{\theta}$에 대해 2차 미분 가능하고 그 미분한 함수가 $\boldsymbol{\theta}$에 대해 연속이라 하자. 그러면

$$\frac{\partial SSE(\boldsymbol{\theta})}{\partial \boldsymbol{\theta}}\Big|_{\hat{\boldsymbol{\theta}}} = 0 \tag{9.8}$$

이 될 것이다. 그러나, 최소제곱추정량이 아닌 $\boldsymbol{\theta}^*$도 식 (9.8)을 만족할 수 있다. 식 (9.8)을 행렬로 풀어 써보면

$$Z(\boldsymbol{\theta})'[\boldsymbol{y}-\boldsymbol{f}(\boldsymbol{X},\boldsymbol{\theta})] = 0 \tag{9.9}$$

이다. 여기서, $\boldsymbol{Z}(\boldsymbol{\theta})$은

$$Z(\boldsymbol{\theta}) \equiv \begin{pmatrix} \dfrac{\partial f(\boldsymbol{x}_1,\boldsymbol{\theta})}{\partial \theta_1} & \cdots & \dfrac{\partial f(\boldsymbol{x}_1,\boldsymbol{\theta})}{\partial \theta_k} \\ \vdots & \ddots & \vdots \\ \dfrac{\partial f(\boldsymbol{x}_n,\boldsymbol{\theta})}{\partial \theta_1} & \cdots & \dfrac{\partial f(\boldsymbol{x}_n,\boldsymbol{\theta})}{\partial \theta_k} \end{pmatrix}$$

이다. Gauss-Newton 알고리즘은 식 (9.9)를 만족하는 해를 찾는 것이다. 이 방법은 처음에 적절한 초기치($\boldsymbol{\theta}^0$)를 선택하고 기대 반응함수 $\boldsymbol{f}(\boldsymbol{X},\boldsymbol{\theta})$를 선택한 $\boldsymbol{\theta}^0$에 대해 테일러 전개하면

$$\boldsymbol{y}-\boldsymbol{f}(\boldsymbol{X},\boldsymbol{\theta}^0) + Z(\boldsymbol{\theta}^0)\boldsymbol{\theta}^0 = Z(\boldsymbol{\theta}^0)\boldsymbol{\theta} + \boldsymbol{\epsilon} \tag{9.10}$$

이 된다. 그리고 식 (9.10)의 최소제곱추정량($\boldsymbol{\theta}^1$)을 구하면

$$\boldsymbol{\theta}^1 = \boldsymbol{\theta}^0 + [Z(\boldsymbol{\theta}^0)'Z(\boldsymbol{\theta}^0)]^{-1}Z(\boldsymbol{\theta}^0)'[\boldsymbol{y}-\boldsymbol{f}(\boldsymbol{X},\boldsymbol{\theta}^0)] \tag{9.11}$$

이 된다. 이를 이용하여 식 (9.10)에서 $\boldsymbol{\theta}^0$ 위치에 $\boldsymbol{\theta}^1$을 대입하면

$$\boldsymbol{y}-\boldsymbol{f}(\boldsymbol{X},\boldsymbol{\theta}^1) + Z(\boldsymbol{\theta}^1)\boldsymbol{\theta}^1 = Z(\boldsymbol{\theta}^1)\boldsymbol{\theta} + \boldsymbol{\epsilon} \tag{9.12}$$

가 된다. 다시 식 (9.12)에서의 최소제곱추정량을 $\boldsymbol{\theta}^2$라 하면,

$$\boldsymbol{\theta}^2 = \boldsymbol{\theta}^1 + [Z(\boldsymbol{\theta}^1)'Z(\boldsymbol{\theta}^1)]^{-1}Z(\boldsymbol{\theta}^1)'[\boldsymbol{y}-\boldsymbol{f}(\boldsymbol{X},\boldsymbol{\theta}^1)] \tag{9.13}$$

이다. 이렇게 계속 반복하면 n번째 단계에서는

$$\boldsymbol{\theta}^{n+1} = \boldsymbol{\theta}^n + [Z(\boldsymbol{\theta}^n)'Z(\boldsymbol{\theta}^n)]^{-1}Z(\boldsymbol{\theta}^n)'[\boldsymbol{y}-\boldsymbol{f}(\boldsymbol{X},\boldsymbol{\theta}^n)] \tag{9.14}$$

이다. 만약 n번째 단계의 $\boldsymbol{\theta}^n$ 과 $n+1$번째 단계의 $\boldsymbol{\theta}^{n+1}$이 거의 차이가 없다면 이는

$$Z(\boldsymbol{\theta}^n)'[\boldsymbol{y}-\boldsymbol{f}(\boldsymbol{X},\boldsymbol{\theta}^n)] = \boldsymbol{0} \tag{9.15}$$

을 의미하게 된다. 따라서 수렴한 $\boldsymbol{\theta}^n$은 최소제곱추정량이 갖추어야 할 조건 중의 한 가지를 만족하게 된다. 즉, $\boldsymbol{\theta}^n$은 식 (9.16)에서의 모수 $\boldsymbol{\theta}$의 최소제곱추정량이다.

$$\boldsymbol{y}-\boldsymbol{f}(\boldsymbol{X},\boldsymbol{\theta}^n) + Z(\boldsymbol{\theta}^n)\boldsymbol{\theta}^n = Z(\boldsymbol{\theta}^n)\boldsymbol{\theta}+\boldsymbol{\epsilon} \tag{9.16}$$

그러나 처음에 선택한 초기치에 대하여 수렴된 $\boldsymbol{\theta}^n$이 과연 최소제곱추정량 ($\hat{\boldsymbol{\theta}}$)인지는 확신할 수 없다. 또한, 수렴되지 않을 수도 있다. 따라서 적절한 초기치를 선택하는 방법이 필요하다. 즉, 여러 개의 초기값을 택하여 실행해 보고 같은 값으로 수렴하는가를 조사해 보는 방법이 있을 수 있다. Gauss–Newton 알고리즘의 보다 상세한 설명은 9.7.1절을 참조하기 바란다.

9.2.2 Levenberg–Marquardt 알고리즘

Gauss–Newton 알고리즘에서는 각 단계마다 $[Z(\boldsymbol{\theta}^n)'Z(\boldsymbol{\theta}^n)]$의 역행렬이 존재해야만 한다. Levenberg–Marquardt 알고리즘은 적당한 양정칙행렬 $\boldsymbol{A}$와 상수 λ_n을 이용하여 매 단계마다 $[Z(\boldsymbol{\theta}^n)'Z(\boldsymbol{\theta}^n)+\lambda_n\boldsymbol{A}]^{-1}$ 가 항상 존재하도록 조정한 알고리즘이다. SPSS에서는 $\boldsymbol{A}$행렬로 단위행렬 $\boldsymbol{I}$를 이용한다.

9.3 최소제곱 추정량의 성질

추정량의 분포는 어떻게 되나? 적절한 조건 아래서 최소제곱추정량 $\hat{\boldsymbol{\theta}}$ 은

$$\sqrt{n}\,\hat{\boldsymbol{\theta}} \xrightarrow{d} N(\boldsymbol{\theta}, \Sigma_{\theta}) \tag{9.17}$$

을 따른다고 알려져 있다. 즉, n 이 충분히 클 때 최소제곱추정량의 분포는 평균이 $\boldsymbol{\theta}$ 인 정규분포와 비슷하다(공분산행렬 Σ_{θ} 에 대해서는 이 책의 수준을 벗어나므로 생략한다). 따라서 선형 회귀모형에서의 모든 통계적 추론과 검증을 할 수 있다.

9.4 초기치 선택

이 절에서는 초기치를 선택하는 몇 가지 쉬운 방법을 소개하고 예제를 들어 확인해 보자. 기대 반응함수가 결정된 상황에서 적절한 초기치를 찾는 방법들을 몇 가지 예를 통해 이해하도록 한다.

9.4.1 기대 반응함수의 이용

예를 들었던 식 (9.4)의 M–M 모형을 고려하자.

$$f(x,\boldsymbol{\theta}) = \theta_1 x/(\theta_2 + x)$$

이 모형식에서 초기치를 선택하는 문제는 $\lim_{x\to\infty} f(x,\boldsymbol{\theta}) = \theta_1$ 이므로 초기치 θ_1^0 은 반응치 중 가장 큰 값 $y_{\max}$ 를 선택하는 것이 적당하다 (<표 9.1>에서 207). 또한, $x = \theta_2$일 때 $\theta_1/2 = \theta_1 x/(\theta_2 + x)$이므로, θ_2^0 는 반응치가 대략 $y_{\max}/2 = 207/2$ 이 되는 0.06으로 한다.

9.4.2 기대반응함수의 도함수 이용

위의 M–M모형에서 도함수를 이용하여 초기치를 선택할 수도 있다. 기대반응함수의 모수 θ_1에 대한 편미분과 x에 대한 미분은

$$\frac{\partial f}{\partial \theta_1} = \frac{x}{\theta_2 + x} , \; \frac{\partial f}{\partial x}|_{x=0} = \frac{\theta_1}{\theta_2}$$

이다. 그러나 관측된 설명변수 값에는 0이 없으므로 0과 가까운 0.02에서 관측값 $(0.02, 76)$, $(0.02, 47)$ 들을 이용한다. x들의 평균은 0.02이고 y들의 평균은 61이므로,

$$\frac{\theta_1^0}{\theta_2^0} = \frac{61}{0.02} \text{에서} \; \theta_2^0 = \frac{0.02\theta_1^0}{61} = \frac{0.02 y_{\max}}{61} = \frac{0.02 \times 207}{61}$$

을 선택한다.

9.4.3 변환된 모형의 모수 추정치를 초기치로 사용

메탄계 탄화수소의 하나인 n-펜탄(n-pentane)을 이소펜탄(isopentane)으로 만들기 위한 촉매의 이성질화(catalytic isomerization) 반응비율과 수소, 펜탄 그리고 이소펜탄(isopentane)의 부분 압력에 대한 관계는 다음과 같다고 한다. 모형은

$$f(\boldsymbol{x},\boldsymbol{\theta}) = \frac{\theta_1\theta_3\left(x_2 - x_3/1.632\right)}{1 + \theta_2 x_1 + \theta_3 x_2 + \theta_4 x_3}$$

이다. 여기서, x_1, x_2, x_3는 각각 수소, 이소펜탄, 펜탄의 부분 압력이다. 위 식을 잘 정리하면

$$\frac{x_2 - x_3/1.632}{f(\boldsymbol{x},\boldsymbol{\theta})} = \frac{1}{\theta_1\theta_3} + \frac{\theta_2}{\theta_1\theta_3}x_1 + \frac{1}{\theta_1}x_2 + \frac{\theta_4}{\theta_1\theta_3}x_3$$

으로 만들 수 있다. 그 다음에 이를 이용하여 아래의 선형모형을 적합시킨다.

$$y' = \beta_0 + \beta_1 x_1 + \beta_2 x_2 + \beta_3 x_3 + \epsilon$$

여기서,

$$y' = \frac{x_2 - x_3/1.632}{y}$$

이고

$$\frac{1}{\theta_1\theta_3} = \beta_0, \quad \frac{\theta_2}{\theta_1\theta_3} = \beta_1, \quad \frac{1}{\theta_1} = \beta_2, \quad \frac{\theta_4}{\theta_1\theta_3} = \beta_3$$

의 관계가 있다. 얻어지는 추정량 $\hat{\beta}_0$, $\hat{\beta}_1$, $\hat{\beta}_2$, $\hat{\beta}_3$ 을 이용하여

$$\theta_1^0 = \frac{1}{\hat{\beta}_2}, \quad \theta_2^0 = \frac{\hat{\beta}_1}{\hat{\beta}_0}, \quad \theta_3^0 = \frac{\hat{\beta}_2}{\hat{\beta}_0}, \quad \theta_4^0 = \frac{\hat{\beta}_3}{\hat{\beta}_0}$$

을 초기치로 사용하면 된다.

9.5 모형의 선택

비선형모형이 복잡한 이유는 각 전공분야의 이론을 근거로 얻어진 모형이기 때문이다. 이론을 정확하게 이해하지 못한 상황에서 모형을 수정하는 것은 위험하다. 즉, 가장 중요한 점은 그 분야의 과학적 이론(scientific reason)이고, 단순히 자료적합만을 위해 모형을 수정하는 것은 그릇된 일이다.

예를 들어, 연구자가 다음과 같은 모형을 설정하였다고 하자. 다음은 대기행렬 이론에서 자주 등장하는 이중지수함수 모형이다.

$$f(x, \boldsymbol{\theta}) = \theta_1 \exp(-\theta_2 x) + \theta_3 \exp(-\theta_4 x) \tag{9.18}$$

식 (9.18) 모형에서 모수에 적당한 제약을 부여하면, 식 (9.19.1), (9.19.2) 모형이 된다.

$$f(x, \boldsymbol{\theta}) = \theta_1 \exp(-\theta_2 x) + \theta_3 \tag{9.19.1}$$

$$f(x, \boldsymbol{\theta}) = \theta_1 \exp(-\theta_2 x) \tag{9.19.2}$$

이들을 식 (9.18)의 내포모형(nested model)이라 한다. 이처럼 내포모형들은 기존 모형을 수정하는 것이 아니고 모수에 대한 추가적인 제약이 적절한가를 알아보기 위한 것이므로 모형들 사이의 비교는 가능하다.

<표 9.2>
내포모형들
사이의
모형비교를
위한 기준

	잔차제곱합	자유도	평균제곱합	F 값
	$S(e)$ $= SSE(p) - SSE(f)$	$v_e = P_f - P_p$	$S_e^2 = S_e / v_e$	S_e^2 / S_f^2
full model	$SSE(f)$	$v_f = N - P_f$	$S_f^2 = S_f / v_f$	
partial model	$SSE(p)$	$N - P_p$		

예를 들어 식 (9.18)과 식 (9.19.1)을 비교할 때, 식 (9.18)을 완전모형(full model)이라 하고, 식 (9.19.1)을 축약모형(partial model)이라 한다. <표 9.2>에서 완전모형의 잔차제곱합을 $SSE(f)$로 축약모형의 잔차제곱합을 $SSE(p)$로 표시하자. V_f, V_p는 각각 완전모형, 축약모형에서의 자유도를 P_f, P_p는

각 모수의 개수이다. 전체 관측 개수를 N 이라 할 때 F값이 $F(v_e, v_f : \alpha)$ 보다 작으면, 유의수준 α 로 축약모형을 채택하고, F값이 $F(v_e, v_f : \alpha)$ 보다 크면 완전모형을 채택한다.

그러나 아래의 두 식

$$f(x, \boldsymbol{\theta}) = \theta_1 [1 - \exp(\theta_2 x)] \qquad (9.20.1)$$

$$f(x, \boldsymbol{\theta}) = \frac{\theta_1 x}{\theta_2 + x} \qquad (9.20.2)$$

의 관계는 식 (9.20.1)에서 모수에 적절한 제약을 주어도 식 (9.20.2)가 될 수 없다. 이들 비내포모형들 사이의 비교는 보다 작은 MSE를 갖는 모형과 5장 회귀진단에서 설명한 다양한 잔차 플롯을 통하여 할 수 있다.

9.6 SPSS(PASW) 실행

9.6.1 비선형 프로시저의 기본절차

이 데이터는 강낭콩에 쏘인 빛의 강도와 아질산염의 관계를 조사한 것이다. 3그루 중에서 16일 지난 콩으로부터 초생잎이 8단계의 빛의 강도 $(\mu E/m^2 s)$로 실험되었고 아질산염$(nmol/ghr)$이 측정되었다. 실험은 각각 다른 날 반복 실행되었다(Bates and Watts, 1988).

연구자는 구체적인 모형 식을 설정하지 못한 상태이고, 단지 빛의 강도가 0일 때는 아질산염이 0이고 강도가 증가함에 따라 어떤 상수로 접근한다는 사전 지식만이 있다고 하자. 따라서 M–M 모형 $f(x,\boldsymbol{\theta}) = \theta_1 x / (\theta_2 + x)$을 선택하였다.

<그림 9.4>
빛의 강도와
아질산염의
산점도

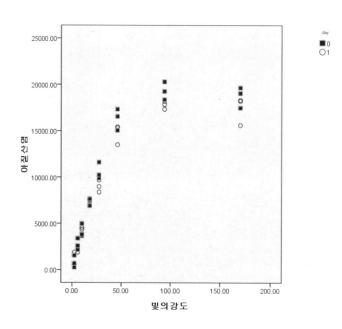

<표 9.3>
빛의 강도와
아질산염의
데이터

빛의 강도 $(\mu E/m^2 s)$	Nitrite Utilization $(nmol/ghr)$		빛의 강도 $(\mu E/m^2 s)$	Nitrite Utilization $(nmol/ghr)$	
	첫째 날	둘째 날		첫째 날	둘째 날
2.2	256	549	27	9884	9684
	685	1550		11597	8988
	1537	1882		10221	8385
5.5	2148	1888	46	17319	13505
	2583	3372		16539	15324
	3376	2362		15047	15430
9.6	3634	4561	94	19250	17842
	4960	4939		20282	18185
	3814	4356		18357	17331
17.5	6986	7548	170	19638	18202
	6903	7471		19043	18315
	7636	7642		17475	15605

실험은 하루에 24번 이틀에 걸쳐 진행되었고 <그림 9.4>에서 대체적으로 빛의 강도가 커질수록 첫째 날 실험에서 큰 반응값을 나타내므로 실험일 효과를 고려한 가변수 Day를 도입하여 식 (9.21)과 같이 모형화하자.

$$f(x,\boldsymbol{\theta}) = \frac{(\theta_1 + \psi_1 Day)x}{(\theta_2 + \psi_2 Day) + x} \cdot \quad Day = \begin{cases} 0, & \text{첫째날} \\ 1, & \text{둘째날} \end{cases} \tag{9.21}$$

여기서, ψ_1은 θ_1에 미치는 실험일 효과를, ψ_2은 θ_2에 미치는 실험일 효과를 나타낸다.

비선형 회귀분석을 하려면 SPSS 풀다운 메뉴에서 Analyze → Regression → Nonlinear을 선택하면, <그림 9.5> Nonlinear Regression 대화 상자가 나온다. 여기서, Dependent에 종속변수를, Model Expression에는 고려하는 기대반응함수를 입력한다. <그림 9.5>는 식 (9.21)을 분석하기 위함이다. 또한 Boolean 논리연산자를 사용할 수 있다. 즉(·)이 참이면 1, 거짓이면 0으로 처리한다.

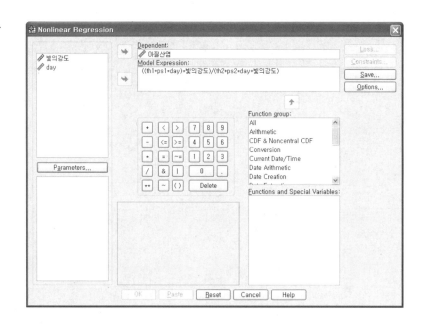

<그림 9.5>
Nonlinear
Regression
대화 상자

식 (9.21)에서는

$$Day = 0 \text{ 이면, } f(\cdot) = \frac{\theta_1 x}{\theta_2 + x},$$

$$Day = 1 \text{ 이면, } f(\cdot) = \frac{(\theta_1 + \psi_1)x}{(\theta_2 + \psi_2) + x} \qquad (9.22)$$

이므로 다음과 같이 입력한다.

$(Day = 0) * (\text{th}1 * 빛의 강도)/(\text{th}2 + 빛의 강도)$

$+ (Day = 1) * ((\text{th}1 + \text{ps}1) * 빛의 강도)/(\text{th}2 + \text{ps}2 + 빛의 강도)$

여기서, θ 은 th로, ψ 는 ps로 입력하였다.$(i = 1, 2)$

Parameters... 를 클릭하면 <그림 9.6>의 **Nonlinear Regression:** **Paramet...** 대화 상자가 열린다. **Name**에 모수명을 입력하고, **Starting Value** 에는 적절한 초기치를 입력한다.

초기치의 선택은 9.4.1절에서 기술한 방법을 따르자. 첫째 날에서 최대 반응값은 20282이고, 둘째 날에 최대 반응값은 18315이다. 따라서 θ_1 의 초 기치는 $\theta_1^0 = 20282$ 으로, 가변수(날짜효과)에 의한 최대값의 차이로 ψ_1 의 초기값은$(18315 - 20282) = -1967$로 정하자. 그리고 첫째 날 $y_{\max}/2$ $= 10141$ 반응값에 해당하는 x값은 대략 27이고, 둘째 날도 $y = 10141$에 대 응하는 x값은 대략 27이므로 $\theta_2^0 = 27$, $\psi_2^0 = 27 - 27 = 0$으로 하자. 이때 초기치를 모두 선택한 후 [Continue] 버튼을 클릭하면, 다시 <그림 9.3>으 로 되돌아온다. 여기서 [OK] 를 클릭하면, <표 9.4> 결과가 나온다.

<그림 9.6>
초기치 지정을
위한 대화
상자

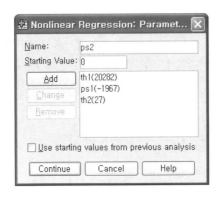

<표 9.4>의 결과들은 살펴보면 다음과 같다.

①은 모수를 추정하기 위해 선정한 초기값을 나타낸다.

②는 반복에서 잔차의 합의 변화가 디폴트인 10^{-8}보다 작아서 멈추었 음을 나타낸다.

③은 분산분석결과를 나타낸다.

④는 $R^2 = 0.95835$로 상당히 큼을 나타낸다.

⑤는 모수의 추정치와 근사 신뢰구간을 나타낸다. 유의확률 p값이 출 력되지 않으나 95% 신뢰구간이 0을 포함하면, 유의수준 5%에서 회귀 계수가 0이라는 귀무가설을 기각할 수 있음을 이용하여 실험일 효과를 고려한 ψ_1, ψ_2가 모두 통계적으로 유의하지 않음을 알 수 있다.

⑥은 추정된 모수추정치들의 상관행렬로 다중공선성이 상당히 심한 것으로 보인다.

<표 9.4>
식(9.23)의
비선형
프로시저 결과

Iteration Numberª	Residual Sum of Squares	Parameter				
		th1	ps1	th2	ps2	
1.0	1.890E8	20282.000	-1967.000	27.000	.000	①
1.1	8.715E7	24887.371	-2417.599	36.651	-2.526	
2.0	8.715E7	24887.371	-2417.599	36.651	-2.526	
2.1	8.652E7	24672.776	-2291.764	34.954	-2.017	
3.0	8.652E7	24672.776	-2291.764	34.954	-2.017	
3.1	8.651E7	24758.374	-2338.976	35.338	-2.214	
4.0	8.651E7	24758.374	-2338.976	35.338	-2.214	
4.1	8.651E7	24740.637	-2326.689	35.263	-2.164	
5.0	8.651E7	24740.637	-2326.689	35.263	-2.164	
5.1	8.651E7	24744.181	-2329.504	35.278	-2.175	
6.0	8.651E7	24744.181	-2329.504	35.278	-2.175	
6.1	8.651E7	24743.471	-2328.892	35.275	-2.173	②

Parameter Estimates ⑤

Parameter	Estimate	Std. Error	95% Confidence Interval	
			Lower Bound	Upper Bound
th1	24743.471	1241.226	22241.945	27244.997
ps1	-2328.892	1720.414	-5796.158	1138.375
th2	35.275	4.657	25.889	44.661
ps2	-2.173	6.627	-15.528	11.182

Correlations of Parameter Estimates ⑥

	th1	ps1	th2	ps2
th1	1.000	-.721	.881	-.619
ps1	-.721	1.000	-.636	.878
th2	.881	-.636	1.000	-.703
ps2	-.619	.878	-.703	1.000

ANOVAª ③

Source	Sum of Squares	df	Mean Squares
Regression	6.477E9	4	1.619E9
Residual	8.651E7	44	1966059.856
Uncorrected Total	6.564E9	48	
Corrected Total	2.077E9	47	

Dependent variable: 아질산염

a. R squared = 1 - (Residual Sum of Squares) / (Corrected Sum of Squares) = .958. ④

<그림 9.7>
회귀진단을
위한 변수지정
대화 상자

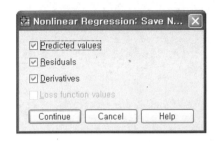

<그림 9.5>에서 ⎡ Save... ⎤를 클릭하면 <그림 9.7> Nonlinear Regression: Save N... 대화 상자가 나온다. 여기서는 회귀진단을 위해 저장할 변수를 지정할 수 있다. **Predicted values**는 적합치($\hat{y}$)를 $pred$ 변수로, **Resduals**은 잔차($y-\hat{y}$)를 $resid$ 변수로 저장된다. 여기서, **Derivatives**는 식 (9.16)에서 $Z(\boldsymbol{\theta}^n)$을 생성한다. 현재 모형은

$$f(x,\boldsymbol{\theta}) = \frac{(\theta_1 + \psi_1 day)x}{(\theta_2 + \psi_2 day) + x}$$

으로 모수를 $th1, th2, ps1, ps2$ 로 지정하였으므로 $D.th1, D.th2, D.ps1, D.ps2$ 4개 변수를 생성한다. 예를 들면, 첫 번째 관측치는

$$(x, day, y) = (2.2, 0, \ 256)$$

이고, 모형식에서

$$\partial f / \partial \theta_1 = x / (\theta_2 + \psi_2 \times day + x)$$

이므로 $D.th1$에는 $2.2/(\hat{\theta}_2 + \hat{\psi}_2 \times 0 + 2.2) = 0.06$이 저장된다.

<그림 9.8>
추정치와
원자료의
산점도

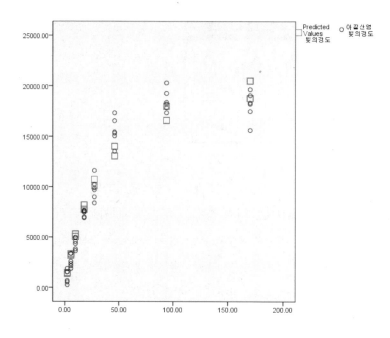

<그림 9.9>
잔차와 빛의
강도 플롯

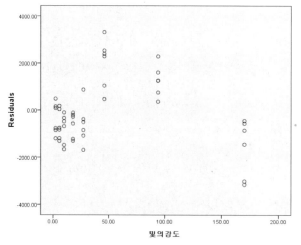

<그림 9.9> 잔차 플롯에서 빛의 강도가 작은 값과 큰 값에서 음의 부호를 가지며 중간값에서는 양의 부호를 가진다. 따라서 모형 식 (9.21)이 개선의 여지가 있음을 시사한다. 이 절에서는 비선형모형을 수행하기 위한 기본 절차만을 소개한 것으로 만족하고 계속된 분석에 관심 있는 독자들은 9.7.2 절을 참고하기 바란다.

9.6.2 옵션

<그림 9.5>의 Nonlinear Regression 대화 상자에서 Loss... , Constraints... , Options... 의 사용을 이 절에서 간략히 설명하고자 한다.

Nonlinear Regression 대화 상자에서 Loss... 버튼을 클릭하면 <그림 9.10>의 Nonlinear Regression: Loss Function 대화 상자가 나온다.

<그림 9.10>
손실함수
지정을 위한
대화 상자

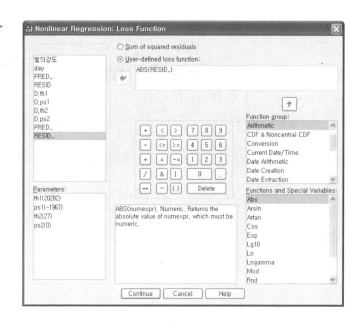

여기서, **Sum of squared residuals**은 SPSS에서 디폴트로 지정된 방법으로 추정량의 선택 기준은 잔차제곱합을 최소화하는 추정량을 찾는 것이다. 만약 **User-defined loss function**를 선택하면 사용자가 다른 손실함수(loss function)를 지정할 수 있다. 예를 들어, 잔차들의 절대값의 합을 최소화하는 추정량을 원한다면 <그림 9.10>과 같이 하면 된다. 입력을 마친 후 Continue 버튼을 누르면 비선형 회귀분석 대화 상자로 되돌아온다.

Nonlinear Regression 대화 상자에서 Constraints... 버튼을 클릭하면, <그림 9.11> Nonlinear Regression: Parameter Constraints 대화 상자가 나온다. **Define parameter constraint**에서 모수들이 특별한 제한 조건이 있을 경우에 그 제약식을 선언할 수 있다. 예를 들어 $\theta_1 \leqq 2$, $\theta_2 + \psi_2 \leqq 0$인 조

건이라면, <그림 9.11>과 같이 하면 된다. | Continue | 버튼을 누르면
Nonlinear Regression 대화 상자로 되돌아오게 된다. SPSS는 모수의 제약식
을 부여하였을 때는 Levenberg-Marquardt 알고리즘을 사용하지 않고
Sequential quadratic programming을 이용하여 모수 추정을 한다. Nonlinear
Regression 대화 상자에서 | Options... | 버튼을 클릭하면 <그림 9.12>
Nonlinear Regression: Options의 대화 상자가 열린다. 이 대화 상자를 통해
알고리즘 실행에 필요한 제약조건들을 조정할 수 있다.

<그림 9.11>
모수제약
지정을 위한
대화 상자

<그림 9.12>
옵션 대화
상자

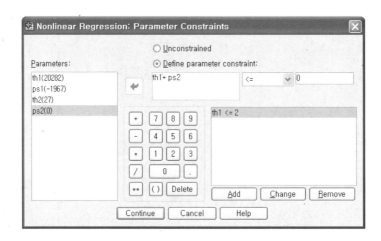

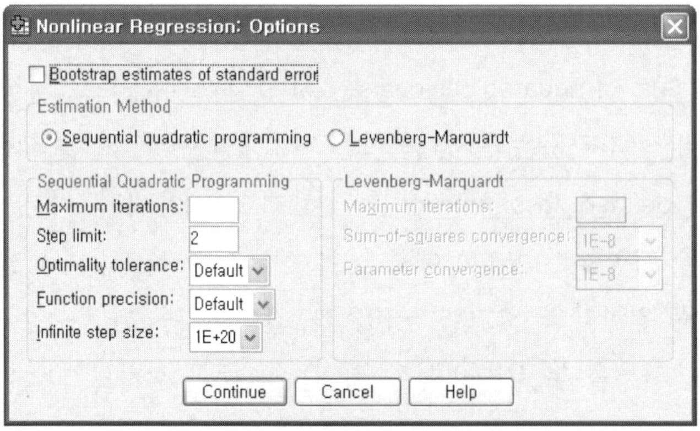

9.7 가우스-뉴튼 알고리즘과 데이터분석

9.7.1 Gauss-Newton 알고리즘

9.2.1절에서 소개한 가우스-뉴튼 알고리즘을 풀어서 살펴보자. 최소제곱추정량은 $\hat{\theta} \equiv \min_\theta SSE(\theta)$ 이다. 즉, 전체 모수 공간에서 $SSE(\theta)$ 를 최소화하는 추정량이 최소제곱추정량이다. 여기서,

$$SSE(\boldsymbol{\theta}) = \boldsymbol{\epsilon}'\boldsymbol{\epsilon} = [\boldsymbol{y} - \boldsymbol{f}(\boldsymbol{X},\boldsymbol{\theta})]'[\boldsymbol{y} - \boldsymbol{f}(\boldsymbol{X},\boldsymbol{\theta})] \tag{9.23}$$

$$= \sum_{i=1}^{n}[y_i - f(\boldsymbol{x_i},\boldsymbol{\theta})]^2$$

이다. 만약 $SSE(\boldsymbol{\theta})$ 가 $\boldsymbol{\theta}$ 에 대해 2차 미분이 가능하고 연속이면

$$\frac{\partial SSE(\boldsymbol{\theta})}{\partial \boldsymbol{\theta}}\big|_{\hat{\theta}} = \boldsymbol{0} \tag{9.24}$$

가 될 것이다. 주의할 점은 최소제곱추정량이 아닌 $\boldsymbol{\theta}^*$ 도 식 (9.24)을 만족할 수 있다.

$$\frac{\partial}{\partial \boldsymbol{\theta}'} SSE(\boldsymbol{\theta}) = -2\frac{\partial \boldsymbol{f}(\boldsymbol{X},\boldsymbol{\theta})'}{\partial \boldsymbol{\theta}}[\boldsymbol{y} - \boldsymbol{f}(\boldsymbol{X},\boldsymbol{\theta})] = \boldsymbol{0} \tag{9.25}$$

이므로 최소제곱추정량 $\hat{\theta}$ 는

$$\frac{\partial \boldsymbol{f}(\boldsymbol{X},\boldsymbol{\theta})'}{\partial \boldsymbol{\theta}}\big|_{\theta = \hat{\theta}}[\boldsymbol{y} - \boldsymbol{f}(\boldsymbol{X},\hat{\boldsymbol{\theta}})] = \boldsymbol{0} \tag{9.26.1}$$

을 만족하게 된다. 여기서,

$$\frac{\partial \boldsymbol{f}(\boldsymbol{X},\boldsymbol{\theta})'}{\partial \boldsymbol{\theta}} = \frac{\partial \boldsymbol{f}(\boldsymbol{X},\boldsymbol{\theta})}{\partial \boldsymbol{\theta}'} \tag{9.26.2}$$

$$= \begin{pmatrix} \dfrac{\partial f(\boldsymbol{x}_1,\boldsymbol{\theta})}{\partial \theta_1} & \cdots & \dfrac{\partial f(\boldsymbol{x}_1,\boldsymbol{\theta})}{\partial \theta_k} \\ \vdots & \ddots & \vdots \\ \dfrac{\partial f(\boldsymbol{x}_n,\boldsymbol{\theta})}{\partial \theta_1} & \cdots & \dfrac{\partial f(\boldsymbol{x}_n,\boldsymbol{\theta})}{\partial \theta_k} \end{pmatrix}$$

이고, 앞으로 식 (9.26.2)를 $Z(\boldsymbol{\theta})$로 나타내기로 하자. 특정한 $\boldsymbol{\theta}^0$에서 계산된 행렬을 $Z(\boldsymbol{\theta}^0)$라 하자.

$$Z(\boldsymbol{\theta^0}) \equiv \left. \begin{pmatrix} \dfrac{\partial f(\boldsymbol{x}_1, \boldsymbol{\theta})}{\partial \theta_1} & \cdots & \dfrac{\partial f(\boldsymbol{x}_1, \boldsymbol{\theta})}{\partial \theta_k} \\ \vdots & \ddots & \vdots \\ \dfrac{\partial f(\boldsymbol{x}_n, \boldsymbol{\theta})}{\partial \theta_1} & \cdots & \dfrac{\partial f(\boldsymbol{x}_n, \boldsymbol{\theta})}{\partial \theta_k} \end{pmatrix} \right|_{\boldsymbol{\theta} = \boldsymbol{\theta}^0}$$

즉, 최소제곱추정량 $\hat{\boldsymbol{\theta}}$는

$$Z(\hat{\boldsymbol{\theta}})' [\boldsymbol{y} - \boldsymbol{f}(\boldsymbol{X}, \hat{\boldsymbol{\theta}})] = \boldsymbol{0} \tag{9.26.3}$$

을 만족한다.

Gauss-Newton 방법은 식 (9.26.3)을 만족하는 해를 찾는 것이다. 기대 반응함수 $\boldsymbol{f}(\boldsymbol{X}, \boldsymbol{\theta})$를 임의의 한 점 $\boldsymbol{\theta}^0$에 대하여 일차 테일러 전개를 한다. 첫 번째 관측치만 고려하면,

$$f(\boldsymbol{x}_1, \boldsymbol{\theta}) \simeq f(\boldsymbol{x}_1, \boldsymbol{\theta}^0) + \left(\frac{\partial f(\boldsymbol{x}_1, \boldsymbol{\theta})}{\partial \theta_1} \Big|_{\boldsymbol{\theta}^0} \cdots \frac{\partial f(\boldsymbol{x}_1, \boldsymbol{\theta})}{\partial \theta_k} \Big|_{\boldsymbol{\theta}^0} \right) (\boldsymbol{\theta} - \boldsymbol{\theta}^0) \tag{9.27}$$

이다. n개 관측치를 모두 모아 보자.

$$\boldsymbol{f}(\boldsymbol{X}, \boldsymbol{\theta}) \simeq \boldsymbol{f}(\boldsymbol{X}, \boldsymbol{\theta}^0) + Z(\boldsymbol{\theta}^0)(\boldsymbol{\theta} - \boldsymbol{\theta}^0) \tag{9.28}$$

따라서 모형식은

$$\boldsymbol{y} \simeq \boldsymbol{f}(\boldsymbol{X}, \boldsymbol{\theta}^0) + Z(\boldsymbol{\theta}^0)(\boldsymbol{\theta} - \boldsymbol{\theta}^0) + \boldsymbol{\epsilon} \tag{9.29}$$

가 된다.

예를 들어, 식 (9.2.2) 모형에서는 $\boldsymbol{\theta} = (\theta_1 \; \theta_2 \; \theta_3)'$이고

$$\frac{\partial f(\cdot)}{\partial \theta_1} = 1 \;, \quad \frac{\partial f(\cdot)}{\partial \theta_2} = \exp(\theta_3 x) \;, \quad \frac{\partial f(\cdot)}{\partial \theta_3} = \theta_2 \, x \exp(\theta_3 x)$$

이다. 선택된 한 점을 $\boldsymbol{\theta}^0 = (\theta_1^0 \; \theta_2^0 \; \theta_3^0)'$라 할 때, 식 (9.29)는

$$\begin{pmatrix} y_1 \\ y_2 \\ \vdots \\ y_n \end{pmatrix} \simeq \begin{pmatrix} \theta_1^0 + \theta_2^0 \exp(\theta_3^0 x_1) \\ \theta_1^0 + \theta_2^0 \exp(\theta_3^0 x_2) \\ \vdots \\ \theta_1^0 + \theta_2^0 \exp(\theta_3^0 x_n) \end{pmatrix}$$

$$+ \begin{pmatrix} 1 & \exp(\theta_3^0 x_1) & \theta_2^0 x_1 \exp(\theta_3^0 x_1) \\ 1 & \exp(\theta_3^0 x_2) & \theta_2^0 x_2 \exp(\theta_3^0 x_2) \\ \vdots & \vdots & \vdots \\ 1 & \exp(\theta_3^0 x_n) & \theta_2^0 x_n \exp(\theta_3^0 x_n) \end{pmatrix} \begin{pmatrix} \theta_1 - \theta_1^0 \\ \theta_2 - \theta_2^0 \\ \theta_3 - \theta_3^0 \end{pmatrix} + \begin{pmatrix} \epsilon_1 \\ \epsilon_2 \\ \vdots \\ \epsilon_n \end{pmatrix}$$

이 된다. 식 (9.29)에서 $\boldsymbol{\theta}^0$는 선택한 한 점이므로 상수벡터이다. 따라서 모수는 단지 $\boldsymbol{\theta}$뿐이다. 모수를 포함한 항을 우변으로 정리하면,

$$\boldsymbol{y} - \boldsymbol{f}(\boldsymbol{X}, \boldsymbol{\theta}^0) + Z(\boldsymbol{\theta}^0)\boldsymbol{\theta}^0 \simeq Z(\boldsymbol{\theta}^0)\boldsymbol{\theta} + \boldsymbol{\epsilon} \tag{9.30}$$

이 된다. 식 (9.30)에서 $\boldsymbol{\epsilon}$은 오차벡터이므로 식 (9.31)로 쓸 수 있다.

$$\boldsymbol{y} - \boldsymbol{f}(\boldsymbol{X}, \boldsymbol{\theta}^0) + Z(\boldsymbol{\theta}^0)\boldsymbol{\theta}^0 = Z(\boldsymbol{\theta}^0)\boldsymbol{\theta} + \boldsymbol{\epsilon} \tag{9.31}$$

식 (9.31)을 보면 $\boldsymbol{y} - \boldsymbol{f}(\boldsymbol{X}, \boldsymbol{\theta}^0) + Z(\boldsymbol{\theta}^0)\boldsymbol{\theta}^0$을 반응변수로, $Z(\boldsymbol{\theta}^0)$를 설명변수로 하는 선형모형식이다. 따라서 식 (9.31)에서 최소제곱추정량 $\boldsymbol{\theta}^1$은

$$\boldsymbol{\theta}^1 = \boldsymbol{\theta}^0 + [Z(\boldsymbol{\theta}^0)'Z(\boldsymbol{\theta}^0)]^{-1} Z(\boldsymbol{\theta}^0)'[\boldsymbol{y} - \boldsymbol{f}(\boldsymbol{X}, \boldsymbol{\theta}^0)] \tag{9.32}$$

이다. 식 (9.32)가 된 이유는 중선형 회귀모형 $\boldsymbol{y} = \boldsymbol{X}\boldsymbol{\beta} + \boldsymbol{\epsilon}$ (여기서, $\boldsymbol{y} = (y_1, y_2, \cdots, y_n)'$, $\boldsymbol{X}$ = 설명변수의 관측행렬 , $\boldsymbol{\epsilon} = (\epsilon_1, \epsilon_2, \cdots, \epsilon_n)'$)에서 최소제곱추정량 $\hat{\boldsymbol{\beta}}$은 식 (9.33)과 같기 때문이다.

$$\hat{\boldsymbol{\beta}} = (\boldsymbol{X}'\boldsymbol{X})^{-1}\boldsymbol{X}'\boldsymbol{y} = (\boldsymbol{X}'\boldsymbol{X})^{-1}\boldsymbol{X}'(\boldsymbol{X}\boldsymbol{\beta} + \boldsymbol{\epsilon}) \tag{9.33}$$

$$= \boldsymbol{\beta} + (\boldsymbol{X}'\boldsymbol{X})^{-1}\boldsymbol{X}'\boldsymbol{\epsilon}$$

그런데 추정된 $\boldsymbol{\theta}^1$은 우리가 찾고자 하는 추정량이 아니다. 따라서 계속 반복하면, n 번째에는

$$\boldsymbol{\theta}^{n+1} = \boldsymbol{\theta}^n + [Z(\boldsymbol{\theta}^n)'Z(\boldsymbol{\theta}^n)]^{-1} Z(\boldsymbol{\theta}^n)'[\boldsymbol{y} - \boldsymbol{f}(\boldsymbol{X}, \boldsymbol{\theta}^n)] \tag{9.34}$$

이 된다. 만약 $\boldsymbol{\theta}^{n+1} = \boldsymbol{\theta}^n$가 되면, 이는 식 (9.35)를 의미하게 된다.

$$[Z(\boldsymbol{\theta}^n)'Z(\boldsymbol{\theta}^n)]^{-1}Z(\boldsymbol{\theta}^n)'[\boldsymbol{y}-\boldsymbol{f}(\boldsymbol{X},\boldsymbol{\theta}^n)] = \boldsymbol{0} \tag{9.35}$$

만약 $[Z(\boldsymbol{\theta}^n)'Z(\boldsymbol{\theta}^n)]^{-1} \neq \boldsymbol{0}$ 이면

$$Z(\boldsymbol{\theta}^n)'[\boldsymbol{y}-\boldsymbol{f}(\boldsymbol{X},\boldsymbol{\theta}^n)] = \boldsymbol{0} \tag{9.36}$$

이 성립한다. 즉, $\boldsymbol{\theta}^n$은 최소제곱추정량이 가져야 하는 조건 식 (9.26.3)을 만족한다. 주의할 점은 수렴된 $\boldsymbol{\theta}^n$은 최소제곱추정량이 될 수도 있고 안 될 수도 있다는 점이다. 처음에 선택한 초기치에 대하여 수렴된 값 $\boldsymbol{\theta}^n$은 바로 식 (9.37) 선형모형의 최소제곱추정량이 된다.

$$\boldsymbol{y}-\boldsymbol{f}(\boldsymbol{X},\boldsymbol{\theta}^n) + Z(\boldsymbol{\theta}^n)\boldsymbol{\theta}^n = Z(\boldsymbol{\theta}^n)\boldsymbol{\theta}+\boldsymbol{\epsilon} \tag{9.37}$$

따라서 여러 개의 초기값을 선택하여 실행해 보고 같은 값으로 수렴하는지를 조사해 보는 것이 한 방법일 수 있다.

9.7.2 분석의 계속

잔차 대 빛의 강도의 산점도인 <그림 9.9>에서 빛의 강도가 작은 값과 큰 값에서 잔차는 음의 부호를 가지며 중간값에서는 양의 부호를 가졌다. 이는 모형 식 (9.21)이 개선의 여지가 있음을 시사한다.

따라서 식 (9.21)에서 분모에 빛의 강도의 제곱항을 포함시켜 보자.

$$f(x,\boldsymbol{\theta}) = \frac{\theta_1 x}{\theta_2 + x + \theta_3 x^2} \tag{9.38}$$

그 이유는 식 (9.38)은 도함수

$$\frac{\partial f}{\partial x} = \frac{-2\theta_1\theta_3 x^2 - \theta_1 x + \theta_1}{(\theta_3 x^2 + x + \theta_2)^2}$$

가 이차함수가 되므로 <그림 9.9>에서 아래로 볼록(concave)한 형태를 띠는 잔차를 반영하는 모형일 것 같기 때문이다. 앞에서와 같이 가변수 day를 이용하여

$$f(\boldsymbol{x}, \boldsymbol{\theta}) = \frac{(\theta_1 + \psi_1 day)x}{(\theta_2 + \psi_2 day) + x + (\theta_3 + \psi_3 day)x^2} \qquad (9.39)$$

로 모형화하자.

이제 초기치를 선택해야 한다. 식 (9.39)의 역수를 취하면,

$$\frac{1}{f(\boldsymbol{x}, \boldsymbol{\theta})} = \left(\frac{\theta_2 + \psi_2 day}{\theta_1 + \psi_1 day}\right)\frac{1}{x} + \frac{1}{\theta_1 + \psi_2 day} + \frac{\theta_3 + \psi_3 day}{\theta_1 + \psi_1 day}x \qquad (9.40)$$

이다. 첫째 날은 $day = 0$이므로, 식 (9.40)은

$$\frac{1}{f(\boldsymbol{x}, \boldsymbol{\theta})} = \left(\frac{\theta_2}{\theta_1}\right)\frac{1}{x} + \frac{1}{\theta_1} + \frac{\theta_3}{\theta_1}x \qquad (9.41)$$

이고, 둘째 날은 $day = 1$이므로,

$$\frac{1}{f(\boldsymbol{x}, \boldsymbol{\theta})} = \left(\frac{\theta_2 + \psi_2}{\theta_1 + \psi_1}\right)\frac{1}{x} + \frac{1}{\theta_1 + \psi_2} + \frac{\theta_3 + \psi_3}{\theta_1 + \psi_1}x \qquad (9.42)$$

이다.

그러므로 둘째 날 데이터만 사용하여 변환된 변수들을 식 (9.42)에 적합시킨 후

$$\frac{1}{y} = \alpha_0 \frac{1}{x} + \alpha_1 + \alpha_2 x \qquad (9.43)$$

의 추정치 $\hat{\alpha}_0 = 2.177 \times 10^{-3}, \hat{\alpha}_1 = 9.312 \times 10^{-6}, \hat{\alpha}_2 = 2.261 \times 10^{-7}$을 이용한다.

$$1/\theta_1^0 = 9.312 \times 10^{-6}, \quad \Rightarrow \quad \theta_1^0 = 107388,$$

$$\theta_2^0/\theta_1^0 = 2.177 \times 10^{-3}, \qquad \theta_2^0 = 233,$$

$$\theta_3^0/\theta_1^0 = 2.261 \times 10^{-7}. \qquad \theta_3^0 = 0.024$$

을 사용한다. (첫째 날 데이터에서 초기치 $\theta_1^0, \theta_2^0, \theta_3^0$를 구할 경우 음수값이 나온다. 이 분야의 이론에 적합하지 않기 때문이다.)

한편, $\psi_1^0 = -10000$, $\psi_2^0 = 23$, $\psi_3^0 = 0.002$로 선택한 비선형 회귀분석 결과는 <표 9.5>와 같다. 이 표에서 추가된 회귀계수 ψ_1, ψ_2, ψ_3가 모두 유의하지 않음을 알 수 있고, 여전히 추정치들이 높은 상관관계를 가짐을 나타낸다.

<표 9.5>
모수 6개를
포함한 비선형
프로시저 결과

Parameter Estimates

Parameter	Estimate	Std. Error	95% Confidence Interval	
			Lower Bound	Upper Bound
th1	89787.052	37532.688	14043.021	165531.082
th2	186.594	89.967	5.034	368.154
th3	.016	.009	-.002	.035
ps1	-38886.993	39975.215	-119560.242	41786.256
ps2	-83.066	96.710	-278.234	112.102
ps3	-.008	.010	-.028	.012

Correlations of Parameter Estimates

	th1	th2	th3	ps1	ps2	ps3
th1	1.000	.998	.996	-.939	-.928	-.925
th2	.998	1.000	.991	-.937	-.930	-.920
th3	.996	.991	1.000	-.936	-.922	-.928
ps1	-.939	-.937	-.936	1.000	.997	.995
ps2	-.928	-.930	-.922	.997	1.000	.989
ps3	-.925	-.920	-.928	.995	.989	1.000

<그림 9.13>은 잔차 대 빛의 강도 플롯이다. <그림 9.9>와 비교할 때 잔차가 대체적으로 잘 흩어져 있는 것 같다. 그러나 <표 9.5>의 결과로는 통계적으로 많은 문제점을 안고 있다. 비선형 회귀모형을 세우는 이유는 그 분야의 이론이 뒷받침되는 상황 하에서 모수의 추정치를 구하는 문제이다. 따라서 보통 자료 분석의 시작 단계에서처럼 두 변수의 관계를 단지 산점도만을 보고 파악하는 분석과는 출발점부터 크게 다르다고 할 수 있다. 따라서 해당 분야의 전공자와 충분한 논의와 함께 분석이 진행되어야 한다.

<그림 9.13>
모수 6개를
포함하는
모형적합 후의
잔차 대 빛의
강도 플롯

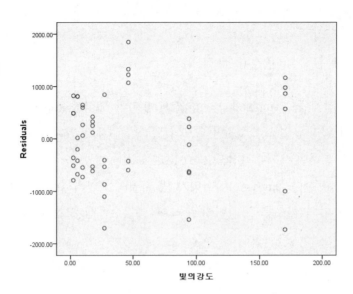

9.8 연습 문제

Quiz 1.

생태계에서 amphiod(작은 갑각류의 일종)의 포식률(predation rate)은 그들의
먹이인 열빙어 알(capelin egg)의 밀도와 밀접한 관계가 있다고 한다. 이 분야의
이론에 의하면 음지수곡선(negative exponential curve)인 $y = \alpha\,(1 - e^{-\beta x}) + \epsilon$ 관계
가 있다고 한다. amphoid 한 마리가 먹는 열빙어 알의 수를 종속변수로, 처음
열빙어 알의 밀도를 독립변수로 하여 음지수곡선 모형에 적합시키시오.

실험	X (initial egg density: eggs/cm²)	Y (capelin eggs eaten per amphoid)
1	0	0
2	2	1
3	4	2
4	4	2.8
5	7	4.2
6	7	4
7	8	5
8	12	5
9	12	6.2
10	12	6.6
11	12	4.5
12	22	6
13	23	10
14	23	7
15	23	8.5
16	23	4.8
17	32	4.5
18	36	9
19	37	12.5
20	37	10.5
21	37	9
22	70	8
23	70	10
24	70	10.5
25	71	14
26	72	11

Quiz 2.

다음 데이터는 영국의 센서스 자료로 최소한 한 명의 자녀를 가진 여성의 비율(%)이다. 1945년에 출생한 여성의 17%는 20세에 최소한 한 명의 아이가, 1945년에 출생한 여성의 60%는 25세에 자녀가 한 명 이상 있음을 보여 주고 있다. 자료에 다음과 같은 곰페르츠 곡선식을 적합하려 한다.

$$y = \alpha \exp(-\gamma \exp(-\beta x)) + \epsilon$$

(1) 수식에서

$$\lim_{x \to \infty} f(\cdot) = \alpha, \; x = 0$$

일 때 $y = \alpha \exp(-\gamma)$, β는 그래프의 기울기를 결정한다. 1920년 자료에 $\alpha^0 = 78$, $\gamma^0 = \ln\alpha^0 - \ln(y$절편$)$, β^0의 적절한 초기치를 선택하는 방법을 논의하시오.

(2) 1920년 자료를 (1)의 초기값으로 모형을 적합시킨 후, 추정값을 다시 1930년 자료의 초기값으로 사용하여 모형을 적합시키시오.

여성 연령	여성이 출생한 연도						
	1920	1930	1940	1945	1950	1955	1960
15	0	0	0	0	0	0	0
20	7	9	13	17	19	18	13
25	39	48	59	60	53	45	39
30	67	75	82	82	75	68	−
35	76	83	87	88	83	−	−
40	78	86	89	90	−	−	−
45	−	86	89	−	−	−	−

Quiz 3.

다음은 신제품 제조에 대한 상대적 효율(relative efficiency) 즉, 생산성을
작업위치(*location*)별로 측정한 데이터이다. 작업시간(*time*)은 주단위로 측
정되었다. 상대적 효율에 작업위치와 작업시간이 어떻게 영향을 미치는지
그 관계를 찾으시오.

location (A = 1, B = 0)	time (단위: 주)	Y (상대적 효율)
1	1	.483
1	2	.539
1	3	.618
1	5	.707
1	7	.762
1	10	.815
1	15	.881
1	20	.919
1	30	.964
1	40	.959
1	50	.968
1	60	.971
1	70	.960
1	80	.967
1	90	.975
0	1	.517
0	2	.598
0	3	.635
0	5	.750
0	7	.811
0	10	.848
0	15	.943
0	20	.971
0	30	1.012
0	40	1.015
0	50	1.007
0	60	1.022
0	70	1.028
0	80	1.017
0	90	1.023

10 장

가중 최소제곱 회귀
Weighted Least Squares Regression

이 장은 오차항의 등분산성 가정이 위배되는 경우, 자료의 이분산성을 고려한 분석방법으로 가중 회귀분석을 소개한다.

10.1 회귀분석의 기본 가정

2장에서 다루었던 회귀분석의 내용들은 설명변수와 반응변수의 관련성을 선형관계식을 이용해 표현함으로써 이해하기도 쉽고 주어진 데이터에 가장 적합한 회귀식을 찾아내는 방법도 비교적 간단했다. 이러한 문제 해결 방법은 회귀모형에 대한 일련의 가정들, 예를 들어 오차항에 대한 등분산성, 독립성, 설명변수와 반응변수의 관계의 선형성 등의 조건 하에서 가능한 것이다. 통계적 추론을 위해 적용되는 다양한 자료 분석방법은 대부분 기본 가정을 포함하고 있으므로 신뢰할 수 있는 분석결과를 얻기 위해서는 실제로 분석대상인 데이터가 그러한 가정을 충족하는지에 대한 검토가 필요하다. 회귀분석의 기본 가정에 대한 내용들과 확인 과정에 대해서는 1장, 2장과 5장의 내용을 참고하기 바란다.

회귀분석에 있어 주어진 데이터에 대해 그러한 가정들이 적절하지 못하다고 판단되는 경우에는 어떻게 해야 할 것인가? 먼저 오차항들의 독립성 가정에 대해 살펴보기 위해 매일 관측치가 얻어지는 증권시장의 주가지수를 예를 들어 생각해 보자. 과거 관측치인 어제의 주가가 오늘의 주가에 어떠한 식으로든 영향을 줄 것이고 이러한 관련성은 오늘의 주가와 내일의 주가 사이에도 존재할 것이다. 즉, 시간의 흐름을 관측기준으로 얻어지는 시계열 데이터에 대해 연이어 관측된 개체들이 서로 독립이라고 가정한다는 것은 상식적으로도 타당하지 않다. 따라서 시계열 데이터에 대해서는 오차항 사이의 상관관계를 고려하는 다양한 시계열 자료 분석 방법을 적용하는 것이 적합할 것이다. 다음으로 사전에 자료에 대한 탐색적 자료 분석을 통해 설명변수와 반응변수 사이의 선형 관련성을 가정하기 어려운 경우 6장에서 설명한 주어진 변수에 대한 적절한 변환을 통한 접근이나 9장의 비선형 모형을 이용한 분석이 요구된다.

추가로 가계소득과 식료품에 대한 지출액 사이의 인과관계에 대해 생각해 보자. 가족 구성원의 가치관에 따라 고소득 가정의 식료품에 대한 지출규모는 저소득 가정에 비해 그 편차가 클 것임을 예상할 수 있다. 이러한 경우, 반응변수의 분산이 동일하지 않고 상황에 따라 차이를 보이는 등분산성을 만족하지 않는 대표적인 데이터라고 할 수 있다.

10장에서는 변수 간의 인과관계를 규명함에 있어 회귀분석의 기본 가정 중 오차항의 분산이 동일하다는 등분산성 가정이 위배되는 경우에 이를 고려한 분석방법 중, 각 오차항의 분산에 대한 추정치를 이용해 이를 극복하는 방법에 대해 살펴본다.

10.2 이분산성(Heteroscedasticity)

　<그림 10.1>은 소유한 주택의 가격과 연간 세금 규모에 대한 관련성을 살펴보기 위한 <표 10.1> 데이터의 산점도이다. 세금은 소유한 주택의 가격을 포함한 여러 다양한 요소로 인해 결정되므로 가격이 동일한 주택을 소유하고 있다 하더라도 당연히 차이가 나타날 것이며 세금액의 편차는 주택가격이 늘어날수록 점점 증가될 것임을 예상할 수 있다.

　<그림 10.1>을 보면 주택가격이 상대적으로 낮을 경우는 편차가 크지 않아 10만 달러 이하일 경우, 세금액의 범위는 700이지만 주택가격이 증가할수록 편차는 늘어 15만 달러 이상인 주택의 경우 세금액의 범위가 850에 이른다. 예상했던 것처럼 세금액의 편차가 주어진 상황에 따라 많은 차이를 보이는데 이런 자료에 대해 이분산성(heteroscedasticity)을 지닌다고 하며 이는 오차항, 즉 각 반응변수가 서로 다른 분산을 갖는 자료의 특성을 나타낸다.

<그림 10.1>
주택가격과
세금액

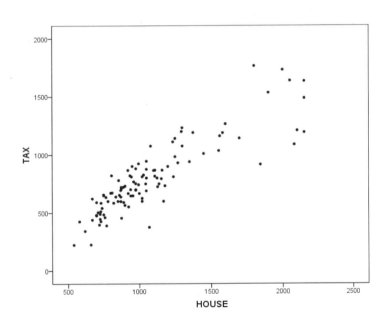

<표 10.1>
주택가격
(단위: 100$)
과 연간
세금액

주택가격	세금액	주택가격	세금액	주택가격	세금액	주택가격	세금액
540	223	835	638	995	743	1250	1141
580	426	850	600	995	923	1270	930
619	342	855	780	1000	668	1295	1200
660	225	860	653	1020	600	1299	1232
670	440	869	694	1020	626	1300	1076
670	622	870	599	1020	811	1350	939
699	481	870	638	1030	826	1375	1191
700	477	872	721	1045	750	1449	1010
700	591	874	707	1049	690	1553	1035
710	504	875	456	1050	800	1560	1161
720	398	889	723	1050	875	1580	1189
725	447	890	591	1050	944	1599	1265
725	490	899	566	1070	376	1695	1142
729	513	900	731	1080	1076	1800	1765
730	427	920	866	1100	865	1844	915
731	585	922	668	1109	816	1900	1534
739	541	925	553	1110	867	1999	1732
749	656	934	820	1125	800	2050	1639
750	486	939	701	1129	725	2080	1088
750	649	940	647	1139	750	2100	1209
759	461	945	810	1155	794	2150	1193
766	634	950	900	1160	867	2150	1487
770	391	955	648	1170	600	2150	1635
780	600	960	768	1180	733		
799	671	975	696	1200	899		
805	821	975	700	1235	1112		
810	673	975	752	1239	810		
820	585	975	880	1250	984		

출처: http://lib.stat.cmu.edu/DASL/Datafiles/homedat.html

<그림 10.2>는 4~6kg을 정확히 측정할 수 있다고 알려진 저울에 그 사실을 확인하기 위해 여러 가지 추의 무게를 측정한 자료에 대한 산점도 이다. 저울은 실제 무게($Value$)가 4~6kg에 근접하는 추에 대해서는 거의 정확하게 무게를 측정($Measure$)할 수 있겠지만 무게 차이가 많이 나는 경우 는 정확한 측정치를 기대하기 어렵고 그 편차 또한 늘어날 것을 예상할 수 있다. <그림 10.2>를 보면 4~6kg인 추에 대한 측정치는 큰 차이를 보이 지 않으나 실제 추의 무게가 가벼워지거나 무거워질수록 측정치의 편차는 증가하는 것을 알 수 있다. 이러한 경우도 측정무게의 편차가 개체에 따라 큰 차이를 보이는 경우로 이분산성을 지닌 자료의 한 예라 할 수 있다.

<그림 10.2>
무게측정 자료

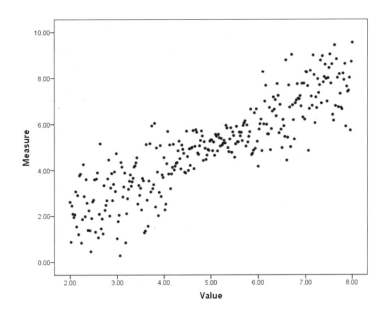

　　자료의 이분산 형태는 다양하게 관찰되는데 대표적인 유형은 <그림 10.3>과 같다. [A]는 <그림 10.1>의 경우이고 [C]는 <그림 10.2>의 경우로 그 예를 들 수 있다. [B]의 예로는 작업자의 경력에 따른 생산품의 품질 데이터를 들 수 있는데 경력이 많아 숙련도가 높을수록 품질은 높아질 것이며 품질의 차이도 줄어들 것임을 예상할 수 있다. [D]의 예로 정치성향에 따른 특정 안건의 찬성 정도를 자료로 나타낸 것으로 정치성향이 뚜렷할수록 찬성 정도가 일관되게 나타나나 특정한 성향을 지니지 않은 경우에는 그렇지 않을 것이므로 자료는 [D]와 같은 이분산 형태를 보일 것임을 예상할 수 있다.

　　다른 회귀분석의 기본 가정은 만족한다고 판단하고 <그림 10.1>의 자료에 대해 이분산성을 제거하는 방법을 생각해 보자. 앞서 살펴보았듯이 <그림 10.1>의 세금액의 큰 편차에 대한 보정을 위해 주어진 자료 세금액에 대해 주택가격을 이용해 다음과 같은 변환을 시도해 보자.

$$세금액_1 = 세금액 / (주택가격)^{2/3}$$
$$세금액_2 = 세금액 / (주택가격)^{1/2}$$
$$세금액_3 = 세금액 / (주택가격)^{1/3}$$
$$세금액_4 = 세금액 / \ln(주택가격)$$

<그림 10.3>
이분산의 유형

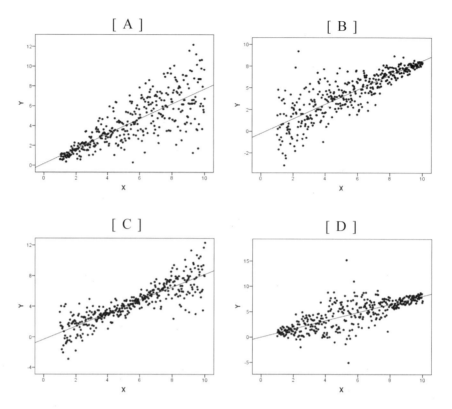

변환된 세금액과 주택가격 사이의 산점도인 <그림 10.4>를 <그림 10.1>
과 비교해 보면 세금액₄의 경우, 주어진 자료의 등분산성에 대한 가정이
큰 무리가 없을 듯하다.

    <그림 10.2>의 자료의 경우, 자료의 배경과 주어진 산점도를 통해 실
제무게와 4~6kg 사이의 차이가 클수록 분산이 증가하는 것을 알 수 있으므
로 실제무게의 2차 함수 등을 활용한 측정무게의 변환($T\_Measure$)을 시도
해 볼 수 있겠다. <그림 10.5>는 등분산 가정을 만족하도록 적절하게 변
환된 측정무게와 실제무게 사이의 산점도이다. 그 변환방법에 대해서는
10.6절을 통해 살펴보도록 한다.

    주어진 데이터에 대해 이분산성을 관찰하였을 경우, 위와 같이 이에
대한 적절한 조치를 취해 등분산 가정을 만족하도록 자료를 변환하여 분석
을 할 수 있을 것이다. 본 장에서는 이러한 경우 적용할 수 있는 가중 최소
제곱 회귀분석에 대해 소개하도록 하겠다.

<그림 10.4>
산점도 행렬:
변환된 변수

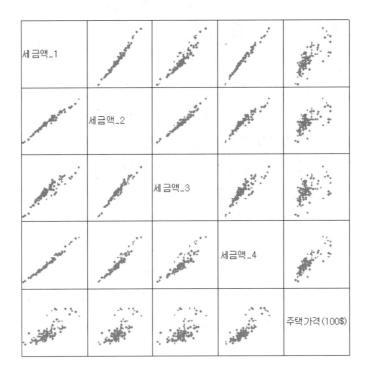

<그림 10.5>
변환된
측정무게와
실제무게의
산점도

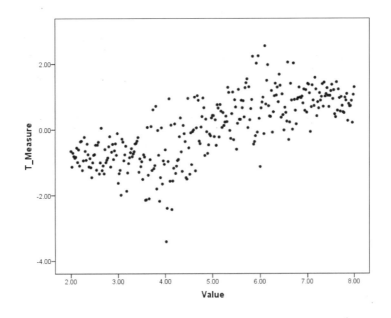

10.3 가중 최소제곱 회귀분석

선형 회귀분석에서는 모형에 속한 오차항에 대해 모분산이 상수, 즉 등분산이라고 가정한다. 그러나 그렇지 않을 경우, 예를 들어 반응변수의 분산이 증가하거나 또는 감소하는 경향을 보일 경우, 지금까지 소개된 최소제곱법에 의해 회귀계수를 추정하는 것은 바람직하지 않다. 자료의 이분산을 무시하고 선형 회귀분석을 실시하게 되면 결과적으로 추정량이 통계적으로 우수한 성질을 만족하지 못하게 되며 따라서 모형에 대한 가설검증의 결과를 신뢰할 수 없게 된다.

자료의 이분산성을 확인하는 방법으로는 10.2절에서와 같이 자료에 대한 산점도를 관찰하는 방법이 가장 기본적이다. 이외에 통계적 가설검증 방법으로 주어진 자료의 성격에 따라 White 검증, Goldfeld–Quandt 검증, Breusch–Pagan 검증 등이 있으며 이에 대한 자세한 내용은 참고 문헌을 참조하기 바란다(이종원, 2007; 이병락, 2003; 박유성 · 송석헌, 1998).

이분산성을 지닌 자료의 경우 분산의 변화를 고려하여 회귀계수를 추정하는 방법이 적절한데 만약 데이터에 각 개체의 분산이 사전에 알려져 있다고 가정하고 다음의 과정을 통해 동일한 분산을 갖도록 반응변수를 적절히 변환하여 보자.

각각 분산 $\sigma_i^2 = \sigma^2 w_i^{-1}$을 갖는 반응변수 y_i와 p개의 설명변수 $x_{i1},\dots,x_{ip}$에 대해 가중 회귀분석에서 정의되는 설명변수와 반응변수의 관계식은 다음과 같이 일반 회귀분석의 모형과 동일하다.

$$y_i = \beta_0 + \beta_1 x_{i1} + \dots + \beta_p x_{ip} + \epsilon_i, \quad i = 1,2,\cdots,n \ . \tag{10.1}$$

단, 여기서 n개의 오차항이 서로 독립이므로 반응변수들도 서로 독립이며 $Var(y_i) = Var(\epsilon_i) = \sigma_i^2$임을 가정한다.

이러한 가정 하에서 실제적으로 지금까지 진행된 회귀분석과의 차이점은 '분산이 동일하지 않다'라는 것이다. 따라서 사전에 n개의 σ_i^2을 알고 있다면 이를 이용한 가중치 w_i를 정의하고 새로운 변수 y_i^*를 이용해 식

(10.1)을 재정의 하면 식 (10.2)와 같다.

$$y_i^* = \beta_0^* + \beta_1\, x_1^* + \dots + \beta_p\, x_p^* + \epsilon_i^*. \tag{10.2}$$

여기서

$$y_i^* = w_i^{1/2}\, y_i, \quad \beta_0^* = w_i^{1/2}\, \beta_0, \quad x_1^* = w_i^{1/2}\, x_1, \cdots, \quad \epsilon_i^* = w_i^{1/2}\, \epsilon_i.$$

이제 새로운 변수인 y_i^*, ϵ_i^* 의 분산은 σ^2 으로 모든 개체에 대해 동일함을 알 수 있다.

행렬을 이용해 표현해 보면 식 (10.1)은

$$\boldsymbol{y} = \boldsymbol{X\beta} + \boldsymbol{\epsilon}$$

이고 오차항의 공분산 행렬은 다음과 같은 형태가 된다.

$$Var(\boldsymbol{\epsilon}) = \begin{pmatrix} \sigma^2/w_1 & 0 & 0 & \cdots & 0 \\ 0 & \sigma^2/w_2 & 0 & \cdots & 0 \\ & & & \vdots & \\ 0 & 0 & 0 & \cdots & \sigma^2/w_n \end{pmatrix} \equiv \sigma^2 \boldsymbol{W}^{-1}.$$

이제 다음의 행렬

$$\boldsymbol{W}^{\frac{1}{2}} \equiv \begin{pmatrix} \sqrt{w_1} & 0 & 0 & \cdots & 0 \\ 0 & \sqrt{w_2} & 0 & \cdots & 0 \\ & & & \vdots & \\ 0 & 0 & 0 & \cdots & \sqrt{w_n} \end{pmatrix}$$

을 식 (10.1)의 양변에 곱하면 식 (10.2)가 다음과 같이 표현된다.

$$\boldsymbol{W}^{\frac{1}{2}}\boldsymbol{y} = \boldsymbol{W}^{\frac{1}{2}}\boldsymbol{X\beta} + \boldsymbol{W}^{\frac{1}{2}}\boldsymbol{\epsilon} \tag{10.3}$$

$$\Rightarrow \quad \boldsymbol{y}^* = \boldsymbol{X}^*\boldsymbol{\beta} + \boldsymbol{\epsilon}^*.$$

이제 식 (10.2)는 일반적인 회귀분석의 가정을 모두 충족하므로 최소제곱법으로 회귀계수를 추정해 보면

$$\hat{\boldsymbol{\beta}} = (\boldsymbol{X}^{*\prime}\boldsymbol{X}^*)^{-1}\boldsymbol{X}^*\boldsymbol{y}^* = (\boldsymbol{X}^{\prime}\boldsymbol{WX})^{-1}\boldsymbol{XWy}$$

가 된다. 이와 같이 분산에 대해 사전에 알고 있다면 위의 과정과 동일하게 간단한 변환을 통해서 일반 회귀분석에서의 가정을 충족하도록 만들고 새로운 변수에 대해 지금까지의 회귀분석을 수행하면 된다.

그러나 분석 전에 확률변수의 모수인 분산에 대해 정보를 가지고 있다는 것은 극히 제한적인 상황에서만 가능하다. 따라서 $(p+1)$개의 회귀계수 이외에 서로 다른 n개의 σ_i^2의 추정치가 필요한데 실제 주어진 n개 자료의 정보로부터 이를 얻어내는 것은 불가능하다.

그렇다면 분산을 직접 알고 있지는 않지만, 반응변수의 분산의 변화와 밀접한 관계가 있는 변수(가중치생성 변수)가 존재하는 경우라면 이 가중치생성 변수를 통해 각 개체의 분산을 적절히 추정하고, 식 (10.3)과 동일한 과정을 거쳐 변환된 변수들을 분석에 사용할 수 있을 것이다. 실제로 이러한 변환은 등분산 변환을 위해 각 개체에 추정된 $\sqrt{w_i}$를 곱해 결국 1이 아닌 서로 다른 가중치를 부여하는 형태이다. 이처럼 오차의 분산이 동일한 상수를 갖지 않을 경우, 이를 고려해 최소제곱법을 통해 회귀계수를 추정하는 방법을 가중 최소제곱 회귀분석(weighted least squares regression analysis, 이후 가중 회귀분석)이라 한다.

사전에 가중치 변수가 정의되었을 경우는 다음 절의 <그림 10.6>과 같이 <u>Analyze</u> → <u>Regression</u> → <u>Linear...</u>를 선택하면 나타나는 **Linear Regression** 대화 상자에서 설명변수(**Independent(s)**)와 반응변수(**Dependent**)와 함께 가중치 변수(**WLS Weight**)를 정의해 가중 회귀분석을 진행할 수 있는데 이에 대해서는 예제를 통해 살펴보도록 하자.

<그림 10.6>
가중치변수를
이용한
회귀분석

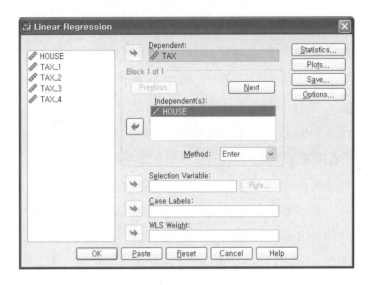

10.4 가중치에 대한 추정

이제 주어진 변수를 이용해 미지의 모수인 분산에 대해 추정하는 방법을 생각해 보자. 만약 동일한 x 값에 대해 충분히 많은 y 의 개체를 얻었다면 이분산 $\sigma_i^2 = \sigma^2 w_i^{-1}$ 에 대한 적절한 추정치는 동일한 x 의 수준에 따라 얻은 다수의 y 관측치에 대한 표본 분산일 것이다. 그러나 대규모의 반복 개체를 얻는 것은 쉽지 않으므로 실제 이 방법을 적용하긴 어렵다.

따라서 이분산, 결국 가중치인 w_i 를 추정하기 위한 가장 손쉬운 방법은 이런 분산들을 잘 설명할 수 있는 가중치생성 변수를 선정하고 적절한 함수형태로의 변환을 통해 분산을 추정하는 것이다. 즉, 분산의 변화와 관련이 있는 k 개의 가중치생성 변수 $z_1, \ldots, z_k$ 의 n 개 개체와 적절한 함수 f 를 통해 다음과 같이 분산의 가중치를 추정하는 것이다.

$$f(z_1, \ldots, z_k) = \widehat{w_i}.$$

이제 '반응변수의 이분산성은 주어진 가중치생성 변수 $z_1, \ldots, z_k$의 함수형태 $f(z_1, \ldots, z_k)$를 통해서 잘 추정된다'라는 추가적인 가정이 필요하다. 따라서 반응변수의 성격과 상황에 따라 이분산성을 잘 추정할 수 있는 가중치생성 변수와 함수의 선택이 중요하다.

예를 들어 주가가 인플레이션에 의해 어떻게 영향을 받는지 관찰해 보자. 일반 회귀분석의 과정을 바로 적용할 수도 있겠지만 여기서 잠깐 주가라는 반응변수의 성격을 살펴보자. 주가는 수시로 변하는 가격이므로 낮은 주가의 등락폭보다는 높은 주가의 등락폭이 클 것임은 당연하다. 따라서 반응치 각각에 대해 주가의 높고 낮음으로 인해 그 주가의 변동폭, 즉 분산이 변화함을 알 수 있다. 따라서 주가의 변동폭과 상관이 높을 것이라 판단되는 거래량이나 주가지수와 같은 변수들이 주가의 등락에 따른 분산의 변화량을 잘 예측할 수 있으리라 생각되므로 이들의 적절한 함수형태를 통해서 이분산성을 잘 적합하고 이를 이용해 가중 회귀분석을 하는 것이 바람직한 분석방법이 된다.

<그림 10.1>의 경우, 앞서 살펴보았듯이 주택가격이 세금액의 이분산성의 추정을 위한 가중치생성 변수의 역할을 할 수 있을 것으로 기대된다. <그림 10.2>의 무게측정 자료의 경우에는 설명변수인 실제무게에 따라 측정무게의 분산이 변화해 이를 가중치생성 변수로 사용할 수 있겠으나 그 변화를 반영하기 위해 가중치를 추정하는 데 있어 실제무게에 대한 적절한 함수형태로 예를 들어, 2차 함수 등을 고려해 이분산성의 제거를 시도해 볼 수 있겠다.

이분산성의 제거를 위해 선택한 가중치생성 변수를 이용한 적절한 함수형태를 얻는 방법에 대해 고려해 보자. 가중치 변수의 적절한 변환을 위해 선택할 수 있는 변환함수는 다양하지만 이분산성은 대부분 증가 또는 감소하는 형태를 보이므로 다음과 같이 '가중치가 주어진 가중치생성 변수 z의 δ승에 비례한다'라는 가정을 만족하는 것이 가장 일반적이다.

$$w_i \propto z_i^{\delta}.$$

이러한 관계식을 표현하기 위해 SPSS 가중 회귀분석에서는 다음과 같은 가장 단순한 형태의 함수식을 이용한다.

$$\widehat{w_i} = f\left(z_i;\delta\right) = z_i^{\delta}.$$

이때 승수 δ 를 선택하기 위한 방법은 다음과 같다.

오차항에 대해 추가적으로 정규성을 가정하면 식 (10.2)의 n 개 반응변수의 로그 가능도 함수(log likelihood function)는 식 (10.4)와 같다.

$$L = \frac{1}{2}\left\{-n\ln 2\pi - n\ln\sigma^2 + \sum_{i=1}^{n}\ln w_i \right. \tag{10.4}$$

$$\left. - \frac{\sum_{i=1}^{n}\ln w_i\left(y_i - \beta_0 - \beta_1 x_1 - \cdots - \beta_p x_p\right)^2}{\sigma^2}\right\}.$$

가중치를 선택하면 반응변수와 설명변수의 관계식을 통해 회귀계수인 $\beta_j\left(j = 1,\cdots,p\right)$ 가 추정되므로 여러 개의 가능성 있는 δ 를 정의하고 그중에서 식 (10.4)의 로그 가능도 함수를 최대로 하는 승수 δ 를 선택하면 된다.

가중 최소제곱 회귀분석은 이분산성을 추정하고 이를 이용하여 반응변수와 설명변수를 회귀분석의 기본 가정인 등분산성 가정을 만족하도록 변환하여 분석하는 것이다. 따라서 적절한 가중치생성 변수와 변환함수의 선택이 분석의 효율성과 결과의 신뢰성을 높이는 중심적인 역할을 하게 되므로 이를 위해서는 주어진 데이터의 배경에 대한 깊은 이해가 무엇보다 중요하다.

10.5 예제 1: 연간 세금 데이터

10.1절에서 예를 들었던 주택가격($HOUSE$)과 연간세금(TAX)에 대한 데이터를 가중 회귀모형을 통해 분석해 보자. <그림 10.1>에서 이미 주택의 가격이 증가함에 따라 세금액의 편차가 늘어나고 있음을 알 수 있었다. 이를 무시하고 단순 회귀분석을 한 결과가 <표 10.2>와 같다. 추정된 회귀식은

$$\widehat{TAX} = 36.344 + 0.703 \, HOUSE$$

이고 수정 결정계수는 0.765, MSE는 149.533^2이다. 그러나 적합치와 잔차 사이의 산점도인 <그림 10.7>을 살펴보면 오차에 대한 등분산성의 가정이 위배되고 있다는 것을 확실히 알 수 있다.

<표 10.2>
단순 회귀분석
결과

Model Summary[b]

Model	R	R Square	Adjusted R Square	Std. Error of the Estimate
1	.876[a]	.767	.765	149.533

a. Predictors: (Constant), HOUSE

b. Dependent Variable: TAX

ANOVA[b]

Model		Sum of Squares	df	Mean Square	F	Sig.
1	Regression	7719537.265	1	7719537.265	345.236	.000[a]
	Residual	2347821.464	105	22360.204		
	Total	1.007E7	106			

a. Predictors: (Constant), HOUSE

b. Dependent Variable: TAX

Coefficients[a]

Model		Unstandardized Coefficients		Standardized Coefficients	t	Sig.
		B	Std. Error	Beta		
1	(Constant)	36.344	43.237		.841	.402
	HOUSE	.703	.038	.876	18.581	.000

a. Dependent Variable: TAX

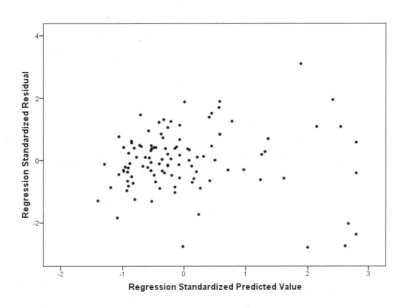

<그림 10.7>
단순 선형
회귀분석의
적합치와 잔차

따라서 등분산 가정이 위배된 경우에 적용할 수 있는 분석방법인 가중 회귀분석을 시도해 보겠다. 이를 위해서는 이분산을 적절히 추정할 수 있는 변수가 추가적으로 필요하다. <그림 10.1>을 보면 설명변수인 주택가격에 따라서 반응변수의 분산이 증가하고 있음을 관찰할 수 있다. 따라서 이분산의 추정을 위한 변수를 설명변수인 주택가격으로 설정하고 SPSS의 풀다운 메뉴에서 Analyze → Regression → Weight Estimation...을 선택하면 <그림 10.8>과 같이 Weight Estimation 대화 상자가 나타난다. 여기서 회귀분석의 설명변수와 반응변수를 선택하고 가중함수를 위한 가중치생성 변수와 가장 알맞은 승수 δ를 찾기 위해 탐색 범위를 지정한다.

일반적으로 가중 회귀분석을 위해 <그림 10.8>과 같은 Weight Estimation 대화 상자에서 분석에 사용할 설명변수(Independent(s))와 반응변수(Dependent)를 지정하거나 회귀모형 내의 상수항의 첨가여부를 결정(Include constant in equation)하는 방법은 일반 회귀분석의 대화 상자에서와 동일하다. 차이가 있는 Weight Function is 1/(Weight Var)**Power 상자의 내용을 살펴보자. 단, 가중 회귀분석을 실행하기 위해서는 하나의 반응변수와 하나 이상의 설명변수, 그리고 하나의 가중치생성 변수와 가중치생성

함수를 위한 범위가 결정되어야 한다.

Weight Function is 1/(Weight Var)**Power 상자에서는 가중 회귀분석의 가중치 변수(Weight Variable)를 정의하고 이를 통한 가중 함수 $\hat{w}_i = f(z_i;\delta) = z_i^{\delta}$의 최적의 승수 δ의 탐색범위를 **Power range** 상자 내에 **Through**와 **By**를 통해 지정한다. 예를 들어 입력란에 순서대로 각각 $a, b,$ c로 정의하면 이는 a에서 b까지 c만큼씩 증가하도록 δ를 변화시키며 가중함수에 적용해 식 (10.4)의 로그 가능도함수를 가장 크게 하는 최적의 승수 δ를 선택하라는 것이다. 디폴트는 −2에서 2까지 0.5씩 증가하며 가장 적합한 승수를 결정하도록 설정되어 있고 a, b는 −6.5에서 7 사이의 값으로 정의되어야 하며 총 반복 횟수가 150회를 넘지 않도록 적절한 a, b, c를 정의하도록 한다. <그림 10.8>에서는 δ를 0에서 2까지 0.2씩 증가시키면서 즉, 0, 0.2, 0.4, ⋯, 1.8, 2.0 중에서 최적의 승수 δ를 선택하도록 설정한 것이다.

이렇게 선택된 승수 δ를 통해 정의된 가중함수 값을 새로운 변수로 저장하기 위해 <그림 10.7>에서 Options... 을 선택하고 나타난 <그림 10.9>의 Weight Estimation: Options 대화 상자에서 **Save best weight as new variable**을 선택하고 Continue 를 선택한다. <그림 10.8>에서 OK 를 선택하면 <표 10.3>의 결과가 나타난다.

<그림 10.8>
Weight
Estimation
대화 상자

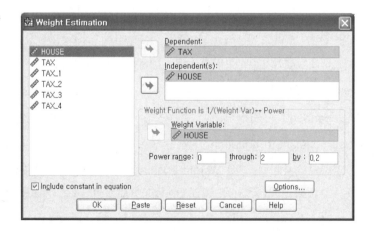

<그림 10.9>
Weight
Estimation:
Options
대화 상자

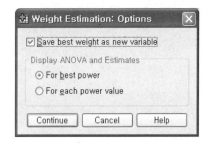

Weight Estimation: Options 대화 상자의 내용을 살펴보자. 추정된 가중치 변수값의 저장과 가중 함수의 가장 적합한 δ 를 찾는 과정에 대한 출력 결과의 형태를 선택하는 대화 상자이다. 여기서 **Save best weight as new variable**을 선택하면 최종 선택된 δ 를 이용하여 선택된 가중치 변수에 대해 가중 함수 값을 변수명 WGT_n 으로 저장한다. 이때, 기존에 데이터 셋에 있는 변수들에 따라 변수명 WGT_n 의 n 은 1,2,3,… 이 될 수 있다. 예를 들어서 x_2 가 선택된 가중치 변수이고 정의된 δ 의 범위에서 최종적으로 0.5가 선택되었고 변수 WGT_1 이 이미 데이터 셋에 포함되어 있다면 $1 / x_2^{0.5}$ 의 값이 WGT_2 라는 이름의 새로운 변수로 저장된다. 저장하지 않음이 디폴트이다.

Display ANOVA and Estimates 상자의 내용은 분산분석표와 회귀계수 적합 결과 등의 회귀분석 출력 내용에 대해 선택하는 것으로 **For best power**는 최종 선택된 δ 에 대한 경우만을 출력하고 **For each power value**는 정의된 δ 의 탐색구간 내의 모든 결과를 출력하는 것이다. 즉 δ 의 구간이 −2에서 2까지 0.5씩 증가하도록 되어 있다면 최종 선택된 δ 의 결과까지 포함해 각 단계별로 총 10개의 회귀분석 결과가 출력된다. 디폴트는 **For best power**이다.

예제의 분석결과인 <표 10.3>을 살펴보면 다음과 같다.

① 주어진 구간의 탐색을 통해 얻은 변환함수의 최적 승수 δ = 1.8이다.
② 수정된 결정계수 R^2 = 0.740이다.
③ 회귀제곱합은 20.853, 오차제곱합은 7.234로 회귀모형에 대한 F 검증 결과 p 값이 0.000으로 데이터가 모형에 의해 잘 적합되었다.

④ 추정된 회귀식은 다음과 같다.

$$\widehat{TAX} = -43.209 + 0.780\, HOUSE$$

<표 10.3>
가중 회귀분석
결과

Power Summary

Log-Likelihood Values[b]

Power		
	0	-686.631
	0.2	-684.225
	0.4	-682.103
	0.6000000000000001	-680.264
	0.8	-678.708
	1	-677.429
	1.2000000000000002	-676.423
	1.4000000000000001	-675.682
	1.6	-675.198
	1.8	-6.750E2
	2	-674.965

a. The corresponding power is selected for further analysis because it maximizes the log-likelihood function.

b. Dependent variable: TAX, source variable: HOUSE

Best Model Statistics

Model Description ①

Dependent Variable		TAX
Independent Variables	1	HOUSE
Weight	Source	HOUSE
	Power Value	1.800

Model: MOD_3.

Model Summary ②

Multiple R	.862
R Square	.742
Adjusted R Square	.740
Std. Error of the Estimate	.262
Log-likelihood Function Value	-674.962

ANOVA ③

	Sum of Squares	df	Mean Square	F	Sig.
Regression	20.853	1	20.853	302.682	.000
Residual	7.234	105	.069		
Total	28.087	106			

Coefficients ④

	Unstandardized Coefficients		Standardized Coefficients			
	B	Std. Error	Beta	Std. Error	t	Sig.
(Constant)	-43.209	42.706	Beta	t	-1.012	.314
HOUSE	.780	.045	.862	.050	17.398	.000

가중 회귀분석 결과를 확인하고 데이터 편집기 창을 확인하면 <그림 10.10>과 같이 $1/HOUSE^{1.8}$ 의 값을 갖는 변수 WGT_1 이 출력되었음을 확인할 수 있다.

10장에서 다루는 가중 회귀분석은 가중치를 알지 못할 경우, 그 값을 가중치생성 변수를 통해 추정하고자 하는 것으로 사전에 각 관측치에 대한 가중치가 정의되어 있다면 10.3절에서 언급하였듯이 <그림 10.6>에서 가중치 변수를 정의함으로써 가중 회귀분석을 진행할 수 있다. <그림 10.10>과 같이 추정된 가중치 변수 WGT_1 이 있으므로 <그림 10.6>의 **Linear Regression** 대화 상자에서 추가로 가중치 변수(**WLS Weight**)를 WGT_1 로 정의하고 [OK]를 선택해 출력되는 <표 10.4>의 결과와 <표 10.3>의 결과를 비교해 보면 동일함을 알 수 있다.

<그림 10.10> 추정된 가중치 변수의 출력

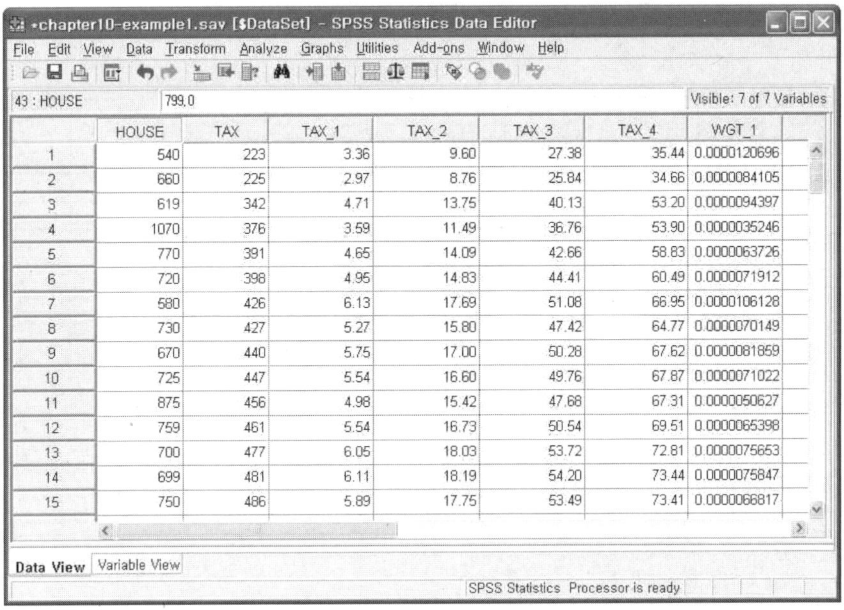

	HOUSE	TAX	TAX_1	TAX_2	TAX_3	TAX_4	WGT_1
1	540	223	3.36	9.60	27.38	35.44	0.0000120696
2	660	225	2.97	8.76	25.84	34.66	0.0000084105
3	619	342	4.71	13.75	40.13	53.20	0.0000094397
4	1070	376	3.59	11.49	36.76	53.90	0.0000035246
5	770	391	4.65	14.09	42.66	58.83	0.0000063726
6	720	398	4.95	14.83	44.41	60.49	0.0000071912
7	580	426	6.13	17.69	51.08	66.95	0.0000106128
8	730	427	5.27	15.80	47.42	64.77	0.0000070149
9	670	440	5.75	17.00	50.28	67.62	0.0000081859
10	725	447	5.54	16.60	49.76	67.87	0.0000071022
11	875	456	4.98	15.42	47.68	67.31	0.0000050627
12	759	461	5.54	16.73	50.54	69.51	0.0000065398
13	700	477	6.05	18.03	53.72	72.81	0.0000075653
14	699	481	6.11	18.19	54.20	73.44	0.0000075847
15	750	486	5.89	17.75	53.49	73.41	0.0000066817

가중 회귀분석의 잔차분석을 위해서는 사전에 예측치나 오차에 대해 가중치 변수를 이용한 등분산 변환이 필요하다. <표 10.5>의 명령문은 가중치 변수를 정의하여 가중 회귀분석을 하는 과정과 그 결과로 얻어진 예

측치와 오차에 대해 가중치 변수를 이용해 변환 후 산점도를 출력하는 명령문이다. 출력된 <그림 10.11>은 <그림 10.5>와 달리 등분산성을 만족하는 것을 알 수 있다.

<표 10.4>
가중 회귀분석에 대한 잔차 플롯에 대한 명령문

Model Summary

Model	R	R Square	Adjusted R Square	Std. Error of the Estimate
1	.862[a]	.742	.740	.262

a. Predictors: (Constant), HOUSE

ANOVA[b,c]

Model		Sum of Squares	df	Mean Square	F	Sig.
1	Regression	20.853	1	20.853	302.682	.000[a]
	Residual	7.234	105	.069		
	Total	28.087	106			

a. Predictors: (Constant), HOUSE

b. Dependent Variable: TAX

c. Weighted Least Squares Regression - Weighted by WGT_1

Coefficients[a,b]

Model		Unstandardized Coefficients		Standardized Coefficients	t	Sig.
		B	Std. Error	Beta		
1	(Constant)	-43.209	42.706		-1.012	.314
	HOUSE	.780	.045	.862	17.398	.000

a. Dependent Variable: TAX

b. Weighted Least Squares Regression - Weighted by WGT_1

<표 10.5>
가중 회귀분석
에 대한 잔차
플롯에 대한
명령문

```
REGRESSION
    /MISSING LISTWISE
    /REGWGT = WGT_1
    /STATISTICS COEFF OUTS R ANOVA
    /CRITERIA = PIN(.05) POUT(.10)
    /NOORIGIN
    /DEPENDENT TAX
    /METHOD = ENTER HOUSE
    /SAVE PRED RESID .
COMPUTE wgt_pre  =  pre_1 * sqrt(WGT_1) .
EXECUTE .
COMPUTE wgt_res  =  res_1 * sqrt(WGT_1) .
EXECUTE .
GRAPH
    /SCATTERPLOT(BIVAR) = wgt_pre  WITH  wgt_res
    /MISSING = LISTWISE .
```

<그림 10.11>
가중 회귀분석
결과의
잔차 플롯

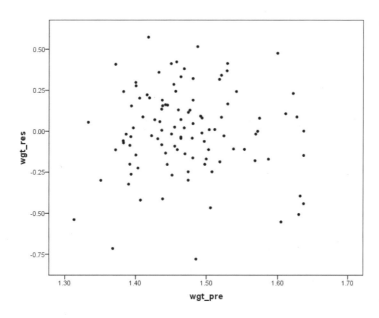

10.6 예제 2: 가중치 변수의 활용

주어진 자료의 이분산 형태가 $\widehat{w_i} = f(z_i; \delta) = z_i^\delta$ 와 유사하다면 앞에서와 같이 SPSS의 가중 회귀분석의 추정을 통해서 손쉽게 가중치 변수의 추정치를 얻어낼 수 있었다. 그러나 분산의 변화양상이 단순증가나 감소 형태가 아닌 <그림 10.2>와 같은 경우를 살펴보자. 측정무게의 분산은 실제무게가 5kg에서 멀어짐에 따라 증가하는 것으로 보인다. 앞에서도 언급한 바와 같이 이러한 분산의 변화를 추정할 수 있는 가중치생성 변수 z_i 로 실제무게를, 가중함수로 z_i 의 2차 함수를 고려해 보자. 즉 다음의 가중함수를 고려해 보자.

$$\widehat{w_i} = f(z_i) = 1 / \sqrt{a(z_i - b)^2}$$

자료의 배경을 통해 $b = 5$, $a > 0$ 이다. SPSS의 가중추정 방식대로 미지수인 a 에 대해 여러 번의 모형적합의 시도를 통해 식 (10.4)의 로그 가능도 함수를 가장 크게 하는 a 를 선택할 수도 있으나 예제에서는 자료로부터 실제무게를 기준으로 각 구간의 측정무게의 표본 표준편차를 이용해 다음과 같은 가중치를 고려하도록 하겠다.

$$실제무게_i - 5 < -1 \ 경우, \quad \widehat{w_i} = 1 / (1.22 (실제무게_i - 5))^2$$
$$|실제무게_i - 5| \leqq 1 \ 경우, \quad \widehat{w_i} = 0.72^2$$
$$실제무게_i - 5 > \ 1 \ 경우, \quad \widehat{w_i} = 1 / (1.17 (실제무게_i - 5))^2$$

이제 정의된 가중치를 이용한 등분산화를 위한 변환으로는 5kg 내외를 정확히 측정하는 저울임을 고려해 측정무게를 다음과 같이 변환하자.

$$변환_{측정무게} = (측정무게_i - 5) * \sqrt{\widehat{w_i}}$$

<그림 10.5>를 통해 변환된 측정무게($T_{Measure}$)와 실제무게($Value$) 사이의 산점도로 등분산성을 만족하는 것으로 판단된다.

등분산성을 위한 변환방법이 가중치 변수를 통해 직접적으로 이루어
지지 않고 자료 자체의 변환을 필요로 하므로 변환된 변수 간의 회귀분석
을 실시해야 한다. 변환된 측정무게와 실제무게 사이의 회귀분석을 실시한
결과는 <표 10.6>이고 그 예측치와 잔차의 산점도는 <그림 10.12>이다.
몇몇 이상치들이 발견되고 있으나 등분산에 대한 가정이 위배되었음을 관
찰하기는 어렵다.

<표 10.6>
변환된
실제무게와
측정무게의
회귀분석 결과

ANOVA[b]

Model		Sum of Squares	df	Mean Square	F	Sig.
1	Regression	161.110	1	161.110	344.551	.000[a]
	Residual	139.810	299	.468		
	Total	300.920	300			

a. Predictors: (Constant), Value

b. Dependent Variable: T_Measure

Coefficients[a]

Model		Unstandardized Coefficients		Standardized Coefficients	t	Sig.
		B	Std. Error	Beta		
1	(Constant)	-2.083	.120		-17.346	.000
	Value	.421	.023	.732	18.562	.000

a. Dependent Variable: T_Measure

Residuals Statistics[a]

	Minimum	Maximum	Mean	Std. Deviation	N
Predicted Value	-1.2405	1.2854	.0225	.73283	301
Residual	-3.02342	2.06454	.00000	.68267	301
Std. Predicted Value	-1.723	1.723	.000	1.000	301
Std. Residual	-4.421	3.019	.000	.998	301

a. Dependent Variable: T_Measure

<그림 10.12>
잔차와
반응변수
예측치의
산점도

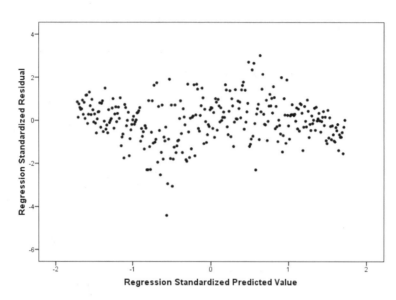

10.7 예제 3: 대기오염 데이터

다음 <표 10.7>은 대기오염에 영향을 주는 기상조건을 알아보기 위한 30일간의 측정 자료로 오염정도를 나타내는 옥시던트($Oxid$)와 측정일(Day)의 대기상태를 나타내는 풍속($Wind$), 기온($Temp$), 습도($Humi$)로 구성되어 있다. 기상조건이 대기오염도에 주는 영향 정도를 확인하기 위해 <그림 10.13>의 산점도를 확인해 보자.

<표 10.7>
대기오염
데이터

Day	Wind	Temp	Humi	Oxid	Day	Wind	Temp	Humi	Oxid
1	50	77	67	78	16	50	79	66	72
2	47	80	66	77	17	55	72	63	69
3	57	75	77	73	18	52	72	61	57
4	38	72	73	69	19	48	76	60	74
5	52	71	75	78	20	52	77	59	72
6	57	74	75	80	21	52	73	58	67
7	53	78	64	75	22	48	68	63	30
8	62	82	59	78	23	65	67	65	23
9	52	82	60	75	24	53	71	53	72
10	42	82	62	58	25	36	75	54	78
11	47	82	59	76	26	45	81	44	81
12	40	80	66	76	27	43	84	46	78
13	42	81	68	71	28	42	83	43	78
14	40	85	62	74	29	35	87	44	77
15	48	82	70	73	30	43	92	35	79

출처: http://www.stat.duke.edu/courses/Spring00/sta114/datasets.html

옥시던트와 양의 상관을 보이는 기온 외에 풍속, 습도는 음의 상관을 보이며 모두 선형 관련성을 보이므로 중선형 회귀분석을 적용하는 것에 무리가 없어 보인다. 그러나 옥시던트와 습도의 산점도를 살펴보면 습도의 값이 증가함에 따라 옥시던트 관측치의 편차가 증가함을 확인할 수 있다. 따라서 가중치생성 변수를 습도로 정의하고 <그림 10.14>와 같이 Weight Estimation 대화 상자를 열어 반응변수와 설명변수를 정의한 후 가중 회귀분석을 실시한 결과가 <표 10.8>이다.

<그림 10.13>
대기오염
데이터의
산점도

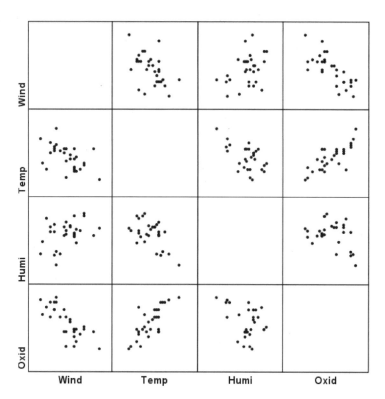

<그림 10.14>
대기오염
데이터의
Weight
Estimation
대화 상자

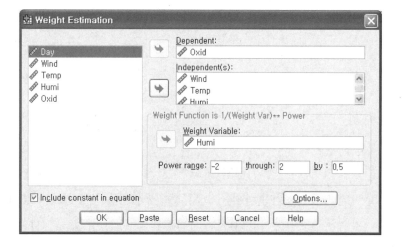

<표 10.8>
대기오염
데이터의
가중 회귀분석
결과 1

Power Summary

Log-Likelihood Values[b]

Power	-2	-71.781[a]
	-1.5	-71.931
	-1	-72.058
	-0.5	-72.161
	0	-72.243
	0.5	-72.309
	1	-72.370
	1.5	-72.437
	2	-72.524

a. The corresponding power is selected for further analysis because it maximizes the log-likelihood function.

b. Dependent variable: Oxid, source variable: Humi

Best Model Statistics

Model Description

Dependent Variable		Oxid
Independent Variables	1	Wind
	2	Temp
	3	Humi
Weight	Source	Humi
	Power Value	-2.000

Model: MOD_1.

Model Summary

Multiple R	.883
R Square	.780
Adjusted R Square	.755
Std. Error of the Estimate	168.811
Log-likelihood Function Value	-71.781

ANOVA

	Sum of Squares	df	Mean Square	F	Sig.
Regression	2633503.352	3	877834.451	30.804	.000
Residual	740928.931	26	28497.267		
Total	3374432.283	29			

Coefficients

	Unstandardized Coefficients		Standardized Coefficients			
	B	Std. Error	Beta	Std. Error	t	Sig.
(Constant)	-17.160	12.574	Beta	t	-1.365	.184
Wind	-.450	.080	-.586	.104	-5.653	.000
Temp	.562	.115	.538	.110	4.899	.000
Humi	.159	.065	.251	.102	2.457	.021

δ의 탐색범위가 디폴트인 −2에서 2까지 0.5씩 증가도록 정의되어 있어 최적의 승수 δ는 −2.0으로 결정되었다. 따라서 탐색의 범위를 증가하여 탐색하도록 하한을 −6.5로 정의하여 분석한 결과가 <표 10.9>이다.

<표 10.9>
대기오염
데이터의
가중 회귀분석
결과 2

Best Model Statistics

Model Description

Dependent Variable		Oxid
Independent Variables	1	Wind
	2	Temp
	3	Humi
Weight	Source	Humi
	Power Value	-5.750

Model: MOD_2.

Model Summary

Multiple R	.903
R Square	.815
Adjusted R Square	.793
Std. Error of the Estimate	348291.159
Log-likelihood Function Value	-70.773

ANOVA

	Sum of Squares	df	Mean Square	F	Sig.
Regression	1.386E13	3	4.620E12	38.081	.000
Residual	3.154E12	26	1.213E11		
Total	1.701E13	29			

Coefficients

	Unstandardized Coefficients		Standardized Coefficients			
	B	Std. Error	Beta	Std. Error	t	Sig.
(Constant)	-18.327	10.814	Beta	t	-1.695	.102
Wind	-.456	.064	-.658	.092	-7.129	.000
Temp	.496	.099	.479	.096	5.008	.000
Humi	.258	.063	.372	.090	4.114	.000

최적의 승수 δ는 −5.75이고 전체 회귀모형에 대한 F 검증 결과 p값이 0.000으로 데이터가 모형에 의해 잘 적합되었다. 설명변수인 풍속, 기온, 습도에 대한 검증결과 세 변수 모두 모형 내에서 유의미한 역할을 하고 있음을 알 수 있고 <표 10.8>에 비해 수정 결정계수도 0.755에서 0.793으로 증가하였음을 알 수 있다. 최종적으로 추정된 중 회귀모형은 아래와 같다.

$$\widehat{OXID} = -17.160 - 0.450 \, WIND + 0.562 \, TEMP + 0.159 \, HUMI$$

주어진 자료의 분석에 있어 사전 탐색을 통한 분석방법을 결정하는 것도 중요하며 이후에 모형의 적합에 있어서도 여러 조건을 변경시켜 가며 결과의 정확도를 높이기 위한 과정 또한 중요하다.

10.8 SPSS(PASW) 가중 최소제곱 명령문 형식

가중 최소제곱 회귀분석을 위한 전체 명령문의 형식은 <표 10.10>과 같고 각 명령문의 내용은 아래와 같다. 여기서 **는 디폴트를 나타낸다.

■ **VARIABLES 명령문**

VARIABLES 명령문은 항상 정의되어야 하며 다음과 같은 형식으로

반응변수 WITH 설명변수들

분석에 사용할 변수명을 나열한다. VARIABLE 문은 단 한번만 설정되어야 하고 VARIABLES라는 명령문의 표시는 생략할 수 있다.

<표 10.10>
가중 회귀분석
명령문 형식

```
WLS [VARIABLES = ] dependent varname
              WITH independent varnames
[/SOURCE = varname]
[/DELTA = [{1.0**  }]]
          {value list  }
          {value TO value BY value}
[/WEIGHT = varname]
[/{CONSTANT**}]
 {NOCONSTANT}
[/PRINT = {BEST}]
          {ALL}
[/SAVE  =  WEIGHT]
[/APPLY[ ='model name']]
```

■ **SOURCE 명령문**

가중치를 계산하기 위해 DELTA 명령문과 함께 사용한다. SOURCE 명령문은 가중치 변수를 지정한다. 만약 이분산성을 예측하기 위한 변수명이 SOURCE 명령문에 정의되지 않았거나 WEIGHT 명령문이 정의되어 있

지 않으면 VARIABLE 명령문에서 가장 처음에 정의된 설명변수가 가중치 변수로 사용된다.

■ **DELTA 명령문**

가중치 계산을 위해 SOURCE 명령문과 함께 사용되며 가중 함수의 승수값 δ 의 탐색범위를 지정한다. −6.5에서 7.5 사이의 실수를 δ 로 정의할 수 있는데 방법은 여러 개의 δ 를 빈칸으로 구분해 나열하거나 TO, BY문을 함께 사용해 가능한 구간을 정의하는 것이다. 최대 150개의 서로 다른 δ 를 정의할 수 있다. 정의되어 있지 않은 경우는 1.0이 디폴트값이다.

<표 10.10.1>

```
WLS y WITH x z
    /SOURCE = z
    /DELTA = 0.5 .
```

<표 10.10.1>은 δ = 0.5, 변수 z 를 이용해 가중치를 구하는 명령문으로 결국 가중치로 $1 / z^{0.5}$ 이 분석에 사용된다.

<표 10.10.2>

```
WLS y WITH x z
    /DELTA = 0.5 TO 2.5 BY 0.5 .
```

<표 10.10.2>는 δ 를 0.5에서 2.5까지 0.5씩 증가시켜 가며 각각의 δ 에 대해서 변수 x (SOURCE 문이 정의되어 있지 않으므로 설명변수 중 가장 처음에 쓰여진 x 를 가중치 변수로 사용하는 것이 디폴트이다)를 이용해 가중치를 구하는데, 결국 δ 가 0.5, 1.0, 1.5, 2.0, 2.5인 경우 중에서 가장 적합한 δ 가 최종적으로 가중치를 구하기 위해 사용된다.

■ **WEIGHT 명령문**

분석에 사용할 각 개체의 가중치를 특정 변수가 나타내고 있을 경우에는 WEIGHT 문에 그 변수의 이름을 정의해 주면 된다. 따라서 SOURCE 문과 DELTA 문을 함께 쓰는 것을 대신해 분석에 사용될 가중치를 직접 정의하는 방법이다.

<표 10.10.3>

```
WLS y WITH x
   /WEIGHT = wgt_1 .
```

<표 10.10.3>은 변수 wgt_1이 가중치를 포함하고 있는 변수이므로 이를 이용해 가중 회귀분석을 한다.

■ **CONSTANT와 NOCONSTANT 명령문**

선형 회귀모형에 상수항의 포함 여부를 정의하는 명령문이다. 절편항을 포함시킬 경우에는 CONSTANT 문을, 절편항을 포함시키지 않을 경우에는 NOCONSTANT 문으로 정의한다. 특별한 지정이 없는 경우에는 절편항을 포함하는 회귀모형이 디폴트이다.

■ **SAVE 명령문**

분석 중인 데이터 셋에 가중 회귀분석 과정에서 사용되는 가중치 중 최종적으로 선택된 값을 새로운 변수로 저장하기 위해 사용되는 명령문이다. 따라서 분석을 수행할 때마다 하나의 새로운 변수가 생성된다. 분석 후 새로운 변수의 이름은 데이터 셋에 존재하는 변수를 관찰해 wgt_1, wgt_2, ⋯ 등의 이름으로 저장된다. 만약 가중치로 사용될 변수가 WEIGHT 문을 통해서 정의된다면 사용할 수 없다.

■ **PRINT 명령문**

출력될 가중 회귀분석의 과정과 결과를 선택하는 명령문이다. PRINT = BEST는 가장 최선의 가중치를 이용한 가중 회귀분석 결과를 출력하라는 명령문이고 PRINT = ALL은 가장 알맞은 선택을 위해 여러 가지 가중치를 시도해 보는 전체적인 분석결과를 모두 출력하라는 명령문이다.

■ **APPLY 명령문**

APPLY 문은 이전에 수행된 가중 회귀분석에서 정의된 모형이나 명령문의 형태를 반복적인 입력 없이 본 분석에 그대로 사용함을 지정할 때 사용한다. 만약에 모형의 이름(예를 들어 WLS1)이 주어져 있다면 그 모형과 동일한 설정 하에서 다른 데이터 값에 대해 분석하고자 할 경우, APPLY = 'WLS1'이라고만 지정하면 되고 만약 모형의 이름이 지정되지 않고 APPLY 문만이 사용되면 바로 이전에 가중 회귀분석에서 사용한 분석의 설정을 사용한다. 이전의 분석과 다르게 추가하고자 하는 부명령어나 모형의 변화는 지금까지의 문법과 동일하게 APPLY 문에 추가해서 지정할 수 있다.

<표 10.10.4>

```
WLS y WITH x
    /SOURCE = X
    /DELTA = 1.5 .
WLS APPLY
    /DELTA = 2.0 .
```

<표 10.10.4>의 첫 번째 가중 회귀분석은 반응변수 y, 설명변수 x 에 대한 가중 회귀분석을 하는 데 있어 이분산성의 추정을 위해 변수 x 를 $\delta = 1.5$ 에서 변환한 $x^{1.5}$ 을 가중치로 사용하라는 명령문이다. 두 번째 가중 회귀분석에서는 위의 분석과 동일한 설정에서 δ 만 2.0을 사용하라는 명령문이다.

다음의 프로그램 <표 10.10.5>는 처음은 설명변수 y, 반응변수 x, z 에 대한 가중 회귀분석을 하는데 이분산성의 추정을 위해 변수 z 를 사용하

고 계수 δ 를 1에서 3까지 0.5씩 증가시키면서 가장 적절한 δ 를 찾고 이를 이용해 가중치로 사용하라는 명령문이다. 두 번째 가중 회귀분석에서는 위의 분석과 동일한 모형을 가중 회귀분석하고 가중치를 변수 $wgt\#1$ 으로 사용하라는 명령문이다.

<표 10.10.5>

```
WLS  y  WITH x z
    /SOURCE = z
    /DELTA = 1  TO  3  BY  0.5 .
WLS  APPLY
    /WEIGHT = wgt#1 .
```

10.9 연습 문제

Quiz 1.

다음은 자동차의 제동시 속력과 제동 후 완전히 멈출 때까지의 이동 거리에 대한 데이터이다. 두 변수의 관계를 산점도를 통해 잘 살펴보고 제동시 속력이 이동거리에 영향을 주는지를 적절한 회귀분석 방법을 통해 분석하시오.

속력	제동거리	속력	제동거리	속력	제동거리
1.15	0.99	7.70	7.68	9.37	10.64
1.90	0.98	7.80	9.81	10.17	9.78
3.00	2.60	7.81	6.52	10.18	12.39
3.00	2.67	7.85	9.71	10.22	11.03
3.00	2.66	7.87	9.82	10.22	8.00
3.00	2.78	7.91	9.81	10.22	11.90
3.00	2.80	7.94	8.50	10.18	8.68
5.34	5.92	9.03	9.47	10.50	7.25
5.38	5.35	9.07	11.45	10.23	13.46
5.40	4.33	9.11	12.14	10.03	10.19
5.40	4.89	9.14	11.50	10.23	9.93
5.45	5.21	9.16	10.65		

출처: Draper & Smith, 1981.

Quiz 2.

다음은 연령의 혈압에 대한 영향 정도를 관찰하기 위해 20~59세의 성인 54명을 대상으로 최저혈압을 측정한 자료이다. 산점도를 통해 연령과 최저혈압 사이의 관계를 살펴보고 필요하다면 적절한 변환을 통해 두 변수의 관계를 회귀식을 통해 표현하시오.

연령	최저 혈압	연령	최저 혈압	연령	최저혈압
27	73	37	78	42	85
21	66	38	87	44	71
22	63	33	76	46	80
26	79	35	79	47	96
25	68	30	73	45	92
28	67	37	68	55	76
24	75	31	80	54	71
25	71	39	75	57	99
23	70	46	89	52	86
20	65	49	101	53	79
29	79	40	70	56	92
24	72	42	72	52	85
20	70	43	80	57	109
38	91	46	83	50	71
32	76	43	75	59	90
33	69	49	80	50	91
31	66	40	90	52	100
34	73	48	70	58	80

11 장

2단계 최소제곱법
2-Stage Least Squares Method

다수의 반응변수들의 회귀방정식으로 구성된 연립방정식 모형은 대부분 변수들 사이의 복잡한 상관으로 인해 각 모형 내의 오차와 설명변수가 독립이 아니다. 이 장에서는 이러한 모형의 분석방법인 2단계 최소제곱법에 대해 살펴보도록 한다.

11.1 회귀방정식 시스템

일반적으로 다중 회귀분석에서 다루는 모형은 하나의 반응변수와 이와 관계가 있는 p개의 설명변수에 의한 하나의 선형식으로 구성된다. 이러한 모형을 좀 더 일반화시켜 여러 개의 반응변수가 주어진 회귀모형, 예를 들어서 가장 단순한 경우인 반응변수가 y_1, y_2로 2개인 다음의 모형 식 (11.1)을 살펴보자.

$$y_1 = \beta_{10} + \beta_{11}x_{11} + \epsilon_1, \qquad (11.1)$$
$$y_2 = \beta_{20} + \beta_{21}x_{21} + \epsilon_2.$$

이때 두 반응변수인 y_1, y_2가 독립이라면 이는 두 회귀모형을 동시에 표현했을 뿐이므로 두 회귀모형을 각각 분석하면 된다. 그러나 예를 들어서 두 반응변수가 경쟁업체인 두 제조회사의 월별 냉장고 판매량이라고 한다면 이들은 독립이 아닌 음의 상관관계가 있을 것이므로 각각의 회귀모형을 독립적으로 분석하는 것이 아니라 두 반응변수 사이의 관련성을 고려해 두 모형을 동시에 분석하는 방법이 필요하다.

실제로 계량경제 자료 분석방법 중에서 이러한 상황에서 다수의 선형식으로 표현되는 회귀모형을 회귀방정식 시스템이라 부르며 주어진 자료의 상황에 따라 다양한 분석방법이 존재한다. 이는 다수의 회귀모형을 분석하는 데 있어 각 모형에 대한 독립적인 접근도 가능하지만 실제로 자료에 내재되어 있는 변수들의 관련성을 고려한 모형을 통한 결론이나 예측이 현실에 더 적합하기 때문이다.

회귀방정식 시스템은 주로 시계열적으로 관측되는 관측치에 대한 자료 분석 모형으로 k 개의 모형식은 식 (11.2)와 같고 보통 관측시점의 수와 같은 관측치의 수는 $i = 1, \cdots, n$ 으로 동일하다.

$$
\begin{aligned}
y_{1i} &= \beta_{10} + \beta_{11} x_{11i} + \ldots + \beta_{1p_1} x_{1p_1 i} + \epsilon_{1i} = \boldsymbol{x}_{1i}' \boldsymbol{\beta}_1 + \epsilon_{1i} \qquad (11.2) \\
y_{2i} &= \beta_{20} + \beta_{21} x_{21i} + \ldots + \beta_{2p_2} x_{2p_2 i} + \epsilon_{21} = \boldsymbol{x}_{2i}' \boldsymbol{\beta}_2 + \epsilon_{2i} \\
&\ \vdots \\
y_{ki} &= \beta_{k0} + \beta_{k1} x_{k1i} + \ldots + \beta_{kp_k} x_{kp_k i} + \epsilon_{ki} = \boldsymbol{x}_{ki}' \boldsymbol{\beta}_k + \epsilon_{ki}
\end{aligned}
$$

회귀방정식 시스템에서도 관심은 회귀계수인 $\boldsymbol{\beta}_1, \cdots, \boldsymbol{\beta}_k$ 의 추정이며 이는 $\boldsymbol{x}_{ji}$ 와 ϵ_{ji} 의 상관관계 여부와 $\boldsymbol{\epsilon}_i = (\epsilon_{1i}, \cdots, \epsilon_{ki})'$ 의 분산공분산 행렬의 가정에 따라 달라진다.

$Var(\boldsymbol{\epsilon}_i) = \boldsymbol{O}$(여기서 $\boldsymbol{O}$는 영행렬임)일 경우는 독립된 k 개의 회귀방정식 모형으로 분석이 가능하며 $Var(\boldsymbol{\epsilon}_i) = \boldsymbol{\Omega}$ 로 관측시점에 따라 분산공분산 행렬이 일정하고 $Var(\boldsymbol{\epsilon}_i, \boldsymbol{\epsilon}_j) = \boldsymbol{O}$, $i \neq j$ 로 서로 다른 관측시점 사이의 상관관계가 독립이라면 다변량 회귀분석 모형과 동일한 형태가 되고 $\boldsymbol{x}_{ji}$ 와 ϵ_{ji} 의 상관관계 여부에 따라 식 (11.2)의 모형은 SUR(Seemingly Unrelated Regression) 또는 여기서 다룰 연립방정식 모형(Simultaneous Equation Model)으로 구분할 수 있다.

추가로 $Var(\boldsymbol{\epsilon}_i) = \boldsymbol{\Omega}_i$ 로 관측시점에 따라 분산공분산 행렬이 변화하

거나 $Var(\epsilon_i, \epsilon_j) \neq O$, $i \neq j$ 로 서로 다른 관측시점 사이의 상관관계가 존재한다면 식 (11.2)는 패널자료(Panel Data) 분석모형 또는 VAR(Vector Autoregression Model) 모형이 된다. 다음 절에서는 거시경제 모형의 분석에 주로 사용되는 연립방정식 모형에 대해 알아보도록 한다. SUR 모형, 패널자료 분석모형, VAR 모형 등에 관심 있는 독자들은 참고 문헌을 참조하기 바란다(Hamilton, 1994; Baltagi, 1995; 박유성·송석헌, 1998).

11.2 연립방정식 모형

회귀방정식 시스템 중 다음의 경우를 살펴보자. 식 (11.1)의 두 회귀모형은 등호를 중심으로 좌변은 반응변수이고 우변은 설명변수로 각각 y_1, y_2 와 x_{11}, x_{21} 의 구분이 명확하다. 다시 말하면 예측하고자 하는 변수와 이를 위해 사용되는 변수로 명확히 구분된다. 이제 한 모형에서는 반응변수였던 변수가 다른 모형에서는 설명변수로 사용되는 다음의 두 회귀모형을 생각해 보자.

$$y_1 = \alpha_2 y_2 + \beta_{10} + \beta_{11} x_{11} + \epsilon_1 , \qquad (11.3)$$

$$y_2 = \alpha_1 y_1 + \beta_{20} + \beta_{21} x_{21} + \epsilon_2 .$$

이러한 상황은 거시경제 변수들의 복잡한 상호관계를 나타내는 대부분의 고전적인 거시경제 모형, 예를 들어 Klein 모형 등에서 쉽게 관찰할 수 있다 (Green, 1997).

식 (11.3)의 두 모형에서 반응변수와 설명변수를 구분하는 것은 모호하지만 다른 변수들에 의해 모형 내에서 정의되는 변수 y_1, y_2 와 그렇지 않고 모형과 관련없이 정의되는 변수인 x_{11}, x_{21} 로 구분하는 것은 가능하다. 이러한 모형에서 전자를 모형 내에서 정의되는 변수라는 의미에서 내생변수(endogenous variable), 후자를 모형과 관계없이 정의되는 변수라는 의미에서 외생변수(exogenous variable)라고 부르며 이러한 변수들로 정의된 다수의 방정식 형태로 구성된 모형을 연립방정식 모형(simultaneous equations model)이라고 부른다.

예를 들어서 <표 11.1>의 데이터에 대한 <그림 11.1>을 보자. 이 데이터는 시계열 자료로 1951년 3월에서 1953년 10월까지 아이스크림의 4주 단위 평균 소비량($consume$, 원금에 대한 단위 소비량), 1파인트의 가격($price$, \$), 가구소득($income$, 10\$), 기온($temp$, F)의 데이터이다.

시간	소비	가격	소득	기온	전주 소비	전주 가격
1	37.40	28.20	7.90	56.00	38.60	27.00
2	39.30	27.70	8.10	63.00	37.40	28.20
3	42.50	28.00	8.00	68.00	39.30	27.70
4	40.60	27.20	7.60	69.00	42.50	28.00
5	34.40	26.20	7.80	65.00	40.60	27.20
6	32.70	27.50	8.20	61.00	34.40	26.20
7	28.80	26.70	7.90	47.00	32.70	27.50
8	26.90	26.50	7.60	32.00	28.80	26.70
9	25.60	27.70	7.90	24.00	26.90	26.50
10	28.60	28.20	8.20	28.00	25.60	27.70
11	29.80	27.00	8.50	26.00	28.60	28.20
12	32.90	27.20	8.60	32.00	29.80	27.00
13	31.80	28.70	8.30	40.00	32.90	27.20
14	38.10	27.70	8.40	55.00	31.80	28.70
15	38.10	28.70	8.20	63.00	38.10	27.70
16	47.00	28.00	8.00	72.00	38.10	28.70
17	44.30	27.70	7.80	72.00	47.00	28.00
18	38.60	27.70	8.40	67.00	44.30	27.70
19	34.20	27.70	8.60	60.00	38.60	27.70
20	31.90	29.20	8.50	44.00	34.20	27.70
21	30.70	28.70	8.70	40.00	31.90	29.20
22	28.40	27.70	9.40	32.00	30.70	28.70
23	32.60	28.50	9.20	27.00	28.40	27.70
24	30.90	28.20	9.50	28.00	32.60	28.50
25	35.90	26.50	9.60	33.00	30.90	28.20
26	37.60	26.50	9.40	41.00	35.90	26.50
27	41.60	26.50	9.60	52.00	37.60	26.50
28	43.70	26.80	9.10	64.00	41.60	26.50
29	54.80	26.00	9.00	71.00	43.70	26.80

<표 11.1>
아이스크림의
가격, 소비,
가구소득,
기온 자료

출처: http://lib.stat.cmu.edu/DASL/Datafiles/IceCream.html

소비량이 가격, 가구소득, 기온의 영향을 받을 것이라는 가정 하에서 다음의 모형을 고려해 보자.

$$consume = \beta_0 + \beta_1 price + \beta_2 income + \beta_3 temp + \epsilon . \tag{11.4}$$

일반적으로 가장 잘 알려진 고전적인 경제모형인 수요와 공급의 원칙은 수요와 공급에 따라 가격이 유동적으로 변화함을 가정한다.

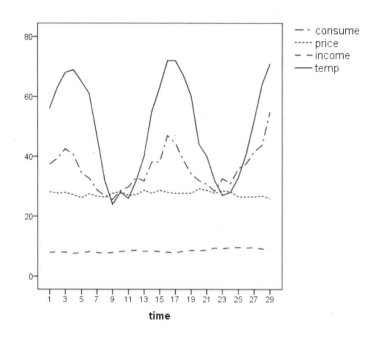

<그림 11.1>
아이스크림의
가격, 소비,
가구소득,
기온

요즘과 같이 공급이 수요 즉, 소비를 능가하는 대량생산의 구조에서는 아이스크림과 같은 소비재의 경우, 그 가격이 수년 동안 동일한 수준을 유지하며 소비량에 의해 크게 변하지 않는다. 그러나 <그림 11.1>의 데이터는 1950년대 초이므로 실제 데이터를 살펴보면 소비량에 따른 가격의 변화를 관찰할 수 있다. 따라서 주어진 아이스크림의 가격이 수요와 공급의 원칙을 따르고 있을 것이므로 (11.4)를 분석하는 것보다는 두 변수 사이의 관계를 포함하는 식 (11.5)의 연립방정식 모형을 분석하는 것이 타당할 것이다.

$$consume = \beta_{10} + \alpha_{11} price + \beta_{11} income + \beta_{12} temp + \epsilon_1, \qquad (11.5)$$

$$price = \beta_{20} + \alpha_{21} consume + \beta_{21} price_1 + \beta_{22} temp + \epsilon_2.$$

여기서 $price_1$ 은 바로 전 시점의 아이스크림 가격이다.

연립방정식 모형의 가장 큰 특징은 변수들 사이의 복잡한 관계로 각 모형에 포함된 오차와 예측에 사용하고자 하는 변수들 사이에 심각한 상관관계가 존재하는 것이다. 즉, 식 (11.3)과 같이 연립방정식 모형은 어떤 방정식에서는 예측하고자 하는 변수로 표현된 변수가 다른 방정식에서는 다른 변수를 예측하고자 하는 목적으로 사용되므로 두 방정식의 관계를 살펴보면 (y_2, ϵ_1) 과 (y_1, ϵ_2) 는 독립이 아니다. 예로 식 (11.5)에서 첫 번째 방정식의 변수 $price$ 는 내생변수로 이 변수와 $consume$ 의 관계를 표현한 두 번째 식을 고려하면 첫 번째 방정식의 오차와 변수 $price$ 의 관계가 일반적인 회귀분석의 가정에서 어긋난다.

이러한 상황 하에서 최소제곱법을 이용한 회귀계수의 추정은 더 이상 적절한 방법이라 할 수 없다. 따라서 적합한 분석을 위해서는 일반적인 최소제곱법이 아닌 다른 분석방법이 필요한데 이러한 연립방정식 모형의 분석은 주어진 각 모수의 추정 가능 여부와 주어진 다수의 모형을 동시에 고려할 것인가에 따라 그 방법이 다르다.

다음 절에서는 모수의 추정 가능성 여부를 평가하는 간단한 방법을 소개한다. 연립방정식 모형의 추정 가능성을 평가하는 구체적인 방법과 근거 그리고 다양한 모수 추정 방법에 대한 자세한 내용은 참고 문헌을 참조하기 바란다(박유성·송석헌, 1998).

11.3 연립방정식 모형의 식별

연립방정식 모형의 가장 간단한 형태인 식 (11.3)을 통해 모형식별에 관해 살펴보자. 식 (11.3)은 두 개의 내생변수 각각에 대해 회귀모형을 정의하고 있는데 이러한 표현을 연립방정식의 구조형식(structural form)이라 하고 이는 내생변수가 방정식의 양변에 혼재되어 표현되는 경우를 나타낸다. 이를 방정식 등호를 기준으로 왼쪽에는 내생변수만을, 오른쪽에는 외생변수만으로 식 (11.6)과 같이 정리할 수도 있는데 이러한 표현식을 연립 방정식 모형의 축약형식(reduced form)이라고 부른다.

$$y_1 - \alpha_2 y_2 = \beta_{10} + \beta_{11} x_{11} + \epsilon_1 , \qquad (11.6)$$

$$y_2 - \alpha_1 y_1 = \beta_{20} + \beta_{21} x_{21} + \epsilon_2 .$$

또한 내생변수 y_1, y_2가 2개, 방정식이 2개이므로 이를 완전 연립방정식 모형(complete simultaneous equations model)이라 하며 유일한 해를 얻기 위해서는 내생변수의 개수와 방정식의 개수가 일치하는 완전 연립방정식 모형이어야 한다. 이중에서 첫 번째 방정식에서 외생변수 y_1의 계수가 1이므로 첫 번째 모형에서 y_1은 표준화된 외생변수이다. 따라서 두 번째 방정식은 y_2가 표준화된 외생변수이다.

식 (11.6)의 연립방정식 모형에서 오차항의 분산을 제외하고 회귀분석을 통해 추정하고자 하는 모수는 α_2, β_{10}, β_{11}, α_1, β_{20}, β_{21} 이 된다. 이러한 모수추정의 가능성은 연립방정식의 순서조건(order condition)과 계수조건(rank condition)의 만족여부에 의존하는데 순서조건은 모수추정을 가능하게 하는 필요조건이고 계수조건은 모수의 유일한 해를 위한 충분조건이다.

일반적으로 연립방정식 모형식은 내생변수 $y_1, \cdots , y_k$의 선형결합을 이용해 아래와 같이 나타낼 수 있다.

$$\alpha_{11} y_{1i} + \cdots + \alpha_{1k} y_{ki} + \boldsymbol{x_{1i}}' \boldsymbol{\beta_1} = \epsilon_{1i} \qquad (11.7)$$
$$\alpha_{21} y_{1i} + \cdots + \alpha_{2k} y_{ki} + \boldsymbol{x_{2i}}' \boldsymbol{\beta_2} = \epsilon_{2i}$$
$$\vdots$$
$$\alpha_{k1} y_{1i} + \cdots + \alpha_{kk} y_{ki} + \boldsymbol{x_{ki}}' \boldsymbol{\beta_k} = \epsilon_{ki}$$

연립방정식의 순서조건과 계수조건에 대한 만족여부를 확인하는 방법을 대략적으로 소개하면 다음과 같다. k개의 내생변수, p개의 외생변수, k개의 방정식으로 구성된 연립방정식 모형 중 i번째 방정식에 대해 다음을 고려해 보자. i번째 방정식의 표준화된 외생변수를 제외하고 방정식의 정의에 포함된 내생변수와 포함되지 않은 내생변수의 수를 k_i, k_i^*라고 하고 포함된 외생변수와 포함되지 않은 외생변수의 수를 p_i, p_i^*라 하면 $k = 1 + k_i + k_i^*$, $p = p_i + p_i^*$이다.

i번째 방정식의 유일한 모수추정 가능성에 대해 확인하는 계수조건의 만족 여부는 $k_i^* + p_i^* \geq k - 1$을 만족하며 동시에 i번째 방정식을 제외한 나머지 $k - 1$개의 방정식 각각이 i번째 방정식에 포함되지 않은 내생변수나 외생변수를 적어도 하나 이상 포함하는가를 통해 판단한다. 순서조건은 k_i, p_i^*의 크기를 비교해 판단하는 것으로 계수조건을 만족하며 $k_i < p_i^*$이면 과다인식된(over identified) 모형이라 하고 계수조건을 만족하며 $k_i = p_i^*$이면 정확히 인식된(just identified) 모형이라 하며 이 두 분류의 모형에 대해서는 모수추정이 가능하다. 그러나 계수조건을 만족하지 못하거나 $k_i > p_i^*$인 모형은 과소인식된(under identified) 모형이라 하며 모수추정이 불가능하다. 따라서 모수추정 가능성 여부를 고려해 연립방정식 모형을 구성할 필요가 있다.

연립방정식 (11.6)의 순서조건과 계수조건의 만족여부를 살펴보자. 먼저 식 (11.6)은 방정식이 2개이고 내생변수가 y_1, y_2로 2($= k$)개이며 외생변수는 x_{11}, x_{21}로 2($= p$)개다. 첫 번째 방정식의 경우, 표준화된 외생변수인 y_1을 제외하고 살펴보면 y_2, x_{11}을 포함하고 x_{21}은 포함하지 않는다. 즉, $k_1 = 1$; $p_1^* = 1$이므로 $k_1 \leq p_1^*$으로 순서조건을 만족한다. 그리고 $k_1^* = 0$이므로 $k_1^* + p_1^* \geq k - 1$을 만족하며 두 번째 방정식이 첫 번째 방정식에 포함되지 않은 외생변수 x_{21}을 포함하고 있으므로 계수조건을 만족하게 된다.

두 번째 방정식의 경우도 $k_2 = 1, p_2^* = 1$이므로 $k_2 \leqq p_2^*$으로 순서조건을 만족하며 $k_2^* = 0$이므로 $k_2^* + p_2^* \geqq k - 1$이며 첫 번째 방정식이 두 번째 방정식에 포함되지 않은 외생변수 x_{11}을 포함하고 있으므로 계수조건을 만족하게 된다. 따라서 연립방정식을 구성하는 두 모형 모두 모수추정이 가능하다.

다음의 연립방정식에 대해 순서조건과 계수조건을 확인해 보자.

$$y_1 + \alpha_{21} y_2 = \beta_{10} + \beta_{11} x_1 + \epsilon_1,$$

$$y_1 + \alpha_{32} y_3 = \beta_{10} + \beta_{21} x_1 + \beta_{23} x_3 + \epsilon_1,$$

$$y_2 + \alpha_{33} y_3 = \beta_{20} + \beta_{31} x_1 + \beta_{32} x_2 + \beta_{33} x_3 + \epsilon_2.$$

$k = 3, p = 3$이고 첫 번째와 두 번째 방정식의 경우, $k_1 = 1, p_1^* = 2$이고 $k_2 = p_2^* = 1$로 계수조건을 만족한다. 그러나 세 번째 방정식은 $k_3 = 1$, $p_3^* = 0$으로 과소인식된 모형이며 따라서 모수추정이 불가능하다.

아이스크림의 가격에 대한 예제에서 식 (11.5)에 대해 모수추정의 가능성 여부를 확인해 보면 방정식이 2개이고 내생변수가 $consume, price$로 $2(= k)$개이며 외생변수는 $income, temp, price_1$로 $3(= p)$개다. 각 방정식에 대해 k_i, k_i^*, p_i, p_i^*를 계산해 보면 두 방정식 모두 순서조건과 계수조건을 만족한다.

연립방정식의 모수는 순서조건과 계수조건에 대해 과다인식된 모형과 정확하게 인식된 모형의 경우에만 추정이 가능하다. 모수추정 방법은 각 회귀 방정식에 대해 개별적으로 추정하는 방법과 k개의 회귀 방정식의 모수를 동시에 추정하는 방법으로 구분할 수 있다. 이는 결국 σ_{ij}의 정보에 대한 활용 여부에 따라 차이를 보이는데 $\sigma_{ij} = 0$인 경우는 동일한 결과를 나타내게 된다. 개별적으로 추정하는 방법으로는 정확하게 인식된 모형에 대하여 축약모형으로부터 최소제곱법을 이용해 모수를 추정하는 간접최소제곱법(ILS, Indirect Least Squares), i번째 회귀방정식에 포함된 표준화되지 않은 내생변수를 외생변수를 이용해 추정하여 그 추정치와 외생변수를 이용하는 2단계 최소제곱법(2SLS, 2-stage Least Squares)과 i번째 오차항에 대한 정규분포 가정을 추가한 제한정보 최대가능도추정법(LIML, Limited Information Maximum Likelihood Estimation) 등이 있다.

k개의 회귀 방정식의 모수를 동시에 추정하는 방법은 2단계 최소제곱법을 통해 σ_{ij}를 추정하여 다시 모수추정을 시도하는 3단계 최소제곱법(3SLS, 3-stage Least Squares)과 오차항에 대한 다변량 정규분포를 가정하는 완전정보 최대가능도추정법(FIML, Full Information Maximum Likelihood Estimation) 등이 있다. 연립방정식 모형의 모수추정에 대한 다양한 방법에 대해서는 참고 문헌을 참조하기 바란다(이병락, 2003; 이종원, 2007; 박유성·송석헌, 1998).

다음 절에서는 연립방정식 모형의 개별적인 모수추정 방법 중 외생변수 및 도구변수(instrumental variable)에 의한 내생변수의 추정치를 이용하는 2단계 최소제곱법에 대해 다루도록 하겠다.

11.4 2단계 최소제곱법(2SLS)

2SLS는 식 (11.3)과 같은 연립방정식 모형 분석에서의 문제점을 해결하기 위해 다음의 방법을 사용한다. 먼저 첫 번째 방정식의 추정에 있어 문제가 되는 내생변수 y_2를 대체하는 방법에 대해 생각해 보자. 이때 z_2라는 새로운 변수가 있어서 z_2는 y_2와 높은 상관관계가 있고 오차인 ϵ_1, ϵ_2와는 독립이라고 하자.

먼저 식 (11.8)과 같은 회귀식

$$y_2 = \beta_{30} + \beta_{31} z_2 + \epsilon_3 \tag{11.8}$$

을 정의하고 최소제곱법으로 회귀계수를 추정하여 다음과 같이 y_2의 추정치인 $\hat{y}_2$을 얻는다.

$$\hat{y}_2 = \hat{\beta}_{30} + \hat{\beta}_{31} z_2 .$$

z_2가 오차항과 독립이므로 변수 z_2의 함수인 $\hat{y}_2$은 결국 오차항들과는 독립이 되고 따라서 식 (11.3)의 첫 번째 방정식의 변수 y_2를 이것으로 대체하면 식 (11.9)가 된다.

$$y_1 = \alpha_2 \hat{y}_2 + \beta_{10} + \beta_{11} x_{11} + \epsilon_1 . \tag{11.9}$$

식 (11.8)에서 첫 번째 방정식은 오차와 예측에 사용하고자 하는 변수인 $\hat{y}_2$, ϵ_1이 독립임을 알 수 있다. 따라서 일반적인 회귀분석에서의 가정을 충족하게 되고 이를 통한 식 (11.9)의 최소제곱법에 의한 분석결과를 신뢰할 수 있게 된다. 또한 두 번째 방정식의 추정에 있어서도 문제가 되는 내생변수 y_1을 대체할 수 있는 적절한 z_1을 정의하면 동일한 과정을 통해 두 번째 회귀식에 대한 분석결과를 얻을 수 있다.

결국 연립방정식 모형을 구성하는 각각의 회귀식에 대한 전체적인 분석과정을 살펴보면 내생변수의 추정치를 구하는 첫 번째 단계와 그 결과를 이용한 모형적합의 두 번째 단계로 구성되므로 이와 같은 연립방정식 모형

추정 방법을 2단계 최소제곱법이라 한다. 2단계 최소제곱법을 적용하기 위해서는 앞에서 정의한 특성

    ① 예측을 위해 사용되는 내생변수와 상관이 높으며

    ② 모형의 오차항과 독립

을 갖는 새로운 변수 z_1 과 z_2 가 필요하게 되는데 이러한 변수는 분석을 위한 도구로 사용된다는 뜻에서 도구변수(instrumental variable)라 부른다.

    2단계 최소제곱법을 이용한 분석에서는 도구변수의 선택이 중요한데 이러한 도구변수로는 가장 먼저 모형의 외생변수를 고려할 수 있을 것이다. 이 외에 연립방정식 모형이 주로 시계열 데이터인 계량경제 데이터에 적용됨을 고려해 볼 때, 동일한 변수의 몇 단계 과거 시점의 값이 현 시점의 값에 영향을 주는 경우가 많고, 따라서 이러한 몇 시점 과거의 값을 가진 변수를 새롭게 정의하여 그를 도구변수로 이용하는 경우가 빈번하다. 왜냐하면 현 시점의 데이터는 과거 시점의 데이터와 독립(이미 값을 알고 있는 상수이므로)이고 상관도 상당히 높기 때문이다.

    2단계 최소제곱법의 일반적인 형태는 외생변수를 모두 도구변수로 활용하는 것으로 이를 행렬을 통해 표현해 보자. 구조형식인 식 (11.7)을 행렬로 나타내면

$$YA + XB = E \quad \text{여기서} \quad Y = (y_1, y_2, \cdots, y_k)_{n \times k}$$
$$X = (x_1, x_2, \cdots, x_p)_{n \times p}$$
$$A = (\alpha_1, \alpha_2, \cdots, \alpha_k)_{k \times k}$$
$$B = (\beta_1, \beta_2, \cdots, \beta_k)_{p \times k}$$
$$E = (\epsilon_1, \epsilon_2, \cdots, \epsilon_k)_{n \times k}$$

와 같고 이를 축약형식으로 표현하면 다음과 같다.

$$Y = -XBA^{-1} + EA^{-1} = X\Pi + V \quad (11.10)$$
$$\text{여기서} \quad \Pi = -BA^{-1} = (\pi_1, \pi_2, \cdots, \pi_k)_{p \times k}$$
$$V = EA^{-1} = (v_1, v_2, \cdots, v_k)_{n \times k}.$$

축약형식으로 표현하기 위해서는 A^{-1}이 존재해야 하며 결국 필요조건인 정방행렬 A를 만족하기 위해 외생변수의 수와 회귀방정식의 수가 동일한 완전모형이 되어야 한다.

축약형식인 식 (11.10)의 i번째 방정식은 $(y_i, Y_i, Y_i^*) = X\Pi + V$ 이므로 Π의 추정량은 $\hat{\Pi} = (X^T X)^{-1} X'(y_i, Y_i, Y_i^*)$이다. 여기서 y_i 는 i번째 회귀 방정식의 표준화된 외생변수이고 Y_i는 i번째 회귀 방정식 에 포함된 k_i개의 외생변수, Y_i^*는 i번째 회귀 방정식에 포함되지 않은 k_i^* 개의 외생변수이다. Y_i의 추정치는 $\hat{Y}_i = X(X'X)^{-1} X' Y_i$이므로 Y_i를 $\hat{Y}_i$으로 대체하고 관련된 회귀계수들을 정리해 δ_i라 하면 i번째 회귀 방정 식의 구조형식의 표현은 $y_i = (\hat{Y}_i, X_i)\delta_i + \epsilon_i$와 같다.

X_i는 X의 일부로 $X(X'X)^{-1} X' X_i = X_i$이므로

$$y_i = (X(X'X)^{-1} X' Y_i, X(X'X)^{-1} X' X_i)\delta_i + \epsilon_i$$
$$= X(X'X)^{-1} X'(Y_i, X_i)\delta_i + \epsilon_i$$
$$= X(X'X)^{-1} X' Z_i \delta_i + \epsilon_i$$

이 되고 $X(X'X)^{-1} X' Z_i$는 Z_i를 X에 회귀시킨 결과이므로 $\hat{Z}_i$이라 할 수 있으며 $\hat{Z}_i$은 (Y_i, X_i)를 X에 회귀시킨 것이므로 X와 ϵ이 무관하 듯이 X의 함수인 $\hat{Z}_i$과 ϵ은 무관하다. 따라서 회귀모형

$$y_i = \hat{Z}_i \delta_i + \epsilon_i$$

에 대한 회귀계수 δ_i와 y_i의 추정치는 다음과 같다.

$$\hat{\delta}_i = (\hat{Z}_i \hat{Z}_i)^{-1} \hat{Z}_i^T y_i, \quad \hat{y}_i = \hat{Z}_i \hat{\delta}_i.$$

이와 같이 2SLS는 Y_i의 최소제곱 추정치인 $\hat{Y}_i = X(X'X)^{-1} X' Y_i$를 구 하는 1단계와 y_i의 최소제곱 추정치 $\hat{y}_i = \hat{Z}_i \hat{\delta}_i$을 구하는 2단계로 구성된다.

다수의 회귀모형식으로 구성된 연립방정식 모형은 그 적용이 대부분 경제 데이터이고 다양한 변수를 분석에 사용함으로 인해 예측을 위해 사용 하고자 하는 변수들은 오차항과 독립이 아니다. 2SLS 분석방법은 이러한

내용으로 파생되는 문제를 해결하기 위해 이제까지의 최소제곱법을 보완한 방법이지만 분석에서 중요한 역할을 하는 도구변수의 선택에 주의해야한다.

11.5 예제 1: 아이스크림 데이터

<표 11.1>의 데이터를 분석해 보자. 아이스크림의 가격($price$)과 소비($consume$), 기온($temp$), 가구소득($income$)의 관계를 포함한 식 (11.5)의 첫 번째 모형을 적합해 보자. 먼저 분석 전에 적절한 도구변수를 선택해야 하는데 주어진 데이터가 시계열 데이터임을 고려해 소비와 가격의 바로 한 시점 전 값으로 구성된 변수인 $cons_1$, $price_1$와 외생변수인 기온과 소득을 도구변수로 고려하겠다.

SPSS의 풀다운 메뉴에서 <u>Analyze</u>→<u>Regression</u>→<u>2-Stage Least Squares</u>를 선택하면 <그림 11.2>와 같은 **2-Stage Least Squares** 대화 상자가 나타난다.

<그림 11.2>
2-Stage
Least
Squares
대화 상자

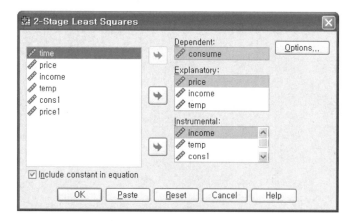

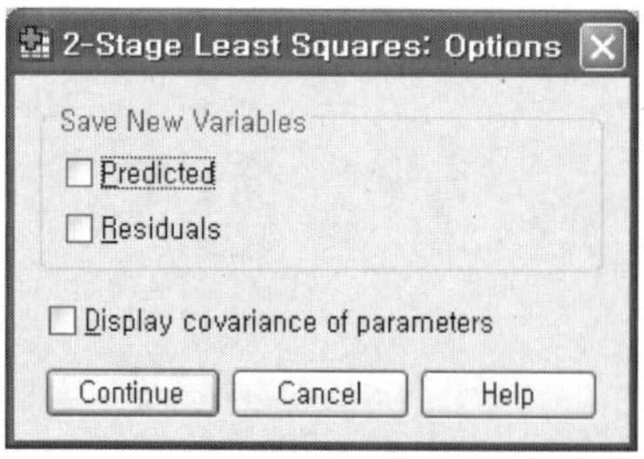

<그림 11.3>
2-Stage
Least
Squares:
Options
대화 상자

연립방정식 모형 중에서 분석하고자 하는 모형의 예측하고자 하는 변수(Dependent), 예측에 사용하고자 하는 변수(Explanatory), 도구변수(Instrumental)를 데이터 셋에 있는 변수 중에서 선택한다. 모형에서 각각의 역할을 하는 변수를 지정하거나 회귀모형 내의 상수항의 첨가여부를 결정(Include constant in equation)하는 방법은 일반 회귀분석의 대화 상자에서와 동일하다. 여기서는 차이가 있는 [Options...] 버튼에 대해 살펴보자. 단, SPSS를 이용하여 2SLS 분석을 위해서는 추정해야 할 회귀식 중에서 모형에 포함되는 설명변수의 최대수보다 도구변수로 정의된 변수의 수가 작거나 같아야 한다는 것을 기억하자.

[Options...] 버튼을 선택하면 분석을 통해 추정된 반응변수의 추정치와 잔차의 저장과 출력결과에 추정된 회귀계수들의 공분산 행렬을 추가할 것인지를 선택하는 <그림 11.3>의 2-Stage Least Squares: Options 대화 상자가 나타난다. Save New Variables 상자의 Predicted는 반응변수의 추정치의 저장을, Residuals는 잔차의 저장을 나타내는 것으로 원하는 내용을 선택한다. 이때, 기존에 데이터 셋에 있는 변수들에 따라 변수명 fit_n 과 err_n 으로 저장되는데 여기서 n 은 1, 2, 3,…이 될 수 있다. 2단계 최소제곱 회귀분석의 결과에는 회귀분석의 일반적인 결과(결정계수, 분산분석표, 회귀계수 추정치) 이외에 추정된 회귀계수들의 상관행렬이 포함되어 있는데 Display covariance of parameters를 선택하면 여기에 추가적으로 추정된 회귀계수들의 공분산 행렬이 출력된다.

이제 데이터 셋의 변수 중에서 식 (11.5)의 모형 중 첫 번째 모형식의 정의에 따라 변수를 선택하자. <그림 11.2>와 같이 선택한 후 확인 버튼을 클릭하면 <표 11.2>와 같은 분석결과를 얻을 수 있는데 이를 살펴보면 다음과 같다.

① 수정된 결정계수 $Adj - R^2$ = 0.733이다.
② 회귀제곱합은 943.789, 오차제곱합은 295.551이며 전체 회귀모형에 대한 유의성 검증의 결과 p 값이 0.000으로 데이터가 모형에 의해 잘 적합되었다.

③ 추정된 회귀식은

$$\widehat{consume} = 0.332 - 0.604\,price + 4.012\,income + 0.366\,temp$$

로 실제로 유의한 설명변수는 $income$과 $temp$ 즉 소득과 기온임을 알 수 있다. 여기서 $price$의 회귀계수는 2단계 최소제곱 분석 과정의 단계 1에서 추정된 내생변수 $price$의 도구변수를 이용한 다음의 회귀식을 통한 최소제곱 적합치를 활용해 얻은 것이다.

$$\widehat{price} = \hat{\delta_0} + \hat{\delta_1}\,income + \hat{\delta_2}\,temp + \hat{\delta_3}\,price_1 + \hat{\delta_4}\,cons_1 .$$

④ 추정된 회귀계수들의 상관계수 행렬이다.

2-Stage Least Squares 대화 상자를 통한 연립방정식 모형의 정의는 하나의 모형씩 개별적으로 수행하여야 한다. 즉, 아이스크림의 가격($price$)에 대한 모형을 적합하기 위해서는 <그림 11.4>와 같이 **2-Stage Least Squares** 대화 상자를 통해 다시 한 번 정의해야 한다. SPSS 명령문을 이용하면 연립방정식 모형을 동시에 정의해 분석할 수 있는데 식 (11.5)의 모형을 <표 11.3>과 같은 SPSS 명령문을 통해 표현할 수 있다.

위의 첫 번째 방정식에 대한 추정결과를 두 번의 선형 회귀분석을 통해서 <표 11.2>와 동일한 결과를 얻을 수도 있는데 2단계 최소제곱 분석법의 과정을 확인하기 위해 다음을 수행해 보자.

[단계 1] $price = \delta_0 + \delta_1\,income + \delta_2\,temp + \delta_3\,price_1 + \delta_4\,cons_1 + \epsilon_2$

에 대한 선형 회귀분석을 수행한 후, 변수 $price$의 추정치를 새로운 변수로 저장한다. 예제 데이터의 단계 1의 결과는 다음의 <표 11.4>와 같다.

[단계 2] 추정치가 저장된 새로운 변수명을 확인하고(예를 들어 변수 pre_1) 이를 이용해 모형

$$consume = \beta_0 - \beta_1\,pre\_1 + \beta_2\,income + \beta_3\,temp$$

에 대한 선형 회귀분석을 수행한다. 예제 데이터의 단계 2의 결과는 <표 11.5>와 같다.

<표 11.2>
2SLS
분석결과

Model Description

		Type of Variable
Equation 1	consume	dependent
	price	predictor
	income	predictor & instrumental
	temp	predictor & instrumental
	cons1	instrumental
	price1	instrumental

MOD_6

Model Summary ①

Equation 1	Multiple R	.873
	R Square	.762
	Adjusted R Square	.733
	Std. Error of the Estimate	3.438

ANOVA ②

		Sum of Squares	df	Mean Square	F	Sig.
Equation 1	Regression	943.789	3	314.596	26.611	.000
	Residual	295.551	25	11.822		
	Total	1239.340	28			

Coefficients ③

		Unstandardized Coefficients				
		B	Std. Error	Beta	t	Sig.
Equation 1	(Constant)	.332	55.255		.006	.995
	price	-.604	1.788	-.076	-.338	.738
	income	4.019	1.218	.375	3.301	.003
	temp	.366	.045	.911	8.088	.000

Coefficient Correlations ④

			price	income	temp
Equation 1	Correlations	price	1.000	.403	.385
		income	.403	1.000	.452
		temp	.385	.452	1.000

<그림 11.4>
2-Stage
Least
Squares
대화 상자:
Price

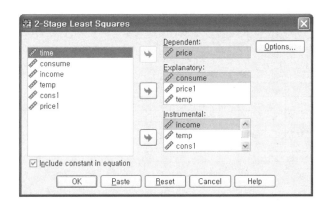

<표 11.3>
2단계
최소제곱
회귀분석:
SPSS 명령문

> 2SLS
>
>   EQUATION = *consume*
>
>   WITH *price income temp*
>
> /EQUATION = *price*
>
>   WITH *consume temp price1*
>
> /INSTRUMENTS = *income temp cons1 price1*
>
> /ENDOGENOUS = *consume price*
>
> /CONSTANT .

<표 11.4>
단계 1의
결과

Model Summary[b]

Model	R	R Square	Adjusted R Square	Std. Error of the Estimate
1	.486[a]	.237	.109	.79550

a. Predictors: (Constant), price1, temp, income, cons1

b. Dependent Variable: price

ANOVA[b]

Model		Sum of Squares	df	Mean Square	F	Sig.
1	Regression	4.705	4	1.176	1.859	.151[a]
	Residual	15.188	24	.633		
	Total	19.892	28			

a. Predictors: (Constant), price1, temp, income, cons1

b. Dependent Variable: price

Coefficients[a]

Model		Unstandardized Coefficients B	Std. Error	Standardized Coefficients Beta	t	Sig.
1	(Constant)	18.272	5.807		3.147	.004
	income	-.266	.280	-.197	-.952	.351
	temp	-.003	.024	-.065	-.137	.893
	cons1	-.018	.068	-.119	-.261	.797
	price1	.447	.191	.422	2.338	.028

a. Dependent Variable: price

Residuals Statistics[a]

	Minimum	Maximum	Mean	Std. Deviation	N
Predicted Value	26.7171	28.3044	27.5483	.40992	29
Residual	-1.21327	1.56673	.00000	.73649	29
Std. Predicted Value	-2.028	1.845	.000	1.000	29
Std. Residual	-1.525	1.970	.000	.926	29

a. Dependent Variable: price

추정된 회귀계수의 경우, 단계 2의 결과인 <표 11.5>를 살펴보면 <표 11.2>와 거의 유사함을 알 수 있는데 차이가 나타나는 부분은 소수점 자리 등 추정치 계산의 정밀도에 기인하는 것으로 판단할 수 있다. 주어진 예제 데이터에 대해 두 단계에 대한 명령문은 <표 11.6>과 같다(여기서 변수명 pre_1 은 단계 1에서 생성된 $price$ 의 적합치를 포함한 변수 이름이다). 두 번째 방정식에 대해서도 동일한 과정을 통해 2단계 최소제곱 분석법의 두 단계를 확인해 볼 수 있다.

<표 11.5>
단계 2의
결과

Model Summary

Model	R	R Square	Adjusted R Square	Std. Error of the Estimate
1	.870[a]	.756	.727	3.48794

a. Predictors: (Constant), PRE_1, temp, income

ANOVA[b]

Model		Sum of Squares	df	Mean Square	F	Sig.
1	Regression	943.789	3	314.596	25.859	.000[a]
	Residual	304.144	25	12.166		
	Total	1247.932	28			

a. Predictors: (Constant), PRE_1, temp, income

b. Dependent Variable: consume

Coefficients[a]

Model		Unstandardized Coefficients		Standardized Coefficients	t	Sig.
		B	Std. Error	Beta		
1	(Constant)	.332	56.052		.006	.995
	income	4.019	1.235	.375	3.254	.003
	temp	.366	.046	.911	7.973	.000
	PRE_1	-.604	1.814	-.037	-.333	.742

a. Dependent Variable: consume

<표 11.6>
2단계 최소
제곱
회귀분석:
2번의 선형
회귀분석으로
구현하기 위한
SPSS 명령문

```
REGRESSION
   /MISSING LISTWISE
   /STATISTICS COEFF OUTS R ANOVA
   /CRITERIA = PIN(.05) POUT(.10)
   /NOORIGIN
   /DEPENDENT price
   /METHOD = ENTER income temp l_cons l_price
   /SAVE PRED(pre_1).
REGRESSION
   /MISSING LISTWISE
   /STATISTICS COEFF OUTS R ANOVA
   /CRITERIA = PIN(.05) POUT(.10)
   /NOORIGIN
   /DEPENDENT consume
   /METHOD = ENTER income temp pre_1.
```

11.6 예제 2: GDP 데이터

국가의 경제규모는 다양한 기준 및 요소들로 측정되고 평가되는데 다음의 모형식을 통해 GDP(Gross Domestic Product)로 측정된 경제규모에 영향을 주는 요소를 에너지사용량 및 인구규모로 정의하고 이들의 영향력 정도를 측정해 보도록 하자.

$$GDP = \delta_{10} + \delta_{11} Energy + \delta_{12} Population + \epsilon_1$$

여기서 $Energy$ 는 인당 석유사용량이고 $Population$ 은 전체 인구수이다.

분석에 앞서 위의 모형을 통해 정의된 변수들 간의 관계를 생각해 보자. GDP 는 일정 기간 내에(보통 1년) 한 국가에서 생산된 재화와 용역의 시장 가치를 합한 것을 의미하는 것으로 결국 생산에 필요한 원자재라 할 수 있는 $Energy$ 와 상당한 양의 관련성이 있을 것으로 판단된다. 따라서 다음의 모형을 추가로 정의하도록 한다.

$$Energy = \delta_{20} + \delta_{21} GDP + \delta_{22} UrbPop + \epsilon_2$$

여기서 $UrbPop$ 는 $Energy$ 를 설명하기 위해 추가된 외생변수로 도시거주 인구비율을 나타낸다. 외생변수 이외에 GDP, $Energy$ 와 관련이 높을 것으로 판단되는 도구변수로 인간개발지수(Human Development Index: HDI)를 정의할 수 있는데 인간개발지수는 인간다운 생활수준을 가능하기 위해 개발된 것으로 지난 1990년부터 각국의 평균 수명, 교육수준, 1인당 국민 소득 등 모두 206개 지표를 토대로 작성된 지수이다.

정의된 연립방정식 모형의 모수추정의 가능성 여부를 아래와 같이 정리해 살펴보면 두 모형 모두 $k_i \leq p_i^*$ 와 $k_i^* + p_i^* \geq k - 1$ 을 만족함을 알 수 있다.

모형식	k	p	k_i	k_i^*	p_i	p_i^*
1	2	2	1	0	1	1
2	2	2	1	0	1	1

<표 11.7>의 데이터는 총 121개 관측치로 구성된 데이터의 일부이고 <표 11.8>은 앞서 정의된 연립방정식 모형을 적합하기 위한 SPSS 명령문 이다. 출력결과인 <표 11.9>를 정리해 보면 다음과 같다.

① 모형의 $Adj-R^2$ 값은 각각 0.613과 0.610이다.

② 회귀모형에 대한 유의성 검증의 결과 p 값이 각각 0.000으로 데이터 가 모형에 의해 잘 적합되었다.

③ 추정된 회귀식은

$$\widehat{GDP} = 577.560 + 3.231\ Energy + 0.000\ Population$$
$$\widehat{Energy} = -418.352 + 0.257\ GDP + 10.463\ UrbPop.$$

<표 11.7>
GDP 자료
(일부)

Country	GDP	Energy	Population	UrbPop	HDI
AFG	501	89.56	20,445,010	18.20	0.066
AGO	840	108.11	9,194,000	28.30	0.143
ALB	3,000	681.54	3,250,000	35.80	0.699
ARE	16,753	14203.91	1,589,000	81.00	0.738
ARG	4,295	1308.74	32,322,000	86.10	0.832
AUS	16,051	5160.50	17,065,010	85.50	0.972
AUT	16,504	3288.90	7,712,000	58.40	0.952
BDI	625	20.76	5,492,000	5.30	0.167
BEL	16,381	4841.38	9,967,000	96.30	0.952
BEN	1,043	23.21	4,740,000	38.20	0.113
BFA	618	17.41	9,016,000	15.20	0.080
BGD	1,160	59.73	109,820,000	16.40	0.309
BGR	4,700	3143.12	8,636,000	67.70	0.854
BOL	1,572	258.54	7,171,000	51.00	0.398
BRA	4,718	652.45	149,042,000	75.20	0.730
BTN	800	13.26	1,433,000	5.30	0.150
BWA	3,419	417.38	1,277,000	25.00	0.552
CAF	768	30.25	3,008,000	46.70	0.159
CAN	19,232	7942.84	26,522,000	77.10	0.982
CHE	20,874	3723.33	6,712,000	61.50	0.978
CHL	5,099	822.21	13,173,000	84.60	0.864
CHN	1,990	576.76	1,133,682,944	26.40	0.566
CIV	1,324	127.46	11,980,000	40.40	0.286
CMR	1,646	87.82	11,524,000	40.30	0.310
COG	2,362	124.34	2,276,000	40.50	0.372

출처: goodliffe.byu.edu

<표 11.8>
예제 2:
SPSS 명령문

2SLS

EQUATION = *GDP*

WITH *Energy Population*

/EQUATION = *Energy*

WITH *GDP UrbPop*

/ENDOGENOUS = *GDP Energy*

/INSTRUMENTS = *HDI Population UrbPop*

/CONSTANT .

<표 11.9>
예제 2:
출력결과

Model Summary

Equation 1	Multiple R	.787
	R Square	.620
	Adjusted R Square	.613
	Std. Error of the Estimate	3707.671
Equation 2	Multiple R	.785
	R Square	.617
	Adjusted R Square	.610
	Std. Error of the Estimate	1154.811

ANOVA

		Sum of Squares	df	Mean Square	F	Sig.
Equation 1	Regression	2.641E9	2	1.321E9	96.065	.000
	Residual	1.622E9	118	13746825.673		
	Total	4.263E9	120			
Equation 2	Regression	253033494.192	2	126516747.096	94.869	.000
	Residual	157363470.493	118	1333588.733		
	Total	410396964.685	120			

Coefficients

		Unstandardized Coefficients				
		B	Std. Error	Beta	t	Sig.
Equation 1	(Constant)	577.560	493.921		1.169	.245
	Energy	3.231	.233	1.175	13.853	.000
	Population	1.854E-7	.000	.004	.071	.943
Equation 2	(Constant)	-418.352	272.486		-1.535	.127
	GDP	.257	.050	.707	5.136	.000
	UrbPop	10.463	9.347	.124	1.119	.265

Coefficient Correlations

			Energy	Population	GDP	UrbPop
Equation 1	Correlations	Energy	1.000	.039		
		Population	.039	1.000		
	Covariances	Energy	.054	2.388E-8		
		Population	2.388E-8	6.728E-12		
Equation 2	Correlations	GDP			1.000	-.895
		UrbPop			-.895	1.000
	Covariances	GDP			.003	-.419
		UrbPop			-.419	87.366

11.7 SPSS(PASW) 2단계 최소제곱 명령문 형식

2단계 최소제곱 회귀분석을 위한 전체 명령문의 형식은 <표 11.10>
과 같고 각 명령문의 내용은 다음과 같다. 분석을 위해서는 적어도 하나의
EQUATION 문과 INSTRUMENTS 문이 정의되어야 하며 여기서 **는 디폴
트를 나타낸다.

■ EQUATION 명령문

EQUATION 명령문은 변수들 사이의 관계식을 정의하는 문장으로 분
석을 위해 항상 정의되어야 하며 다음과 같은 형식

반응변수 WITH 설명변수들

로 분석에 사용할 하나의 반응변수와 하나 이상의 설명변수들로 구성된다.
연립방정식을 이루는 여러 개의 모형식 각각을 '/'로 구분해 명령문 내에
정의할 수 있으며 다수의 모형식이 정의되면 각 모형에 대한 분석의 결과
를 제공한다. 이때 EQUATION이라는 명령문의 표시는 생략할 수 있다.

<표 11.10>
2단계
최소제곱
회귀분석
명령문 형식

```
2SLS [EQUATION =] dependent series name
              WITH predictor series names
[/dependent series...]
/INSTRUMENTS = series names
[/ENDOGENOUS = series names]
[/PRINT = COV]
[/SAVE = [PRED][RESID]]
[{/CONSTANT**}]
   {/NOCONSTANT}
[/APPLY [ ='model name']]
```

<표 11.10.1>

```
2SLS EQUATION y WITH x1 x2
       /INSTRUMENTS = x1 lagx2 x3 .
```

<표 11.10.1>은 반응변수 y를 x_1과 x_2의 선형함수로 예측하는데 이때, x_2의 도구변수는 x_1, $lagx_2$, x_3임을 나타낸다.

■ **INSTRUMENTS 명령문**

2SLS의 첫 번째 단계에서 예측하는 데 사용하고자 하는 변수로 포함된 내생변수를 위하여 사용될 도구변수를 정의한다. INSTRUMENTS 문은 적어도 한번은 정의되어야 하고 여러 번 정의될 경우는 그 내용이 누적되어 분석에 사용된다. 가장 주의해야 할 내용은 추정해야 할 회귀식 중에서 모형에 포함되는 설명변수의 최대수보다 도구변수로 정의된 변수의 수가 작거나 같아야 한다는 것이다. 또한 만약에 모형의 설명변수 모두가 도구변수로 정의되었다면 그 결과는 일반적인 선형 회귀분석 결과와 동일하다.

<표 11.10.2>

```
2SLS y1 WITH y2 x1 x2
     / y2 WITH y1 x3 x4
     / INSTRUMENTS = x1 x2 x3 x4 .
```

<표 11.10.2>는 다음의 연립방정식 모형

$$y_1 = \alpha_2 y_2 + \beta_{10} + \beta_1 x_1 + \beta_2 x_2 + \epsilon_1$$

$$y_2 = \alpha_1 y_1 + \beta_{20} + \beta_3 x_3 + \beta_4 x_4 + \epsilon_2$$

를 각각 2SLS 방법을 이용해 분석하는데 각 방정식에서 설명변수로 쓰인 내생변수 — 처음 방정식의 y_2, 두 번째 방정식의 y_1 — 를 단계 1에서 정의된 도구변수인 x_1, x_2, x_3, x_4의 선형함수로 예측하도록 하는 명령문이다.

■ **ENDOGENOUS 명령문**

모형식 정의에 사용된 설명변수 중에서 도구변수로 정의되지 않은 변수는 모두 내생변수로 인식한다. ENDOGENOUS 명령문은 단지 이를 명확히 정의하기 위한 것으로 이 명령문은 회귀계수의 계산에 영향을 주지 않는다. <표 11.10.3>은 연립방정식 모형에서 내생변수가 y, y_1, x_3임을 정의하고 있다.

<표 11.10.3>

```
2SLS y WITH x1 x2 x3
    /INSTRUMENTS = x2 x4 lagy1
    /ENDOGENEOUS = y x1 x3 .
```

■ **CONSTANT와 NOCONSTANT 명령문**

선형 회귀모형에 상수항의 포함 여부를 정의하는 명령문이다. 절편항을 포함할 경우 CONSTANT 문으로, 포함하지 않을 경우 NOCONSTANT 문으로 정의한다. 특별한 지정이 없는 경우에는 절편항을 포함하는 회귀모형이 디폴트이다.

■ **SAVE 명령문**

분석중인 데이터 셋에 2SLS 분석 과정에서 생성되는 반응변수의 추정치와 잔차를 새로운 변수로 저장하기 위해 사용되는 명령문이다. 추정치의 저장을 위해서는 PRED, 잔차의 저장을 위해서는 RESSID를 지정하면 된다. 이때 생성된 새로운 변수 이름으로 추정치는 fit_n, 잔차는 err_n이 주어지는데 여기서 n은 데이터 셋에 이미 존재하는 변수를 관찰해 $fit\_1, fit\_2, \cdots, err\_1, err\_2, \cdots$ 등으로 저장된다.

■ PRINT = COV 명령문

2SLS 분석에 의해 출력될 결과물에는 회귀분석의 일반적인 결과(결정계수, 분산분석표, 회귀계수 추정치) 이외에 추정된 회귀계수들의 상관행렬이 포함되어 있다. 여기에 추정된 회귀계수들의 공분산 행렬을 추가하도록 하는 명령문이다.

■ APPLY 명령문

APPLY 문은 이전에 수행된 2SLS 분석에서 정의된 모형이나 명령문의 형태를 반복적인 입력 없이 본 분석에 그대로 사용함을 지정할 때 사용한다. 만약에 모형의 이름(예를 들어 2SLS1)이 주어져 있다면 그 모형과 동일한 설정 하에서 다른 데이터에 대해 분석하고자 할 경우, APPLY = '2SLS1'이라고만 지정하면 되고 만약 모형의 이름이 지정되지 않고 APPLY 문만이 사용되면 바로 이전에 2SLS 분석에서 사용한 분석의 설정을 사용한다. 이전의 분석과 다르게 추가하고자 하는 부명령어나 모형의 변화는 지금까지의 문법과 동일하게 APPLY 문에 추가해서 지정할 수 있다.

<표 11.10.4>

```
2SLS y1 WITH x1 x2 / x1 WITH y1 x3
    /INSTRUMENT = x2 x3 .
2SLS APPLY
    /INSTRUMENT = x2 x3 lagx1 .
2SLS APPLY .
```

<표 11.10.4>의 첫 번째 2SLS 분석은 내생변수 y_1 과 x_1, 외생변수 x_2 와 x_3, 도구변수 x_2, x_3 로 구성된 두 개의 모형으로 이루어진 연립방정식 모형을 추정하도록 하고 있다. 두 번째 2SLS 분석은 첫 번째 분석의 내생변수, 외생변수와 도구변수 x_2, x_3, $lagx_1$ 으로 분석하도록 하고 있으며 세 번째 2SLS 분석은 두 번째 분석을 다시 한 번 반복하도록 하고 있다.

11.8 연습 문제

Quiz 1.

다음은 A 농작물의 총 10개 시점에 대한 데이터로 각 시점의 A 농작물의 공급량과 단위 가격, 평균 가구소득, 평균 강우량의 총 4개 변수로 구성되어 있다. 주어진 데이터를 적절히 사용하여 공급량이 가격에 영향을 받는지를 분석하시오.

시간	고급량	단위 가격	가구소득	강우량
1	11	20	8.1	42
2	16	18	8.4	58
3	11	22	8.5	35
4	14	21	8.5	46
5	13	27	8.8	41
6	17	26	9.0	56
7	14	25	8.9	48
8	15	27	9.4	50
9	12	30	9.5	39
10	18	28	9.9	52

출처: Kelejian & Oates, 1989.

Quiz 2.

자동차를 생산하는 현대, 대우, 기아 3사의 1989년에서 1995년 동안의 월별 국내 자동차 판매량 자료이다. 각 회사의 판매량에 대한 다음의 연립방정식 모형의 추정 가능성을 판단해 보고 추정이 가능할 경우, 연립방정식 모형을 적합해 보시오. 여기서 현대$_1$, 대우$_1$, 기아$_1$ 은 각 사의 바로 전월의 판매량이다.

$$현대 = \alpha_1 현대_1 + \beta_{10} + \beta_{12} 대우 + \beta_{13} 기아 + \epsilon_1$$
$$대우 = \alpha_2 대우_1 + \beta_{20} + \beta_{21} 현대 + \beta_{23} 기아 + \epsilon_2$$
$$현대 = \alpha_3 기아_1 + \beta_{30} + \beta_{32} 현대 + \beta_{33} 기아 + \epsilon_3$$

회사	월	년						
		1989	1990	1991	1992	1993	1994	1995
현대	1	20986	24624	28361	36347	36061	39926	43210
	2	19885	27145	27505	31186	39989	31165	38874
	3	16588	32601	32623	38051	41717	40728	44361
	4	10801	27404	36373	42773	36647	42139	53437
	5	22594	12211	35868	40813	25028	44852	40897
	6	29128	27149	22497	38486	35242	50488	46902
	7	27673	30421	36423	39975	29404	49505	48298
	8	38898	28495	26602	33056	36793	41299	42058
	9	30758	33137	33148	34782	42225	43495	42671
	10	27317	24982	43588	38720	39126	49749	49785
	11	30518	32051	38772	34287	39597	50908	42739
	12	26103	31332	25706	31022	42767	44055	65513
대우	1	8796	6221	7630	14661	12521	19390	17619
	2	7448	8291	7981	9007	12038	18247	12372
	3	7553	8880	12358	8407	13891	18331	17495
	4	7791	13239	7924	9281	14039	21506	15895
	5	11835	11112	6657	7695	15779	20106	14557
	6	12314	7756	13269	13520	18407	23050	15275
	7	11633	13918	21596	13542	21807	27024	15248
	8	10239	14510	14359	9681	17160	18018	16304
	9	9069	13322	12590	13539	18846	16580	12718
	10	7522	7566	10447	12470	17132	21276	11453
	11	11793	14961	11538	11711	16022	18516	18047
	12	9655	11539	12132	11805	22109	20586	24033
기아	1	5612	7508	11945	18362	15532	14981	22483
	2	6916	9715	14250	15414	19423	16746	18109
	3	7800	12501	16080	17374	21621	20705	22270
	4	4718	12341	17225	19039	24727	21761	19161
	5	3109	14146	16283	18279	26186	18974	19067
	6	8737	12548	12604	18132	27201	20490	18782
	7	10187	14465	5881	17408	25965	16387	21688
	8	9223	9506	15042	13943	21286	18803	22957
	9	9435	12285	16340	14296	25527	23222	24040
	10	9035	9049	20939	21305	21008	20811	23961
	11	9746	12785	20733	24886	15817	21401	25681
	12	8554	15024	20613	27550	23411	24274	37644

12 장

PLS 회귀분석
Partial Least Squares Regression Analysis

다수의 반응변수에 대한 다변량 회귀분석의 한 방법인 PLS 회귀분석을 소개한다. 반복적인 알고리즘을 통해 잠재인자의 점수, 부하 등을 추정하고 이를 통한 회귀모형의 적합 과정을 살펴보고 예제를 통해 결과의 해석 및 예측방법을 살펴보도록 한다.

12.1 서론

예를 들어 측정 가능한 와인의 특성치로부터 와인의 선호도를 예측하고자 할 경우를 생각해 보자. 와인의 전반적인 선호도를 반응변수로 정의하고 선호도에 영향을 줄 수 있다고 판단되는 와인의 특성치인 가격, 당도, 산도와 알코올 도수를 설명변수로 정의하자. 이는 와인의 선호도와 이에 영향을 줄 것으로 예상되는 설명변수가 4개인 전형적인 회귀분석의 문제라고 할 수 있다.

여기서 좀 더 현실적인 상황으로 와인의 선호도를 평가할 수 있는 방법이 다양한 경우를 고려해 보자. 잘 알려진 대로 와인은 함께 하는 음식에 따라 그 어울림에 차이가 있으므로 와인의 선호도를 전반적인 선호도뿐만 아니라 육류와 함께 했을 때의 선호도, 디저트와 함께 했을 때의 선호도로 다양하게 판단해 볼 수 있을 것이다.

<표 12.1>은 5종류의 와인으로 얻은 측정치이다. 이제 와인의 특성치를 통해 선호도를 예측하고자 하는 문제는 반응변수가 3개로 일반적인 회귀분석의 상황을 벗어나게 된다. 3종류의 반응변수에 대해 각각 하나씩을 개별적으로 회귀분석을 수행하거나 다변량 회귀분석을 통해 분석을 수행해 볼 수도 있겠지만 주어진 문제에 대해 다음과 같은 자료의 분석배경을 고려해 보자.

반응변수인 3가지 기준으로 측정된 선호도는 하나의 관측치로부터 측정된 것으로 서로 상관이 높을 것으로 예상된다. 하지만 좀 더 근본적으로는 실제 와인이 가지고 있는 선호도라는, 직접적인 측정은 불가능하나 절대적으로 잠재된 인자들이 내재되어 있다고 하자. 이런 경우 내재된 잠재인자(latent factor)들의 결합으로 나타나는 실측 가능한 3가지 특성에 대한 관측치라고 생각할 수 있다. 이는 설병변수로 정의된 4종류 와인의 특성치 사이에도 존재한다고 충분히 가정할 수 있어 연구자가 정의할 수는 없으나 잠재된 핵심 특성이 있고 이것들의 결합으로 나타난 특성이 실측된 가격, 당도, 산도와 알코올 도수라 가정할 수 있다. 이러한 분석 배경은 다변량 자료 분석에서 주로 가정되는 측정된 변수들 사이에 존재하는 잠재인자에 관한 것과 유사하다.

PLS(Partial Least Squares; 부분최소제곱) 회귀분석은 반응변수와 설명변수의 두 변수집단(block)에 대해 위와 같은 가정 하에서 설명변수를 통해 다수의 반응변수를 동시에 예측하고자 하는 방법이다. 이는 각 변수집단에 있어 소수의 잠재인자에 대한 추출과 두 변수 집단 사이의 인과관계를 추정하는 반복적인 과정으로 이루어진다.

12장에서는 일반적인 Partial Least Squares 방법에 대해 소개하고 두 변수집단 사이의 인과관계에 대한 추가적인 가정 하에 PLS 회귀분석의 정의 및 모형 적합방법에 대해 살펴보도록 하자. PLS 회귀분석의 이해를 돕기 위한 선형대수학 이론이나 유사한 다변량 자료 분석방법과의 비교를 위한 배경지식은 참고 문헌을 참조 바란다(이정문, 2007; 김기영·전명식, 1994).

<표 12.1>
와인 자료

Wine	Dependent Variable			Independent Variable			
	Hedonic	With Meat	With Dessert	Price	Sugar	Alcohol	Acidity
1	14	7	8	7	7	13	7
2	10	7	6	4	3	14	7
3	8	5	5	10	5	12	5
4	2	4	7	16	7	11	3
5	6	2	4	13	3	10	3

출처: http://www.utd.edu/~herve/Abdi-PLSR2007-pretty.pdf

12.2 PLS 소개

PLS(Partial Least Squares, 부분최소제곱)는 이를 이용한 회귀분석 방법으로 1966년 Herman Wold에 의해 계량경제학 분야의 분석방법으로 처음 소개되었다. 특히 계량화학 분야에서 다양하게 적용되고 있어 화학실험 데이터의 분석에서는 표준적인 방법론으로 활용되고 있다. 이외에도 생물정보학, 의학, 약리학, 심리학, 사회학 등 그 활용분야가 매우 광범위하다. 일반적인 PLS는 회귀분석 방법론으로 널리 활용되지만 두 변수집단 간의 인과관계를 다루는 것을 포함해 두 변수집단 사이의 상호상관관계 등을 정의해 분석에 활용할 수 있다.

PLS는 다변량 자료의 분석방법으로 공분산 구조를 바탕으로 두 변수집단들 사이의 관련성을 소수의 내재된 잠재인자를 이용해 모형으로 정의하고, 반복적인 알고리즘을 통해 이를 적합해 가는 과정으로 이루어진다.[1] PLS는 최소제곱 회귀분석, 주성분 회귀분석(Principal Component Regression), 정준상관 분석(CCA, Canonical Correletion Analysis), 구조방정식 모형의 대안으로 특히 설명변수가 심각한 다중공선성 문제를 포함하고 있거나 관측치의 개수가

----

[1] 12장에서는 두 변수집단만을 고려하나 이는 셋 이상의 변수집단들 사이의 관계로 확장 가능하다.

설명변수의 수를 초과할 경우 매우 유용하다. 이러한 특징은 소수의 내재된 잠재인자를 가정해 차원축소와 변수 간의 독립성을 확보하도록 하는 것에 기인한다.

12.2.1 NIPALS 알고리즘

n개의 관측치에 대해 각 N개와 M개의 변수로 구성된 크기$(n \times N)$, $(n \times M)$의 행렬 X, Y에 대해 다음과 같이 정의하자.

$$X = TP' + E \qquad (12.1)$$
$$Y = UQ' + F$$

여기서 크기 $(n \times p)$인 T와 U는 크기 $(n \times 1)$인 p개의 잠재인자 점수 (score) 벡터인 $(t_1, \cdots, t_p)$과 $(u_1, \cdots, u_p)$로 구성된 행렬로 X, Y의 N차원과 M차원을 구성하는 정규직교 행렬로 다음을 만족한다.

$$T'T = I_p, \quad U'U = I_p$$

P와 Q은 N개의 X변수와 M개의 Y변수에 대한 각 p개의 $(t_1, \cdots, t_p)$과 $(u_1, \cdots, u_p)$의 선형결합을 정의하는 각각 크기 $(N \times p)$, $(M \times p)$인 부하(loading) 행렬이고 E와 F는 크기 $(n \times N)$, $(n \times M)$인 잔차 (residual) 행렬이다.

분석에 앞서 정의된 변수 행렬 X, Y에 대해 각 변수의 평균 0, 표준편차 1로 표준화한다. 여기서 μ_X, μ_Y와 Σ_X, Σ_Y는 X와 Y의 각 변수에 대한 평균 벡터와 표준편차를 대각 원소로 하는 대각행렬(diagonal matrix)이다.

$$X := (X - \mu_X) \Sigma_X^{-1}, \quad Y := (Y - \mu_Y) \Sigma_Y^{-1}$$

PLS에서는 행렬 X, Y의 선형결합인 점수(score) 벡터 $t = Xw$, $u = Yc$를 구성하며 다음을 만족하는 w, c를 찾는다.

$$[cov(t, u)]^2 = [cov(Xw, Yc)]^2 \qquad (12.2)$$
$$= \max_{\|r\| = \|s\| = 1} [cov(Xr, Ys)]^2$$

여기서 $cov(\boldsymbol{t}, \boldsymbol{u}) = \boldsymbol{t'u} / n$는 표준화된 두 벡터 사이의 표본 공분산을 나타낸다. 따라서 식 (12.1)에서 정의한 잠재인자의 점수벡터인 $\boldsymbol{t}$, $\boldsymbol{u}$는 두 변수 집단인 행렬 $\boldsymbol{X}$, $\boldsymbol{Y}$의 선형결합 중 그들의 공분산이 최대가 되도록 선택되어진다. 즉 내재된 잠재인자 사이의 공분산의 최대화를 통해 행렬 $\boldsymbol{X}$, $\boldsymbol{Y}$의 관계를 정의하고자 하는 것이다. 일반적으로 PLS에서는 먼저 다음과 같은 NIPALS(NonLinear PArtial Least Squares) 알고리즘을 반복해 가중치(weight) 벡터인 $\boldsymbol{w}$와 $\boldsymbol{c}$를 찾는다.

[단계 0] 크기 $(n \times 1)$인 임의의 $\boldsymbol{u}$를 정의한다.

[단계 1] $\boldsymbol{X}$를 $\boldsymbol{u}$에 회귀하여 크기 $(N \times 1)$인 $\boldsymbol{w}$를 정의한다.
$$\boldsymbol{w} = \boldsymbol{X'u} / (\boldsymbol{u'u})$$

[단계 2] $\boldsymbol{w}$의 크기가 1인 단위벡터로 변환한다.
$$\boldsymbol{w} := \boldsymbol{w} / \|\boldsymbol{w}\|$$

[단계 3] $\boldsymbol{t} = \boldsymbol{Xw}$ (크기 $(N \times 1)$)

[단계 4] $\boldsymbol{Y}$를 $\boldsymbol{t}$에 회귀하여 크기 $(M \times 1)$인 $\boldsymbol{c}$를 정의한다.
$$\boldsymbol{c} = \boldsymbol{Y't} / (\boldsymbol{t't})$$

[단계 5] $\boldsymbol{c}$의 크기가 1인 단위벡터로 변환한다.
$$\boldsymbol{c} := \boldsymbol{c} / \|\boldsymbol{c}\|$$

[단계 6] $\boldsymbol{u} = \boldsymbol{Yc}$ (크기 $(N \times 1)$)

[단계 7] [단계 1]과 [단계 6]의 $\boldsymbol{u}$가 차이가 거의 없을 때까지 [단계 1]에서 [단계 6]을 반복한다.

$M = 1$인 경우, $\boldsymbol{Y} = \boldsymbol{y}$이므로 $\boldsymbol{c} = 1$이 되고 결국 NIPALS 알고리즘은 단 한 번의 반복으로 수렴되며
$$\boldsymbol{w} = \boldsymbol{X'u} / (\boldsymbol{u'u}) = \boldsymbol{X'y} / \|\boldsymbol{X'y}\|$$
임을 알 수 있다. <그림 12.1>은 상수를 제외하고 사영(projection) 및 회귀(regression)의 반복으로 구성되어 있는 NIPALS 알고리즘의 각 단계의 벡터와

행렬의 관계를 나타낸 것이다. 이러한 특징으로 PLS는 잠재구조사영 (Projection to Latent Structure) 방법이라고도 한다.

$$p = X't \,/\, t't \quad \xleftarrow{X'} \quad t \qquad \qquad u \quad \xrightarrow{Y'} \quad q = Y'u \,/\, u'u$$

식 (12.2)는 $r'r = 1$, $s's = 1$의 제약조건 하에서 $cov(Xr, Ys)$을 최대화 하는 r과 s를 찾는 문제이므로 최적화 함수를

$$h(r, s, \lambda_1, \lambda_2) = r'X'\,Ys - \lambda_1(r'r - 1) - \lambda_2(s's - 1)$$

과 같이 정의할 수 있고 이를 r과 s로 편미분하여 0_N과 0_M으로 놓으면 얻게 되는 방정식

$$X'Ys - 2\lambda_1 r = 0_N \quad Y'Xr - 2\lambda_1 s = 0_M$$

에 대해 s를 소거하면

$$X'Y\,Y'X\,r = 4\,\lambda_1\lambda_2\,r \tag{12.3}$$

이 되므로 크기 $(N \times N)$의 $X'Y\,Y'X$의 고유벡터가 r의 해가 된다(허명회·이용구·이성근, 2007). 즉 $X'Y\,Y'X$의 제1 고유벡터가 w가 되고 [단계 3]~[단계 6]을 통해 t, c, u를 구할 수 있다. 식 (12.1)의 정의에 따라 크기 $(N \times 1)$, $(M \times 1)$인 부하(loading) 벡터인 p, q는

$$p = X'\,t \,/\, (t'\,t), \quad q = Y'\,u \,/\, (u'\,u) \tag{12.4}$$

를 통해 얻을 수 있다.

12.2.2 PLS의 종류

앞서 살펴보았듯이 한번의 NIPALS 알고리즘의 적용을 통해 제1 잠재인자에 대한 추정치를 얻게 된다. 이후 제2, 제3의 잠재인자에 대한 추정치를 얻기 위해 원 자료 행렬인 X, Y에 대해 제1 잠재인자를 차감한(deflated) 나머지 자료 행렬을 활용해 제2 잠재인자를 추정할 수 있는데 차감의 방법에 따라 다양한 종류의 PLS가 존재한다. X, Y의 상호 대칭적인(symmetric) 관련성인 상관관계를 모형화하는 PLS Mode A 방법과 X, Y의 비대칭적인 (asymmetric) 관련성인 설명 변수집단 X와 반응 변수집단 Y의 인과관계를 회귀모형화하는 PLS1/PLS2 방법 등이 있다.

■ PLS Mode A

자료 행렬 X, Y에 대해 각 잠재인자의 점수 벡터와 부하 벡터를 이용해 차감한다.

$$X := X - t\,p' \quad Y := Y - u\,q'$$

이는 두 변수집단 X, Y의 상호 대칭적인 관련성을 모형화하는 것으로 정준상관 분석과 상당히 유사하나 정준상관 분석은

$$\max_{\|r\| = \|s\| = 1} \left[\, corr(X\,r, Y\,s)\,\right]^2$$

을 만족하는 r과 s를 찾는 것이 목적이라면 PLS는 식 (12.2)와 같이

$$\max_{\|r\| = \|s\| = 1} \left[\, cov(X\,r, Y\,s)\,\right]^2$$
$$= \max_{\|r\| = \|s\| = 1} var(X\,r) \left[\, corr(X\,r, Y\,s)\,\right]^2 var(Y\,s)$$

인 r과 s를 찾는 것을 목적으로 한다는 것에 차이가 있다.

■ PLS1/PLS2

설명 변수집단 X(절편항 없음)와 반응 변수집단 Y의 인과관계를 모형화하는 PLS1, PLS2 방법은 Y에 속한 변수의 수에 따라 $M = 1$ 일 경우 PLS1 방법, $M > 1$ 일 경우 PLS2 방법이라 한다. PLS2는 인과관계를 모형

화함에 따라 아래의 추가적인 가정이 필요하다.

(1) 점수벡터 $\{t_i\}_{i=1}^{p}$ 는 반응 변수집단 Y의 의미 있는 설명변수이다.

(2) 점수행렬 T와 U 사이에 다음의 내재된 선형관계가 존재한다.

$$U = TD + H \tag{12.5}$$

여기서 D는 크기 $(p \times p)$의 대각(diagonal) 행렬이고

H는 크기 $(n \times p)$의 잔차 행렬

차감된 설명 변수집단 X와 반응 변수집단 Y는 다음과 같다.

$$X := X - tp' \quad Y := Y - tt'Y/(t't) = Y - tc'$$

이외에도 식 (12.3)을 이용하여 고유벡터를 한 번에 추출하는 PLS–SB 방법과 차감된 행렬을 이용하지 않고 원 자료행렬을 통해 제2, 제3의 잠재인자를 추출하는 SIMPLS 방법 등이 있으며 이에 대한 자세한 내용은 참고문헌을 참조하기 바란다(Rosipal and Krämer, 2006).

12.3 PLS 회귀분석

식 (12.5)의 관계식을 통해 식 (12.1)의 Y는

$$Y = UQ' + F = TDQ' + (HQ' + F) = TC' + F^*$$

과 같이 표현될 수 있다. 추가로

$$T'T = I, \ C = Y'T, \ T = XW(P'W)^{-1}$$

임을 고려하면 설명 변수집단 X를 통한 반응 변수집단 Y의 회귀식은

$$Y = XB + F^*, \ \text{여기서} \ B = W(P'W)^{-1}C'$$

가 되고 따라서 반응 변수집단 Y의 추정치는 $\widehat{Y} = XB$와 같다.

PLS1/PLS2 방법인 PLS 회귀분석에서 구분을 위해 편의상 X와 Y를 X_1과 Y_1이라 하고 제1 잠재인자 t_1 추출 후의 차감 행렬은

$$X_1 - t_1 p_1' = X_1 - t_1 \cdot X_1' t_1 / (t_1' t_1) \Rightarrow X_2$$
$$Y_1 - t_1 c_1' = Y_1 - t_1 \cdot Y_1' t_1 / (t_1' t_1) \Rightarrow Y_2$$

으로 다시 제2 잠재인자 추출을 위해 위의 차감된 두 행렬을 대상으로 NIPALS 알고리즘을 적용한다. 총 p 개의 잠재인자 중 추출된 d 개의 잠재인자 점수 $t_1, \cdots, t_d$를 통한 X와 Y의 추정치는 다음과 같다.

$$\widehat{X} = t_1 \cdot X_1' t_1 / (t_1' t_1) + \cdots + t_d \cdot X_d' t_d / (t_d' t_d)$$
$$\widehat{Y} = t_1 \cdot Y_1' t_1 / (t_1' t_1) + \cdots + t_d \cdot Y_d' t_d / (t_d' t_d)$$

여기서 $\widehat{Y}$은 잠재인자 점수 $t_1, \cdots, t_d$에 대한 선형결합이나 $t_1, \cdots, t_d$를 결정하는 데 있어 Y뿐만 아니라 X도 고려되어 $\widehat{Y}$ 은 Y의 선형결합으로 표현할 수 없다.

일반 회귀분석의 확장의 개념으로 PLS 회귀분석에 있어 주어진 자료의 모집단에 대해 선형 관련성 등 유사한 가정을 한다. 그러나 앞서 살펴보았듯이 $\widehat{Y}$ 은 Y만의 선형변환으로 표현되지 않아 $\widehat{Y}$ 의 분포를 찾아내기

힘들고 이로 인해 PLS 회귀분석의 통계적 유의성에 대한 모수적 검증은 매우 어렵다. PLS 회귀분석의 유의성을 검증하는 방법으로는 붓스트랩(bootstrap)이나 잭나이프(jackknife)와 같은 재표집(resampling)을 이용한 방법들이 소개되어 있다.

PLS 회귀분석을 통한 결과를 평가하는 방법으로는 먼저 잠재인자 점수 $t_1, \cdots, t_d$를 통한 X와 Y의 분산의 설명정도가 있다. 자료의 분산의 설명정도는 정보의 양으로 해석되므로 d개의 잠재요인을 통해 X와 Y의 정보량이 어느 정도 설명되었는가를 살펴볼 필요가 있다. k번째 잠재인자 점수 벡터인 $t_k (1 \leq k \leq d)$를 통해 추정된 X와 Y의 분산은

$$SS_k(\boldsymbol{X}) = (\boldsymbol{t}_{(k)}{}' \boldsymbol{t}_{(k)}) \cdot \mathrm{Trace}(\boldsymbol{p}_{(k)} \boldsymbol{p}_{(k)}{}') = (\boldsymbol{t}_{(k)}{}' \boldsymbol{t}_{(k)}) \cdot (\boldsymbol{p}_{(k)}{}' \boldsymbol{p}_{(k)})$$

$$SS_k(\boldsymbol{Y}) = (\boldsymbol{t}_{(k)}{}' \boldsymbol{t}_{(k)}) \cdot \mathrm{Trace}(\boldsymbol{c}_{(k)} \boldsymbol{c}_{(k)}{}') = (\boldsymbol{t}_{(k)}{}' \boldsymbol{t}_{(k)}) \cdot (\boldsymbol{c}_{(k)}{}' \boldsymbol{c}_{(k)})$$

으로 t_k의 분산 설명정도는 다음과 같다.

$$\mathrm{VarProp}_k(\boldsymbol{X}) = \frac{SS_k(\boldsymbol{X})}{\mathrm{Trace}(\boldsymbol{X}'\boldsymbol{X})}$$

$$\mathrm{VarProp}_k(\boldsymbol{Y}) = \frac{SS_k(\boldsymbol{Y})}{\mathrm{Trace}(\boldsymbol{Y}'\boldsymbol{Y})}$$

따라서 $t_1, \cdots, t_k$를 통한 누적된 분산 설명 정도는

$$\mathrm{CumVarProp}_k(\boldsymbol{X}) = \sum_{i=1}^{k} \mathrm{VarProp}_i(\boldsymbol{X})$$

$$\mathrm{CumVarProp}_k(\boldsymbol{Y}) = \sum_{i=1}^{k} \mathrm{VarProp}_i(\boldsymbol{Y})$$

이다. 분산 설명정도 및 누적된 분산 설명정도는 모두 0에서 1 사이의 값을 갖게 되므로 이를 통해 충분한 잠재인자가 추출되었는지를 판단해 볼 수 있다. $\mathrm{CumVarProp}_k$는 반응변수의 전체 변동 중 모형을 통해 정의된 변동으로 결정계수 R^2과 같다.

N개의 설명변수의 중요도는 잠재요인의 점수 벡터인 $t_1, \cdots, t_d$의 구성에 있어 각 변수의 기여도를 관찰해 판단해 볼 수 있다. 이는 결국 NIPALS 알고리즘에서 $t_1, \cdots, t_d$를 구성하는 N개의 설명변수의 선형결합

가중치인 $w_1, \cdots, w_d$ 와 관련되며 PLS 회귀분석에서는 다음과 같은 VIP(Variable Importance in the Projection) 값을 관찰해 잠재요인의 구성에 있어 각 설명변수의 중요도를 판단한다. VIP_{ik} 는 $t_1, \cdots, t_j$ 의 구성에 있어 i 번째 설명변수의 누적 중요도로 가중치 벡터 $W^* = W(P'\,W)^{-1}$ 의 (i, j) 번째 원소인 w_{ij}^* 를 이용해 다음과 같이 정의한다.

$$\text{VIP}_{ik} = \sqrt{\frac{N \sum_{j=1}^{k} w_{ij}^{*\,2} \cdot SS_j(Y)}{\sum_{j=1}^{k} SS_j(Y)}} \ , \ 1 \le i \le N , \ 1 \le k \le d$$

VIP_{ik} 는 0 이상의 값으로 값이 클수록 i 번째 설명변수가 $t_1, \cdots, t_j$ 의 결정에 있어 중요한 역할을 하고 있음을 나타낸다.

PLS 회귀분석에서 식 (12.1)의 모형으로 인한 각 변수들의 잔차는 e_i 와 f_i 를 통해

$$\text{DModX}_i = \sqrt{\frac{N}{N-d-1} e_i{'} e_i}$$

$$\text{DModY}_i = \sqrt{\frac{N}{N-d-1} f_i{'} f_i}$$

로 계산되며 반응 변수집단 Y 에 대한 예측 정확도의 의미를 가진 PRESS 값은 다음과 같이 계산된다.

$$\text{PRESS} = \sum_{i=1}^{d} \text{DModY}_i^2$$

추출이 필요한 잠재요인의 수 d 를 결정하는 방법을 생각해 보자. NIPALS 알고리즘은 주어진 자료를 기준으로 모형을 최적화하는 방법으로 과적합 현상이 쉽게 나타난다. 따라서 자료를 구분해 훈련용 자료(training set)와 시험 자료(test set)로 구성하고 다양한 d 에 대한 훈련용 자료를 바탕으로 PLS 회귀모형을 적합하고 그 결과를 시험 자료에 적용해 반응 변수집단 Y 에 대한 예측 정확도를 기준으로 적절한 d 를 선택할 수 있다. 이러한 방법을 교차검토(cross-validation) 방법이라 하며 주어진 자료의 구분방법에 따

라 다양한 방법이 존재하며 적용을 위해서는 충분한 관측치가 필요하다.

PLS 회귀분석에서 분석 전에 모든 변수는 평균 0, 표준편차 1이 되도록 표준화한다. 따라서 분석에 사용된 X와 Y는 사전에 표준화 변환을 적용한 것이므로 실제 추정치, 모형의 잔차, 회귀계수 등은 다음과 같은 역변환을 통해 실제 데이터와 위치와 척도를 일치시킨다.

$$\hat{X} := \hat{X}\,\Sigma_X + \mu_X \ , \ B := \Sigma_X^{-1} B \Sigma_Y \tag{12.6}$$

$$\hat{Y} := \hat{Y}\,\Sigma_Y + \mu_Y = X B + (\mu_Y - \mu_X B) = X B + B_0$$

$$E := E\Sigma_X , \ F := F\Sigma_Y = (Y - X B)\,\Sigma_Y$$

12.4 와인 데이터의 PLS 회귀분석

<표 12.1>의 와인 데이터에 대해 SPSS의 회귀분석 모듈을 이용해 PLS 회귀분석을 실행하고 결과를 해석해 보자. PLS 회귀분석을 위해서는 추가적으로 Python Extension 모듈을 인스톨해야 한다. 인스톨을 위한 프로그램은 http://www.spss.com/devcentral을 통해 다운받을 수 있다.

PLS 회귀분석에서 다루는 변수의 측정수준으로 설명변수와 반응변수 모두 연속형 및 범주형(순서형, 명목형) 데이터가 허용된다. 순서형, 명목형의 범주형 데이터는 동일하게 처리된다. 주어진 변수의 측정수준을 변경하는 방법은 다음과 같고 방법 (3)은 PLS 회귀분석을 위해서만 임시로 변수의 측정수준을 변경하는 것으로 분석 데이터의 측정수준은 변경되지 않는다.

(1) <그림 12.2>와 같이 SPSS Statistics Data Editor 윈도우의 Variable View 탭을 선택하고 Measure 열의 값의 변화를 통한 변경

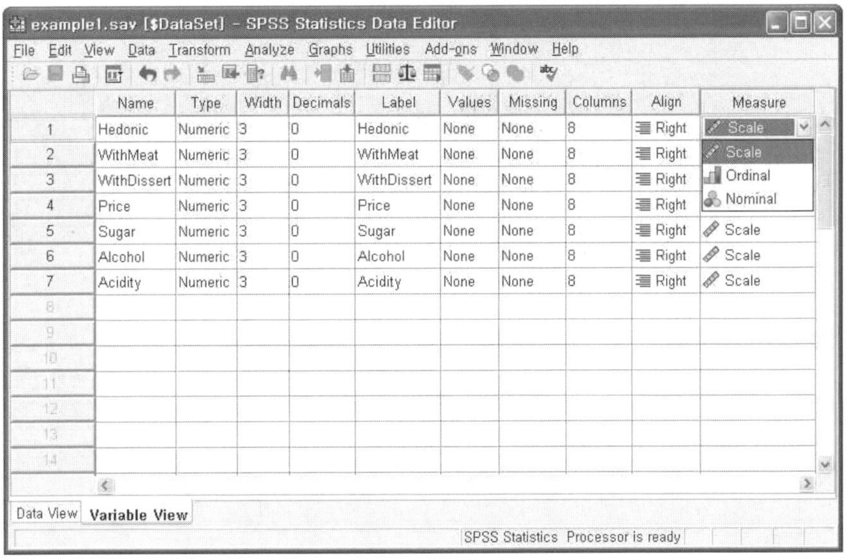

<그림 12.2>
변수의
측정수준
변경 1

(2) <u>Analyze</u> → <u>Regression</u> → <u>Partial Least Squares...</u>를 선택하면 팝업되는 <그림 12.3>의 창에서 [Define Variable Properties...] 버튼을 선택해 나타나는 <그림 12.4>의 Define Variables Properties 창을 통한 변경

(3) <그림 12.5>와 같이 Partial Least Squares Regression 윈도우의 Variables 탭의 우측 Variables: 상자 내의 변수를 오른쪽 마우스 클릭하면 나타나는 빠른 명령문의 하단의 내용을 통한 변경

<그림 12.3>
PLS 회귀분석
팝업 창

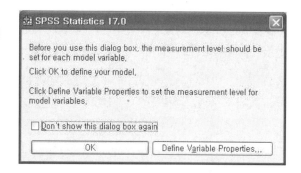

<그림 12.4>
변수의
측정수준
변경 2

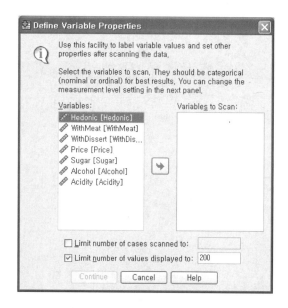

<그림 12.5>
변수의
측정수준
변경 3

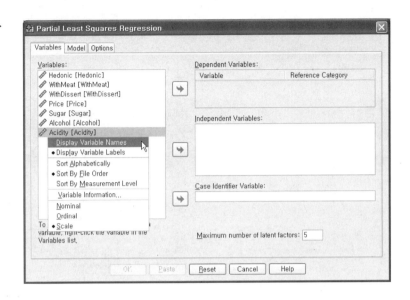

범주형 변수는 가변수(dummy variable)화 되어 분석에 사용된다. 즉, c 개의 수준을 가진 범주형 변수는 c 개의 가변수로 생성되는데 알파벳순으로 첫 수준부터 c 개 수준에 대한 가변수는 $(1,0,0,\cdots,0)$, $(0,1,0,\cdots,0)$,$\cdots$, $(0,\cdots,0,1)$로 변환되어 분석에 이용된다. 그러나 실제 분석에는 3장에서 이미 살펴보았듯이 기준이 되는 참조 수준을 정의하고 관련 가변수를 분석에서 제외하는데 PLS 회귀분석에는 범주형 설명변수일 경우, 최소 수준을 참조 수준(디폴트)으로 정의하고 범주형 종속변수일 경우는 분석자가 최소 수준과 최대 수준 중 원하는 참조 수준을 정의할 수 있다. 이는 <그림 12.6>과 같이 Partial Least Squares Regression 윈도우의 Dependent Variables: 상자내의 Reference Category를 통해 가능하다.

PLS 회귀분석을 위해서는 Partial Least Squares Regression 윈도우의 Variables 탭에 Dependent Variables: 상자 내에 하나 이상의 반응변수와 Independent Variables: 상자 내에 하나 이상의 설명변수를 정의해야 한다. 각 관측치에 고유하게 주어진 식별자 변수는 Case Identifier Variables:에 지정한다. Maximum number of latent factors:는 추출할 잠재인자의 상한을 정의하는 것으로 디폴트는 5이다.

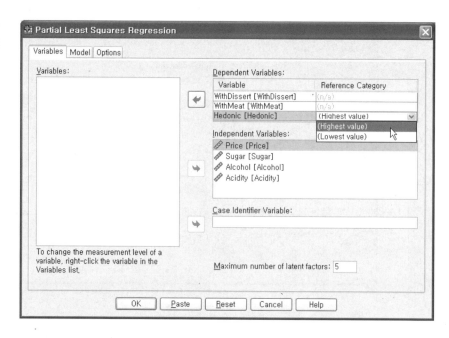

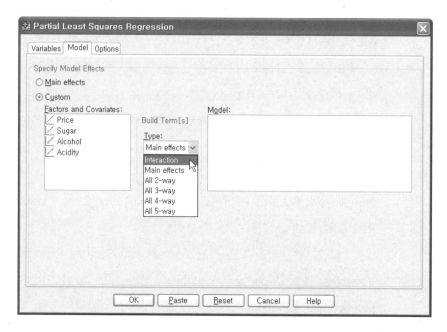

설명변수가 모형에 미치는 효과의 형태에 대해 고려해 보자. 단일 설
명변수 x 의 변화가 모형에 주는 효과는 회귀계수 β 에 비례하며 이를 설명
변수 x 의 주효과(main effect)라 한다. 둘 이상의 설명변수가 모형에 미치는

효과는 상호작용 효과라 하고 두 변수에 의해 정의되는 경우는 2차 상호작용 효과(2-way interaction), 세 변수에 의해 정의되는 경우는 3차 상호작용 효과(3-way interaction)라 한다. 설명변수의 상호작용 효과를 포함해 모형을 정의하는 경우는 회귀분석보다 대부분의 설명변수가 범주형인 분산분석에서 더 일반적이다.

모형 내 설명변수 효과의 정의는 <그림 12.7>의 **Partial Least Squares Regression** 윈도우의 **Model** 탭을 이용한다. **Specify Model Effects** 상자는 **Variables** 탭에서 정의된 설명변수의 효과를 정의할 수 있는데 디폴트는 **Main effects**로 각 변수의 주효과만을 포함하도록 하는 것이다. 상호작용 효과를 포함하기 위해서는 **Custom**을 선택하면 활성화되는 **Build Term[s]**를 이용한다. 오른쪽의 **Factors and Covariates:** 상자에 나열되어 있는 설명변수를 복수 선택해 **Type**의 **Interaction**을 선택하고 ➡을 선택해 왼쪽 **Model:** 상자로 이동한다(PLS 회귀분석에서는 설명변수의 측정수준에 따라 범주형일 경우는 요인(Factor), 연속형일 경우는 공변량(Covariate)이라 구분한다). **Type**의 **All 2-way**는 정의된 설명변수를 통해 정의 가능한 2차 상호작용을 모두 모형에 포함하는 것으로 <표 12.6>과 설명변수가 4개인 경우는 총 $6 (= {}_4C_2)$개의 2차 상호작용이 모형에 포함된다. **Type**의 **Interaction**, **Main effects**, **All 2-Way**, **All 3-Way**, **All 4-Way**, **All 5-Way**를 이용해 원하는 설명변수의 효과를 선택해 회귀모형을 구성한다.

모든 변수가 연속형으로 정의된 와인 데이터에 대해 설명변수의 주효과만을 모형에 포함하고 하단의 OK 버튼을 클릭해서 PLS 회귀분석을 실행해 보자. SPSS PLS 회귀분석에서 제공하는 출력결과는 <표 12.2>와 같이 잠재인자에 의한 각 설명변수의 분산 설명정도(Proportion of Variance Explained), 설명변수의 회귀계수 추정치(Parameters), 설명변수 중요도(Variable Importance in the Projection), 잠재인자 가중치(weight), 잠재인자 부하(loading)값들이 디폴트로 출력된다.

<표 12.2>
와인 데이터:
PLS 회귀분석
출력결과

Proportion of Variance Explained

Latent Factors	Statistics				
	X Variance	Cumulative X Variance	Y Variance	Cumulative Y Variance (R-square)	Adjusted R-square
1	.705	.705	.633	.633	.511
2	.279	.983	.221	.854	.708
3	.017	1.000	.104	.958	.833

Parameters

Independent Variables	Dependent Variables		
	Hedonic	WithMeat	WithDissert
(Constant)	48.500	-8.917	-3.854
Price	-1.000	-.033	.042
Sugar	.750	.275	.594
Alcohol	-4.000	1.000	.500
Acidity	2.750	.175	.094

Variable Importance in the Projection

Variables	Latent Factors		
	1	2	3
Price	1.027	.917	.901
Sugar	.402	1.054	.998
Alcohol	1.141	.991	1.077
Acidity	1.217	1.051	1.033

Cumulative Variable Importance

Weights

Variables	Latent Factors		
	1	2	3
Price	-.514	.239	-.375
Sugar	.201	.979	.129
Alcohol	.570	.129	-.808
Acidity	.608	.075	.438
Hedonic	.510	-.040	2.104
WithMeat	.588	.207	-.475
WithDissert	.308	.741	-.283

Loadings

Variables	Latent Factors		
	1	2	3
Price	-.568	.324	-.349
Sugar	.014	.946	.161
Alcohol	.593	-.013	-.821
Acidity	.603	-.026	.422
Hedonic	.589	-.132	.961
WithMeat	.655	.244	-.217
WithDissert	.494	.964	-.181

<표 12.2>의 결과를 살펴보자. 총 3개의 잠재인자가 추출되었으며 각 잠재인자를 통한 설명변수의 분산 설명정도(Cumulative X Variance)는 3개의

잠재인자를 통해 4개의 설명변수의 분산이 모두 설명되었음을 알 수 있다. 설명변수와 반응변수의 분산 설명정도는 어느 한쪽이 많거나 혹은 비슷할 수 있는데 모형이 잘 적합된 경우는 두 변수집단의 분산 설명정도가 모두 많아야 한다. 반응변수의 분산 설명정도(Cumulative Y Variance) 즉 결정계수 R^2(R-square)는 0.958로 설명력이 상당히 높음을 알 수 있다. 결정계수 R^2을 수정한 수정 결정계수 R^2(Adjusted R-square)는 아래와 같다. 설명변수의 분산 설명정도가 제1, 제2, 제3 잠재요인 순서임을 확인해 보자.

$$1 - (1 - R^2)\frac{n-1}{n-d-1}$$

설명변수의 반응변수에 대한 회귀계수 추정치는 NIPALS 알고리즘을 통해 얻은 결과를 식 (12.6)과 같이 원 척도로의 역변환을 적용한 회귀계수 값이다. 이를 통해 설명변수와 반응변수 사이의 인과관계의 방향성을 살펴볼 수 있는데 전반적인 선호도($Hedonic$)는 당도($Sugar$)와 산도($Acidity$)가 높을수록 증가하고 가격($Price$)과 알코올($Alcohol$)이 증가할수록 감소함을 알 수 있다. 와인을 통해 관측된 설명변수 값을 통해 반응변수인 와인의 3종류 선호도를 추정해 볼 수 있다. 예를 들어 설명변수($Price$, $Sugar$, $Alcohol$, $Acidity$)가 (10, 7, 10, 7)인 와인의 3가지 추정 선호도($Hedonic$, $WithMeat$, $WithDissert$)는 아래와 같고 전반적인 선호도가 상당히 높은 와인으로 추정할 수 있다.

$$\widehat{\boldsymbol{Y}} = \boldsymbol{X}\boldsymbol{B} + \boldsymbol{B}_0 = \begin{pmatrix} 10 \\ 7 \\ 10 \\ 7 \end{pmatrix}^t \begin{pmatrix} -1.000 & -0.330 & 0.042 \\ 0.750 & 0.275 & 0.594 \\ -4.000 & 1.000 & 0.500 \\ 2.750 & 0.175 & 0.094 \end{pmatrix} + \begin{pmatrix} 48.500 \\ -8.917 \\ -3.854 \end{pmatrix}^t$$

$$= \begin{pmatrix} 23.0 & 3.9 & 6.4 \end{pmatrix}$$

설명변수의 중요도(Variable Importance in the Projection)를 통해 각 잠재인자를 결정할 때 상대적으로 중요한 역할을 하는 설명변수를 살펴볼 수 있는데 이를 통해 모형에서 의미 없는 설명변수를 선별할 수 있다. 마지막 잠재인자에 대한 VIP 값이 0.8 미만이고 모든 회귀계수의 절대값이 매우 작아 0에 가까울 경우는 잠재인자 추출이나 인과관계를 추정하는데 의미 없는 설명변수로 제거가 가능하다는 경험적 기준이 있다(Wold, 1994). <표 12.2>를 보면 제거할 필요가 있는 설명변수는 없는 것으로 판단된다.

잠재인자 가중치(Weights)와 부하(Loadings)값은 잠재인자의 구성에 있어 설명변수의 기여도를 나타내는 것으로 가중치는 설명변수 X와 반응변수 Y의 잠재인자 점수인 U와의 상관계수를 나타내는 것이고 부하값은 잠재인자 T의 공간에서 각 설명변수 벡터의 좌표를 나타내는 것이다. 일반적으로 가중치와 부하값은 상당히 유사한데, 이 경우 다변량 자료 분석방법인 요인분석(Factor Analysis)의 결과 해석방법을 응용해 볼 수 있다. <표 12.2>의 가중치의 출력결과를 보면 제2 잠재요인은 설명변수 당도($Sugar$)와 양의 상관이 매우 높고(0.979) 제3 잠재요인은 알코올 도수($Alcohol$)와 음의 상관이 높다(-0.808).

PLS 회귀분석은 <표 12.2>와 같이 디폴트로 출력되는 것 이외에도 잠재인자 점수, 추정치, 잔차 등 많은 출력결과를 SPSS 데이터 셋에 저장할 수 있다. <그림 12.8>의 **Options** 탭은 PLS 회귀분석의 결과를 SPSS 데이터 셋으로 저장하고 시각화된 결과의 출력을 정의할 수 있다. <그림 12.8>에서 아래의 3가지 종류의 출력결과 중 원하는 출력결과를 선택하고 **Dataset name:**에 SPSS 데이터 셋의 이름을 입력한다.

<그림 12.8>
Options 탭:
PLS 회귀분석
출력결과 저장

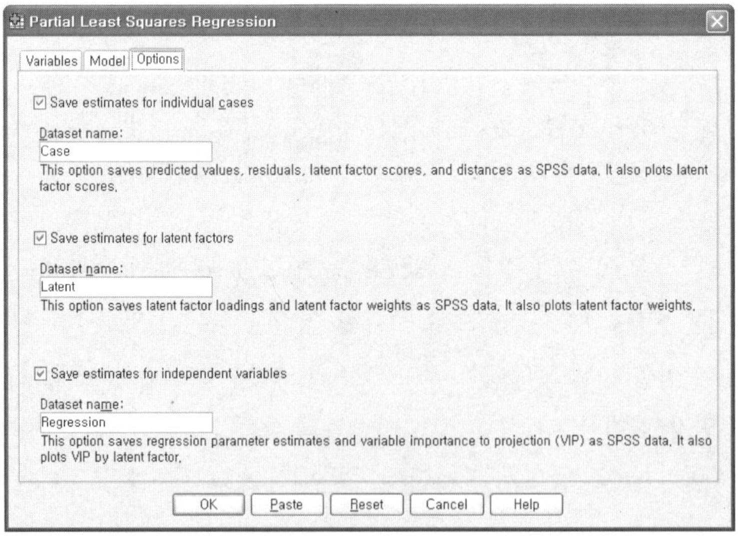

- Save estimates for individual cases: 변수값, 분석에 사용된 변수, 변수의 예측치 및 잔차, 설명변수와 반응변수의 점수(score) 및 오차(분석에 사용된 변수는 범주형 변수가 포함된 경우, 가변수로 변환된 변수들 포함)
- Save estimates for latent factors: 잠재인자의 부하 및 가중치
- Save estimates for independent variables: 각 설명변수의 회귀계수 및 설명변수 중요도

Options 탭에 출력결과의 저장을 설정하면 관련된 결과가 시각화되어 출력된다. <그림 12.9>는 **Save estimates for independent variables**를 선택한 경우 VIP값을 막대도표(Bar Chart)로 시각화하여 나타낸 출력결과이다. 이를 통해 잠재요인에 대한 상대적인 누적 중요도를 비교할 수 있다. <그림 12.10>은 **Save estimates for individual cases**를 선택한 경우 출력되는 잠재인자 점수의 산점도 행렬로 (설명변수, 반응변수)와 (설명변수, 설명변수)의 두 종류이다. <그림 12.11>은 **Save estimates for latent factors**를 선택한 경우 출력되는 첫 3개의 잠재인자에 대한 가중치를 좌표로 나타낸 설명변수 벡터이다.

<그림 12.9>
PLS 회귀분석
출력결과:
VIP값의 Bar
Char

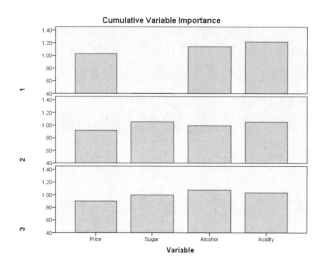

<그림 12.10>
PLS 회귀분석
출력결과:
잠재인자
점수의 산점도

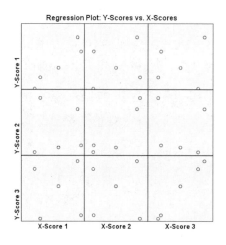

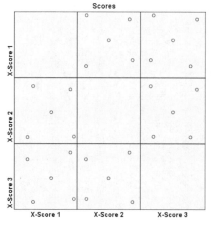

<그림 12.11>
PLS 회귀분석
출력결과:
설명변수의
가중치

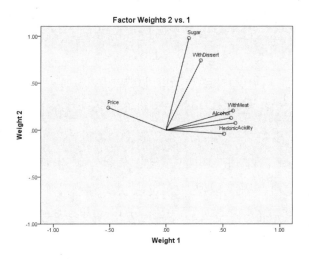

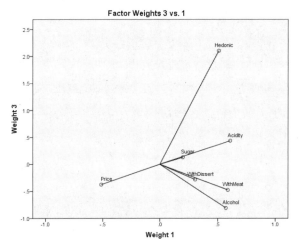

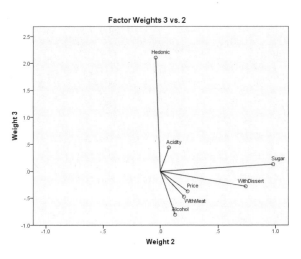

12.5 PLS 회귀분석을 이용한 판별분석

판별분석은 다변량 자료 분석방법으로 주어진 판별변수를 결합해 관측치가 어느 집단에 소속되어 있는지 판별할 수 있는 함수를 구하고 이를 통해 관측치를 분류하는 것을 목적으로 한다. 판별분석을 다변량 자료의 차원축소 문제로 해석해 보면 판별변수를 결합해 각 관측치가 집단별로 잘 구분되도록 하는 새로운 변수를 찾는 것으로 해석해 볼 수 있다. 따라서 이를 PLS 회귀분석의 문제로 정리해 보면 판별분석은 반응변수가 관측치의 소속을 나타내는 하나의 반응변수이고 나머지 설명변수를 통해 앞서 정의한 새로운 변수를 찾는 것이라 할 수 있다. 예제를 통해 이를 확인해 보자.

<표 12.3>은 판별분석의 예제로 피셔(Fisher)의 붓꽃(Iris) 데이터의 일부이다. 붓꽃의 꽃받침 조각의 길이와 폭($Sepal\,Length$, $Sepal\,Width$), 꽃잎의 길이와 폭($Petal\,Length$, $Petal\,Width$)과 3가지 품종구분($Species$)의 150개 관측치로 구성되어 있다.

<표 12.3>
Fisher의
Iris 데이터

관측치	Sepal Length	Sepal Width	Petal Length	Petal Width	Species
1	50	33	14	2	1
2	64	28	56	22	3
3	65	28	46	15	2
4	67	31	56	24	3
5	63	28	51	15	3
6	46	34	14	3	1
7	69	31	51	23	3
8	62	22	45	15	2
9	59	32	48	18	2
10	46	36	10	2	1
⋮	⋮	⋮	⋮	⋮	⋮
150	53	37	15	2	1

<그림 12.12>
PLS
회귀분석:
Fisher의
Iris 데이터

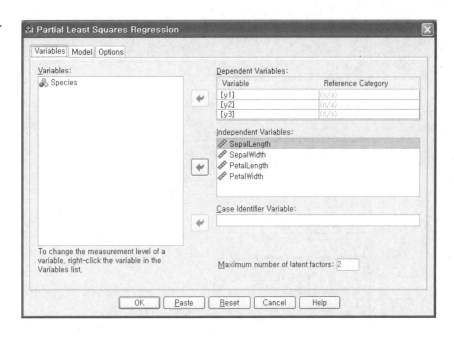

판별분석의 적용의 편의를 위해 3가지 품종구분(*Species*)을 구분하는 가변수를 생성해 분석의 반응변수로 활용한다. 즉 범주형 변수인 품종구분의 수준에 따라 y_1, y_2, y_3 변수를 생성한다. <그림 12.12>와 같이 설명변수와 반응변수를 설정하고 **Maximum number of latent factors:**를 2로 입력하고 출력된 결과를 저장하기 위해 **Options** 탭의 **Save estimates for individual cases**를 선택한 후 원하는 데이터 셋 이름을 입력하자. ⸢ OK ⸥ 버튼을 클릭해 나타나는 결과가 <표 12.4>와 같다. 2개의 잠재인자를 통해 설명된 분산은 설명변수의 경우 95.7%이고 반응변수의 경우 55.7%이며 PLS 회귀모형의 수정된 결정계수 값은 55.1%임을 알 수 있다. VIP 값을 살펴보면 모두 0.8 이상으로 4개의 설명변수 모두 잠재인자의 추정에 기여하였다고 판단할 수 있다. 제1 잠재인자의 가중치(weights)를 보면 4개의 설명변수가 절대값이 크게 다르지 않아 제1 잠재인자의 구성에 있어 비슷한 중요도를 가지고 있다고 할 수 있고 값의 음양에 따라 변수 꽃받침 조각의 폭(*Sepal Width*)만이 제1 잠재인자와 음의 상관임을 알 수 있다. 반면 제2 잠재인자의 가중치(Weights)를 보면 꽃받침 조각의 폭(*Sepal Width*)이 구성에 있어 가장 중요도가 높고 음의 상관임을 알 수 있다.

<표 12.4>
Iris 데이터:
PLS 회귀분석
출력결과

Proportion of Variance Explained

Latent Factors	Statistics				
	X Variance	Cumulative X Variance	Y Variance	Cumulative Y Variance (R-square)	Adjusted R-square
1	.729	.729	.471	.471	.468
2	.228	.957	.086	.557	.551

Parameters

Independent Variables	Dependent Variables		
	y1	y2	y3
(Constant)	.391	1.966	-1.358
SepalLength	-.012	-.003	.015
SepalWidth	.038	-.049	.011
PetalLength	-.008	.002	.007
PetalWidth	-.017	-.002	.018

Variable Importance in the Projection

Variables	Latent Factors	
	1	2
SepalLength	.943	.890
SepalWidth	.629	.939
PetalLength	1.172	1.078
PetalWidth	1.158	1.079

Cumulative Variable Importance

Weights

Variables	Latent Factors	
	1	2
SepalLength	.471	-.258
SepalWidth	-.315	-.940
PetalLength	.586	-.018
PetalWidth	.579	-.224
y1	-.544	-.189
y2	.128	.440
y3	.417	-.251

Loadings

Variables	Latent Factors	
	1	2
SepalLength	.513	-.391
SepalWidth	-.286	-.926
PetalLength	.581	-.063
PetalWidth	.565	-.122
y1	-.781	-.248
y2	.183	.805
y3	.598	-.556

<그림 12.13>은 결과를 데이터 셋에 저장하는 옵션을 선택한 경우, 출력결과로 제공되는 잠재인자 점수값에 대한 산점도이다. 잠재인자 점수에 의해 구분이 상당히 명확한 것을 알 수 있다. 이에 대한 확인을 위해 원 반응변수인 품종구분($Species$)의 수준에 따라 표시방법을 구분한 것이 <그림 12.14>이다. 세 가지 품종의 데이터가 추출된 잠재인자 점수에 의해 명확히 구분되는 것을 볼 수 있어 이를 판별분석에 충분히 활용 가능함을 알 수 있다.

예를 들어 설명변수($Sepal\,Length$, $Sepal\,Width$, $Petal\,Length$, $Petal\,Width$)가 다음과 같은 3개의 Iris 관측치에 대해 y_1, y_2, y_3의 추정치를 구해 보자.

$$X = \begin{pmatrix} 50 & 34 & 15 & 2 \\ 59 & 28 & 42 & 13 \\ 66 & 30 & 56 & 20 \end{pmatrix}$$

각 관측치에 대한 반응변수의 추정치는 다음과 같이 얻을 수 있다.

$$\widehat{Y} = X\,B + B_0$$

$$= X \begin{pmatrix} -0.012 & 0.038 & -0.008 & -0.017 \\ -0.003 & -0.049 & -0.002 & -0.002 \\ 0.015 & 0.011 & 0.007 & 0.018 \end{pmatrix} + \begin{pmatrix} 0.39 \\ 1.97 \\ -1.36 \end{pmatrix}^t$$

$$= \begin{pmatrix} 0.923 & 0.165 & -0.088 \\ 0.175 & 0.465 & 0.361 \\ -0.070 & 0.356 & 0.710 \end{pmatrix}$$

여기서 반응변수가 각 품종을 대표하는 가변수이므로 각 관측치는 가장 큰 추정값을 갖는 품종으로 분류된다. 즉 첫 번째 관측치는 각 가변수에 대한 추정치가 $\widehat{Y} = (0.923\ 0.165\ -0.088)$ 이므로 첫 번째 품종으로 분류되며 두 번째, 세 번째 관측치도 순서대로 2와 3 품종이라 분류할 수 있다. 위와 같은 방법으로 판별분석에 대해 PLS 회귀분석을 활용할 수 있다.

<그림 12.13>
Iris 데이터
PLS 회귀분석
출력결과:
잠재인자 점수
산점도 1

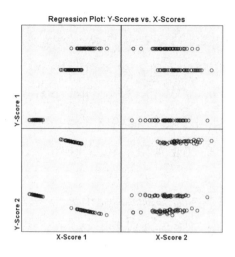

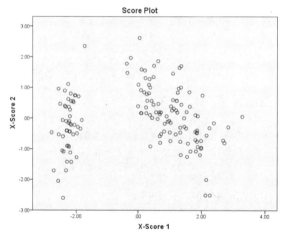

<그림 12.14>
Iris 데이터
PLS 회귀분석
출력결과:
잠재인자 점수
산점도 2

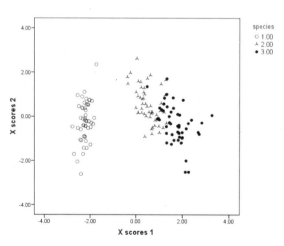

PLS 방법은 주어진 데이터를 분석목적에 부합하도록 정의된 잠재인자가 구성하는 저차원의 경제적인 공간에 사영하는 방법이다. 이를 통해 변수 간에 내재되어 있는 관련성을 중요한 소수의 변수를 통해 추출해 분석할 수 있어 유의하지 않은 변수들을 선별해 제거 가능하다. 이는 고비용의 실험설계에 있어 내재되어 있는 변수의 효과를 고려해 실험비용을 줄여주는 방법으로도 활용된다.

PLS의 장점으로는 복수의 반응변수에 대한 모형화가 가능하고 설명변수의 다중공선성 문제에서 자유로우며 관측치 수가 변수 수보다 작은 경우에도 적용 가능하며 자료의 모분포(population distribution)에 무관하다. 또 다른 장점 중의 하나는 추출된 소수의 잠재인자를 통해 데이터를 시각화할 수 있다는 것이다. 시각화된 점수 및 부하값들을 통해 변수들 사이에 존재하는 관련성을 관찰하는 등 자료의 구조에 대한 이해를 높이고 이상치(outlier) 등을 탐색할 수 있다.

반면 PLS의 단점은 잠재인자의 추정에 두 변수집단 모두 관련이 있으므로 가중치, 부하값 등 결과해석이 어려워 모형의 인과관계에 대한 해석보다는 정확한 추정치 산출을 목표로 한다. 모형에 대한 유의성 검증 통계량이 존재하지 않으며 반복적인 알고리즘을 통해 결과를 추정하므로 주어진 자료에 과적합 문제가 있을 수 있다. 따라서 일반적인 PLS 방법은 데이터 크기가 클 경우는 훈련자료(training data)를 통한 결과를 시험자료(test data)에 적용해 보는 교차타당성(cross-validation)의 확인과정이 필요하다. 교차타당성을 통한 확인 방법은 잠재인자 수를 결정하는 과정에도 적용되며 자세한 내용은 참고 문헌을 참조 바란다.

PLS 회귀분석 방법도 다양한 확장이 가능하데 그중 비선형 PLS 회귀는 아래와 같이 비선형 회귀함수 $g(\ )$를 가정하거나

$$u = g(t) + h = g(X, w) + h$$

사영(Projection)에 있어 비선형 사영을 고려하는 방법 등이 있다.

12.6 SPSS(PASW) PLS 회귀 명령문 형식

PLS 회귀분석을 위한 전체 명령문의 형식은 <표 12.5>와 같고 각 명령문의 내용은 다음과 같다. 분석을 위해서는 키워드인 PLS와 적어도 하나 이상의 종속변수와 독립변수가 정의되어야 하며 나머지 부명령문들은 선택적으로 사용이 가능하고 여기서 **는 디폴트를 나타낸다.

■ PLS 명령문

종속변수와 독립변수를 정의하는 명령문으로 설명변수의 측정수준에 따라 다음과 같은 형식

반응변수 BY 범주형 설명변수들 WITH 연속형 설명변수들

으로 정의한다. 반응변수의 측정수준은 MLEVEL 옵션을 통해 연속형(S), 순서형(O), 명목형(N)으로 정의할 수 있으며 생략될 경우는 주어진 데이터에 근거해 반응변수의 측정수준을 자동으로 정의한다.

<표 12.5>
PLS
회귀분석
명령문 형식

```
PLS dependent variables [MLEVEL = {N}][PREFERENCE = {FIRST}]
                                   {O}                {LAST**}
                                   {S}                {value}
    [dependent variable...]
    [BY factor list] [WITH covariate list]
[/ID VARIABLE = variable]
[/MODEL effect [...effect]]
[/OUTDATASET [CASES = SPSS dataset]
              [LATENTFACTORS = SPSS dataset]
              [PREDICTORS = SPSS dataset]]
[/CRITERIA LATENTFACTORS = {5**  }]
                          {integer}
```

범주형 반응변수의 경우, 참조 수준은 범주수준 중 특정한 값으로 정의하거나 최소값, 최대값(디폴트)으로 정의한다.

<표 12.5.1>

PLS y MLEVEL = N REFERENCE = 5 BY $x1$ WITH $x2$.

<표 12.5.1>의 첫번째 명령문은 명목형 반응변수 y(참조수준 = 5)와 범주형 설명변수 x_1과 연속형 설명변수 x_2의 PLS 회귀분석을 정의하고 있다.

■ ID 명령문

PLS 회귀분석의 결과를 SPSS 데이터 셋으로 저장할 경우 각 관측치에 고유하게 주어진 식별자 변수를 정의한다.

■ MODEL 명령문

설명변수의 모형 내의 효과를 정의하는 명령문으로 정의하지 않을 경우는 정의된 설명변수의 주효과만이 포함된다. 상호작용 효과를 모형에 포함하고자 한다면 "*"를 이용해 정의할 수 있다. <표 12.5.2>는 연속형 반응변수 y와 범주형 설명변수 x_1, x_2의 주효과 및 상호작용 효과를 모형에 포함한 PLS 회귀분석의 명령문이다. 연속형 설명변수 간의 상호작용 효과 및 연속형과 범주형 설명변수 사이의 상호작용 효과도 모형에 포함 가능하다.

<표 12.5.2>

PLS y [S] BY $x1$ $x2$ $x1*x2$.

■ **OUTDATASET 명령문**

PLS 회귀분석의 결과를 저장할 SPSS 데이터 셋을 정의하고 각 시각화된 결과를 출력하도록 하는 명령문이다.

CASES 문은 각 관측치에 대한 분석에 사용된 변수값, 각 변수의 예측치 및 잔차, 설명변수와 반응변수의 점수(score) 및 오차 등을 저장할 SPSS 데이터 셋을 정의하는 명령문으로 저장되는 데이터의 관측치 수는 분석에 사용된 관측치 수와 일치한다. CASES 문을 정의하면 추가적으로 설명변수와 반응변수의 점수(score) 값들의 산점도 행렬이 출력된다.

LATENTFACTORS 문은 적합된 잠재인자에 대한 각 변수의 가중치 및 부하값을 저장할 SPSS 데이터 셋을 정의하는 명령문으로 저장되는 데이터의 관측치 수는 분석에 사용된 반응변수와 설명변수의 개수와 일치한다(단, 범주형 변수가 포함되었을 경우에는 생성되는 가변수 수와 관련이 있다). LATENTFACTORS 문을 정의하면 추가적으로 적합된 두 잠재인자를 구성하는 설명변수와 반응변수의 가중치들에 대한 산점도가 출력되는데 최대로 처음 3개의 가중치에 대한 산점도가 출력된다.

PREDICTORS 문은 각 설명변수의 회귀계수 및 설명변수 중요도(VIP) 등을 저장할 SPSS 데이터 셋을 정의하는 명령문으로 저장되는 데이터의 관측치 수는 분석에 사용된 설명변수 개수+1과 일치한다(단, 범주형 설명변수가 포함되었을 경우에는 생성되는 가변수 수와 관련이 있다). PREDICTORS 문을 정의하면 추가적으로 각 잠재인자를 구성하는 설명변수의 VIP값에 대한 막대그림이 출력된다.

■ **CRITERIA 명령문**

추출할 최대 잠재인자의 수를 설정하는 명령문으로 디폴트는 5이며 원하는 양의 정수를 정의할 수 있다.

12.7 연습 문제

Quiz 1.

　다음은 코코아 분말의 제조에 있어 원료의 최적 조합배율을 알아보기 위한 실험 데이터이다. 8가지 실험은 순수한 코코아 분말, 설탕, 탈지우유 분말의 구성비와 일정량의 뜨거운 물에 녹였을 때 나타난 우유빛깔 정도와 점성으로 구분되어 있다. 반응변수는 심사원단이 5가지 품질기준에 대해 0~15점으로 평가한 결과의 평균값이다. 실험 5a, 5b는 심사원단의 측정 신뢰도를 알아보기 위해 동일한 실험기준이 적용되었다. PLS 회귀분석을 통해 코코아 분말의 최적의 조합배율을 추정하시오.

	Design Variable and Physical Properties				
실험	Cocoa	Sugar	Milk	MilkColor	Viscosity
1	20.0	30.0	50.0	44.9	18.6
2	20.0	43.3	36.7	42.8	18.0
3	20.0	50.0	30.0	41.6	17.8
4	26.7	30.0	43.3	42.4	20.6
5a	26.7	36.7	36.7	41.0	19.7
5b	26.7	36.7	36.7	41.0	19.7
6	33.3	36.7	30.0	39.1	21.3
7	40.0	30.0	30.0	38.3	22.6
	Sensory Variable				
실험	Darkness	Odour	Texture	MilkTaste	SweetTaste
1	1.7	6.1	8.6	6.9	8.5
2	3.2	6.3	9.1	5.2	9.8
3	4.8	7.1	8.6	4.6	10.5
4	4.9	7.6	6.0	3.3	6.7
5a	7.2	8.3	6.1	2.9	7.0
5b	6.9	7.7	6.7	2.6	7.0
6	10.6	10.2	4.5	1.5	5.5
7	11.1	11.3	3.4	0.9	3.9

출처: https://dev.scicraft.org/svn/scicraft-ng/test-workflows/exercise8.pdf

Quiz 2.

　　밀도(Density)가 다른 28개의 폴리에틸렌 수지를 근적외선(Near-Infra, NIR) 분광기(Spectroscopy)로 268개 스펙트럼별 빛의 흡수도를 측정한 분석화학 실험 데이터이다. PLS 회귀분석을 통해 268개 스펙트럼을 통한 폴리에틸렌 수지의 밀도에 대한 산출식을 추정하시오.

실험	Y	X1	X2	...	X268
1	100.00	3.0663	3.0861		0.29443
2	80.22	3.0675	3.0857		0.30041
3	79.49	3.0750	3.0966		0.32474
4	60.8	3.0828	3.0973		0.30947
5	59.97	3.1029	3.1034		0.31049
6	60.48	3.0815	3.0849		0.31093
7	40.10	3.1272	3.1372		0.35123
8	40.00	3.1064	3.1280		0.32554
9	41.22	3.1948	3.1762		0.36278
10	41.16	3.1021	3.0702		0.33105
11	20.53	3.0746	3.0711		0.31783
12	20.35	3.0976	3.0879		0.32126
13	20.33	3.1277	3.0977		0.32528
14	20.61	3.0918	3.0466		0.32418
15	20.76	3.0511	2.9492	...	0.34539
16	0.00	3.1290	3.1229		0.32069
17	0.00	3.0964	3.0869		0.33836
18	0.00	3.0885	3.0449		0.32905
19	0.00	3.0388	2.9640		0.32942
20	0.00	3.0002	2.8613		0.32610
21	0.00	2.8733	2.6803		0.34945
22	51.04	3.1227	3.1267		0.33476
23	50.32	3.0931	3.1020		0.31868
24	32.14	3.1460	3.1486		0.34312
25	34.69	3.1611	3.1491		0.33852
26	30.30	3.0997	3.0839		0.32097
27	20.45	3.1084	3.0853		0.33172
28	20.06	3.1547	3.1125		0.35568

출처: NIP 데이터, R의 PLS Library, http:₩www.r-project.org

13 장

최적 회귀분석
Regression Analysis with Optimal Scaling

이번 장에서는 반응변수가 범주형이면서도 앞에서 설명한 로지스틱 회귀모형이나 프로빗 모형 등으로 적합이 되지 않는 경우 적용할 수 있는 최적변환에 의한 모형적합 방법을 설명한다. 아울러 회귀모형에서 설명변수들 간의 상관관계가 매우 높은 경우나 추정해야 할 모수의 개수보다 관측치 개수가 더 작은 경우 정규화(regularization)에 의해 편의추정량이지만 안정적인 추정치를 제공하는 방법들을 간략히 살펴보도록 한다. 정규화에 의해 해를 추정하는 방법은 버전 17.0부터 새롭게 포함된 내용이다. 이들 분석방법은 SPSS 알고리즘 CATREG의 이름을 빌려와서 범주형 회귀분석이라고 부르기도 하지만 엄밀하게 말하면 데이터의 모든 측정척도를 고려한 것이므로 최적 회귀분석이라고 부르기로 하겠다.

13.1 최적 회귀분석이란?

종속변수와 설명변수가 모두 수치형(numerical type)인 경우 1장에서 다룬 다음과 같은 단순 회귀모형을 고려해 보자.

$$y_i = \beta_0 + \beta_1 x_i + \epsilon_i, \qquad \epsilon_i \sim N(0, \sigma^2) \tag{13.1}$$

우리가 보통 이해하고 있는 선형 회귀모형은 위와 같은 회귀모형에 대해 절편과 기울기를 추정하여 종속변수의 값을 예측한다.

그런데 만약 종속변수나 설명변수가 모두 순서형이나 명목형일 경우에는 어떻게 적합시킬 수 있을까? 우선, 순서형 데이터나 명목형 데이터를 그냥 놔둔 채로 위와 같은 방법을 적용시킬 수는 없을 것이다. 오차에 대한 가정이 충족되지 않을 것이 분명하기 때문이다.

그 하나의 해결책은 이 장에서 소개하려는 교대최소제곱법(alternating least squares)을 이용하여 최적척도화(optimal scaling)를 수행하는 것이다. 최적 회귀분석은 이와 같은 반복 알고리즘을 이용하여 결과적으로는 변환된 변수들의 최적화된 선형 회귀식을 구할 수 있게 한다.

좀 더 포괄적인 설명을 하면 다음과 같다. 예를 들어 (13.1)의 단순 회귀모형의 경우, 종속변수 Y에 대한 변환을 $\theta(Y)$라고 하자. 그리고 설명변수 X에 대한 변환을 $\psi(X)$라고 하자. 단순 회귀모형 (13.1)에 대한 적절한 변환 θ, ψ와 이에 따른 기울기 β는 오차의 제곱합을 최소화하여

$$\min \mathrm{SSQ}\left(\theta(\mathrm{Y}) - \beta\psi(\mathrm{X})\right)$$

로부터 구하게 된다. 여기서 $SSQ(\cdot)$는 원소의 제곱합을 나타내며 변환변수에 대해서는 표준화 제약을 둔다. 물론 여기서 각 변수들에 대한 변환은 변수들의 측정척도를 고려한 적절한 변환방법을 적용하게 된다.

이제 p개의 설명변수로 확장시켜보자. 즉, 설명변수 $X_1, X_2, \cdots, X_p$를 고려하고 이들의 변환을 각각

$$\psi_1(X_1), \psi_2(X_2), \cdots, \psi_p(X_p)$$

로 표기하면 표준화 제약 아래 최적 회귀분석의 목적은

$$\min \mathrm{SSQ}\left(\theta(\mathrm{Y}) - \sum_{\mathrm{i}=1}^{\mathrm{p}} \beta_\mathrm{i}\,\psi_\mathrm{i}(\mathrm{X}_\mathrm{i})\right)$$

을 수행하는 것이다. 즉 변환자료

$$\theta(Y), \psi_1(X_1), \cdots, \psi_p(X_p)$$

에 최소제곱회귀를 하는 것이고 오차제곱합이 가장 작게 되는 변환을 반복 계산을 거쳐 찾는 것이다. 그리고 이로부터 구하게 되는 회귀계수들은 이미 변환변수들이 표준화되어 있으므로 변환자료의 선형 회귀에서의 표준화 베타계수이기도 하다.

그렇다면 어떻게 범주형 데이터를 잘 적합시킬 수 있을까? 여기서 모형 (13.1)로 돌아가 잠깐 '평활함수'와 '매듭'에 대해서 살펴보기로 하자. 이에 대한 이해는 SPSS 메뉴에 나와 있는 옵션을 이해하는 데 도움이 될 것이다.

우리가 통상적으로 알고 있는 선형 회귀모형에서 기대값은 다음과 같이 나타낼 수 있다.

$$f(x) = E(y \mid x)$$

이를 이용하면 회귀모형은

$$y_i = f(x_i) + \epsilon_i, \ \ E(\epsilon_i) = 0$$

로 표현된다. 이때 함수 f를 추정이 필요한 평활(smooth) 함수라고 하고 이를 비모수회귀(nonparametric regression)라고 한다.

단순 회귀모형 (13.1)에서 회귀계수를 추정하기 위해서는 다음의 계획행렬을 이용한다.

$$\boldsymbol{X} = \begin{pmatrix} 1 & x_1 \\ 1 & x_2 \\ \vdots & \vdots \\ 1 & x_n \end{pmatrix}$$

만약 회귀모형이 다음과 같이 2차 모형을 고려할 경우,

$$y_i = \beta_0 + \beta_1 x_i + \beta_2 x_i^2 + \epsilon_i \tag{13.2}$$

필요한 계획행렬은 다음과 같이 3개의 기저(basis)로 구성된다.

$$\boldsymbol{X} = \begin{pmatrix} 1 & x_1 & x_1^2 \\ 1 & x_2 & x_2^2 \\ \vdots & \vdots & \vdots \\ 1 & x_n & x_n^2 \end{pmatrix}$$

만약 데이터가 <그림 13.1>과 같이 3가지 선분을 중심으로 흩어져 있다고 생각해 보자. 이때 최적의 적합 모형은 3가지 기울기를 가지고 있는 선분들을 결합시키는 것이 될 것이다.

<그림 13.1>
3가지
기울기로
형성된
데이터의 적합

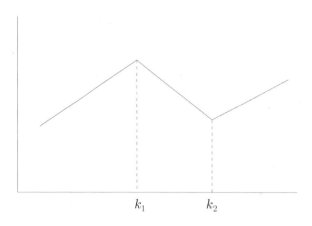

기울기가 바뀌게 되는 지점을 <그림 13.1>에서와 같이 k_1, k_2로 표현하면

$$y_i = \beta_0 + \beta_1 x_i + \beta_{11}(x_i - k_1)_+ + \beta_{12}(x_i - k_2)_+ + \epsilon_i \qquad (13.3)$$

와 같이 표현된다. $(x_i - k_j)_+$는 만약 $x_i < k_j$이면 0이다. 이때 필요한 계획 행렬은

$$\boldsymbol{X} = \begin{pmatrix} 1 & x_1 & (x_1 - k_1)_+ & (x_1 - k_2)_+ \\ 1 & x_2 & (x_2 - k_1)_+ & (x_2 - k_2)_+ \\ \vdots & \vdots & \vdots & \vdots \\ 1 & x_n & (x_n - k_1)_+ & (x_n - k_2)_+ \end{pmatrix}$$

이다. 여기서 k_i를 보통 매듭(knot)이라 부르고 $(x - k_i)_+$를 선형평활(기저)함수라 부른다. 그리고 여러 개의 선형스플라인(기저)함수들이 선형적으로 결합된 것을 'piecewise linear function(구분적 선형 함수)'이라 부르며 이것을 스플라인(spline)이라고 한다. 따라서 통상적으로 스플라인 함수(spline function)는

$$f(x) = \beta_0 + \beta_1 x + \sum_{j=1}^{K} \beta_k (x - k_j)_+$$

와 같이 표현된다. 2차 스플라인의 기저들은

$$1, x, x^2, (x-k_1)_+^2, \cdots, (x-k_K)_+^2$$

이며, p차 스플라인의 기저들은

$$1, x, x^2, \cdots, x^p, (x-k_1)_+^p, \cdots, (x-k_K)_+^p$$

이다.

이와 같은 접근에 있어서 문제는 매듭의 수를 몇 개로 정하느냐이다. 매듭의 수가 많을수록 모형의 개수도 많아지기 때문이다. 만약 매듭의 수가 K개이면 가능한 모형의 개수는 2^K개나 된다. 스플라인에서 매듭 선택의 문제를 피할 수 있는 기본적인 방법은 스플라인을 평활시키는 것이다.

예를 들어, 구간 [a, b]에서 2차 편미분이 연속인 f의 모든 함수들을 고려하여 손실함수 (13.4)의 잔차제곱합을 최소화시키는 것은 $x_1, \cdots, x_n$을 매듭으로 한 3차 스플라인(cubic splines)이다.

$$RSS(f, \lambda) = \sum_{i=1}^{n} (y_i - f(x_i))^2 + \lambda \int_a^b f''(x)^2 dx \qquad (13.4)$$

여기서 λ는 평활모수(smoothness parameter)이다. 이 모수에 곱해져 있는 적분항을 'penalty'라고 하는데 결국 편의(bias)와 분산(variance)을 번갈아 다루게되는 것이다.

다시 정리하면 최적 회귀분석은 교대최소제곱법(alternating least squares)[1]

---

[1] n차원의 실수 공간의 부분집합인 X와 Y에 대하여 X⊗Y를 정의역으로 하는 함수 f(x,y)를 최소화시키는 해를 찾는 문제를 생각해 보자. 이를 계산하는 방법은 함수 f를 x와 y에 대해서 각각 편미분 한 후 0으로 놓고 연립방정식을 풀면 된다. 그런데 반복알고리즘을 적용하면 임의의 초기값을 x(0)로 놓은 후

> y(0) ← Y에서 f(x(0), y)를 최소화시키는 값
> x(1) ← X에서 f(x, y(0))를 최소화시키는 값
> y(1) ← Y에서 f(x(1), y)를 최소화시키는 값
> ⋯

과 같이 반복하여 x와 y값이 더 이상 변화가 없을 때까지 교대로 반복하여 해를 찾게 된다. 교대최소제곱법은 이와 같은 방법을 최소제곱 손실함수에 적용한 것이라 할 수 있다.

을 이용하여 최적척도화(optimal scaling)를 수행하는 것으로 결과적으로 변환된 변수들에 대한 최적화된 선형 또는 비선형 회귀모형에 적합시키게 된다.[2] 물론 변수들은 명목형이나 순서형, 수치형 등 혼합된 척도화 수준이 주어질 수 있으며 변수들에 대한 분포 가정은 필요하지 않다.

SPSS의 최적 회귀분석에서는 한 개의 종속변수와 여러 개의 설명변수들을 선언하게 되는데 분석에서 선언할 수 있는 최적척도화 수준은 다음과 같다.[3]

- **스플라인 순서형(spline ordinal type)**: 디폴트로 관측된 변수의 범주의 순서성이 최적 척도화된 변수에서도 유지된다. 따라서 범주들은 원점을 통과하는 직선 위에 놓이게 된다. 결과적으로 변환은 디폴트로 적용되는 차수(degree)를 지닌 'monotonic piecewise polynomial(단조 구분적 다항식)'의 평활이다. 디폴트로 적용되는 모형의 차수와 매듭의 개수는 2이다. 내부매듭의 개수가 많아지고 차수가 증가할수록 당연히 매우 복잡한 함수로 적합되는 것을 의미한다.

- **스플라인 명목형(spline nominal type)**: 범주들이 순서성을 지니지 않은 것으로 취급된다. 따라서 같은 범주에 있는 개체들은 같은 수량화값을 가지게 된다.

- **순서형(ordinal type)**: 범주들은 순서성을 지닌 것으로 다루어지며 관측된 변수가 가지는 범주의 순서성은 변환된 자료에서도 유지된다. 변환 결과 스플라인 순서형보다는 잘 적합되지만 덜 평활된다.

- **명목형(nominal type)**: 범주들은 역시 순서성을 지니지 않은 것으로 취급된다. 변환된 결과는 스플라인 명목형보다는 더 잘 적합되지만 역시 마찬가지로 덜 평활된다.

- **수치형(numerical type)**: 수치형 변수로 취급한다.

---

[2] 최적척도화란 자료의 측정특성을 존중하되 관측과 자료 분석모형과의 관계가 최대화되도록 관측범주에 수치를 부여하는 자료 분석기법을 가리킨다. 그리고 교대최소제곱법을 이용한 최적척도화란 최소제곱법에 의한 모형추정(최적적합) 단계와 자료 최적척도화 단계를 교대로 반복하는 알고리즘을 말한다(허명회, 1994).

[3] 허명회(1994)에서 측정수준별 최적척도화 과정에 대해 쉽게 설명하고 있다.

이제 좀 더 구체적으로 최적 회귀분석이 어떻게 적합되는지 이해하기 위해 간단한 예를 생각해 보자. 7명의 사람들이 3개의 범주를 가지는 반응변수와 4개의 범주를 가지는 설명변수에 응답한 결과가 다음과 같다고 하자. 이들 데이터 행렬을 H로 표기하자.

Y	X
1	1
1	4
2	3
2	2
3	2
3	3
2	1

위와 같이 우리가 통상적으로 보게 되는 데이터는 아래와 같이 각 범주별로 해당되면 1, 그렇지 않으면 0으로 나타낼 수 있다.

Y			X			
1	2	3	1	2	3	4
1	0	0	1	0	0	0
1	0	0	0	0	0	1
0	1	0	0	0	1	0
0	1	0	0	1	0	0
0	0	1	0	1	0	0
0	0	1	0	0	1	0
0	1	0	1	0	0	0

이를 일반화하여 설명변수와 반응변수를 통틀어 m개라 하고 j번째 변수에 대해 $(j=1,2,\cdots,m)$ k_j는 j번째 변수의 범주 개수로 표기하자. 위 예에서는 $k_1=3, k_2=4$이다. 그리고 G_j는 응답자가 n명일 경우 j번째 변수를 나타내는 $n \times k_j$ 크기의 지표행렬이라고 하자. 위 예제에서 G_1과 G_2는 각각 다음과 같이 해당 범주에 응답했으면 1, 그렇지 않으면 0으로 코딩된 지표행렬로 표현된다.

$$\boldsymbol{G}_1 = \begin{pmatrix} 1\,0\,0 \\ 1\,0\,0 \\ 0\,1\,0 \\ 0\,1\,0 \\ 0\,0\,1 \\ 0\,0\,1 \\ 0\,1\,0 \end{pmatrix}, \quad \boldsymbol{G}_2 = \begin{pmatrix} 1\,0\,0\,0 \\ 0\,0\,0\,1 \\ 0\,0\,1\,0 \\ 0\,1\,0\,0 \\ 0\,1\,0\,0 \\ 0\,0\,1\,0 \\ 1\,0\,0\,0 \end{pmatrix}$$

그리고 $\boldsymbol{D}_j$는 $\boldsymbol{G}_j$의 가중치에 대한 열 합계를 대각원소로 취하고 있는 크기 $k_j \times k_j$의 대각행렬로 이 예제에서는 다음과 같이 계산된다.

$$\boldsymbol{D}_1 = \begin{pmatrix} 2\,0\,0 \\ 0\,3\,0 \\ 0\,0\,2 \end{pmatrix}, \quad \boldsymbol{D}_2 = \begin{pmatrix} 2\,0\,0\,0 \\ 0\,2\,0\,0 \\ 0\,0\,2\,0 \\ 0\,0\,0\,1 \end{pmatrix}$$

물론 가중치가 0/1로 구성되어 있지 않으면 실제로 적용시킬 가중치를 고려하여 $\boldsymbol{D}_j = \boldsymbol{G}_j^t \boldsymbol{W} \boldsymbol{G}_j$로 계산된다. 여기서 가중치 행렬 W는 i번째 개체가 특별한 값으로 가중되지 않았을 경우 1로 표기하고 추가 개체일 경우에는 0으로 표기된다($i=1,2,\cdots,n$). 보통 추가 개체가 없으면서 조사된 모든 데이터에 대해서 적용할 경우 각 개체에 대한 가중치는 1로 표기된다. 따라서 일반화하여 가중치를 w_i로 표시하면 가중치 행렬은

$$\boldsymbol{W} = \begin{pmatrix} w_1 & 0 & 0 & \cdots & 0 \\ 0 & w_2 & 0 & \cdots & 0 \\ 0 & 0 & w_3 & \cdots & 0 \\ \vdots & \vdots & \vdots & \ddots & 0 \\ 0 & 0 & 0 & \cdots & w_n \end{pmatrix}$$

와 같다. 여기서 n은 분석용 개체와 추가 개체 수를 모두 합한 것을 나타낸다. 추가 개체가 없을 경우에는 분석에 사용된 관측치 수가 이에 해당된다.

이제 반응변수와 설명변수에 대한 범주 수량화값 벡터를 다음과 같이 표기하기로 하자.

$\boldsymbol{y}_r$: 크기 $k_r \times 1$의 반응변수에 대한 범주 수량화 벡터

$\boldsymbol{y}_j, \; j \in J_p$: 크기 $k_j \times 1$의 설명변수 j에 대한 범주 수량화 벡터

$\boldsymbol{b}$: 크기가 $p \times 1$인 추정 회귀계수 벡터

여기서 J_p는 설명변수들의 지표 셋(index set)이다. SPSS에서 최적 회귀분석에 사용되는 알고리즘 **CATREG**(Categorical Regression with optimal scaling using alternating least squares)의 목적은 식 (13.5)의 목적함수를 최소화시키는 최적 해(optimal solution) $\boldsymbol{y}_r$, $\boldsymbol{b}$, $\boldsymbol{y}_j$를 구하는 것이다.

$$\sigma(\boldsymbol{y}_r; \boldsymbol{b}; \boldsymbol{y}_j) = \left\{ \boldsymbol{G}_r\boldsymbol{y}_r - \int_{j \in J_p} b_j \, \boldsymbol{G}_j \, \boldsymbol{y}_j \right\}' \boldsymbol{W} \left\{ \boldsymbol{G}_r\boldsymbol{y}_r - \int_{j \in J_p} b_j \, \boldsymbol{G}_j \, \boldsymbol{y}_j \right\} \qquad (13.5)$$

이때 정규화 제약(normalization restriction)은 $\boldsymbol{y}_r^t \boldsymbol{D}_r \boldsymbol{y}_r = n$이다. 반응변수들의 수량화값 또한 중심화되기 때문에 $\boldsymbol{1}_n^t \boldsymbol{W} \boldsymbol{G}_r \boldsymbol{y}_r = \boldsymbol{0}$을 만족시킨다.

한편 SPSS 17.0부터는 설명변수들 간의 상관관계가 매우 높거나 케이스 개수보다 추정해야 할 모수의 개수가 많은 경우 정규화(regularization)에 의해 적용할 수 있는 Ridge(능형회귀를 가리킴), Lasso(Least Absolute Shrinkage and Selection Operator), Elastic Net 방법을 CATREG 모듈에서 제공하고 있다.[4] 이들 방법들은 12장에서 다룬 PLS 회귀분석과 더불어 설명변수들이 서로 상관되어 있는 경우 적용 가능하다.

이들 방법들에서 고려하는 각 손실함수(loss function)는 p개의 설명변수들과 종속변수가 표준화 된 경우 다음과 같이 표현된다(Van der Kooij. A. J., 2007).

$$L^{ridge}(\beta_1, \cdots, \beta_p) = \| \boldsymbol{y} - \sum_{j=1}^{p} \beta_j \boldsymbol{x}_j \|^2, \quad \sum_{j=1}^{p} \beta_j^2 \leq t_2$$

$$L^{lasso}(\beta_1, \cdots, \beta_p) = \| \boldsymbol{y} - \sum_{j=1}^{p} \beta_j \boldsymbol{x}_j \|^2, \quad \sum_{j=1}^{p} |\beta_j| \leq t_1$$

$$L^{e-net}(\beta_1, \cdots, \beta_p) = \| \boldsymbol{y} - \sum_{j=1}^{p} \beta_j \boldsymbol{x}_j \|^2, \quad \sum_{j=1}^{p} \beta_j^2 \leq t_2 \;\&\; \sum_{j=1}^{p} |\beta_j| \leq t_1$$

----

[4] Elastic Net은 주어진 데이터를 모형화하기 위한 고차원 공간에서 서로 결합하여(jointly), 매끄럽게(smoothly) 움직이는 서로 연결된 점들로 이루어진 망을 일컫는다. 이 방법은 원래 1989년에 Durbin, Szeliski, Yuille에 의해 이리저리 돌아다니는 영업 사원 문제에 대하여 연속적인 최적화 방법으로 소개되었다(Myronenko, A., et.al., 2000).

여기서 t_1, t_2는 각각 Lasso와 Ridge 회귀분석에 적합시키기 위한 조절모수
(tuning parameter)로 0보다 큰 상수를 나타낸다. 이와 같이 제약된 손실함수들
은 다음과 같은 벌점손실함수(penalized loss function)로 재표현될 수 있다.

$$L^{ridge}(\beta_1, \cdots, \beta_p) = \parallel \boldsymbol{y} - \sum_{j=1}^{p} \beta_j \boldsymbol{x}_j \parallel^2 + \lambda_2 \sum_{j=1}^{p} \beta_j^2 \tag{13.6}$$

$$L^{lasso}(\beta_1, \cdots, \beta_p) = \parallel \boldsymbol{y} - \sum_{j=1}^{p} \beta_j \boldsymbol{x}_j \parallel^2 + \lambda_1 \sum_{j=1}^{p} sign(\beta_j)\beta_j \tag{13.7}$$

$$L^{e-net}(\beta_1, \cdots, \beta_p) = \parallel \boldsymbol{y} - \sum_{j=1}^{p} \beta_j \boldsymbol{x}_j \parallel^2 + \tag{13.8}$$
$$\lambda_2 \sum_{j=1}^{p} \beta_j^2 + \lambda_1 \sum_{j=1}^{p} sign(\beta_j)\beta_j$$

이들 벌점손실함수를 행렬을 이용하면 다음과 같이 표현된다.

$$L^{ridge}(\beta_1, \cdots, \beta_p) = \parallel \boldsymbol{y} - \boldsymbol{X\beta} \parallel^2 + \lambda_2 \boldsymbol{\beta}'\boldsymbol{\beta} \tag{13.9}$$

$$L^{lasso}(\beta_1, \cdots, \beta_p) = \parallel \boldsymbol{y} - \boldsymbol{X\beta} \parallel^2 + \lambda_1 \boldsymbol{w}'\boldsymbol{\beta} \tag{13.10}$$

$$L^{e-net}(\beta_1, \cdots, \beta_p) = \parallel \boldsymbol{y} - \boldsymbol{X\beta} \parallel^2 + \lambda_2 \boldsymbol{\beta}'\boldsymbol{\beta} + \lambda_1 \boldsymbol{w}'\boldsymbol{\beta} \tag{13.11}$$

(13.9)와 (13.11)의 λ_2, λ_1은 각각 Ridge벌점모수(ridge penalty parameter)와 Lasso
벌점모수(lasso penalty parameter)를 나타낸다. 보통 (13.9)에 포함된 벌점함수를
L_2벌점이라고 하고 (13.10)에 포함된 벌점함수를 L_1벌점이라고 한다. 그리
고 벡터 $\boldsymbol{w}$의 각 원소들은 회귀계수 β_j의 부호에 따라 +1 또는 −1의 값을
갖는다.

 Ridge와 Lasso, Elastic Net 방법에 의한 회귀계수벡터는 각각 (13.9)~
(13.11)을 최소화시켜 다음과 같이 추정된다. 여기서 $\boldsymbol{I}$는 단위행렬을 나타
낸다.

$$\boldsymbol{b}^{ridge} = (\boldsymbol{X}'\boldsymbol{X} + \lambda_2 \boldsymbol{I})^{-1} \boldsymbol{X}'\boldsymbol{y} \tag{13.12}$$

$$\boldsymbol{b}^{lasso} = (\boldsymbol{X}'\boldsymbol{X})^{-1} (\boldsymbol{X}'\boldsymbol{y} - \frac{\lambda_1}{2}\boldsymbol{w}) \tag{13.13}$$

$$\boldsymbol{b}^{e-net} = (\boldsymbol{X}'\boldsymbol{X} + \lambda_2 \boldsymbol{I})^{-1} (\boldsymbol{X}'\boldsymbol{y} - \frac{\lambda_1}{2}\boldsymbol{w}) \tag{13.14}$$

Ridge와 Lasso, Elastic Net 방법은 0보다 약간 큰 벌점모수를 이용하여 적절하게 회귀계수 값을 조절하여 추정하게 된다. 이들 방법으로부터 추정된 회귀계수는 편의추정량(biased estimator)이다. 그럼에도 불구하고 이들 방법이 사용되는 이유는 다중공선성이 매우 심한 경우 추정되는 회귀계수는 매우 불안정하게 되는데 반해 벌점모수를 이용하여 회귀계수를 약간 축소(shrinkage)시켜 보다 안정적인 추정치를 구할 수 있기 때문이다. OLS에 의한 추정량의 분산보다 이들 방법에 의한 추정량의 분산이 더 작다는 것을 의미한다. 물론 (13.9)부터 (13.11)에서 각 벌점모수들이 0이면 불안정한 OLS 추정치를 얻게 된다. 이들 방법 중 Lasso, Elastic Net은 주어진 조절모수의 크기에 의해 일부 회귀계수들은 0이 되기 때문에 변수선택방법과 같은 역할을 한다(H. Zou and T. Hastie, 2005).

정규화(regularization)에 의해 해를 추정하는 방법들은 결국 벌점모수를 어떻게 결정하느냐가 중요한데 이를 결정하는 방법으로 벌점모수값의 증가에 따른 회귀계수값들의 변화를 플롯으로 작성하여 그 추정치가 안정적인 지점을 찾는 방법과 분산팽창인자(VIF)를 이용해서 이들 값이 1에 가깝게 되는 단계에서 벌점모수를 추정하고 그때의 추정치로 적합시키는 것이다. 분산팽창인자 기준의 결과는 17.0 버전의 CATREG에는 포함되어 있지 않다.

이들 추정방법에 대한 정도(precision) 평가를 위해 기대예측오차가 계산되는데 이는 교차타당성(cross validation)이나 붓스트랩(bootstrap) 방법에 의해 생성된 재표집된 표본에 의해 이루어진다.

이제 다시 목적함수 (13.5)를 살펴보자. 교대최소제곱법을 적용하는 목적함수 (13.5)의 최적화는 크게 다음과 같은 반복과정의 수행으로 요약된다.

① 임의화나 수치화에 의한 초기화 과정
② 반응변수의 범주 수량화값의 갱신
③ 설명변수의 범주 수량화값과 회귀계수의 갱신
④ 단계 ②와 ③을 반복하면서 수렴여부 테스트.

교대최소제곱법을 적용하는 최적화 알고리즘의 상세한 과정은 다음과 같다.

CATREG 알고리즘

· **단계 1: 초기화 과정**

<u>초기화 과정 Ⅰ > 임의화</u>

j번째 변수에 대한 k_j개의 범주 지표를 초기 범주 수량화 값 벡터 $\widetilde{\boldsymbol{y}}_j$로 설정한다. 이때 $\mathbf{1}_n{}'\boldsymbol{WG}_j\widetilde{\boldsymbol{y}}_j = 0$, $\widetilde{\boldsymbol{y}}_j{}'\boldsymbol{D}_j\widetilde{\boldsymbol{y}}_j = n$과 같이 정규화(normalize)시킨다. 초기 회귀계수들은 반응변수들의 상관계수가 된다.

<u>초기화 과정 Ⅱ > 수치화</u>

이 경우 두 단계를 거치게 되는데 첫 단계에서는 모든 변수들을 수치형 변수로 취급한다. 두 번째 단계에서는 첫 단계에서 계산된 범주 수량화 값과 회귀계수를 가지고 지정된 척도화를 시작하는 것이다.

· **단계 2: 척도수준을 고려한 반응변수의 범주 수량화 벡터 갱신**

고정된 현 단계의 범주 수량화 값 벡터를 $\boldsymbol{y}_j$, $j \in J_p$ (J_p는 독립변수의 지표 셋임)라 하면 이를 이용한 제약 없이 갱신된 벡터는

$$\widetilde{\boldsymbol{y}}_r = \boldsymbol{D}_r^{-1}\boldsymbol{G}_r{}'\boldsymbol{W}\boldsymbol{v} \ (\text{단}, \ \boldsymbol{v} = \sum_{j \in J_p} b_j \, \boldsymbol{G}\boldsymbol{y}_j \,)$$

로 표현되는데 각 척도수준별로 다음을 고려한다.

· 명목척도(nominal): $\boldsymbol{y}_r^* = \widetilde{\boldsymbol{y}}_r$

· 스플라인 명목형과 스플라인 순서형(spline nominal and spline ordinal): $\boldsymbol{y}_r^* = d_r + \boldsymbol{S}_r\boldsymbol{a}_r$

여기서,

d_r: 스플라인 절편

$\boldsymbol{S}_r$: 크기 $k_j \times (s_j + t_j)$의 j변수에 대한 I-스플라인 기저(I-spline basis)이며 s_j는 다항식의 차수(degree of polynomial)이고 t_j는 내부 매듭(interior knots)의 개수를 나타낸다.[5]

---

[5] 매듭의 수는 모든 구간(interval) 개수와 개체(object) 수가 같도록 정해질 수 있다. 만약 내부

$\boldsymbol{a}_r$: 크기 $s_j + t_j$의 스플라인 계수 벡터.

- 순서척도(ordinal): $\boldsymbol{y}_r^* \leftarrow WNOM(\widetilde{\boldsymbol{y}_r})$

  WNOM은 가중된 단조회귀과정(weighted monotone regression process)을 나타낸다.

- 수치형(numerical): $\boldsymbol{y}_r^* \leftarrow WLIN(\widetilde{\boldsymbol{y}_r})$

  WLIN은 가중선형 회귀과정(weighted linear regression process)을 나타낸다.

각 척도수준별 반응벡터의 갱신이 끝나면 $\boldsymbol{y}_r^*$를 다음과 같이 정규화 (normalize)한다.

$$\boldsymbol{y}_r^+ = n^{1/2}\boldsymbol{y}_r^*(\boldsymbol{y}_r{'}\boldsymbol{D}_r\boldsymbol{y}_r^*)^{-1/2}$$

- ### 단계 3: 범주 수량화 벡터와 회귀계수 벡터의 갱신

  1. $\boldsymbol{v}_j = \boldsymbol{v} - b_j\boldsymbol{G}_j\boldsymbol{y}_j$ 을 계산한다.

  2. $\widetilde{\boldsymbol{y}_j} = \boldsymbol{D}_j^{-1}\boldsymbol{G}_j{'}\boldsymbol{W}(\boldsymbol{G}_r\boldsymbol{y}_r - \boldsymbol{v}_j)$ (갱신)

  3. $\boldsymbol{y}_r^+ = n^{1/2}\boldsymbol{y}_r{'}(\boldsymbol{y}_r{'}\boldsymbol{D}_r\boldsymbol{y}_r^*)^{-1/2}$ (정규화(normalize))

  4. $b_j^+ = n^{-1}\widetilde{\boldsymbol{y}_j}{'}\boldsymbol{D}_j\boldsymbol{y}_j^+$ (추정 회귀계수의 갱신)

- ### 단계 4: 수렴여부 확인

  버전 16.0 이하에서 CATREG 알고리즘은 다중 상관계수 R을

  $$R = n^{-1/2}(\boldsymbol{G}_r\boldsymbol{y}_r)'\boldsymbol{W}\boldsymbol{v}(\boldsymbol{v}'\boldsymbol{W}\boldsymbol{v})^{-1/2}$$

와 같이 계산한 후 이를 이용하여 설정한 수렴조건이 만족되지 않으면 단계 2에서 단계 4를 반복하였다. 그러나 버전 17.0부터는 수렴 여부를 확인하는 식이 다음과 같이 바뀌었다.

매듭의 개수가 0이고 1차항의 스플라인을 고려한다면 이는 '수치형' 척도변환을 적용하는 것과 같다. 반면에 극단적으로 모든 개체가 어떤 변수에 대해서 모두 다른 수량화 값을 갖는다면 이는 n−1개의 내부매듭을 규정하는 '순서형' 척도화와 같다.

$$APE = n_w^{-1}\left(\boldsymbol{G}_r\boldsymbol{y}_r - \int_{j \in J_p} \beta_j \boldsymbol{G}_j\boldsymbol{y}_j\right)' \boldsymbol{W}\left(\boldsymbol{G}_r\boldsymbol{y}_r - \int_{j \in J_p} \beta_j \boldsymbol{G}_j\boldsymbol{y}_j\right)$$

여기서 정규화(regularization)가 없으면, $APE = 1 - R^2$이다. APE(Apparent Prediction Error(명백한 예측오차)의 약자임)의 차이가 ϵ 보다 작아질 때까지 단계 2 와 단계 4를 반복한다.

한편 CATREG 알고리즘에서의 손실함수는 각 변수들의 최적척도변환 을 고려하여 다음과 같이 표현될 수 있다.

$$L(\psi(\,\cdot\,);\beta_1,\cdots,\beta_p) = n^{-1}\|\psi_r(\boldsymbol{y}) - \sum_{j=1}^{p}\beta_j\psi_j(\boldsymbol{x}_j)\|^2 \qquad (13.15)$$

이 손실함수는 서로 다른($l \neq j$) 변수들의 추정치들을 고정시킨 상태에서 매 단계별로 한 변수에 대하여 β_j와 $\psi_j(\boldsymbol{x}_j)$를 반복적으로 추정하면서 최소화 된다. (13.15)는 $\psi_r(\boldsymbol{y})$, β_l, $\psi_l(\boldsymbol{x}_l)$이 고정되었을 때, 서로 다른($l \neq j$) 모든 설명변수들에 대하여 다음과 같이 표현된다.

$$L(\psi(\,\cdot\,);\beta_1,\cdots,\beta_p) = n^{-1}\|\psi_r(\boldsymbol{y}) - \sum_{l \neq j}\beta_l\psi_l(\boldsymbol{x}_l) - \beta_j\psi_j(\boldsymbol{x}_j)\|^2 \qquad (13.16)$$

(13.16)을 β_j에 대하여 편미분하여 0으로 놓으면 변수 j번째 변수에 대하여 갱신되는 회귀계수는 다음과 같이 표현된다.

$$\beta_j^+ = n^{-1}(\psi_j(\boldsymbol{x}_j))'(\psi_r(\boldsymbol{y}) - \sum_{l \neq j}\beta_l\psi_l(\boldsymbol{x}_l)) \qquad (13.17)$$

이 시점에서 최적변환 $\psi_j(\boldsymbol{x_j})$을 추정하게 되며 다음 변수로 옮겨 계산하게 된다. 이런 과정을 모든 변수들에 대하여 반복한 후 최종적으로 반응변수 의 최적변환 $\psi_r(\boldsymbol{y})$를 구하고 R^2을 계산하게 된다.

앞에서 설명한 (13.6)~(13.8)의 벌점손실함수는 CATREG에서는 다음 과 같이 표현된다.

$$L^{ridge}(\beta_j) = \|\,\boldsymbol{y} - \sum_{l \neq j}(\beta_l\boldsymbol{x}_l - \beta_j\boldsymbol{x}_j)\,\|^2 + \lambda_2\beta_j^2 + \lambda_2\sum_{l \neq j}^{p}\beta_l^2 \qquad (13.18)$$

$$L^{lasso}(\beta_j) = \| \boldsymbol{y} - \sum_{l \neq j}(\beta_l \boldsymbol{x}_l - \beta_j \boldsymbol{x}_j) \|^2 + \lambda_1 w_j \beta_j + \lambda_2 \sum_{l \neq j}^{p} \beta_l^2 \qquad (13.19)$$

$$L^{e-net}(\beta_j) = \| \boldsymbol{y} - \sum_{l \neq j}(\beta_l \boldsymbol{x}_l - \beta_j \boldsymbol{x}_j) \|^2 + \lambda_2 \beta_j^2 + \lambda_1 w_j \beta_j + \qquad (13.20)$$

$$\lambda_2 \sum_{l \neq j}^{p} \beta_l^2 + \lambda_1 \sum_{l \neq j}^{p} w_l \beta_l$$

여기서 w_l과 w_j는 대응되는 회귀계수의 부호에 의해 +1 또는 −1이 된다. 이와 같은 정규화(regularization)에 의해 갱신되는 회귀계수는 각각의 방법에 따라 다음과 같이 표현된다.

$$\beta_j^{+\,ridge} = \frac{\beta_j^+}{1+\lambda_2}$$

$$\beta_j^{+\,lasso} = (\beta_j^+ - \frac{\lambda_1}{2}w_j)_+ = \begin{cases} (\beta_j^+ - \dfrac{\lambda_1}{2})_+, & \text{if } \beta_j^+ > 0 \\[2mm] (\beta_j^+ + \dfrac{\lambda_1}{2})_+, & \text{if } \beta_j^+ < 0 \end{cases}$$

$$\beta_j^{+\,e-net} = (\beta_j^+ - \frac{\lambda}{2}w_j)_+ = \begin{cases} (\dfrac{\beta_j^+ - \dfrac{\lambda_1}{2}}{1+\lambda_2})_+, & \text{if } \beta_j^+ > 0 \\[4mm] (\dfrac{\beta_j^+ + \dfrac{\lambda_1}{2}}{1+\lambda_2})_+, & \text{if } \beta_j^+ < 0 \end{cases}$$

여기서 β_j^+는 (13.17)에 의한 해를 나타내며 $(\,\cdot\,)_+$는 0에서의 절삭(truncation)을 나타낸다. 최종적으로 수렴 기준을 만족하면 Elastic Net에 의한 회귀계수는 2배로 축소(shrinkage)되고 있기 때문에 다음과 같이 재조정한다.

$$\beta_j^{+\,e-net} = \beta_j^{*\,e-net}(1+\lambda_2).$$

이제 이 절의 끝으로 교대최소제곱법과 최적척도화를 거쳐 계산되는 몇 가지 통계량들에 대해서 살펴보기로 하자.

먼저 다중 R제곱, 수정된 R제곱은 단계 4에서 계산된 R을 이용하여 다음과 같이 계산된다.

· 다중 R제곱 (multiple R square): R^2

- 수정된 R제곱(adjusted multiple R square):
$$1 - (1 - R^2)(n - 1)(n - 1 - \mathbf{1}'\mathbf{f})^{-1}$$
- 정규화 R제곱: $RSQ^{regu} = 1 - APE$

범주의 최적수량화 후 분산분석표는 다음과 같이 작성된다.

<분산분석표>

	제곱합(SS)	자유도(df)	평균제곱(MS)
회귀	nR^2	$\mathbf{1}^t\mathbf{f}$	$nR^2/\mathbf{1}^t\mathbf{f}$
잔차	$n(1 - R^2)$	$n - 1 - \mathbf{1}^t\mathbf{f}$	$n(1 - R^2)/(n - 1 - \mathbf{1}^t\mathbf{f})$
전체	n	$n - 1$	

여기서 $\mathbf{f}$는 p차원의 설명변수들에 대한 자유도를 나타내는 벡터이고 $\mathbf{1}$는 모든 원소가 1인 벡터를 나타내며 F 검증 통계량은

$$F = \frac{\text{회귀 평균제곱}}{\text{잔차 평균제곱}}$$

과 같이 계산된다.

Categorical Regression 대화 상자의 Output... 옵션에서 제공하는 최적변환 전과 변환 이후의 상관계수행렬은 각각 다음과 같이 계산된다.

$$\text{변환 전: } \mathbf{R} = n^{-1}\mathbf{H}_c{}'\,\mathbf{W}\mathbf{H}_c$$

$$\text{변환 후: } \mathbf{R} = n^{-1}\mathbf{Q}'\mathbf{W}\mathbf{Q}$$

여기서 행렬 $\mathbf{H}_c$는 반응변수를 제외시킨 행렬 $\mathbf{H}$의 가중된 중심화와 정규화(normalized) 행렬로 결측값을 보정했거나 범주를 이산화(discretization)시킨 이후의 범주 지표를 나타내는 크기 $n \times m$ 행렬이다. $\mathbf{Q}$의 열벡터는 $\mathbf{q}_j = \mathbf{G}_j\mathbf{y}_j$, $j \in J_p$로 구성된다.

설명변수에 대한 통계량으로 제공되는 표준화된 회귀계수를 $beta_j$라고 표기하면 이 회귀계수의 표준오차(standard error)는 다음과 같이 추정된다.

$$se(beta_j) = ((1 - R^2)/(n - 1 - \mathbf{1}'\mathbf{f})t_j)^{1/2}$$

여기서 t_j는 j번째 독립변수에 대한 허용치(공차)를 나타낸다.

회귀계수 테이블에서 살펴볼 수 있는 자유도는 최적척도수준에 따라 다음과 같이 계산된다.

- 수치형(numerical): $f_j = 1$
- 평활순서형(spline ordinal), 평활명목형(spline nominal):

$$f_j = s_j + t_j - (a_j에서\ 원소가\ 0인\ 개수)$$

- 순서형(ordinal), 명목형(nominal):

$$f_j = (y_j에서\ 서로\ 구별되는\ 값의\ 개수) - 1$$

여기서 표준회귀계수의 통계적 검증을 위해 다음과 같이 계산된 F_j 통계량 값이 이용된다.

$$F_j = (beta_j / se(beta_j))^2$$

한편 0차 상관계수(zero-order correlation coefficient)는 변환된 반응변수 $G_r y_r$과 변환된 설명변수 $G_j y_j$간의 상관계수로

$$r_{rj} = n^{-1}(G_r y_r)' W G_j y_j$$

이다. 편상관계수(partial correlation coefficient)는 j번째 변수의 허용치(tolerance)를 t_j를 이용하여

$$PartialCorr_j = \frac{beta_j}{\sqrt{(1/t_j)(1-R^2) + beta_j^2}}$$

로부터 계산된다. 그리고 부분상관(part correlation)은 허용치와 기울기를 이용하여

$$PartCorr_j = beta_j \sqrt{t_j}$$

와 같이 계산된다.

정규화(regularization)가 없는 경우에만 출력되는 중요도(importance)는 프랫 (Pratt)에 의해 다음과 같이 정의되었다.

$$Imp_j = \frac{beta_j\ r_{rj}}{R^2}$$

이는 다중 R제곱을 분모에 두어 독립변수들 간의 상대적 중요성을 나타 낸다.

허용치(공차)는 최적변환된 설명변수들에 대해서 다음과 같이 계산되어 제공된다.

$$t_j = r_{pjj}^{-1}$$

여기서 r_{pjj}는 회귀계수가 0보다 큰 설명변수들 간의 상관계수 행렬 $\boldsymbol{R}_p$의 j번째 대각원소를 나타낸다.

한편 Categorical Regression 대화 상자의 [Save...]에서 적합값 $\boldsymbol{v}$와 잔차 $\boldsymbol{G}_r\boldsymbol{y}_r - \boldsymbol{v}$를 선택하여 저장시킬 수 있다. 잔차 플롯(residual plots) 옵션은 j번째 설명변수에 대한 잔차 플롯을 두 가지로 나누어 제공한다. 그 하나 는 비정규화한 수량화값(unnormalized quantification)에 대한 것이고 나머지 하나 는 j번째 설명변수를 제외한 나머지 설명변수로부터 반응변수가 적합될 때 의 잔차 플롯이다.

SPSS CATREG에서 정규화(regularization)을 적용하는 경우 각 모형에 대 한 진단 통계량으로는 APE와 EPE(expected prediction error), 그리고 계수들의 표준화된 합(standardized sum of coefficients)이 사용된다.[6] 계수들의 표준화된 합 은 다음과 같이 계산된다.

· Ridge: $\left(\displaystyle\int_{j \in J_p} \beta_j^2\right)\Big/\left(\displaystyle\int_{j \in J_p} (\beta_j^+)^2\right)$

· Lasso, Elastic Net: $\left(\displaystyle\int_{j \in J_p} sign(\beta_j)\beta_j\right)\Big/\left(\displaystyle\int_{j \in J_p} sign(\beta_j^+)\beta_j^+\right)$

정규화 플롯(regularization plot)은 세로축에는 정규화된 표준계수들을, 가 로축에는 계수들의 표준화된 합을 나타낸 것이다. Elastic Net을 적용할 경

----

[6] 이 절에서 설명하지 않은 EPE에 대한 상세한 설명은 매뉴얼을 참조하도록 한다.

우 다중플롯이 제공된다. 즉 부여한 Ridge 벌점값 각각에 대하여 Lasso 경로플롯(paths plot)을 제공한다.

이제 주변의 데이터에 고개를 돌려보자. 고객들이 우리 회사에서 만든 휴대폰이나 에어컨, 김치 냉장고 등을 사용해 보고 만족도가 높아질 경우 어떤 요인에 의해 얼마나 영향을 받는지 알고 싶을 경우가 있을 것이다. 또는 스포츠센터에 찾아오는 고객들의 서비스 이용 만족도는 무엇에 영향을 받는지, 얼마만큼 영향을 받는지도 궁금할 수 있다. 병원을 찾는 환자의 만족도나 구청을 이용하는 구민들의 만족도 등도 관심의 대상이 될 수 있다. 최적 회귀분석은 이와 같이 주변에서 흔히 볼 수 있는 데이터에 모두 적용이 가능하다. 왜냐하면 최적 회귀분석은 선형 모형뿐만 아니라 비선형 모형을 포괄하고 있으며 비모수회귀분석이나 로버스트 회귀분석 등을 포괄하고 있기 때문이다.

이제 13.2절과 13.3절의 사례 분석을 통해 정규화(regularization)를 하지 않는 경우 어떻게 최적변환되며 데이터가 적합되는지 살펴보자. 13.4절의 사례 분석을 통해서는 여러 가지 정규화(regularization) 방법 중 Ridge에 의한 모형 적합 과정 및 그 결과들을 이해해 보자.[7]

---

[7] 이 장은 양경숙(2004)에서 이미 소개된 1장의 내용을 SPSS 17.0을 기반으로 수정 보완하여 첨부하였음을 밝힌다. 아울러 본 장에서는 최적회귀분석을 수행하는 데 사용되는 CATREG 명령문(syntax)의 내용이 많아 부분적으로 생략하였으니 관심 있는 독자는 SPSS사에서 제공하는 매뉴얼을 참조하기 바란다.

13.2 사례 분석 1: 카펫 간이청소기 선호도의 중요 요인

13.2.1 데이터

사람들에게서 사랑을 받는 제품들은 어떤 특징이 있을까? 제품이 선호되는 원인은 여러 가지가 있을 것이다. 디자인이 매우 독특하다든지, 제품의 내구성이 좋다든지, 아니면 소비자의 브랜드 충성도에 따른 차이 등 제품별 선호요인도 다양할 것이다.

그렇다면 사람들은 카펫 간이청소기를 살 때 어떤 요인에 의해서 영향을 많이 받을까? <그림 13.2>의 카펫 간이청소기 데이터는 일부 소비자들을 대상으로 카펫 간이청소기가 디자인, 브랜드, 가격대 등을 고려하였을 때 얼마나 선호되는지를 조사한 결과이다.

이때 고려한 설명변수와 각 변수들의 범주는 다음과 같다.

변수명	변수설명	범주 (값)
package	package design	A(1), B(2), C(3)
brand	brand name	K2R(1), Glory(2), Bissell(3)
price	price	\$1.19(1), \$1.39(2), \$1.59(3)
seal	good housekeeping seal	No(1), yes(2)
money	money-back guarantee	No(1), yes(2)

종속변수는 선호도를 나타내는 변수 *pref*이다. 여기서 알고 싶은 사항은 다음과 같은 것들이다.

- 어떤 모형에 적합시켜야 변수 *pref*의 값을 잘 적합시킬 수 있을까?
- 카펫 간이청소기의 선호도에 가장 크게 영향을 미치는 변수(요인)는 무엇일까?
- 어떤 범주의 조합으로 구성되었을 때 카펫 간이청소기에 대한 선호도가 높은가?

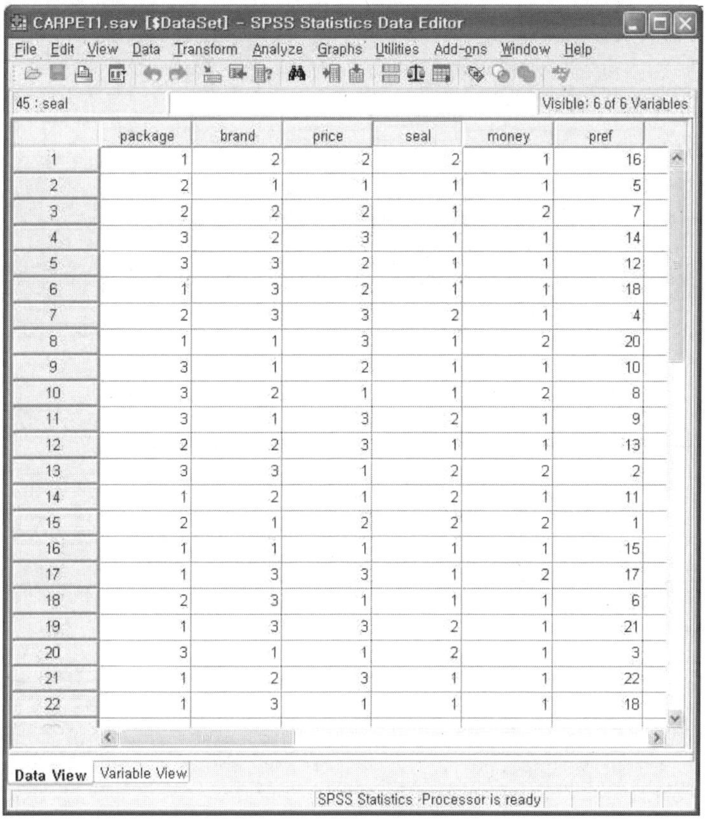

<그림 13.2>
카펫 청소기
데이터

CARPET1.sav [$DataSet] – SPSS Statistics Data Editor

File Edit View Data Transform Analyze Graphs Utilities Add-ons Window Help

45 : seal   Visible: 6 of 6 Variables

	package	brand	price	seal	money	pref
1	1	2	2	2	1	16
2	2	1	1	1	1	5
3	2	2	2	1	2	7
4	3	2	3	1	1	14
5	3	3	2	1	1	12
6	1	3	2	1	1	18
7	2	3	3	2	1	4
8	1	1	3	1	2	20
9	3	1	2	1	1	10
10	3	2	1	1	2	8
11	3	1	3	2	1	9
12	2	2	3	1	1	13
13	3	3	1	2	2	2
14	1	2	1	2	1	11
15	2	1	2	2	2	1
16	1	1	1	1	1	15
17	1	3	3	1	2	17
18	2	3	1	1	1	6
19	1	3	3	2	1	21
20	3	1	1	2	1	3
21	1	2	3	1	1	22
22	1	3	1	1	1	18

Data View Variable View

SPSS Statistics Processor is ready

13.2.2 선형 회귀모형에의 적합

만약 데이터의 범주형 속성을 간과한 채 일반적으로 적용하는 선형 회귀분석 절차를 밟으면 어떤 결과가 나올까? 이를 확인해 보기 위해 **Analyze** → **Regression** → **Linear...**를 클릭하여 <그림 13.3>과 같이 종속변수와 설명변수를 선택해 보자. 즉,

종속변수: $pref$
설명변수: $package, brand, price, seal, money$.

그리고 SPSS를 실행시키면 <표 13.1>의 결과가 출력된다.

<그림 13.3>
선형 회귀
모형에의 적합

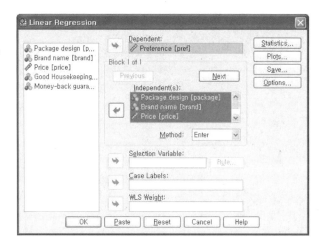

<표 13.1>
중회귀선형모
형에 적합시킨
결과

Model Summary

Mode l	R	R Square	Adjusted R Square	Std. Error of the Estimate
1	.841[a]	.707	.615	3.998

a. Predictors: (Constant), Money-back guarantee, Price, Good Housekeeping seal, Brand name,

ANOVA[b]

Model		Sum of Squares	df	Mean Square	F	Sig.
1	Regression	615.697	5	123.139	7.704	.001[a]
	Residual	255.757	16	15.985		
	Total	871.455	21			

a. Predictors: (Constant), Money-back guarantee, Price, Good Housekeeping seal, Brand name,

b. Dependent Variable: Preference

<표 13.1>
중회귀모형에
적합시킨
결과(계속)

Coefficients[a]

Model		Unstandardized Coefficients		Standardized Coefficients	t	Sig.
		B	Std. Error	Beta		
1	(Constant)	22.529	5.177		4.352	.000
	Package design	-4.159	1.036	-.560	-4.015	.001
	Brand name	.429	1.054	.056	.407	.689
	Price	2.703	1.009	.366	2.681	.016
	Good Housekeeping seal	-4.314	1.780	-.330	-2.423	.028
	Money-back guarantee	-2.779	1.921	-.197	-1.447	.167

a. Dependent Variable: Preference

　　<표 13.1>의 결과를 살펴보면 수정된 결정계수(Adjusted R Square) 값이 0.615이고 F 통계량 값은 5% 유의수준에서 유의하다. 각 설명변수에 대한 회귀계수를 살펴보면 변수 $brand$와 $money$가 5% 유의수준에서 통계적으로 유의하지 않을 뿐 나머지 변수들은 나름대로 의미가 있다고 할 수 있다.

　　그러나 <그림 13.4>와 같이 잔차 플롯을 작성해 보면 랜덤한 패턴보다는 U자 패턴이 나타남을 알 수 있다. 또한 카펫 간이청소기의 패키지 디자인에 대해서 잔차 플롯을 작성해 보면 범주형으로 관측되었기 때문에 <그림 13.5>와 같은 패턴을 나타낸다. 따라서 회귀분석에서의 오차에 대한 가정을 충족시키기 위해 적절한 변환이 필요하다고 할 수 있다.

<그림 13.4>
잔차 플롯

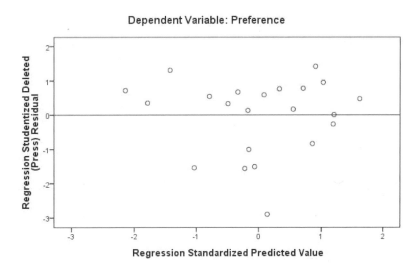

<그림 13.5>
잔차 플롯
(패키지
디자인)

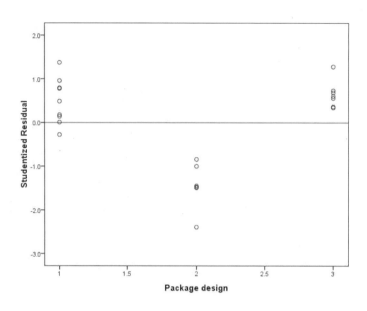

13.2.3 최적 회귀분석 절차

이제 범주형 데이터의 측정 수준을 고려한 최적 회귀분석을 시도해 보자. 이를 위해서는 먼저 **Analyze** → **Regression** → **Optimal Scaling....**을 선택한다. 그리고 <그림 13.6>의 최적 회귀분석 메뉴에서 종속변수와 설명변수를 지정한 후 Define Scale... 를 지정한다. <그림 13.6>에서 보듯이 변수 *pref*는 연속형으로 간주될 수 있는 성격의 변수이므로 **Numeric**을 지정하였고 *package*와 *brand*는 명목형 변수이므로 **Nominal** 척도를 지정하였으며 나머지 독립변수들은 **Numeric**으로 지정하도록 한다.

<그림 13.6>
최적 회귀분석

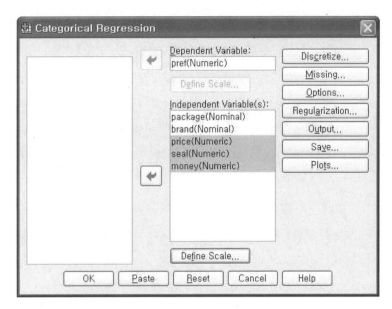

이들 변수들의 척도를 이와 같이 달리 정하는 것은 어떤 결과를 가져오게 되는 것일까? 이미 13.1절에서 설명하였는데 이 메뉴에서 제공되는 <u>Define Scale</u>(척도 정의)의 각 옵션은 다음과 같이 구분된다.[8]

- **Spline Ordinal(monotonic)**: 해당 변수의 범주가 순서성을 지니며 변환된 범주 값들은 원점을 통과하는 직선 위에 위치한다.
- **Spline Nominal(non-monotonic)**: 해당 변수의 범주들이 순서성은 지니지 않으며 단지 그룹만을 나타낸다. 변환된 범주 값은 역시 원점을 통과하는 직선 위에 놓이게 된다.
- **Ordinal**: 범주들을 순서화된 것으로 취급한다. 관측된 변수의 순서성은 척도화된 변수에 대해서도 유지된다. 스플라인 순서형보다는 변환결과가 더 잘 맞지만 '평활(smooth)'은 덜 된다.
- **Nominal**: 범주값들이 순서가 없는 것으로 다루어진다. 따라서 같은 범주에 있는 관측은 동일한 수량화 값으로 변환된다. 다른 척도화와

8 데이터의 측정수준에 따른 최적척도화 과정은 허명회(1994)에 간략히 잘 설명되어 있다.

마찬가지로 원점을 지나는 직선 위에 범주들이 놓이게 되며 '스플라인 명목형'보다 더 잘 적합되지만 덜 평활된다.

· <u>Numeric</u>: 범주들은 등간격을 가지는 구간척도로 취급된다. 따라서 범주의 순서성이 보존되며 서로 다른 범주간의 차이도 척도화된 변수에서 보존된다. 모든 변수들이 <u>Numeric</u>으로 선언되면 CATREG 결과는 통상적인 다중회귀분석과 유사하다고 할 수 있다.

이제 <그림 13.6>으로 다시 돌아가 [Output...]을 클릭하여 <그림 13.7>에서 표시된 것처럼 척도변환 이전의 상관계수와 변환 후의 상관계수 등 몇 가지 통계량들을 선택하도록 하자. [Save...], [Plots...] 옵션도 <그림 13.8>, <그림 13.9>와 같이 지정하도록 한다.

<그림 13.7>
최적 회귀분석
Output 옵션

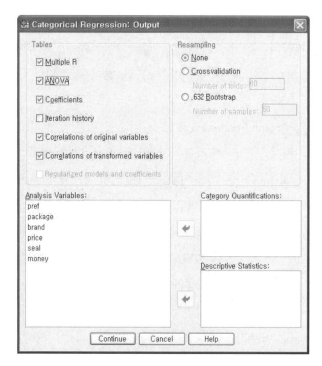

<그림 13.8>
범주형
회귀분석
SAVE 옵션

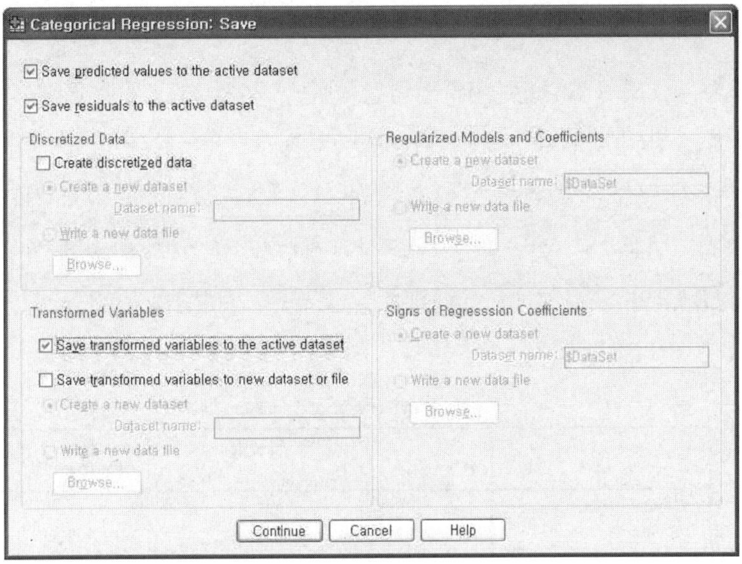

Categorical Regression: Save

☑ Save predicted values to the active dataset

☑ Save residuals to the active dataset

Discretized Data

☐ Create discretized data
- Create a new dataset
  Dataset name:
- Write a new data file
  Browse...

Regularized Models and Coefficients
- Create a new dataset
  Dataset name: $DataSet
- Write a new data file
  Browse...

Transformed Variables

☑ Save transformed variables to the active dataset

☐ Save transformed variables to new dataset or file
- Create a new dataset
  Dataset name:
- Write a new data file
  Browse...

Signs of Regresssion Coefficients
- Create a new dataset
  Dataset name: $DataSet
- Write a new data file
  Browse...

Continue   Cancel   Help

<그림 13.9>
최적 회귀분석
Plot 옵션

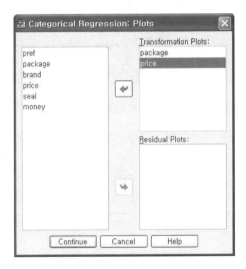

Categorical Regression: Plots

pref
package
brand
price
seal
money

Transformation Plots:
package
price

Residual Plots:

Continue   Cancel   Help

13.2.4 최적 회귀분석 결과의 이해

<표 13.2>는 원래 입력된 변수들 간의 상관계수(상)와 척도 변환된 변수들간의 상관계수(하)를 나타낸다.[9] 척도 변환 전과 척도 변환 후의 상관계수가 근소한 차이를 보이고 있다. 변수 *brand*와 *package* 간의 상관계수는 척도변환 후 절반수준으로 상관계수가 줄었고 반면에 *brand*와 *price*, *brand*와 *seal* 간의 상관계수는 소폭 증가하였다.

<표 13.2>
원 변수의
상관행렬(상)
과
척도 변환된
변수의
상관행렬(하)

Correlations Original Variables

	Package design	Brand name	Price	Good Housekeeping seal	Money-back guarantee
Package design	1.000	-.189	-.126	.081	.066
Brand name	-.189	1.000	.065	-.042	-.034
Price	-.126	.065	1.000	.000	.000
Good Housekeeping seal	.081	-.042	.000	1.000	-.039
Money-back guarantee	.066	-.034	.000	-.039	1.000
Dimension	1	2	3	4	5
Eigenvalue	1.291	1.038	.980	.905	.785

Correlations Transformed Variables

	Package design	Brand name	Price	Good Housekeeping seal	Money-back guarantee
Package design	1.000	-.097	-.089	.032	.102
Brand name	-.097	1.000	.134	-.118	.000
Price	-.089	.134	1.000	.000	.000
Good Housekeeping seal	.032	-.118	.000	1.000	-.039
Money-back guarantee	.102	.000	.000	-.039	1.000
Dimension	1	2	3	4	5
Eigenvalue	1.254	1.084	.982	.861	.819

----

[9] SPSS 17.0의 CATREG에서 'nominal'이나 'spline nominal'로 최적화를 취한 경우 추정된 회귀계수는 SPSS 16.0 이하 버전에서의 계수값과 부호가 반대로 출력된다. SPSS 17.0에서 저장되는 해당척도의 변환된 독립변수 의 값의 부호가 바뀌게 되므로 결과해석은 달라지지 않는다. 그래서 이 장에서는 버전 SPSS 16.0 이하에서 출력되는 결과와의 일관성 있는 설명을 위해 SPSS 17.0에서 부호가 바뀌어 출력된 통계량 값들의 부호를 바꾸어 편집한 것을 기준으로 설명한다.

<표 13.3>의 모형 요약(model summary) 결과를 살펴보자. 결정계수(R Square)는 0.955이고 조정된 결정계수(Adjusted R Square)도 0.932로 <표 13.1>에서 살펴본 통상적인 선형 회귀분석 결과 0.707(R Square), 0.615(Adjusted R Square)보다 설명력이 많이 향상되었음을 알 수 있다.

추정된 회귀계수로부터 카펫 간이청소기에 대한 선호도는 변수 *brand*를 제외한 나머지 설명변수들이 5%의 유의수준에서 통계적으로 모두 유의함을 알 수 있다. 그리고 변수 *price*의 계수가 양수이므로 가격대가 높을수록 선호도 또한 높아질 것으로 예측된다.

<표 13.3>에서 각 회귀계수에 대한 자유도는 변수 *package*와 *brand*만 명목척도로 변환되었기 때문에 자유도는 범주 개수 3에서 1을 뺀 2로 계산되었고 나머지 설명변수들은 수치형으로 척도 변환되었기 때문에 1로 표시되어 있다.

<표 13.3>
결정계수와
추정된
회귀계수

Model Summary

	Multiple R	R Square	Adjusted R Square	Apparent Prediction Error
Standardized Data	.977	.955	.932	.045

Dependent Variable: Preference
Predictors: Package design Brand name Price Good Housekeeping seal Money-back guarantee

ANOVA

	Sum of Squares	df	Mean Square	F	Sig.
Regression	21.000	7	3.000	41.999	.000
Residual	1.000	14	.071		
Total	22.000	21			

Dependent Variable: Preference
Predictors: Package design Brand name Price Good Housekeeping seal Money-back guarantee

Coefficients

	Standardized Coefficients		df	F	Sig.
	Beta	Bootstrap (1000) Estimate of Std. Error			
Package design	-.747	.101	2	55.051	.000
Brand name	.094	.059	2	2.549	.114
Price	.362	.086	1	17.493	.001
Good Housekeeping seal	-.341	.092	1	13.785	.002
Money-back guarantee	-.160	.080	1	4.011	.065

Dependent Variable: Preference

모형 적합이 잘 이루어졌으므로 이제 선호도에 가장 크게 영향을 미치는 요인이 무엇인지 살펴보자.

<표 13.4>는 반응변수와 설명변수에 대한 부분상관(Part Correlation)과 편상관(Partial Correlation) 계수를 구한 결과이다. 여기서 편상관이란 고려하는 두 변수 이외의 제3의 변수가 두 변수에 모두 영향을 미치고 있을 경우 이를 통제한 두 변수 간의 순수한 상관관계를 의미한다. 그리고 부분상관은 제3의 변수가 두 변수 중 어느 한 변수에만 영향을 미치고 있을 경우 이를 통제한 두 변수 간의 상관관계를 나타낸다.

<표 13.4>의 상단 부분에 나와 있는 패키지 디자인에 대한 편상관계수 -0.961은 다른 변수들의 효과를 제거했을 때 패키지 디자인이 선호도 순위의 변이(variation) 중 약 92% ($=(-0.961)^2 = 0.92$)를 설명한다는 것을 의미한다. 다른 변수들의 효과를 제거한다면 $price$와 $seal$에 의한 설명력도 꽤 크다고 할 수 있겠다.

패키지 디자인에 대한 부분상관계수 -0.738은 패키지 디자인으로부터 $brand, seal, money, price$의 효과를 제거시켰을 때 변수 $package$에 남아 있는 부분이 선호도 순위의 변이 가운데 약 54%($=(-0.738)^2 = 0.54$)를 설명한다는 것을 의미한다.

그렇다면 이런 효과는 변환되기 전의 반응변수와 설명변수에 대해서는 어떠했을까? <표 13.4>의 변환 전 결과 테이블은 원 변수들에 대한 부분상관과 편상관계수이다. (분석에 포함시킨 변수들을 모두 수치형으로 적합시켜 얻은 결과이다.) 선호도 순위의 전체 변이 중 패키지 디자인에 의해서 설명되는 분산은 약 50.1%($=(-0.708)^2 = 0.501$)이다. 따라서 최적변환된 변수들에 의해 더 잘 설명되고 있음을 알 수 있다.

<표 13.4>
부분상관과
편상관계수
(상) 변환 후
(하) 변환 전

Correlations and Tolerance

| | Correlations | | | | Tolerance | |
	Zero-Order	Partial	Part	Importance	After Transformation	Before Transformation
Package design	-.816	-.961	-.738	.639	.974	.942
Brand name	.255	.396	.092	.025	.962	.961
Price	.440	.859	.357	.167	.976	.982
Good Housekeeping seal	-.370	-.846	-.339	.132	.984	.991
Money-back guarantee	-.223	-.597	-.159	.037	.988	.993

Dependent Variable: Preference

Correlations and Tolerance

| | Correlations | | | | Tolerance | |
	Zero-Order	Partial	Part	Importance	After Transformation	Before Transformation
Package design	-.657	-.708	-.544	.521	.942	.942
Brand name	.206	.101	.055	.016	.961	.961
Price	.440	.557	.363	.228	.982	.982
Good Housekeeping seal	-.370	-.518	-.328	.173	.991	.991
Money-back guarantee	-.223	-.340	-.196	.062	.993	.993

Dependent Variable: Preference

여러 개의 설명변수 중 반응변수에 영향을 크게 미치는 변수를 찾는 한 가지 방법은 표준화 회귀계수를 살펴보는 것이다. 이 기준을 적용하면 <표 13.3>에서 회귀계수가 가장 큰 변수는 *package*임을 알 수 있다.

한편 프랫(Pratt)은 회귀분석에서 설명변수의 기여도를 해석하는 데 도움이 되는 지표로 'relative importance(상대적 중요도)'를 고안하였다. 회귀계수와 달리 설명변수의 중요도는 개별 설명변수의 중요도의 합으로 표현된다. 프랫(Pratt)이 고안한 설명변수의 상대적 중요도는 다음과 같이 계산된다.

상대적 중요도 = 설명변수의 회귀계수 × 0차 상관계수.

<표 13.4>의 'importance'와 'tolerance'는 각 변수들에 대한 중요도와 설명변수들 간의 다중공선성에 대한 지표인 허용치를 계산한 결과이다. 카펫 간이청소기 선호도에 있어 가장 중요한 역할을 하는 것은 0.639의 중요도를 가지고 있는 *package*임을 확인할 수 있다. 여기서 패키지 디자인에 대한 중요도 0.639의 계산절차는 다음과 같다. 먼저 <표 13.3>과 <표 13.4>의 회귀계수와 0차 상관계수를 이용하여

$$-0.747 \times -0.816 = 0.609$$

와 같이 계산한다. 나머지 설명변수들에 대해서도 상대적 중요도를 마찬가지 방법으로 계산한다. 그리고 최종적으로 모든 설명변수들의 상대적 중요도의 합에 대한 비율로

$$\frac{\text{패키지 디자인에 대한 상대적 중요도}}{\text{설명변수들의 상대적 중요도 합}} = \frac{0.609}{0.955} \simeq 0.639$$

와 같이 계산된다. 여기서 설명변수들의 중요도 합은 <표 13.3>의 결정계수와 일치한다.

이 결과로부터 카펫 간이청소기 선호도에 가장 크게 영향을 미치는 변수는 *package*이고 그 다음으로 *price*, *seal*을 고려할 수 있다.

한편 상대적 중요도와 달리 'tolerance(허용치)'는 5장에서 이미 설명한 바와 같이 독립변수들이 서로 얼마나 선형적으로 관련 있는가를 나타내는 통계량으로 다중공선성을 살펴볼 수 있는 지표이다. '허용치'가 1에 가까우면 다중공선성이 없는 것으로, 0에 가까우면 다중공선성이 심한 것으로 판단할 수 있다. <표 13.4>의 경우 변환 전이나 변환 후의 '허용치'가 모두 1에 가까운 값이므로 설명변수들 간의 다중공선성은 존재하지 않는다고 할 수 있다.

이제 최적변환된 범주값들을 살펴보자. 아래의 수량화값 테이블은 Output... 버튼을 눌러 **Category Quantifications**에 두 개 변수를 지정하여 얻은 결과이다.

Package design[a]

Ca⋯	Frequency	Quantification
A*	9	-1.163
B*	6	1.159
C*	7	.502

a. Optimal Scaling Level: Nominal.

Price[a]

Cat⋯	Frequency	Quantification
$1.19	8	-1.173
$1.39	6	.000
$1.59	8	1.173

a. Optimal Scaling Level: Numerical.

한편 <그림 13.8>의 실행으로 데이터 창에는 <표 13.5>와 같이 최적변환된 값들이 저장된다. 버전 17.0에서 변수 $package$가 'nominal'로 최적변환을 시도하므로 <표 13.5>에서 출력된 $TRA2\_1$의 부호를 바꾼 후 $package$ 변수와 선도표(line plot)을 작성하면 <그림 13.10>의 $package$에 대한 플롯을 출력할 수 있다.

<표 13.5>
저장된
최적변환된
값들(일부)

package	brand	price	seal	money	pref	TRA1_1	TRA2_1	TRA3_1	TRA4_1	TRA5_1	TRA6_1
1	2	2	2	.	1	16	0.72	1.16	1.24	0.00	1.32	-0.61
2	1	1	1	1	5	-1.03	-1.16	-1.27	-1.17	-0.76	-0.61
2	2	2	1	2	7	-0.71	-1.16	1.24	0.00	-0.76	1.63
3	2	3	1	1	14	0.40	-0.50	1.24	1.17	-0.76	-0.61
3	3	2	1	1	12	0.09	-0.50	0.02	0.00	-0.76	-0.61
1	3	2	1	1	18	1.04	1.16	0.02	0.00	-0.76	-0.61
2	3	3	2	1	4	-1.18	-1.16	0.02	1.17	1.32	-0.61
1	1	3	1	2	20	1.36	1.16	-1.27	1.17	-0.76	1.63

<그림 13.10>은 최적변환된 $price$와 $package$에 대한 수량화 값을 플롯한 결과이다. $price$의 경우 <그림 13.10>(상)과 같이 직선 위에 모두 적합되었음을 알 수 있다. 추정된 회귀계수가 양수였으므로 가격대가 높을수록 사람들에게서 선호된다고 할 수 있다.

<그림 13.10>
척도변환
결과의 플롯
(상) price
(하) package
design

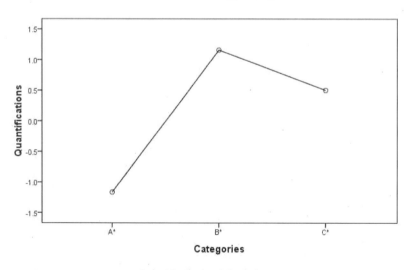

　　　<그림 13.10>(하)의 *package* 의 경우 'B*'가 가장 높게 수량화되었으며 그 다음으로 'C*', 'A*'의 순으로 척도화되었다. 회귀계수가 음의 값으로 추정되었으므로 사람들은 패키지 디자인 'A*'를 가장 선호한다는 것을 알 수 있다.

변수 *package*의 수량화값을 기준으로 잔차 플롯을 살펴보자. 통상적인 선형모형에 적합시켰던 잔차 플롯 <그림 13.5>와 달리 최적변환은 <그림 13.11>에서 보는 것처럼 U자 패턴을 많이 완화시켰음을 알 수 있다.

<그림 13.11>
잔차 플롯

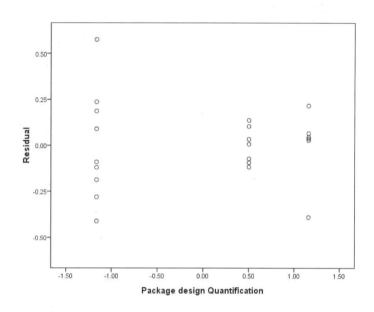

한편 설명변수는 그대로 두고 종속변수 *pref*를 spline ordinal로 척도화시킬 경우 결정계수는 0.958로 계산된다. 따라서 종속변수를 numeric으로 척도화시킨 결과보다 결정계수가 0.003 증가하게 된다. 수량화값이나 중요도는 수치에 있어 근소한 차이를 보이나 전반적인 해석은 크게 달라지지 않는다. 따라서 이 데이터에 대한 최적변환은 *pref*는 스플라인 순서형으로, *brand*와 *package*에 대해서는 명목형, 나머지 변수에 대해서는 수치형으로 다루는 것이라고 할 수 있다.

13.3 사례 분석 2: 기상 인자와 오존 농도 간의 관계

13.3.1 데이터

대류권 내의 오존은 광화학 반응에 의해서 생성되는 2차 대기오염물질로서 대기 중의 질소산화물과 휘발성 유기화합물의 농도 증가와 함께 그 오염도가 더욱 심각해지고 있는 물질이다. 우리나라에서의 오존의 특성을 살펴보면 계절별 일평균 오존 농도는 봄에 가장 높으며 여름에는 봄과 가을에 비교하여 오히려 낮게 나타난다. 오존 농도의 일일 변화 특성 중 최고 오존 농도는 오후 3~4시경, 최저 오존 농도는 해가 뜬 직후에 나타난다.

오존 농도와 기상 인자와의 관련성을 살펴보면 일최고 오존 농도는 일최고 기온 증가에 따라 지수 함수적으로 증가하며 일사량 증가에 따라 오존 농도는 증가한다. 강수가 있는 경우 낮에는 오존 농도가 더 낮게 나타나지만 밤에는 강수가 없는 경우보다 더 높게 나타난다. 또한 여름철 낮에는 풍속이 강할수록 오존 농도 상승이 저해되지만 겨울철 밤에는 오히려 오존 농도가 높게 나타난다. 따라서 80ppb[10] 이상의 고농도 오존은 기온이 높고 풍속이 약하면서 오전 평균 운량이 적은 경우에 나타나며 특히 우리나라 주변에 고기압이 존재하여 기압경도가 약할 때 나타나는 것으로 알려져 있다.

<그림 13.12>는 오존 수준을 측정한 데이터로 오존 발생과 밀접한 관련성이 있는 변수들을 함께 측정한 결과이다. 이 데이터는 1976년에 330일 동안 미국의 업플랜드(Upland), 캘리포니아(California), 로스앤젤레스(Los Angeles) 동부 지역 등에서 관측된 것이다. 습도나 역전층의 기온, 풍속 등도 조사되었으나 분석에 사용할 변수들은 다음과 같다.

---

[10] ppb: parts per billion

ozon: 매일 측량된 오존 수준 (38개의 범주로 분류됨)

ibh: 역전현상이 발생하는 기점이 되는 고도(단위: feet)

dpg: 기압경도 (단위: mm Hg)

vis: 가시거리 (단위: miles)

temp: 기온 (단위: ℉)

doy: 관측일

<그림 13.12>
오존데이터
(ozone.sav)

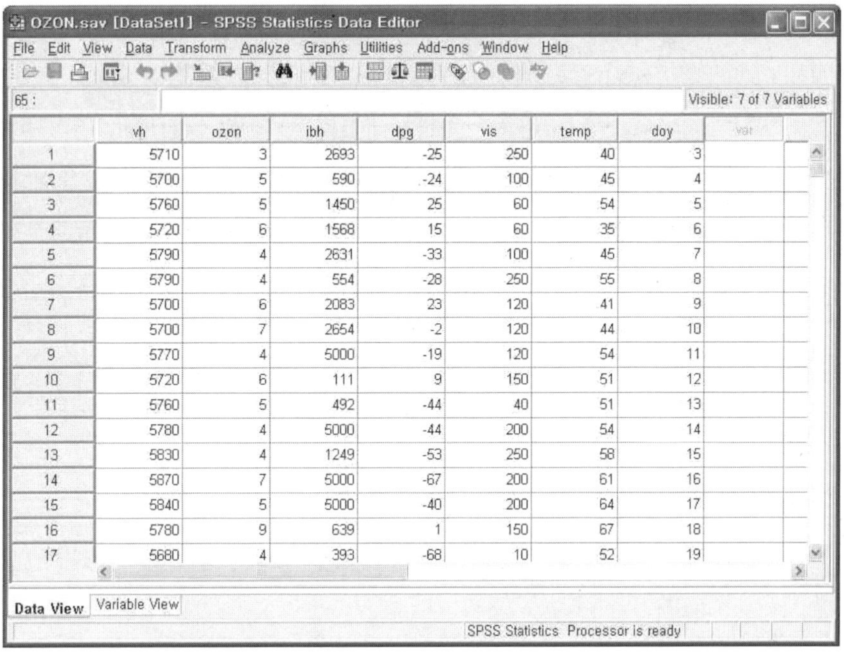

	vh	ozon	ibh	dpg	vis	temp	doy	var
1	5710	3	2693	-25	250	40	3	
2	5700	5	590	-24	100	45	4	
3	5760	5	1450	25	60	54	5	
4	5720	6	1568	15	60	35	6	
5	5790	4	2631	-33	100	45	7	
6	5790	4	554	-28	250	55	8	
7	5700	6	2083	23	120	41	9	
8	5700	7	2654	-2	120	44	10	
9	5770	4	5000	-19	120	54	11	
10	5720	6	111	9	150	51	12	
11	5760	5	492	-44	40	51	13	
12	5780	4	5000	-44	200	54	14	
13	5830	4	1249	-53	250	58	15	
14	5870	7	5000	-67	200	61	16	
15	5840	5	5000	-40	200	64	17	
16	5780	9	639	1	150	67	18	
17	5680	4	393	-68	10	52	19	

여기서 변수 *ibh*는 역전현상이 발생하는 기점이 되는 고도를 나타낸다. 일반적으로 대기는 상층으로 올라 갈수록 0.6~2.0℃/100m씩 감소한다. 즉, 기온체감 현상이 나타나는데 대기의 안정, 불안정에 중요한 영향을 주게 된다. 그러나 기온이 고도가 높아질수록 낮아지지 않고 오히려 높아지는 현상을 역전현상이라고 하고 역전현상이 나타나는 지층을 역전층(inversion layer; 逆轉層)이라고 한다. 역전현상은 지표부근에서 야간에 복사냉각으로 나타나는 현상으로 도시지역에서는 상하층의 대기가 잘 혼합되지 않아 역전층 아래에 연기나 매연 등이 침체되어 스모그 현상이 발생하기

쉽다. 만약 높이 1피트(feet)에서 이와 같은 역전현상이 변화되어 다시 고도가 높아질수록 공기가 차가워지게 된다면 그 높이를 "ibh(inversion base height)"라고 한다.

기압경도란 기압차의 크기를 말하는 것으로 기압차가 클수록 바람도 강한 특성이 있다. 이 기압경도는 업플랜드 지역에서 측정한 기압과 다거트(Daggett) 지역에서 측정한 기압 간의 차이를 나타낸다. 기압경도 값이 양수일 경우 이는 업플랜드 지역의 기압이 더 높다는 것을 의미한다. 가시거리란 지평선의 하늘을 배경으로 시각 5도 이하의 검은 목표를 형태나 윤곽까지 육안으로 식별할 수 있는 거리를 말한다.

<그림 13.13>은 이들 데이터를 행렬 산점도로 나타낸 결과이다. 오존과 기온은 양의 상관관계를 나타내며 가시거리와는 음의 상관관계를 나타내고 있다. 그리고 관측일(doy)과 기온(temp) 간의 플롯으로부터 일정기간 동안은 기온이 상승하다 그 이후에는 기온이 내려가는 양상을 나타냄을 짐작할 수 있다.

<그림 13.13>
오존 데이터의
행렬 산점도

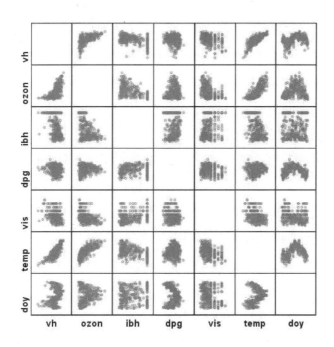

그런데 <그림 13.12>와 같이 4~5개의 범주들로 구성된 매우 단순한 형태의 데이터가 아닐 경우 최적 회귀분석을 위해서는 이들 데이터를 범주화시키는 것이 필요하다. 왜냐하면 알고리즘에서 양의 정수만을 다루므로 소수점 이하의 숫자는 절삭되거나 음수는 결측으로 처리되기 때문이다. 또한 너무 많은 범주를 가지고 있는 경우에도 실제적으로 해석에 도움이 될 수 있도록 범주를 축약시킬 필요가 있다.

다음 테이블은 각 변수들의 범위를 구한 결과이다.

Statistics

		vh	ozon	ibh	dpg	vis	temp	doy
N	Valid	330	330	330	330	330	330	330
	Missing	0	0	0	0	0	0	0
	Range	630	37	4889	176	350	68	362
	Minimum	5320	1	111	-69	0	25	3
	Maximum	5950	38	5000	107	350	93	365

변수 doy는 최소값 3에서 최대값 365를 가지고 있다. 데이터의 특성을 무시하면 1년이 365일이므로 365개의 범주를 가지고 있는 셈이 된다. 이와 유사하게 변수 vis도 범위가 0에서 350마일까지다. 따라서 두 변수를 좀 더 적은 범주를 가지는 변수로 변환시키기 위해 10으로 나눈 후 가장

가까운 정수로 만들기 위해 1을 더한 후 사사오입하도록 하자. 이렇게 함으로써 새로 만든 변수들은 각각 38개와 36개의 범주를 갖게 된다. 범주가 대폭 축소되므로 해석이 보다 쉬워질 것이다.

변수 *ibh*의 범위도 111에서 5000까지이다. 따라서 100으로 나눈 후 정수로 만들도록 한다. 변수 *dpg*는 앞에서 설명한 3개의 변수와 좀 다르게 변환시켜야 하는데 이 변수가 취하는 값의 범위가 −69에서 107까지이기 때문이다. 음수를 처리하여 1에서 177까지의 범위를 가지는 것으로 만든 후 10으로 나눈 후 1을 더하고 역시 사사오입(四捨五入)시켜 정수로 만들도록 한다. 마지막으로 화씨(°F)로 관측된 기온의 범위가 25에서 93이다. 단위를 섭씨(℃)로 바꿔 −4에서 35도까지의 범위를 갖도록 한다. 그런 다음 음수처리를 위해 5를 더하도록 한다.

이와 같은 일련의 작업은 명령문(syntax) 창을 이용하여 실행시키면 효율적이다. 여기서 RND는 'round'를 나타내는 SPSS 명령문 함수이다. 다음과 같이 명령문을 작성한 후 실행시키도록 한다.

```
COMPUTE ddoy  =  RND(doy/10+1).
COMPUTE dvis  =  RND(vis/10+1).
COMPUTE dibh  =  RND(ibh/100+1).
COMPUTE ddpg  =  RND((dpg+70)/10+1).
COMPUTE tempc  =  RND((temp−32)/1.8)+5.
EXECUTE.
```

13.3.2 최적 회귀분석 절차

이제 그리 크지 않은 범주들을 갖도록 변환시킨 변수들을 가지고 최적 회귀분석을 시도해 보자. <그림 13.14>와 같이 종속변수, 독립변수를 각각 선택하고 변환시킬 척도를 설정하자. 또한 변환된 변수에 대한 플롯작성을 위해 [Plots...]에서 <그림 13.15>와 같이 변환된 변수에 대한 플롯을 선택하도록 한다.

<그림 13.14>
최적 회귀분석
(변수 설정)

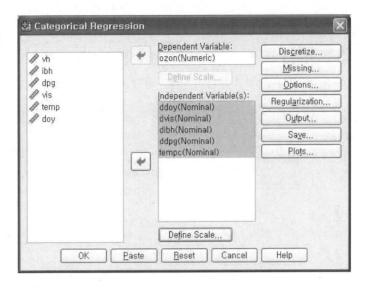

<그림 13.15>
최적 회귀분석
(플롯 옵션)

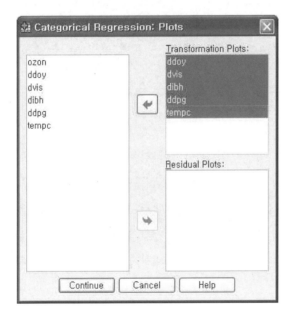

13.3.3 결과의 이해

최적 회귀분석 결과를 살펴보기에 앞서 연속형 데이터로 간주하고 보통의 선형 회귀모형에 적합시킬 경우 결정계수는 0.678, 조정된 결정계수는 0.673이 계산된다. 또한 이에 대한 잔차 플롯은 아래와 같이 U자 패턴을 보인다.

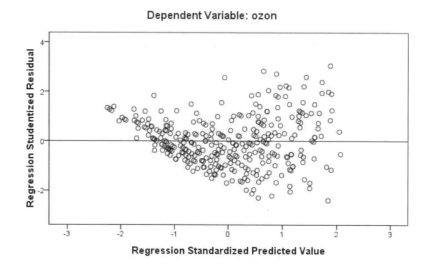

그러나 최적 회귀분석을 시도할 경우 <표 13.6>과 같이 결정계수는 0.883이고 조정된 결정계수는 0.787로 증가됨을 알 수 있다. 아울러 5개의 변환된 설명변수들은 5% 유의수준에서 모두 통계적으로 유의하다.[11]

즉, 관측일이 적고 가시거리가 짧고 역전현상이 발생하는 기점이 되는 고도가 낮을수록 오존 수준은 높으며 기압경사도가 높을수록 그리고 기온

---

[11] 원래 관측된 종속변수와 설명변수에 대해서 순서형이나 스플라인 순서형으로 최적변환시켰을 경우 현재의 모형에서 보여 주는 것만큼의 결정계수가 계산되지 않는다. 또한 양의 정수로 변환시킨 변수를 이용하여 순서형이나 스플라인 순서형으로 최적변환을 취하여도 마찬가지 결과를 얻게 된다. 그러나 종속변수는 스플라인 순서형으로, tempc를 제외한 나머지 설명변수는 스플라인 명목형으로 그리고 tempc는 스플라인 순서형으로 적합시킬 경우 결정계수는 비록 0.831이지만 수정된 결정계수는 0.82로 높게 계산된다. 따라서 수정된 결정계수를 놓고 평가할 경우 평활시켜 적합시키는 것이 더 좋다고 할 수 있겠다.

이 높을수록 오존 수준이 높아진다고 할 수 있다.

'importance'로 변수의 중요도를 판단해 보면 기온에 대한 중요도가 0.604로 오존 농도를 설명하는데 매우 중요한 변수임을 나타낸다.

<표 13.6>
모형
요약결과와
회귀계수 및
상관계수

Model Summary

	Multiple R	R Square	Adjusted R Square	Apparent Prediction Error
Standardized Data	.940	.883	.787	.117

Dependent Variable: ozon
Predictors: ddoy dvis dibh ddpg tempc

ANOVA

	Sum of Squares	df	Mean Square	F	Sig.
Regression	291.318	148	1.968	9.210	.000
Residual	38.682	181	.214		
Total	330.000	329			

Dependent Variable: ozon
Predictors: ddoy dvis dibh ddpg tempc

Coefficients

	Standardized Coefficients				
	Beta	Bootstrap (1000) Estimate of Std. Error	df	F	Sig.
ddoy	-.346	.058	37	36.172	.000
dvis	-.199	.045	17	19.104	.000
dibh	-.266	.051	41	26.864	.000
ddpg	.254	.059	17	18.578	.000
tempc	.653	.091	36	51.394	.000

Dependent Variable: ozon

Correlations and Tolerance

	Correlations				Tolerance	
	Zero-Order	Partial	Part	Importance	After Transformation	Before Transformation
ddoy	-.336	-.683	-.320	.132	.855	.801
dvis	-.329	-.492	-.194	.074	.951	.753
dibh	-.492	-.594	-.253	.148	.906	.597
ddpg	.145	.571	.238	.042	.879	.860
tempc	.817	.870	.605	.605	.859	.577

Dependent Variable: ozon

이제 변환된 변수들에 대한 플롯을 살펴보도록 하자.

<그림 13.16>에서 변수 *ddpg*에 대한 변환플롯을 살펴보면 범주1에서 7까지는 0에 가까운 작은 값으로 수량화되었다. 따라서 오존 수준의 예

측에서 이들 범주에 의한 기여도는 작을 것으로 예상된다. 범주 8에서 10 까지는 수량화 값이 1근방의 값으로 계산되었고 양수이므로 결과적으로 오존 수준을 예측하는 데 다소 증가시키는 역할을 했을 것으로 예상된다. 그리고 가장 최저치를 보이는 17번째 범주에서 오존 수준 예측에 마이너스 효과가 가장 클 것으로 예상된다. 비록 범주 17 이후 수량화값이 증가되는 패턴을 보이지만 $ddpg$에 대해서 순서형 척도를 적용하는 것이 무리한 것처럼 보이지는 않는다.

$dvis$와 $dibh$ 변환플롯은 특별한 패턴을 보이지 않고 있다. 따라서 개별 범주에 초점을 두고 해석할 필요가 있다. 이들 변수를 변환할 때 순서성이나 선형성 제약을 두는 것은 적합값을 통계적으로 유의하게 감소시킨다고 할 수 있다.

<그림 13.16>
변환 플롯
ddpg

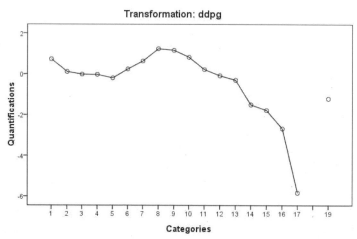

Transformation: ddpg

Optimal Scaling Level: Nominal.

<그림 13.16>
(계속)
변환플롯
dvis(상),
dibh(하)

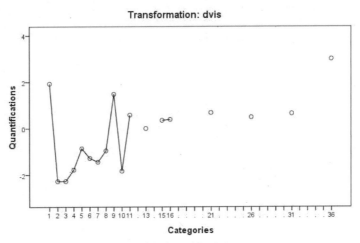

Transformation: dvis

Optimal Scaling Level: Nominal.

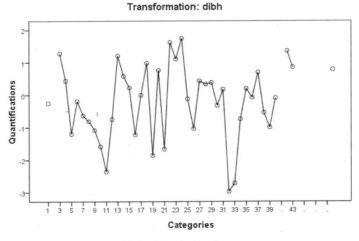

Transformation: dibh

Optimal Scaling Level: Nominal.

<그림 13.17>에서 *ddoy*의 변환플롯은 관측일이 증가할수록 일정한 패턴을 보이고 있는데 마치 U자 모양을 띠고 있다고 할 수 있겠다. *ddoy*의 회귀계수를 고려하면 초기 범주(1에서 5범주)는 오존 수준에 대해 감소시키는 효과를 가지고 있다고 할 수 있다. 그리고 범주 6부터 범주 21에서 척도화시킨 효과가 증가하다 범주 21 이후부터는 오존 수준을 예측하는 데 척도화된 값이 감소된다고 할 수 있다.

*tempc*에 대한 변환플롯은 꾸준히 증가하는 하나의 패턴을 보이고 있다. 결과적으로 척도화 변환된 변수값이 증가할수록 예측된 오존 수준은 증가하는 경향을 보일 것이다. *tempc* 패턴은 순서형 척도로 변환하여도 좋을 것으로 보여진다.

<그림 13.17>
변환 플롯
ddoy(상)
tempc(하)

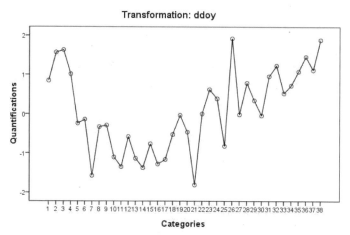

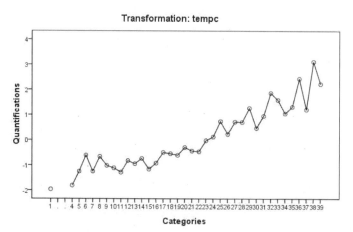

<그림 13.17>의 결과를 토대로 <그림 13.18>과 같이 $tempc$만 순서형 척도로 변환시켜 적합시켜 보자.

<그림 13.18>
최적 회귀분석
(상) tempc의
순서성 척도
선택 (하)
SAVE 옵션

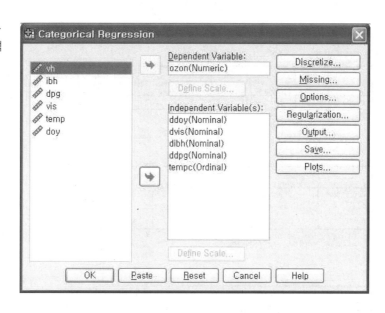

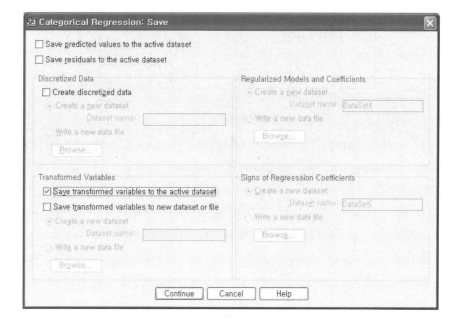

<표 13.7>의 결과를 살펴보면 결정계수가 0.873으로 명목척도로 변환된 경우보다 다소 감소되었고 나머지 변수들에 대한 회귀계수의 유의성이나 데이터 해석에는 변함이 없다는 것을 알 수 있다.

<표 13.7>
모형 요약
결과와
회귀계수

Model Summary

	Multiple R	R Square	Adjusted R Square	Apparent Prediction Error
Standardized Data	.934	.873	.792	.127

Dependent Variable: ozon
Predictors: ddoy dvis dibh ddpg tempc

ANOVA

	Sum of Squares	df	Mean Square	F	Sig.
Regression	288.004	128	2.250	10.769	.000
Residual	41.996	201	.209		
Total	330.000	329			

Dependent Variable: ozon
Predictors: ddoy dvis dibh ddpg tempc

Coefficients

	Standardized Coefficients				
	Beta	Bootstrap (1000) Estimate of Std. Error	df	F	Sig.
ddoy	-.342	.047	37	53.636	.000
dvis	-.198	.040	17	24.991	.000
dibh	-.272	.042	41	41.506	.000
ddpg	.245	.047	17	26.715	.000
tempc	.662	.083	16	63.210	.000

Dependent Variable: ozon

이제 최종적으로 변환된 변수들(TRA1_1부터 TRA1_6으로 저장됨)을 가지고 통상적인 선형 회귀분석을 시도해 보자.

반응변수: *trans_ozon*

독립변수: *trans_tempc, trans_dvis, trans_dibh*

<그림 13.18>에서 [Save...]를 이용해 저장시킨 변수들을 선형 회귀모형에 적합시킨 결과 <표 13.8>과 같이 0.757의 결정계수를 보였다. 그러나 최적 회귀분석에서 $tempc, dvis, dibh$를 이용하여 적합시키면 결정계수는 0.791로 계산된다.

이 결과로부터 척도화된 변수들 일부를 가지고 최적 회귀분석에 적합
시킨 결과가 선형 회귀모형에 적합시킨 것보다 더 낫다는 것을 알 수 있다.
<그림 13.19>는 잔차 플롯이다.

<표 13.8>
모형 요약
결과

Model Summaryb

Mode l	R	R Square	Adjusted R Square	Std. Error of the Estimate
1	.870a	.757	.755	.49596

a. Predictors: (Constant), Dibh Quantification, Dvis Quantification, Tempc Quantification

b. Dependent Variable: Ozon Quantification

<그림 13.19>
잔차 플롯

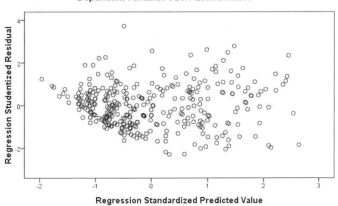

Dependent Variable: Ozon Quantification

변환된 변수들은 원래의 종속변수와 설명변수들 간에 비선형적인 관
계를 가진다. 그러나 여러 개의 설명변수들이 포함될 경우에는 다른 변수
들의 효과가 교락되어 있게 된다. 따라서 *ozon*과 *ddoy*에 대한 산점도를
살펴보도록 하자.

<그림 13.20>
ozon과
ddoy의 산점도

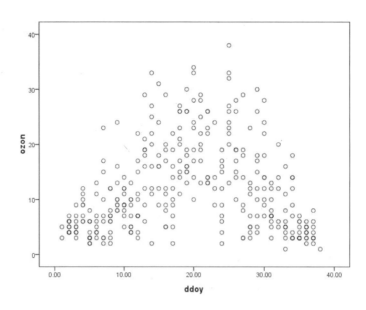

이를 통상적인 선형 회귀모형에 적합시킬 경우에는 결정계수가 거의 0에 가까운 값으로 계산되지만 이들 두 변수만 이용하여 최적 회귀분석을 시도할 경우에는 아래와 같이 결정계수는 0.562이다. 그리고 <그림 13.21>의 변환된 플롯을 통해 *ddoy*의 양 극단에 있는 값들은 음의 값으로 수량화되지만 중심에 있는 값들은 양의 값으로 수량화되었음을 알 수 있다.

Model Summary

Multiple R	R Square	Adjusted R Square
.750	.562	.509

Dependent Variable: ozon
Predictors: ddoy

이제 최적 척도화된 두 변수를 가지고 산점도를 작성해 보자. <그림 13.22>에서는 <그림 13.20>에서 살펴보았던 뒤집어진 U자 패턴은 없어지고 직선적인 경향을 보이고 있다. 즉 변환된 *ddoy*가 증가할수록 예측된 오존값도 증가될 것임을 알 수 있다.

<그림 13.21>
변환 플롯

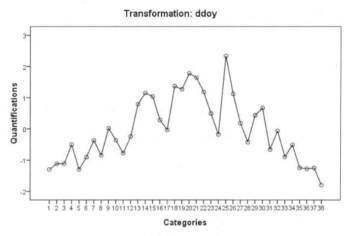

<그림 13.22>
변환된 변수들
간의 산점도

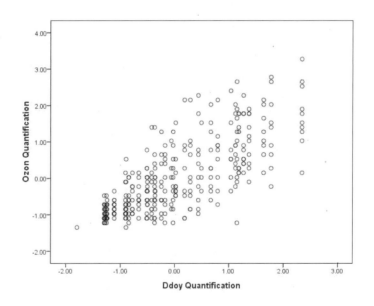

일반적으로 변수들에 대한 최적척도화는 수치형, 평활순서형, 순서형, 평활명목형, 명목형 순으로 R제곱값이나 수정된 R제곱값이 증가한다. 따라서 R제곱값이나 수정된 R제곱값에만 의존하여 최적모형을 판단하지 말고 변수들의 특성이나 잔차 플롯 등 데이터의 특성을 고려하여 다양하게 검토하는 것이 필요하다.

13.4 사례 분석 3: 능형회귀분석

13.4.1 RIDGEREG를 이용한 분석방법

이 절에서는 정규화(regularization) 방법 중 "Ridge"를 이용한 능형회귀분석에 대해서 살펴보도록 한다. 먼저 SPSS가 설치된 디렉토리에 저장되어 있는 명령문 파일을 이용한 분석방법을 설명하도록 하겠다.

먼저 <표 13.9>의 데이터에서 각 변수들은 다음을 나타낸다.

fat: 체지방 비율,
$skinfold$: 삼두근 피하지방 두께
$thigh$: 허벅지 둘레,
$midarm$: 중상박부 둘레

<표 13.9>
체지방률
데이터

skinfold	thigh	midarm	fat
19.5	43.1	29.1	11.9
24.7	49.8	28.2	22.8
30.7	51.9	37	18.7
29.8	54.3	31.1	20.1
19.1	42.2	30.9	12.9
25.6	53.9	23.7	21.7
31.4	58.5	27.6	27.1
27.9	52.1	30.6	25.4
22.1	49.9	23.2	21.3
25.5	53.5	24.8	19.3
31.1	56.6	30	25.4
30.4	56.7	28.3	27.2
18.7	46.5	23	11.7
19.7	44.2	28.6	17.8
14.6	42.7	21.3	12.8
29.5	54.4	30.1	23.9
27.7	55.3	25.7	22.6
30.2	58.6	24.6	25.4
22.7	48.2	27.1	14.8
25.2	51	27.5	21.1

여기서 삼두근 피하지방 두께, 허벅지 둘레, 중상박부 둘레를 이용하여 체지방 비율을 예측하는 모형을 찾아보도록 하자.

먼저 4개 변수들 간의 상관계수를 살펴보도록 하자. <표 13.10>으로부터 종속변수 fat과 상관관계가 가장 작은 것은 $midarm$이지만 설명변수 $skinfold$와 $thigh$ 간에는 매우 높은 상관관계가 있으며 $skinfold$와 $midarm$ 간에도 중간정도의 상관관계가 유의함을 알 수 있다. 이는 전통적인 회귀분석을 실시할 경우 다중공선성 문제가 제기될 수 있음을 뜻한다. 다중공선성의 문제를 확인해 보기 위해 Regression → Linear에서 Multicollinearity를 선택하여 출력결과 창에서 얻은 테이블이 <표 13.11>이다. 허용치(tolerance)가 0.1보다 작고 분산팽창인자를 나타내는 VIF가 30을 초과하고 있으므로 다중공선성 문제가 매우 심각하다는 것을 확인할 수 있다.

<표 13.10>
상관분석

Correlations

		skinfold	thigh	midarm	fat
skinfold	Pearson Correlation	1	.924**	.458*	.843**
	Sig. (2-tailed)		.000	.042	.000
	N	20	20	20	20
thigh	Pearson Correlation	.924**	1	.085	.878**
	Sig. (2-tailed)	.000		.723	.000
	N	20	20	20	20
midarm	Pearson Correlation	.458*	.085	1	.142
	Sig. (2-tailed)	.042	.723		.549
	N	20	20	20	20
fat	Pearson Correlation	.843**	.878**	.142	1
	Sig. (2-tailed)	.000	.000	.549	
	N	20	20	20	20

** Correlation is significant at the 0.01 level (2-tailed).

*. Correlation is significant at the 0.05 level (2-tailed).

<표 13.11>
추정된
회귀계수

Coefficients[a]

Model		Unstandardized Coefficients		Standardized Coefficients	t	Sig.	Collinearity Statistics	
		B	Std. Error	Beta			Tolerance	VIF
1	(Constant)	117.085	99.782		1.173	.258		
	skinfold	4.334	3.016	4.264	1.437	.170	.001	708.843
	thigh	-2.857	2.582	-2.929	-1.106	.285	.002	564.343
	midarm	-2.186	1.595	-1.561	-1.370	.190	.010	104.606

a. Dependent Variable: fat

　　　SPSS 16.0 이하 버전에서의 능형회귀(ridge regression) 분석은 모듈에 포함되어 있지 않고 별도의 명령문 파일로만 제공된다. 따라서 능형회귀분석을 위해서는 분석대상의 데이터를 불러온 후 <그림 13.23>과 같이 "Ridge regression.sps" 파일이 저장되어 있는 경로를 명령문 INCLUDE에 적는다. 이 파일은 능형회귀분석을 위해 SPSS 명령문(syntax)을 이용하여 매크로로 이미 작성된 것이다. 다음으로 RIDGEREG 명령문에 종속변수와 설명변수를 DEP, ENTER로 구분하여 나열시킨 후 벌점모수의 증분을 지정한다. <그림 13.23>은 벌점모수(여기서는 K로 표시됨)의 값을 0부터 시작하여 0.001씩 증분하여 0.02가 되면 멈추도록 작성한 것이다.

<그림 13.23>
능형회귀분석
을 위한
명령문 작성

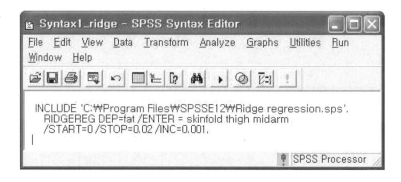

　　　능형회귀분석을 위한 명령문 작성이 끝나면 **SPSS Syntax Editor** 창에서 **Run**→**All**을 클릭하여 실행시킨다.

　　　<그림 13.24>는 Ridgereg 프로시저 수행 결과이다. 벌점모수가 0.001씩 증가될 때 추정된 표준화된 회귀계수와 R제곱값을 제공하고 있다. K = 0에서 추정된 표준화된 회귀계수는 OLS에 의해 추정된 값이다. K = 0.001이상에 출력된 표준화 회귀계수들은 모두 편향된 값들이다. K값이 증가됨에 따라 추정되는 표준화 회귀계수가 점점 작아지는 것을 알 수 있다.

<그림 13.24>
패널티와
표준화
베타계수

```
          R-SQUARE AND BETA COEFFICIENTS FOR ESTIMATED VALUES OF K

   K        RSQ      SKINFOLD     THIGH      MIDARM
--------  --------  ----------  ---------  ----------
 .00000    .80136    4.263705   -2.92870   -1.56142
 .00100    .79435    2.034800   -.940802    -.708677
 .00200    .79011    1.440663   -.411285    -.481273
 .00300    .78781    1.165274   -.166124    -.375799
 .00400    .78639    1.006324   -.024837    -.314866
 .00500    .78542     .902813    .066993    -.275140
 .00600    .78472     .830016    .131423    -.247163
 .00700    .78419     .776009    .179092    -.226374
 .00800    .78378     .734332    .215763    -.210302
 .00900    .78345     .701181    .244826    -.197492
 .01000    .78317     .674173    .268411    -.187032
 .01100    .78294     .651736    .287919    -.178322
 .01200    .78274     .632792    .304311    -.170948
 .01300    .78257     .616578    .318269    -.164618
 .01400    .78242     .602539    .330287    -.159121
 .01500    .78229     .590258    .340737    -.154298
 .01600    .78217     .579422    .349899    -.150027
 .01700    .78206     .569784    .357992    -.146215
 .01800    .78197     .561155    .365187    -.142789
 .01900    .78188     .553379    .371621    -.139690
 .02000    .78180     .546334    .377404    -.136872
```

K값이 증가될 때 각 추정된 회귀계수들이 어떤 양태를 보이는지를 살펴보기 위해 <그림 13.25>와 같이 프로그램을 추가하자. 원래 "Ridge regression.sps"에서 제공하는 플롯은 산점도(scatter plot)이나 윤곽을 좀 더 명확하게 파악하기 위해 이 파일을 불러온 후 <그림 13.25>와 같이 선점도 (line plot)를 출력하도록 추가시킨 후 저장한다. 다시 <그림 13.23>을 실행시키면 <그림 13.26>과 <그림 13.27>의 선도표가 작성된다.

K값 변화에 따른 회귀계수의 양상을 나타내는 <그림 13.26>의 플롯(보통 trace plot이라고 함)을 통해 추정된 회귀계수들이 안정적으로 추정되는 시점을 살펴보면 된다. K = 0일 때의 추정된 회귀계수가 바로 축소(shrinkage) 전의 추정치를 나타낸다. 이때는 다중공선성이 매우 심하므로 이 회귀계수가 불안정하다. 따라서 예측값 또한 부정확하고 불안정할 수 있다. 추정된 회귀계수는 K값이 증가함에 따라 점점 축소(shrinkage)되면서 안정적으로 추정되고 있음을 알 수 있다. K = 0.19에서 안정적인 것으로 판단하면 이때 추정되는 능형회귀모형에서의 표준화된 회귀계수는 $skinfold, thigh, midarm$에 대해 각각 0.55379, 0.371621, −0.13969임을 <그림 13.24>를 이용해 확인할 수 있다.

<그림 13.25>
선도표 작성을
위한 명령문
추가

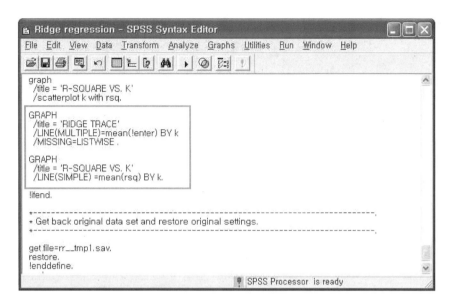

<그림 13.26>
Ridge Trace
plot

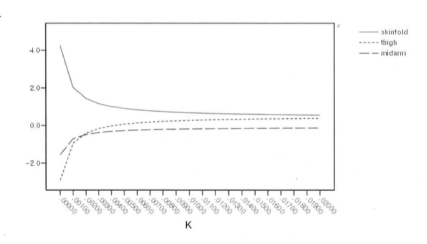

    <그림 13.27>은 K값의 증가에 따른 R제곱값의 변화양상을 나타내는 것으로 OLS 추정치를 이용할 때 가장 크고 벌점모수값이 증가함에 따라 점차 감소되는 것을 알 수 있다.

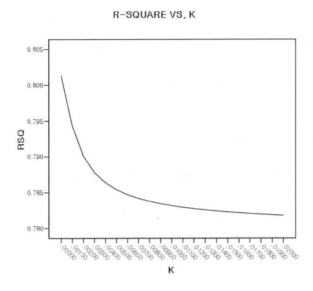

<그림 13.27>
패널티에 따른
R제곱값의
변화 양상

13.4.2 CATREG를 이용한 분석방법

다음으로 SPSS 17.0에 포함된 CATREG 모듈을 이용한 능형회귀분석 방법을 설명하도록 하겠다. 여기서는 최적변환까지 고려된 능형회귀분석을 제공한다. 따라서 앞에서 "Ridge regression.sps" 명령문 파일을 이용하여 분석한 결과와 동일한 결과가 제공되지는 않는다. 아무리 모든 변수들의 최적변환을 <u>numeric</u>으로 설정한다 하더라도 알고리즘 과정에서 이 경우는 가중선형 회귀과정을 수행하기 때문이다.

먼저 <표 13.9>의 데이터를 불러온 후 <그림 13.28>과 같이 종속변수와 독립변수를 지정하고 최적변환 척도를 디폴트로 적용해 보자. 능형회귀분석을 위해서는 [Regularization...]을 클릭하여 <그림 13.29>와 같이 **Ridge**를 선택하고 패널티 값의 최소값(minimum)과 최대값(maximum), 증분값(increment)을 입력한다. 정규화(regularization)에 의한 방법들은 보조 개체(supplementary object)를 지정하거나 모형평가를 위한 재표집(resampling) 방법으로 교차타당성(<u>Crossvalidation</u>)이나 붓스트랩(<u>.632 Bootstrap</u>)을 지정해야 정규화된 모형과 회귀계수에 대한 평가결과를 제공한다. 따라서 <그림 13.30>과 같이 **Categorical Regression: Output** 창에서 요구되는 통계량과 재표집(resampling)

방법을 지정하도록 한다. 만약 재표집방법으로 **Crossvalidation**에서 **number of folds**를 이 데이터의 전체 관측치 수인 20으로 지정하면 매번 재표집되는 표본은 관측치 한 개씩을 제외시킨 표본이 된다. 여기서는 디폴트로 두자.

<그림 13.28>
변수와 척도
지정

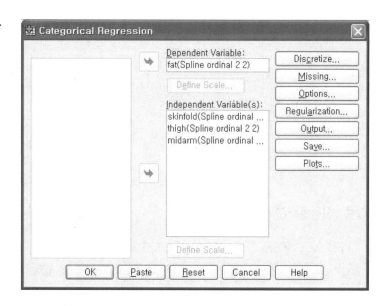

<그림 13.29>
Ridge 패널티
지정

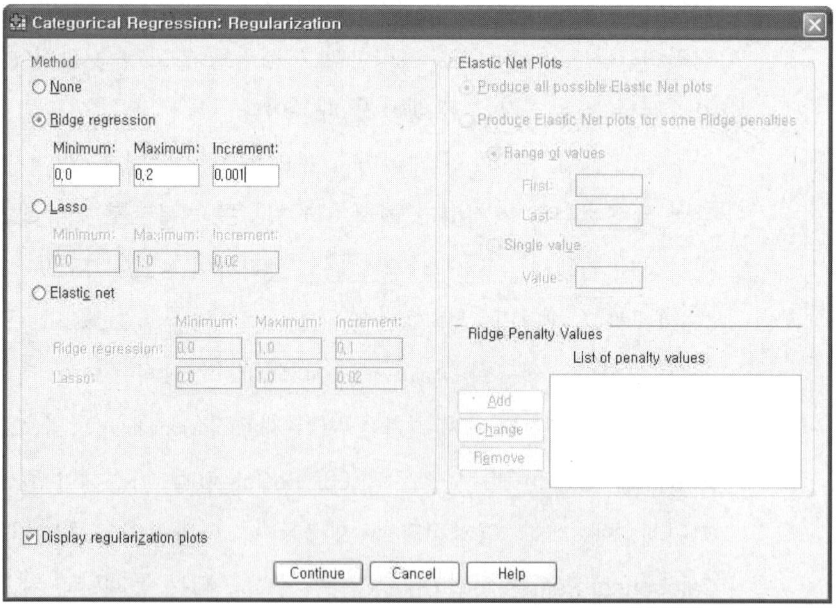

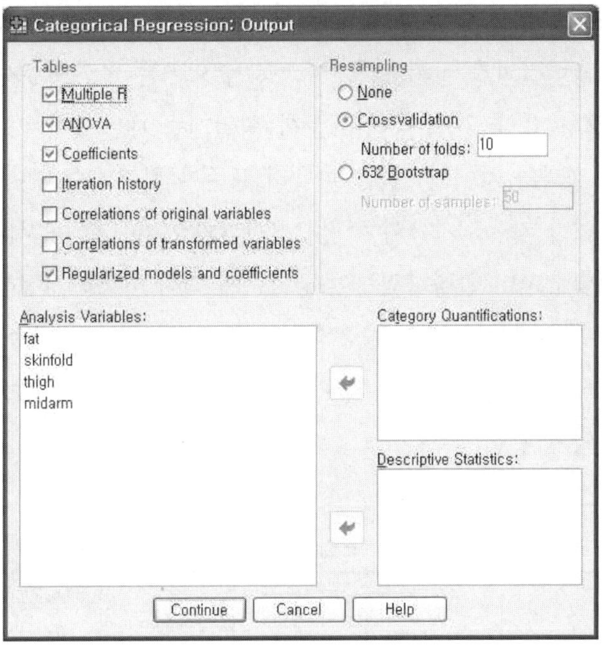

<그림 13.30>
출력결과
통계량 지정
및 교차타당성
평가 선택

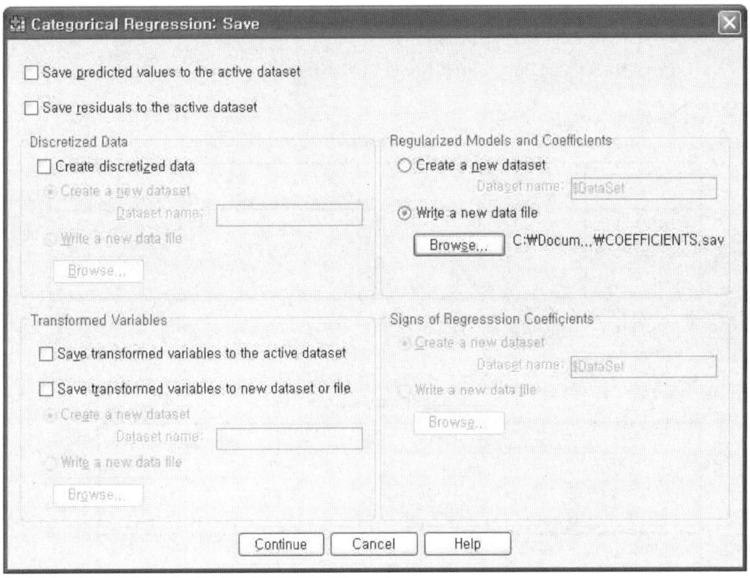

<그림 13.31>
정규화 모형과
회귀계수의
저장

한편 능형회귀분석의 반복과정에서 계산되는 추정회귀계수 및 R제곱값, 벌점모수 값 등은 별도의 파일로 저장하여 살펴볼 수 있다. 이를 위해서 <그림 13.31>과 같이 Categorical Regression: Save 창에서 Regularized models and coefficient 부분에서 저장할 파일명과 경로를 지정하면 된다.

이제 출력결과를 살펴보자. <그림 13.32>는 벌점모수가 0.02로 추정될 때의 모형 요약 및 추정된 표준화 회귀계수 테이블이다. 이는 <그림 13.24>의 결과와 차이가 있다. 아울러 표준화 회귀계수 테이블에서 각 독립변수에 대한 자유도가 1이 아닌 2에서 3의 자유도로 표시되어 있다. 이는 13.1절에서 이미 설명하였듯이 평활순서 최적변환을 지정하였으므로 다항식의 차수와 매듭의 개수 2+2에서 a_r에서 0인 원소의 개수를 뺀 값이다. 따라서 2장에서 다룬 다중회귀분석에서의 각 독립변수에 대한 자유도 1로 계산되지 않았다.

<그림 13.32>
정규화 모형과
회귀계수의
저장

Model Summary

					Expected Prediction Error	
Multiple R	R Square	Adjusted R Square	Regularizatio n "R Square" (1-Error)	Apparent Prediction Error	Estimate[a]	Std. Error
.934	.872	.797	.872	.128	.697	.407

Penalty .020
Dependent Variable: fat
Predictors: skinfold thigh midarm

a. Mean Squared Error (10 fold Cross Validation).

ANOVA

	Sum of Squares	df	Mean Square	F	Sig.
Regression	17.435	7	2.491	11.652	.000
Residual	2.565	12	.214		
Total	20.000	19			

Dependent Variable: fat
Predictors: skinfold thigh midarm

Coefficients

	Standardized Coefficients				
	Beta	Bootstrap (1000) Estimate of Std. Error	df	F	Sig.
skinfold	.603	.468	2	1.660	.231
thigh	.355	.457	2	.602	.564
midarm	-.321	.287	3	1.249	.335

Dependent Variable: fat

버전 17에서는 벌점모수 최대값 기준의 회귀계수 테이블을 제공한다. 따라서 모형 요약 테이블에 나와 있는 정규화-R제곱(Regularization R-square)이나 APE(apparent prediction error)를 기준으로 모형평가가 가능하다. 벌점모수가 0.02에서의 정규화-R제곱은 0.872임을 알 수 있다. 만약 벌점모수를 0.04로 두면 정규화-R제곱은 0.870으로 작아지며 APE는 0.128에서 0.130으로 증가한다.

<그림 13.32>의 결과로부터 $skinfold$, $thigh$, $midarm$의 표준화 회귀계수는 벌점모수 0.02 기준으로 0.603, 0.355, -0.321로 추정되었음을 알 수 있다.

<그림 13.33>은 새로운 데이터 창에 능형회귀분석과정에서 계산된 R제곱, 표준화 계수 합, 표준화 회귀계수 등이 벌점모수의 증가에 따라 함께 저장된 것이다. 이 테이블로부터 벌점모수의 증가에 따른 모형적합 결과를 살펴볼 수 있다.

<그림 13.33> 정규화 모형과 회귀계수의 저장

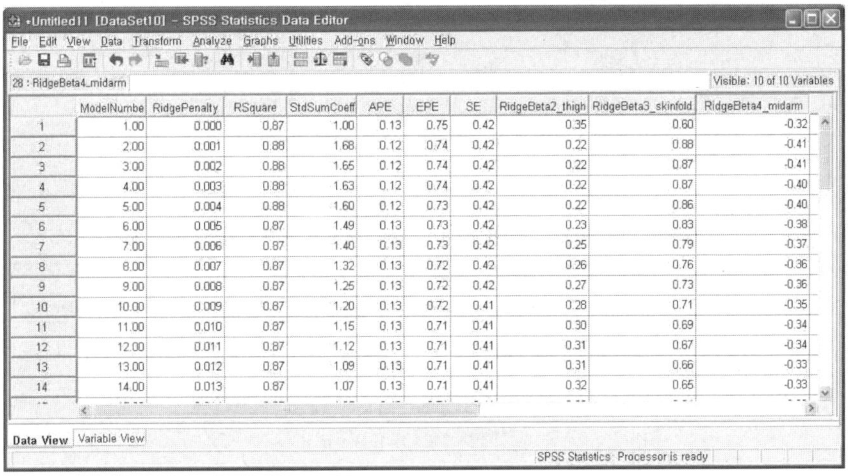

	ModelNumbe	RidgePenalty	RSquare	StdSumCoeff	APE	EPE	SE	RidgeBeta2_thigh	RidgeBeta3_skinfold	RidgeBeta4_midarm
1	1.00	0.000	0.87	1.00	0.13	0.75	0.42	0.35	0.60	-0.32
2	2.00	0.001	0.88	1.68	0.12	0.74	0.42	0.22	0.88	-0.41
3	3.00	0.002	0.88	1.65	0.12	0.74	0.42	0.22	0.87	-0.41
4	4.00	0.003	0.88	1.63	0.12	0.74	0.42	0.22	0.87	-0.40
5	5.00	0.004	0.88	1.60	0.12	0.73	0.42	0.22	0.86	-0.40
6	6.00	0.005	0.87	1.49	0.13	0.73	0.42	0.23	0.83	-0.38
7	7.00	0.006	0.87	1.40	0.13	0.73	0.42	0.25	0.79	-0.37
8	8.00	0.007	0.87	1.32	0.13	0.72	0.42	0.26	0.76	-0.36
9	9.00	0.008	0.87	1.25	0.13	0.72	0.42	0.27	0.73	-0.36
10	10.00	0.009	0.87	1.20	0.13	0.72	0.41	0.28	0.71	-0.35
11	11.00	0.010	0.87	1.15	0.13	0.71	0.41	0.30	0.69	-0.34
12	12.00	0.011	0.87	1.12	0.13	0.71	0.41	0.31	0.67	-0.34
13	13.00	0.012	0.87	1.09	0.13	0.71	0.41	0.31	0.66	-0.33
14	14.00	0.013	0.87	1.07	0.13	0.71	0.41	0.32	0.65	-0.33

13.5 SPSS(PASW) 명령문의 활용

최적회귀분석을 위해 사용되는 SPSS 모듈은 CATREG이다. 카펫 간이 청소기 선호도 데이터에서 사용한 <표 13.12>의 명령문과 오존 데이터에 적용한 <표 13.13>의 명령문을 살펴보자.

두 명령문의 대략적인 윤곽을 파악해 보면 분석에서 사용할 변수들을 지정하고 변환시킬 변수들의 척도를 지정하였으며 결측값 처리에 대한 부 명령어가 사용된 것을 알 수 있다. 최대 반복 횟수의 지정 및 출력결과 창 에서 보고 싶은 통계량 및 플롯 등을 지정하고 있다.

CATREG 명령문 사용법에 상세한 내용은 많기 때문에 보다 자세한 사 용법에 대해서는 SPSS에서 제공하는 자료를 참고하는 게 좋겠다. 이 절에 서는 두 예제에서 적용한 프로그램을 근간으로 기본적인 사용방법 위주로 간략히 살펴보도록 하겠다.

<표 13.12>
CATREG
명령문
예 1

```
CATREG
    VARIABLES = pref package brand price seal money
    /ANALYSIS = pref(LEVEL = NUME)  WITH package(LEVEL = NOMI)
                 brand(LEVEL = NUME)  price(LEVEL = NUME)
                 seal(LEVEL = NUME)  money(LEVEL = NUME)
    /MISSING = pref(LISTWISE) package(LISTWISE) brand(LISTWISE)
                 price(LISTWISE) seal(LISTWISE) money(LISTWISE)
    /MAXITER = 100
    /CRITITER = .00001
    /PRINT = R COEFF OCORR CORR ANOVA
    /INITIAL = NUMERICAL
    /PLOT = TRANS( price package ) (20)
    /SAVE = TRDATA  PRED  RES
    /REGULARIZATION = NONE
    /RESAMPLE = NONE.
```

<표 13.13>
CATREG
명령문
예 2

```
CATREG
    VARIABLES = ozon ddoy dvis dibh ddpg tempc
    /ANALYSIS = ozon(LEVEL = NUME)  WITH ddoy(LEVEL = NOMI)
                dvis(LEVEL = NOMI)  dibh(LEVEL = NOMI)
                ddpg(LEVEL = NOMI)  tempc(LEVEL = NOMI)
    /MISSING = ozon(LISTWISE) ddoy(LISTWISE) dvis(LISTWISE)
                dibh(LISTWISE) ddpg(LISTWISE) tempc(LISTWISE)
    /MAXITER = 100
    /CRITITER = .00001
    /PRINT = R  COEFF
    /INITIAL = NUMERICAL
    /PLOT = TRANS( ddoy dvis dibh ddpg tempc ) (20)
    /REGULARIZATION = NONE
    /RESAMPLE = NONE.
```

먼저 CATREG 명령문 사용의 기본 규칙을 살펴보면 다음과 같다.

· VARIABLES와 ANALYSIS 부명령어는 항상 사용된다.

· VARIABLES는 특히 맨 앞에서 지정되어야 한다.

· ANALYSIS에서 정의된 변수명은 VARIABLES에서 이미 선언되어 있어야 한다.

· ANALYSIS 부명령어에서는 정확히 한 개의 종속변수만 선언되어 져 있어야 하고 적어도 한 개 이상의 변수들이 키워드 WITH 뒤에 독립변수들로서 선언되어야 한다.

· 만약 두 개 이상의 종속변수가 선언된다면 CATREG 알고리즘은 수행되지 않는다.

· 시스템 결측과 사용자 정의 결측값에 대해서 CATREG는 1보다 작은 값을 갖는 결측 범주로 처리한다.

· 적어도 3 이상의 타당한 케이스가 있어야 한다.

· 타당한 케이스 수는 독립변수 개수 +1보다 커야 한다.

· 독립변수의 최대 개수는 200까지 가능하다.

- 파일분할(split-file) 메뉴는 CATREG에서 적용되지 않는다.
- 작업파일에 있는 일련번호를 갖는 변수들은 VARIABLES에서 키워드 TO를 이용해서 지정할 수 있다.
- DISCRETIZATION 부명령어는 연속형값을 갖는 변수를 이산화하거나 범주형 변수로 만들 때 사용한다.
- MAXITER는 알고리즘 최대 반복 횟수로 디폴트는 100이다.
- 결측값을 갖는 범주를 포함시켜 분석하기 위해서는 부명령어 MISSING에서 결측값 범주를 특정 범주로 대체시킨다.
- PRINT 부명령어는 모든 변수들에 대한 상관계수, 추정계수, 기술통계량과 분산분석표, 범주 수량화값 등을 출력시킨다.
- PLOT은 지정한 변수들에 대한 수량화 플롯(quantification plot)을 제공한다.
- SAVE를 통해 작업파일에 최적변환된 변수를 저장할 수 있다. 새로이 저장되는 변수들은 trans1_1, trans2_1, ...과 같은 변수명으로 저장된다.
- INITIAL에서 지정한 척도(scale)에 따라 반복알고리즘 적용 초기의 모형 구성(initial configuration)을 하게 된다.

각 부명령의 내용은 다음과 같다.

■ **ANALYSIS 명령어**

키워드 WITH와 함께 선언된 종속변수와 독립변수를 분석하게 된다. 이때 최적척도화 수준은 키워드 LEVEL에 의해 선언된다. 키워드 LEVEL에서 지정되는 최적척도화 수준은 13.4절에서 이미 언급한 것으로 다음 종류들이 있다.

- SPORD: 평활 순서형(spine ordinal(monotonic)) 디폴트임
- SPNOM: 평활 명목형(spine nominal(non-monotonic))
- ORDI: 순서형(ordinal)

ㆍ NOMI: 명목형(nominal)

ㆍ NUME: 수치형(numerical)

여기서 SPORD와 SPNOM은 다항식의 차수를 지정하는 DEGREE와 매듭(knots)의 수를 지정하는 INKNOT와 함께 사용된다.

■ DISCRETIZATION 명령어

이 부명령어는 소수와 같은 연속형 값을 이산화시켜 몇 개 그룹의 범주로 나누고자 할 경우 사용한다. 문자변수는 항상 양의 정수로 변환된다. 이 부명령어가 사용되지 않을 경우 연속형 값은 양의 정수를 갖는 7개의 범주로 그룹화된다. (디폴트임.)

■ MISSING 명령어

각 변수들의 결측값을 어떻게 처리할지를 지정할 수 있다.
ㆍ LISTWISE: 지정한 변수들의 결측값이 있는 케이스는 분석에서 제외된다.
ㆍ MODEIMPU: 최빈수(mode)로 결측값을 대체시킨다.
ㆍ EXTRACAT: 결측값을 특정범주(extra category)로 대체시킨다.

■ INITIAL 명령어

INITIAL에 의해 초기값 계산 방법을 지정할 수 있다. 사용할 수 있는 키워드는 NUMERICAL과 RANDOM, MULTISTART, FIXSIGNS가 있다. NUMERICAL이 디폴트이다. NUMERICAL은 모든 변수를 수치형으로 취급하는 것이다.

■ REGULARIZATION 명령어

정규화 방법을 지정한다. 키워드는 NONE, RIDGE, LASSO, ENET이 있다.

- NONE: 정규화를 적용하지 않는다.
- RIDGE(초기값, 최대값, 증분): 능형회귀분석을 적용한다.
- LASSO(초기값, 최대값, 증분): LASSO(least absolute shrinkage and selection operator)를 적용한다.
- ENET(초기값, 최대값, 증분)(초기값, 최대값, 증분): Elastic Net 방법을 적용한다. 첫 패널티는 Ridge벌점모수에 대한 것이고 두 번째 패널티는 LASSO벌점모수에 대한 것이다.

■ RESAMPLE 명령어

예측오차 추정치 계산을 위해 사용되는 재표집(resampling) 방법을 지정한다.

- NONE: 데이터를 재표집하지 않는다.
- CROSSVAL(정수): 지정한 양의 정수만큼 표본을 생성하여 예측오차를 추정한다. 디폴트는 10이다. 즉 주어진 데이터를 기본으로 10개의 재표집된 표본을 생성하게 된다.
- BOOTSTRAP(정수): 지정한 양의 정수개의 부표본을 생성하여 예측오차를 추정한다. 디폴트는 50이다.

■ PRINT 명령어

결과 창에 출력시킬 통계량을 지정한다. 다음의 키워드가 사용된다.

- R: 다중상관, 결정계수, 조정된 결정계수
- COEFF: 표준화 회귀계수
- DESCRIP: 빈도, 결측값, 최빈수 등의 기술통계량을 출력한다.
- HISTORY: 초기값을 포함하여 매회 반복에서 계산되는 통계량들을 출력한다.
- ANOVA: 분산분석표 출력
- CORR: 최적변환 후 설명변수들 간의 상관계수 출력
- OCORR: 변환 전 설명변수들 간의 상관계수 출력

　　　・ QUANT: 범주 수량화값 (category quantifications) 출력
　　　・ REGU: 정규화 모형에 대한 패널티, R제곱, 회귀계수 출력
　　　・ NONE: 아무것도 출력하지 않음.

■ **PLOT 명령어**

　　키워드 TRANS에 의해서는 원래 범주값과 최적변환된 범주 수량화 값들을 이용한 변환플롯(transformation plots)을 제공하며 키워드 RESID에 의해서는 잔차 플롯이 제공된다. 키워드 REGU에 의해서는 Ridge, Lasso, Elastic Net에 대한 정규화플롯(regularization path plot)을 제공한다. 다만 REGULARIZATION에 의해 정규화 방법이 지정되었을 때만 출력된다.

13.6 연습 문제

Quiz 1.

다음 데이터는 여행자의 연령(Age)과 각 교통 수단별 도착지까지 걸리는 총시간($Autotime$, $Plantime$, $Trantime$)을 고려하였을 때 어떤 운송수단($Chosen$)을 이용하였는지를 나타낸다. 변수 $Chosen$은 1 = 비행기(Plane), 2 = 자가용(Auto), 3 = 공공여객운송(Transit)을 의미한다. 여행시간, 연령과 교통수단 간의 관계를 살펴보시오.

Autotime	Plantime	Trantime	Age	Chosen
10	4.5	10.5	32	1
5.5	4	7.5	13	2
4.5	6	5.5	41	3
3.5	2	5	41	3
1.5	4.5	4	47	2
10.5	3	10.5	24	1
7.5	3	9	27	2
9	3.5	9	21	1
4	5	5.5	23	2
22	4.5	22.5	30	1
7.5	5.5	10	58	1
11.5	3.5	11.5	36	3
3.5	4.5	4.5	43	2
12	3	11	33	1
8	5.5	20	30	1
23	5.5	21.5	28	1
4	3	4.5	44	1
5	2.5	7	37	3
3.5	2	7	45	2
12.5	3.5	15.5	35	1
1.5	4	2	22	2

출처: So, Ying and Warren F. Kuhfeld, 1995.

Quiz 2.

　　두 가지 종류의 잡지에 게재된 광고를 분석한 데이터이다. 광고범주에 따른 빈도에 잡지의 종류, 광고된 인물의 성별, 광고 컨셉(concept) 간에 어떤 관계가 있는지 분석하시오.

Magazine	Sex	Concept	Categorization				
			Fitness	Compassion	Figure	Values	Erotic
Z	F	Self	44	99	50	11	101
Z	F	Seeking	41	12	9	11	85
Z	F	Relationship	6	0	12	5	3
Z	M	Self	67	97	67	18	207
Z	M	Seeking	80	9	11	9	37
Z	M	Relationship	1	0	3	4	1
WN	F	Self	8	14	17	18	107
WN	F	Seeking	19	1	4	38	59
WN	F	Relationship	20	0	0	3	0
WN	M	Self	9	7	4	3	42
WN	M	Seeking	11	2	6	3	19
WN	M	Relationship	1	0	1	0	0

출처: H. Giegler and H. Klein, 1994.

Quiz 3.

　　다음은 섭식 장애(eating disorder)의 심한 정도를 5등급으로 나눈 범주 내용이다.

　　0등급: 섭식 장애가 없음

　　1등급: 약간의 섭식 장애가 있음

　　2등급: 눈에 띄는 섭식 장애가 있음(통원치료로 충분)

3등급: 심한 섭식 장애가 있음(입원치료나 긴밀한 통원치료가 필요)

4등급: 매우 심한 섭식 장애가 있음(입원치료가 요구됨)

이 섭식 장애 등급(*severity*)별 각 환자들이 어떤 치료시점(*time*)에서 발견되는지를 분류한 결과 다음과 같은 테이블을 구성하게 되었다. 섭식 장애등급과 치료시점 간에 어떤 관계가 있는지 분석하시오.

time	섭식 장애 등급(*severity*)					
	0 없음	1 약간	2 보통	3 심함	4 매우 심함	Total
섭취량 진단시(intake)	3	4	35	58	34	134
처치 후(post treatment)	1	6	4	0	0	11
통원치료(follow-up)	24	21	17	6	0	68
Total	28	31	56	64	34	213

출처: A. H. Hartmann, A. Zeeck, & A. J. Van der Kooij, 2009.

회귀분석

데이터 파일 목록
Data File List

* 본문에서 사용한 파일명에 각 장을 알기 쉽게 구별해서 나타냈음.

1장

chapter1-example1.txt: <표 1.1> 영업 수익성 평가 지수 데이터
chapter1-example2.sav: <표 1.12> BSS와 연체 횟수 데이터
chapter1-Quiz1.sav: 자동차 보유대수와 교통사고 건수 데이터
chapter1-Quiz2.txt: 광고 시간과 매출액 데이터
chapter1-Quiz3.sav: 수면 시간과 집중도 데이터
chapter1-Quiz4.sav: 점포 면적과 연간 매출액 데이터

2장

chapter2-sales.sav: <표 2.1> 영업 사원 데이터
chapter2-Quiz1.sav: GPA와 SAT 데이터
chapter2-Quiz2.sav: 학기말 성적과 전공 도서 데이터

3장

chapter3-occtype.sav: 직군별 자부심 조사 데이터(3.6절)
chapter3-Quiz1.sav: 종교별 낙태에 대한 태도 데이터
chapter3-Quiz2.sav: University of Florida graduates salaries.sav

4장

chapter4-phd.sav: <표 4.1> 대학교수 연봉 데이터
chapter4-socialanxiety.sav: <그림 4.5> 사회불안장애 데이터
chapter4-Quiz1.sav: 생활 만족도 데이터
chapter4-Quiz2.sav: employee data.sav

5장

없음.

6장

chapter6-공공지출.sav: <표 6.1> 공공지출 경비와 인구백분율 데이터
chapter6-접시 지름.sav: <표 6.3> 접시 지름과 공정 시간 데이터
chapter6-Quiz1.sav: 임의 생성 데이터
chapter6-Quiz2.sav: 연어의 나이와 길이
chapter6-Quiz3.sav: 뉴질랜드 남부 분지들의 연평균 강수량 데이터

7장

chapter7-bliss-1.sav: <표 7.2.1> 이황화탄소에 노출된 딱정벌레 치사율
chapter7-bliss-2.sav: <그림 7.6>의 데이터
chapter7-전립선암.sav: <표 7.3.1> 전립선 암 데이터
chapter7-흡연.sav: <그림 7.19> 폐경 여성과 흡연 데이터
chapter7-Quiz1.sav: 백혈병 자료
chapter7-Quiz2.sav: 관상동맥질환 자료
chapter7-Quiz3.sav: 로테논 살충 효과 자료

8장

chapter8-교육효과.sav: <표 8.2.1> 교육 프로그램 효과 데이터
chapter8-관절염.sav: <표 8.3.1>관절염 치료 효과 데이터
chapter8-Quiz1.sav: 부모의 사회경제적 지위와 정신손상 자료
chapter8-Quiz2.sav: 암성 종양 자료
chapter8-Quiz3.sav: 사탕 판매량 자료
chapter8-Quiz4.sav: 몬타나주의 지역 경제 데이터
chapter8-Quiz5.sav: 시그널 데이터

9장

chapter9-기질 농도.sav: <표 9.1> 기질 농도와 초기 비율 자료
chapter9-빛의강도.sav: <표 9.3> 빛의 강도와 아질산염 자료
chapter9-Quiz1.sav: amphiod 포식률 데이터
chapter9-Quiz2.sav: 최소 한 명 이상의 자료를 가진 여성 비율
chapter9-Quiz3.sav: 작업 생산에 대한 상대적 효율 평가 자료

10장

chapter10-example1.sav: <표 10.1> 주택가격과 연간 세금 데이터
chapter10-example2.sav: 가중치 변수 활용 데이터
chapter10-example3.sav: <표 10.7> 대기오염 데이터
chapter10-Quiz1.sav: 자동차의 제동시 속력과 거리 데이터
chapter10-Quiz2.sav: 연령과 최저혈압 데이터

11장

chapter11-example1.sav: <표 11.1> 아이스크림 데이터
chapter11-example2.sav: <표 11.7> GDP 데이터
chapter11-Quiz1.sav: 농작물 공급량과 단위 가격 데이터
chapter11-Quiz2.sav: 3사의 자동차 판매량 데이터

12장

chapter12-example1.sav: <표 12.1> 와인 데이터
chapter12-example2.sav: <표 12.3> 붓꽃(iris) 자료
chapter12-Quiz1.sav: 코코아 분말 제조 데이터
chapter12-Quiz2.sav: 폴리에틸렌 수지의 밀도 데이터

13장

chapter13-carpet.sav: <그림 13.2> 카펫 간이청소기 선호도
chapter13-ozon.sav: <그림 13.12> 기상 인자와 오존 농도 자료
chapter13-bodyfat.sav: <표 13.9> 체지방율 자료
chapter13-Quiz1.sav: 여행자의 교통 수단별 여행 시간 데이터
chapter13-Quiz2.sav: 잡지 광고 데이터
chapter13-Quiz3.sav: 섭식 장애 데이터

회귀분석

참고 문헌
Bibliography

김기영·전명식 (1998). ≪예제를 통한 회귀분석≫. 자유아카데미.

박성현 (1981). ≪회귀분석≫. 대영출판사.

박유성·송석헌 (1998). ≪SAS/ETS를 이용한 경영 경제 자료 분석≫. 정일출판사.

방하남, 김기헌 (2002). "기회와 불평등: 고등교육 기회에 있어서 사회계층별 불평등의 분석", 〈한국사회학〉, 36(4), 193-222.

양경숙 (2004). ≪SPSS 최적 범주형자료 분석≫. 데이터솔루션.

이병락 (2003). ≪계량경제학≫. 박영사.

이종원 (2007). ≪계량경제학≫. 박영사.

허명회, 이용구, 이성근 (2007). PLS 기법에 의한 (X,Y) 자료의 시각화, 〈응용통계연구〉, 제20권2호, pp.345~355.

허명회·서혜선 (1996). ≪SAS 회귀분석≫. 자유아카데미.

허명회 (1994). ≪SAS 최적척도법≫. 자유아카데미.

Abdi, H. (2007). *Partial Least Square Regression*. In Ebcycilopedia of Measurement and Statistics. Thousand Oaks(CA): Sage. pp.710~744.

Agresti, A. (1989). Tutorial on modeling ordered categorical response data, *Psychological Bulletin*, 105(2), 290~301.

Agresti, A. (1990). *Categorical Data Analysis*, New York: John Wiley & Sons, Inc.

Baltagi, B. (1995). *Economic Analysis of Panel Data.*. Wiley, New York.

Barker, M. and Rayens, W. S.(2003). Partial least squares for discrimination, *Journal of Chemometrics*, 17, pp.166~173.

Bates, D. M. and Watts, D. G. (1988). *Nonlinear regression analysis and its applications*, Wiley.

Belsley, D.A., E. Kuh., and R. E. Welsch (1980). *Regression Diagnostics*. New York: John Wiley and Sons.

Bliss (1934). The method of probits, *Science*, Vol.79, No.2037, pp.38~39.

Bliss (1935). The calculation of the dosage-mortality curve, *Annals of Applied Biology*, Vol. 22, pp.134~167.

Derr, R. E. (2000). *Performing exact logistic regression with the SAS System*, Proceedings of the Twenty-Fifth Annual SAS Users Group International Conference, Cary, NC: SAS Institute Inc.

Douglas M. Bates , Donald G. Watts(1988). *Nonlinear regression analysis and its applications*, John Wiley and Sons.

Draper, N. R., and H. Smith (1981). *Applied regression analysis*, New York: John Wiley and Sons.

Elisa T. Lee (1992). *Statistical Methods for Survival Data Analysis*, Wiley.

Finney, D. J. and W. L. Stevens (1948). A table for the calculation of working probits and weights in probit analysis. *Biometrika* 35(1-2): 191~201.

Garson, D. (2008). Partial Least Squares Regression(PLS)
(http:// faculty.chass.ncsu.edu/garson/PA765/pls.htm).

Geladi, P. and Kowalski, B. R. (1986). Partial Least-Squares Regression: A Tutorial, *Analytica Chimica Acta*, 185, pp.1~17.

George G. judge. R. Carter hill, William E. Griffiths, Helmut LuTkepohl, Tsoung-Chao Lee (1987). *Introduction to the theory and practice of Econometrics*, Second edition, Wiley.

Green, W. H. (1997). *Econometrics Analysis*, Prentice-Hall, New Jersey.

Hahn, E.D. and R. Soyer. (2005). Probit and logit models: differences in a multivariate realm, submitted to *The Journal of the Royal Statistical Society, Series B.*
(http://home.gwu.edu/~soyer/ mv1h.pdf.)

Hamilton, J. D. (1994). *Time Series Analysis*. Princeton University Press, Princeton, New Jersey.

Hartmann A. H., Zeeck, A. & Van der Kooij, A. J. (2009). Severity of bulimia nervosa - Measurement and classification into health or pathology, *Psychopathology*, 42(1), 22~31.

Hirji, K. F. (1992). Computing exact distributions for polytomous response data, *Journal of the American Statistical Association*, 487~492.

Hirji, K. F., Mehta, C. R., and Patel, N. R. (1987). Computing distributions for exact logistic regression, *Journal of the American Statistical Association*, 82, 1110~1117.

Hosmer, D. W. & Lemeshow, S. (1989). *Applied Logistic Regression*, John Wiley & Sons, Inc.

John Fox (1997). *Applied regression analysis, linear models and related methods*, Sage.

John V. Petrocelli (2003). Hierarchical multiple regression in counseling research: common problems and possible remedies, *Measurement and Evaluation in Counseling and Development*, 36, 9~22.

Kelejian, H. H., and W. E. Oates (1989). *Introduction to econometrics: Principles and applications*, 3rd ed.: New York: HarperCollins.

McCullagh, P. & Nelder, J. A. (1992). *Generalized Linear Models*. Chapman & Hall.

Myronenko, A., Song, X. and Carreira-Perpiñán, M. Á. (2006). Non-parametric image registration using generalized elastic nets. *9th MICCAI Conference, Int. Workshop on Mathematical Foundations of Computational Anatomy* (MFCA 2006), 156~163.

Neter, J., Wasserman, W., and Kutner, M. H. (1990). *Applied Linear Statistical Models*, 3rd ed. Irwin,

Patricia Cohen, Jacob Cohen, Stephen G. West, Leona S. Aiken (2002). *Applied Multiple Regression/Correlation Analysis for the Behavioral Sciences*(3rd ed.), Lawrence Erlbaum Associates. Inc.

Pirouz, D. M. (2006). An Overview of Partial Least Squares (http://www.merage.uci.edu/~dpirouz04/research/pls/PLS.pdf)

Rosipal, R., and N. Krämer (2006). Overview and Recent Advances in Partial Least Squares, *Subspace, Latent Structure and Feature Selection Techniques*, Berlin: Springer-Verlag.

SAS Inc (1995). *Logistic Regression Examples*, Using the SAS System, NC: SAS Institute Inc.

SPSS Inc (2007). *SPSS Categories 17.0*. SPSS Inc.

SPSS Inc (2006). *SPSS Advanced Models 15.0*. SPSS Inc.

SPSS Inc (2007). *SPSS Advanced Statistics 17.0*. SPSS Inc.

SPSS Inc (2007). *SPSS Statistics 17.0 Command Syntax Reference*. SPSS Inc.

SPSS Inc (2007). *SPSS Regression 17.0*. SPSS Inc.

Stokes, M. E., Davis, C. S., and Koch, G. G. (2000). *Categorical Data Analysis Using the SAS System*, Second Edition, Cary, NC: SAS Institute Inc.

Tobias, R. D. (1995). An Introduction to Partial Least Squares Regression, In *SUGI Proceedings*.

Van der Kooij. A. J. (2007). *Prediction Accuracy and Stability of Regression with Optimal Scaling Transformation (Thesis)*.: Leiden University.

Vincent K(unknown). Probit Analysis (userwww.sfsu.edu/~efc/classes/biol710/probit/Probit Analysis.pdf)

William H. Greene (1997). *Econometric analysis*. 3rd edition, Prentice Hall.

William H. Sewell and Robert M. Hauser (1975). *Adapted from Education, Occupation, and Earnings: Achievement in the Early Career*, Academic Press.

William H. Sewell and Robert M. Hauser (1992). The influence of the American occupational structure on the Wisconsin model, *Contemporary Sociology*, 21(5): 598~603.

Ying, So, Warren F. Kuhfeld (1995). Multinomial logit models, SUGI 20 proceedings (support.sas.com/techsup/technote /ts722g.pdf)

Zou, H. and Hastie, T. (2005) Regularization and variable selection via the elastic net, *Journal of the. Royal Statistical Society, Series B*, 67(2): 301~320.

회귀분석

찾아보기
Index

* 영문 대문자는 SPSS 명령문(syntax)을 나타냄.

■ 저자 약력

서혜선   고려대학교 통계학 박사
              삼성카드 생활편의 서비스팀 팀장
              hyesun403.suh@samsung.com

양경숙   고려대학교 통계학 박사
              고려대학교 의과대학 의학통계학교실 연구교수
              myksyang@dreamwiz.com

김나영   고려대학교 통계학 박사
              삼성증권 마케팅파트 차장
              nora.kim@samsung.com

김희영   고려대학교 통계학 박사
              고려대학교 의과대학 의학통계학교실 연구교수
              starkimhy@freechal.com

김미경   고려대학교 통계학 박사
              SK텔레콤 개인화기술개발팀
              mkkimfds@dreamwiz.com